U0114735

跨境商事爭議的法律邏輯

The Legal Logic of
Cross-border
Commercial Dispute

楊榮寬　著

開明書店

　　2019 年伊始，我開始投身康達（香港）律師事務所的籌建，那一年的元旦，我們年輕的律師們是在日本完成的跨年。伏見稻荷、淺草寺的清晨總見安靜，我們亦在跨年中默念：讓年輕和謹嚴行深為法律晶體，從散沙變成珍珠，拒絕磨損。堅持於現象、規律、原理、價值觀的進步，立足於認知、能力、能級的躍遷。

　　三年多來，我們經歷了太多的跌宕起伏，面對重重挑戰，報以堅韌。商法作為一個古老的法律部門，跨境是其與生俱來的屬性和內驅。跨境商事作為一種交易安排，關涉不同法系、文化、意識、程序、思維。商事活動不唯一種經濟行為，更是一種社會現象，與日常、科技、民生等各種社會要素和社會關係有着千絲萬縷的關聯。跨境商事不僅與商事法律、商事邏輯發生牽繫，且與法域與社會的其他關係發生廣泛的兌付。其法律邏輯與此前爭議解決實踐具有本根的差異，因此，對跨境商事爭議解決進行研究，推敲和打磨，具有特別的價值。

　　香港擁有悠久深厚的普通法傳統。香港特區終審法院的判決經常被海外普通法地區所引用，以不同的視角全息、多維度考察跨境商事爭議，應然使相關研究具有深度和理論意義。

　　跨境商事仲裁、跨境商事訴訟、跨境商事調解必須基於跨境思維，伴隨 2018 年 12 月 20 日《新加坡調解公約》、2020 年 11 月 9 日《最高人民法院關於內地與香港特別行政區相互執行仲裁裁決的補充安排》，以及 2021 年 7 月 30 日《中華人民共和國仲裁法（修訂）（徵求意見稿）》的

出台，2022 年 6 月 22 日，康達香港應邀出席的 2022 年金磚國家工商論壇，不同程度彰顯了法律全球化的一個重要特徵，即各國法律文明的互聯互動。從其他法域那裏吸收有用的法律文明和智慧，和向其他法域輸送具有借鑒意義的法律文明和智慧，是跨境商事爭議的終極面向。

在科技賦能的語境下，國際商事仲裁日益呈現仲裁智慧化：即包括但不限於受理、送達、舉證、質證、調解、結案等仲裁程序的全流程線上化，現代科技手段在仲裁不同環節中得到越來越廣泛的應用，視頻庭審、線上立案、電子送達、電子簽章、語音同傳、線上開庭等愈加普遍。國際商事調解較於跨境訴訟、跨境仲裁，其時間成本與經濟成本明顯更低，訴訟、仲裁本根上為商事爭議當事人間的零和博弈，實為一種存量解紛思維。而跨境商事調解整個過程是在增量博弈思維下進行，不唯解決爭議，更為修復、增進善事契約關係。跨境商事調解的底層邏輯在於效率。調解是一蘊含人性化的糾紛解決機制，其注重的是發展邏輯，而非追究對錯的限定邏輯。

跨境商事爭議的法律邏輯，應然是一套規則，其植根於現實，有着確立的行為預期，維護個體間合作，捍衛群體價值和信念等重要功能，且體現了不同習慣的融合，不同法律文化的調和。

時代的列車在轟鳴中向前奔馳，我們坐在車上，經過的不再是熟悉的街道。曾文正曾言：「凡辦一事，必有許多艱難波折，吾輩總以誠心求之，虛心處之。心誠則志專而氣足，千磨百折而不改其常度，終有順理成章之一日。」作為三年來的總結，這本書的敍寫充滿不易，在可預見的不平衡裏，我們能做的，就是停止對世界的抱怨，持續學習、擴大視野，持續關注、觀察、驗證。

三島由紀夫在《金閣寺》中說：「把所有的背陰譯成向陽，把所有的黑夜譯成白晝，把所有的月光譯成日光，把所有夜間苔蘚的濕冷譯成白晝晶亮的嫩葉在搖曳。」時間需要沉澱，法律需要思考，跨境需要審視。

是為序。

目　錄

第三章 跨境商事仲裁的邏輯

第四章 跨境商事訴訟的邏輯

第五章　跨境商事調解的邏輯

第一章
跨境商事爭議的本質

羅爾斯在《正義論》中說:「任何事物都有其核心與本質。」而對於跨境商事法律人來說,核心價值即為在跨境爭議中發現和分配正義,展現了法律嚴謹的思維和深邃的邏輯。

第一節　跨境商事的本質

跨境是指兩個及兩個以上商事主體之間依法設立、變更、終止具有跨國因素的權利義務關係的行為、協議或合意。跨境直接關聯於法律與規則。根據經濟學中有關制度的理論，不同的制度設計和安排產生了不同的制度成本，影響資源配置的效率，人們通常會選擇那些在競爭中佔優勢的制度。而制度優勢能夠轉化為資源優勢，從而促使制度的改進，以低成本在制度選擇中贏取競爭。[1]

「對法律制度的分類受到了這樣一個事實的阻礙——即法律如同自然一樣，很難進行絕對的和彼此互斥的分類。」[2]法律全球化的一個重要特徵是世界各國法律文明的全球性互動。各個國家都處於全球性互動的大熔爐之中，不斷地從其他國家那裏吸收對本國有用的法律文明和智慧，同時也不斷地向其他國家輸出具有普遍意義的法律文明和智慧。[3]

一、關於跨境

概念框定，應然具有「理性一致性、邏輯複雜性、決定性、可表達性、可交流性和可行性等特徵」。[4]如果一個所謂的概念的外延漫無邊際，或者每個人完全可以從不同意義上使用這個概念，那麼這個概念在刑法學

1　參見楊凱：《讓公共法律服務成為核心競爭力重要標誌》，載《人民法院報》，2019 年 3 月 31 日。
2　[美] H. W. 埃爾曼：《比較法律文化》，賀衛方、高鴻鈞譯，清華大學出版社 2002 年版，第 19 頁。
3　參見黃文藝：《重構還是終結——對法系理論的梳理與反思》，載《政法論壇》2011 年第 3 期。
4　參見張明楷：《「刑民交叉」概念是個偽概念》，載《法商研究》2021 年第 1 期。

中便沒有存在的餘地。[1]1985 年《聯合國國際貿易法委員會國際商事仲裁示範法》（UNCITRAL Model Law on International Commercial Arbitration，簡稱《國際商事仲裁示範法》）第一條的規定及其解釋對「跨境」一詞作了廣義的解釋。該示範法第一條第三款規定：

> 仲裁如有下列情況即為國際仲裁：
> （A）仲裁協議的當事各方在締結協議時，他們的營業地點位於不同的國家；或
> （B）下列地點之一位於當事各方營業地點所在國以外：
> （a）仲裁協議中確定的或根據仲裁協議而確定的仲裁地點；
> （b）履行商事關係的大部分義務的任何地點或與爭議標的關係最密切的地點；或
> （c）當事各方明確地同意，仲裁協議的標的與一個以上的國家有關。

這一規定將國際仲裁擴及：1.其營業地在不同國家的當事人之間的爭議的仲裁；2.仲裁地和當事各方的營業地位於不同國家的仲裁；3.主要義務履行地和當事各方的營業地位於不同國家的仲裁；4.與爭議標的關係最密切的地點和當事各方營業地位於不同國家的仲裁；5.當事各方明確同意仲裁標的與一個以上國家有關的仲裁。同時，這一規定顯示出按照當事人的合意來確定什麼是國際仲裁的傾向，大大豐富了「國際」的內涵。該示範法如此規定可以說已反映出國際商事仲裁實踐對「國際」含義有擴大解釋的趨勢。跨境爭議，不僅體現在資本和貨物的遷移中，更體現在規則的多向變遷中。羅爾斯在《正義論》中說：「任何事物都有其核心與本質。」而對於法律人來說，事件的判斷和裁量的核心價值即為在跨境爭議中發現和分配正義，展現了法律嚴謹的思維和深邃的邏輯。[2]

1　參見張明楷：《「刑民交叉」概念是個偽概念》，載《法商研究》2021 年第 1 期。
2　參見楊榮寬：《文學與法律相鄰》，法律出版社 2020 年版，第 415 頁。

在一定意義上，跨境仲裁是一種自治的法律秩序，[1] 其漸行性被視為一種跨國司法制度。儘管它與真正意義上自治的法秩序尚有距離，但其程序的獨立性，在觀念上或組織上亦深入人心。[2] 國際商事仲裁的意思自治原則源於商人共同體的自治力量，商人的經濟理性和商人習慣法構建了國際商事仲裁的法律基礎。現階段，無論是對於國際商事法院還是國際仲裁，包括中國的法律人才在內，都要注意對國際法加深理解。因為國際法不管實體法還是程序法，因為歷史原因，還是普通法實際上佔據主導地位。[3]

2017 年修正的《中華人民共和國民事訴訟法》（以下簡稱《民事訴訟法》）第 265 條規定：

> 因合同糾紛或者其他財產權益糾紛，對在中華人民共和國領域內沒有住所的被告提起的訴訟，如果合同在中華人民共和國領域內簽訂或者履行，或者訴訟標的物在中華人民共和國領域內，或者被告在中華人民共和國領域內有可供扣押的財產，或者被告在中華人民共和國領域內設有代表機構，可以由合同簽訂地、合同履行地、訴訟標的物所在地、可供扣押財產所在地、侵權行為地或者代表機構住所地人民法院管轄。

這實際上是對「跨境」的規定和闡釋。關於訴訟，普通法系與大陸法系存在本質區別。普通法系國家認為，在判決中向世人展示法官的不同意見是民主的表現，並認為司法過程應是開放的，審判過程是一個認識的過程，每個法官的素養和閱歷不同，同樣的法律問題得出不同的結論是可以理解和接受的，因而在裁判文書中陳述不同意見也是合理的。而大陸法系國家則認為，法官是代表整個法院作出判決，這種判決只能以一種意見

1　參見［法］伊曼紐爾·蓋拉德：《國際仲裁的法理思考和實踐指導》，黃潔譯，陳晶瑩審校，北京大學出版社 2010 年版，第 179 頁。

2　參見［荷］范登伯格：《1958 年紐約公約法院裁定一覽》，載中國國際商會仲裁研究所編譯：《國際商事仲裁文集》，中國對外經濟貿易出版社 1998 年版，第 225 頁。

3　參見楊良宜：《後疫情時代國際商事糾紛解決機制的發展》，http://cicc. court. gov. cn/html/1/218/149/192/1942. html，2021 年 5 月 11 日。

出現，方可體現法院的權威。持這種意見的國家以法國和意大利為代表。但是，已有很多大陸法系國家的判決中出現了不同意見。芬蘭、瑞典對不同意見的展示相當充分；在德國，不同的意見只出現於憲法法院的判決書中。[1] 司法實踐中，法律的差異、規則的不同，可能造成一定意義上的法律規避，即「涉外民商事法律關係的當事人為利用某一衝突規範，故意製造某種連接點，以避開本應適用的法律，從而使對自己有利的法律得以適用的一種逃法或脫法行為。」[2] 跨境在法律和規則上造成的不同適用，為「故意製造某種連接點的構成要素，以避開本應適用的對其不利的法律」[3] 提供了可能，同時從另一角度分析，亦為一地域或國家法律在世界範圍內的影響力提供了側面衡量標準和可能。[4]

　　跨境訴訟的核心在於，充分覺察不同法系的差異，法律事實的查明和系統推敲。允許當事人自行查明，允許委託機構查明，同時可以由專家委員會和專家成員完成法律查明工作，盡職調查、解決方案上的每一步，都是棋局中的關鍵落子。[5]

二、關於商事

　　1985 年《國際商事仲裁示範法》同時對「商事」一詞進行了規定，認為對其應作廣義的解釋，使其包括不論是契約性或非契約性的一切商事性質的關係所引起的種種事情。商事性質的關係包括但不限於下列交易：供應或交換貨物或服務的任何貿易交易；銷售協議；商事代表或代理；代理；租賃；建造工廠；諮詢；工程許可；投資；融資；銀行；保險；開發協議或特許；合資經營和其他形式的工業或商業合作；客貨的航空、海上、

1　參見郭金生、李賢華：《兩大法系裁判文書制度概覽》，載《人民法院報》，2016 年 11 月 14 日。
2　黃進主編：《國際私法》，法律出版社 1999 年版，第 269 頁。
3　肖永平《國際私法原理》，法律出版社 2007 年版，第 128 頁。轉引自王勝明：《涉外民事關係法律適用法若干爭議問題》，載《法學研究》2012 年第 2 期。
4　肖永平：《肖永平論衝突法》，武漢大學出版社 2002 年版，第 112 頁。
5　參見辛穎：《西小虹：跨境訴訟策略為王》，載《法人》2016 年第 2 期。

鐵路或公路運輸。

　　至於「商事」的含義，我國最高人民法院 1987 年發佈的《關於執行我國加入的〈承認及執行外國仲裁裁決公約〉的通知》第二條作了一個解釋：

　　　　根據我國加入該公約時所作的商事保留聲明，我國僅對按照我國法律屬於契約性和非契約性商事法律關係所引起的爭議適用該公約。所謂「契約性和非契約性商事法律關係」，具體的是指由於合同、侵權或者根據有關法律規定而產生的經濟上的權利義務關係，例如貨物買賣、財產租賃、工程承包、加工承攬、技術轉讓、合資經營、合作經營、勘探開發自然資源、保險、信貸、勞務、代理、諮詢服務和海上、民用航空、鐵路、公路的客貨運輸以及產品責任、環境污染、海上事故和所有權爭議等，但不包括外國投資者與東道國政府之間的爭端。

　　《民事訴訟法》第 271 條第一款規定實際亦構成對商事內涵的補充性規定：

　　　　涉外經濟貿易、運輸和海事中發生的糾紛，當事人在合同中訂有仲裁條款或者事後達成書面仲裁協議，提交中華人民共和國涉外仲裁機構或者其他仲裁機構仲裁的，當事人不得向人民法院起訴。

　　關於法律總體精神的雙元格局，法律總體精神是指導法律實踐活動的基本價值，它是民族傳統和社會實踐的結晶，並反過來支配法律實踐活動的基本內容和發展方向。[1]「理性是法律的生命，對普通法而言更是如此。普通法中的理性，不是商事與生俱來的自然理性，而是通過長期的研究、觀察和經驗獲得的。」[2]

1　參見武樹臣：《論中華法系的多元性格與時代意義》，載《人民論壇·學術前沿》2013 年第 2 期。
2　陳學權：《普通法系刑事審判：事實與法律豈能截然分開》，載《檢察日報》，2017 年 10 月 12 日。

在商事訴訟中，大陸法系與普通法系區別同樣明顯。譬如在文字表達方面，美國聯邦法院法官中心的《法官工作手冊》指出，判決書的書面文字連接法院和公眾，是法院權威的源泉和衡量標準。正因為如此，美國裁判文書行文多採用文學修辭性敘述方式，法官將自己的思考，通過優美和清晰的文字描述，形成既具有美學韻味，又蘊含深刻法理的精品讀物。而大陸法系國家要求裁判文書語言表達要專業化和理性化，用語準確嚴謹。法國最高法院的判決書措詞簡潔、文字精煉、表達清晰、說理簡明扼要；德國裁判文書反映德國傳統特點：旁徵博引，邏輯嚴密，論述詳盡，但也大膽創新；意大利、波蘭裁判文書一般篇幅較長，以展示對制定法的解釋和適用。[1]

三、小結

全球化作為現實社會進程，已對世界不同地域產生深刻影響，多向度創造、增加、擴展和強化了世界範圍內的社會交流和相互依存性，同時使人們越來越意識到本地與遠方世界之間的聯繫正在日益不可逆地深化。[2] 價值、文化和體制深刻地影響國家如何界定他們的利益。國家的利益不僅受其內部價值和體制的影響，也受國際規範和國際體制的影響。不同類型的國家用不同的方式來界定自己的利益，那些具有類似文化和體制的國家會存在共同的利益。[3]

「文學、童話，在邏輯上都是寫的另一種生活。尤其是文學裏的童話，是鼓勵着人們不要只在真實的生活中來回徘徊，看盡瑣碎，那實在是很容易日漸狹小，日漸短淺，日漸猥瑣的。」[4] 在全球經濟一體化發展的作

1　參見郭金生、李賢華：《兩大法系裁判文書制度概覽》，載《人民法院報》，2016 年 11 月 14 日。
2　參見［美］景弗雷德·B. 斯蒂格：《全球化面面觀》，丁兆國譯，譯林出版社 2013 年版，第 203 頁。
3　參見［美］塞繆爾·亨廷頓：《文明的衝突與世界秩序的重建》，周琪等譯，新華出版社 2002 年版，第 15 頁。
4　［英］肯尼斯·格雷厄姆：《柳林風聲》，張熾恆譯，湖南文藝出版社 2018 年版，第 196 頁。

用下，世界各國法律在調整市場法律關係的過程中也正經歷着趨同化的歷史走向，對於跨境當事人以及跨境商事法律服務而言，找出彼此之間的趨同與差異，提升我國法律跨境影響力和法律產品質量，具有深遠的理論和實踐意義。[1]

第二節　公法、私法之劃分與跨境商事

公法和私法的劃分最早出現於古羅馬法。在古羅馬社會中，公共生活和私人生活被嚴格加以區分，同一位羅馬公民在這兩種生活中扮演不同角色、享有不同權能；而要實現這種公共生活與私人生活的分離，客觀上就必須以建立兩種彼此相區分的制度為前提。[2] 羅馬法律規範中有的造福於公共利益，有的則造福於私人，公法見之於宗教事務、宗教機構和國家管理機構之中，私法則是關於個人利益的規定。[3]

現階段，關於公法和私法的分類標準實際上並不統一，主要存在三種：其一，利益學。即根據法律保護的利益涉及的是公共利益還是私人利益。該種標準為烏爾比安首倡。其二，隸屬說，也即為「意思說」。該種觀點為德國學者拉邦德倡導，他主張根據調整對象是隸屬關係還是平等關係來區分公私法，公法的根本特徵在於調整隸屬關係，私法的根本特徵在於調整平等關係。[4] 此說長期為學界通說，也為《中華人民共和國民法典》（以下簡稱《民法典》）第二條「民法調整平等主體的自然人、法人和非法人組織之間的人身關係和財產關係」以及第四條「民事主體在民事活動

1　參見劉彤海：《〈合同法〉與〈國際商事合同通則〉的比較分析及其適用》，載《中國律師》2008 年第 11 期。

2　參見葉秋華、洪蕎：《論公法與私法劃分理論的歷史發展》，載《遼寧大學學報（哲學社會科學版）》2008 年第 1 期，第 141 頁。

3　參見 [意] 彼德羅・彭梵得：《羅馬法教科書》，黃風譯，中國政法大學出版社 1992 年版，第 9 頁。

4　參見 [德] 迪特爾・梅迪庫斯：《德國民法總論》，邵建東譯，法律出版社 2000 年版，第 11 頁。

中的法律地位一律平等」所借鑒。其三,「主體說」。該說為德國學者耶律內克所倡導,並得到日本學者美濃部達吉的贊同。該種觀點認為,應當以參與法律關係的各個主體為標準來區分公法和私法,如果這些主體中有一個是公權主體,即法律關係中有一方是國家或國家授予公權的組織,則構成公法關係。[1] 其他標準還存在,諸如權力說、權利服從說、綜合說等,並且對於公法與私法具體內容的界定亦存在許多分歧。

在法學理論構建體系中,公法、私法的劃分,是認識和理解法律的重要基石,[2] 在大陸法系國家的傳統法學理論中,公法與私法的區分曾被視為「法的秩序之基礎」。[3] 即「國法的一切規律,無不屬於公法或私法之一方,且因所屬而不同其意義。」[4]「現代的國法是以區別其全部為公法或私法為當然前提的,對於國家的一切制定法規,若不究明該規定為屬於公法或私法,而即欲明了其所生的效果和內容,蓋不可能。公法與私法的區別,實可稱為現代國法的基本原則。」「現今,公法與私法的共存及區分,已成理論上的通說。」[5]

哈耶克在正當行為規則(內部規則)與組織規則(外部規則)相區分的意義上詮釋私法與公法之區分,就此將刑法置於私法範疇之中,這與大陸法系的做法大相徑庭。有法律名諺道:「公法易逝,而私法長存」,即使是因革命或征服而致使整個政府結構發生變化的時候,大多數正當行為規則,亦即私法和刑法,卻會依舊有效。[6] 儘管學界對於公法與私法的劃分標準有不同的學說和標準,但公私法劃分理論的確已為後世各國法律實踐所接受,並影響着各國的立法,其甚至被視為「整個法秩序的基礎」「法

1　參見[德]卡爾·拉倫茨:《德國民法通論》(上),王曉曄等譯,法律出版社 2003 年版,第 8 頁。
2　參見海仁:《私法、公法和公益法》,載《法學研究》2006 年第 6 期。
3　參見[日]美濃部達吉:《公法與私法》,黃馮明譯,中國政法大學出版社 2003 年版,第 3 頁。
4　[日]美濃部達吉:《公法與私法》,黃馮明譯,中國政法大學出版社 2003 年版,第 3 頁。
5　參見[日]美濃部達吉:《公法與私法》,黃馮明譯,中國政法大學出版社 2003 年版,第 8 頁;[日]美濃部達吉:《公法與私法》,日本評論社 1935 年版,第 3 頁。
6　參見[英]弗里德利希·馮·哈耶克:《法律、立法與自由》(第一卷),鄧正來、張守東、李靜冰譯,中國大百科全書出版社 2000 年版,第 209、212 頁。

律體系構築的基本原則之一」和「現代國法的基本原則」。[1]對國際商事規則與規範而言，對於公法、私法劃分的研究，亦具有相當重要的價值，在一定意義上，其劃分本身即為跨境商事的重要組成部分。

一、公法

在德國，關於公法的觀念在康德（Immanuel Kant）、洪博（Wilhelm von Humboldt）、耶利內克（G. Jellinek）、拉邦德（Laband）等政治學學者的「國家理論」中時有展現。在法國，關於公法的觀念則在博丹（Bordan）、盧瓦索（Loyseau）、多馬（Domat）等政治學學者的「主權理論」中薪火延續。但是，即便是高位階的「公法」，如羅馬教皇聖諭以及其他的國家公共領域中的基本法律，也只是極其緩慢地進入大學當中。而且這種引入並不是出於純粹的傳統主義，而是為了對人民進行羅馬法上的方法論教育，以解決實踐當中的眾多問題。[2]20 世紀下半葉，公法學者韋德（H. W. R. Wade）對戴雪（Albert Venn Dicey）的法治觀的修正使得其自身的法治理論被普遍接受，也使得公法概念在英國開始被普遍接受。[3]

公、私法界分之初，就包含着公法學者對賦予國家權力一定責任的追求，這種追求往往體現為一種權力／權利的二元對峙結構，經過公法傳統的演進並最終落實在公法救濟機制的建構上。[4]公、私法的劃分標準之爭論，即利益說、隸屬說和主體說，其劃分標準分別強調以法律保護的利益是國家利益還是私人利益，法律所調整的社會關係是彼此隸屬的還是彼此平等的，參與到一種法律關係中的主體是否至少有一方是屬於公權主體性

1　參見［日］美濃部達吉：《公法與私法》，黃馮明譯，中國政法大學出版社 2003 年版，第 3 頁。
2　參見［德］米歇爾·司托萊斯：《羅馬法與公法》，李忠夏、王媛媛譯，載袁曙宏等：《公法學的分散與統一》，北京大學出版社 2007 年版，第 444 頁。
3　參見［英］卡羅爾·哈羅：《「公法」與「私法」：沒有差別的定義》，畢洪海譯，載袁曙宏等：《公法學的分散與統一》，北京大學出版社 2007 年版，第 394-424 頁。
4　參見鄧峰：《公法與私法——傳統法學的根本立足點》，載《資源與人居環境》2007 年第 2 期。

質的。但這些分類都存在着缺陷，無法窮盡所有法律。[1] 憲法是確認一個社會共同體終極價值基礎的基礎規範。當然，對基礎規範的理解本身可以有三個維度，即分析的、經驗的和規範的。這三個理解維度的理論代表分別是凱爾森（「基礎規範」）、哈特（「承認規則」）和康德（「絕對命令」）。[2]

所謂原則性是針對憲法內容的規範表現形式而言的，它是指憲法規範的內容並不只是由具體而相對清晰的規則所構成，而是同時也由甚至更多地是由抽象而模糊的原則所構成，即憲法規範同時具有規則和原則的雙重特點。[3]

儘管公法與私法劃分的必要性不斷被人們質疑，但這種劃分在行政法上仍富有意義。

> 私法範圍內適用私法自治、契約自由原理，乃在創設「自由於國家之外」之空間，在高度民主空間內人民得自治、自決，國家不得任意介入，公法中國家有下令權、形成權，國家意思有拘束力、強制力，嚴格劃分公私法，可間接限制國家權力任意擴張至私人領域。[4]

「公法關係——公權力與公權力相對人的關係——是公法學研究的基本問題。而為了研究公法關係，必須首先研究公權力」，[5] 進而依次論證了國家公權力、社會公權力，頗具啟發意義。

區分公法與私法，有助於防止公權力行為「遁入私法」從而逃避責任以及免受公法和原則約束。具體而言，原則上行政機關有選擇行為方式的

1　參見［德］卡爾‧拉倫茨：《德國民法通論》（上），王曉曄等譯，法律出版社 2003 年版，第 3 頁以下。［德］迪特爾‧梅迪庫斯：《德國民法總論》，邵建東譯，法律出版社 2000 年版，第 8 頁以下。

2　參見 Robert Alexy, *The Argument from Injustice: A Reply to Legal Positivism*, Bonnie Litschewski Paulson and Stanley Paulson Trans, Oxford: Clarendon Press, New York: Oxford University Press, 2002, p. 95-125.

3　參見 Robert Alexy, *A Theory of Constitutional Rights*, Julian Rivers Trans, Oxford University Press, 2002, pp. 349-351.

4　李震山：《行政法導論》，三民書局 1999 年版，第 28 頁。

5　姜明安：《公法學研究的幾個基本問題》，載《法商研究》2005 年第 3 期。

自由，但對於僅能以私法方式達成目標的事項，行政機關則不能以選擇自由為藉口任意改用公法方式。這種控權的思路與憲政上「有限政府」的理念是完全一致的。但當人類思維與視角逐漸走向多維度時，出現了公法私法化與私法公法化的場景，調整行政法學的研究體系以適應當前的需要已勢在必行。[1] 公私法之區分，亦有助於正確認定法律責任的性質。出現社會糾紛以後，如果涉及私法關係，產生的就是私法上的後果，即當事人個人之間的責任；如果涉及公法關係，則產生個人對國家如何負責的問題。[2]

二、私法

觀察現代國家之法時，將其在觀念上區別為公法和私法，是究明國法上所不可缺的要務。私法本來是個人相互間的法，但「其對於國家的關係，不過是服從國家的監督和可以請求國家的保護而已。私法非與公法區別不可的理由，亦即在於此，據此，可知公法和私法的區別，不單是決定裁判管轄的技術的問題，同時又是基於法的性質之差異的論理上的區別。」[3]

> 私法最重要的特點莫過於個人自治或其自我發展的權利。契約自由為一般行為自由的組成部分 …… 是一種靈活的工具，它不斷進行自我調節，以適用新的目標。它也是自由經濟不可或缺的一個特徵。它使私人企業成為可能，並鼓勵人們負責任地建立經濟關係。因此，契約自由在整個私法領域具有重要的核心地位。[4]

拉倫茨在《德國民法通論》中開宗明義地指出：「民法是私法的一部分」，「德國民法典是德國私法的基礎」。[5]

1　參見高秦偉：《行政私法及其法律控制》，載《上海行政學院學報》2004 年第 4 期。
2　參見謝懷栻：《外國民商法精要》，法律出版社 2002 年版，第 51-52 頁。
3　［日］美濃部達吉：《公法與私法》，黃馮明譯，中國政法大學出版社 2003 年版，第 12 頁。
4　［德］羅伯特·霍恩、［德］海因·科茨、［德］漢斯·萊塞：《德國民商法導論》，楚建譯，中國大百科全書出版社 1996 年版，第 90 頁。
5　［德］卡爾·拉倫茨：《德國民法通論》（上），王曉曄等譯，法律出版社 2003 年版，第 1-8 頁。

　　劉春茂在其撰寫的《民法簡論》第三篇——我國社會主義民法的對象和範圍中認為：（五）社會主義的民法不同於資產階級的私法，長期以來，資產階級及其學者，完全沿襲了羅馬法中關於把法分為「公法」和「私法」兩大類的理論，一直把民法稱為「私法」。其說法有三種：……資產階級關於所謂「公法」和「私法」的劃分，從根本上反映了資產階級的法律是建立在資本主義私有制的基礎之上，浸透了資本主義社會私有財產不可侵犯的原則。我們認為，社會主義的民法不屬於私法範圍，我們不同意資產階級關於「公法」和「私法」劃分的理論。[1]

　　私法自治是私法的核心原則，係指「各個主體根據他的意思自主形成法律關係的原則」，或者是「對通過表達意思產生或消滅法律後果這種可能性的法律承認」。[2]具體來說，一方面，在私法自治原則之下，法律原則上承認當事人本於自由意思所為之意思表示具有法之約束力，並對於基於此種表示所形成之私法上生活關係賦予法律上之保護。[3]私法自治原則亦為市場經濟本質需要在法律上的表現。在市場經濟條件下「儘可能地賦予當事人行為自由是市場經濟和意思自治的共同要求」。[4]私法規範以民事法律關係為要，而公法主要規範行政法律關係。私法強調對公民、法人的合法民事權利的保護，充分尊重民事主體在法定的範圍內所享有的行為自由，尊重民事主體依法對自己的民事權利和利益所作出的處分。[5]

　　近代民法以保障商品的所有關係和交換關係為己任，從完全自由、平等的抽象人格出發，不顧人與人之間在社會上和經濟上的差異，以尊重私有財產權、契約自由和過失責任為基本法理。然而，出現在近代市民法的「人」的概念，乃是一種脫離實存的、具體的、經驗的人類，以擬製構想

1　參見陶希晉：《民法簡論》，河北人民出版社 1985 年版，第 19-20 頁。轉引自孫瑩：《我國民法調整對象主流學說的重新審視》，載《西南政法大學學報》2012 年第 3 期。
2　［德］迪特爾‧梅迪庫斯：《德國民法總論》，邵建東譯，法律出版社 2000 年版，第 142 頁。
3　參見詹森林：《民事法理與判例研究》，台灣地區自版 1998 年版，第 2 頁。
4　參見江平：《市場經濟和意思自治》，載《中國法學》1993 年第 6 期。
5　參見梁慧星：《民法總論》，法律出版社 1995 年版，第 29 頁。

的抽象人格為對象的虛幻產物。民法原理的運用必然導致弱肉強食、優勝劣汰、兩極分化，契約自由的貫徹也因實力、地位和能力的差異而走向契約的不自由；而且先天的差異和後天的差別，將使一部分弱勢群體在自由競爭中面臨生存危機。為了矯正此種與社會脫節的市民法原理，一種正視社會現實，以活生生的具體人類為規範對象的全新法思維於焉形成。基於此種思維之具體立法以及法理論則被稱為社會法。這種轉變可說是從近代法到現代法、從市民法到社會法的一大原理轉換。與民法原理不同，社會法充分考慮人在生理條件、經濟實力、生存能力、社會地位、談判能力、締約能力的差異，追求人與人之間具體的、實質的自由、平等和獨立，通過對具體權利的保障實現社會公共利益的增進。[1]

　　為此，在跨境語境下，國際私法主要調整的是私人主體的跨國民商事交往，也就是國際民商事法律關係。[2] 在國內，平等主體之間的人身關係和財產關係主要由民法來調整；發生爭議後的解決程序則分別由民事訴訟法、仲裁法及調解等法律進行調整和規範。而對於國際民商事法律關係，其統一由國際私法來進行規範。因此，中國的國際私法通常包括衝突法、統一實體法、國際民事訴訟法和國際商事仲裁法等內容。[3]

三、公法私法之融合

　　如上所述，中國近年來對公法私法關係進行的討論，大多存在「公法私法化」「私法公法化」等所謂的「公私法融合」現象的問題。這些論文「借用西方的理論模式研究中國的法律和社會」，[4] 往往都是一開始從羅馬法烏爾比安的公法論出發，然後談到德國奧托梅耶和凱爾森等學說的發

1　參見謝增毅：《社會法的概念、本質和定位：域外經驗與本土資源》，載《學術與探索》2006年第 5 期。
2　參見韓德培主編：《國際私法》，高等教育出版社、北京大學出版社 2014 年第 3 版，第 3 頁。
3　參見李雙元、徐國建主編：《國際民商新秩序的理論構建：國際私法的重新定位與功能轉換》，武漢大學出版社 1998 年版，第 65 頁以下。
4　易軍：《論公法與私法劃分在中國的局限性》，載《重慶工學院學報（社會科學版）》2007 年第 4 期。

展，並引用美濃部「公法與私法」理論的相關論述，之後，介紹現今各國的「公法私法化」和「私法公法化」狀況，最後，展望中國的「公法私法相融合的狀況」。[1]

> 當今社會只以公法或者只以私法來規制社會關係的做法已經越來越少。取而代之，越來越多的社會關係的規制形成了由公法與私法雙方共同規制的局面，即原來只由私法規制的社會關係，公法也參與規制，原來規定或者被認為由公法規制的社會關係，私法規制也開始被運用，兩者的交錯產生了。[2]

破碎的公法知識就像一面破碎的旗幟，雖然可以迎風招展，但它的權威性和象徵意義已經失去。[3]

隨着巨大化私人主體的崛起，作為公法向私法自治領域滲透的一種形態，憲法權利規範的適用效力也被引至私人與私人之間的關係中，此即蘆部信喜所言的「憲法的人權規定，對來自私人的人權侵害也就應採取某種形式予以適用」。[4]公私法融合的場景，使得任何固守公法傳統的想法變得極為荒謬，畫地為牢式的研究終究是難以推動行政法學的深入發展。於是，有人提出了兩種調整行政法學研究的方法，其中之一就是導入行政私法概念，以擴大行政法學的研究視角。[5]諸如，行政私法，即指的是「不含行政之私法的輔助活動以及營利活動在內，在行政適用私法形式直接地追求行政目的之場合，對之加諸若干公法上制約之總體的法律關係。」「其特色在於行政主體並非完全享受法律行為上之私法的自治，而是服從若干公法上的制約。」[6]

1　參見［日］但見亮：《中國公法與私法的關係——以「美濃部理論」為線索》，凌維慈譯，載《交大法學》2014 年第 1 期。

2　［日］吉村良一：《從民法角度看公法與私法的交錯與互動》，張挺譯，載《人大法律評論》第 12 輯，法律出版社 2013 年版，第 236 頁。

3　參見于立深：《中國公法學現代化的方法論進路》，載《法商研究》2005 年第 3 期。

4　［日］蘆部信喜：《憲法》（第三版），林來梵等譯，北京大學出版社 2006 年版，第 96 頁。

5　［日］鹽野宏：《行政法》，法律出版社 1999 年版，第 37-38 頁。

6　［日］成田賴明：《行政私法》，周宗憲譯，載《法律評論》1994 年第 60 卷第 1、2 期合刊。

此前的行政法學，將行政法定義為關於行政的國內公法，將有關行政的私法排除在外，僅將有關行政所具有的、固有的性質的法即公法作為其研究對象。[1]

國家權力和社會 - 私人權力都經歷了大規模的擴張，且彼此的界線也變得模糊，其結果是所謂公法私法化和私法公法化現象的同時發生。

隨着公共服務理念的勃興，公法與私法交融的趨勢加劇，「先私後公」「以私助公」「以私代公」等行政方式不斷出現，要求公法理論必須總結和探索多樣化的公權力行使方式。[2]因此在德國就有人提出以公法、社會法、私法三分法來取代傳統的公、私法兩分法，這使這一分類問題變得更加複雜。[3]

四、小結

法學理論，通常指概念、原理的體系，是系統化了的一種理論認識。而作為社會科學分支的國際商事學科則不僅要求有一種主導性支配的法學理論，而且要求以某一法學理論為指導可以生產出體系化的知識，即能夠成為一種跨境商事研究的範式。[4]公法與私法的區分，背後是法學家們對國家權力的恐懼和反感。這種態度與古羅馬時期「皇帝高於法律」的公法主題背道而馳，為國家擺脫了以往的人治創設理論依據，極大地擴展了公法制度和公法理論的發展空間。[5]

私法與公法的概念，並非一實證法的概念，它也不能滿足任何一個實證的法律規則，當然，它可以為所有法律經驗做先導，並且從一開始就為

1　楊建順：《日本行政法通論》，中國法制出版社 1998 年版，第 169 頁。
2　參見金自寧：《「公法私法化」諸觀念反思——以公共行政改革運動為背景》，載《浙江學刊》2007 年第 5 期。
3　參見［德］卡爾·拉倫茨：《德國民法通論》（上），王曉曄等譯，法律出版社 2003 年版，第 3 頁以下；參見［德］迪特爾·梅迪庫斯：《德國民法總論》，邵建東譯，法律出版社 2000 年版，第 8 頁以下。
4　參見宋功德：《公法研究範式的構造、確立及其變遷》，載《法學論壇》2007 年第 4 期。
5　參見袁曙宏、宋功德：《統一公法學原論——公法學總論的一種模式》下卷，中國人民大學出版社 2005 年版，第 6-7 頁。

每個法律經驗主張有效性。它是先驗的法律概念。[1] 對於那些明顯應屬於公法（如憲法、行政法、刑法）或者私法（民法）調整的領域，其內在的公法或私法本性不能也不應隨着公私法的滲透而被抹殺，其自有屬性依舊具有明顯的主導優勢。[2]

公法傳統是一個巨大而深厚的存量。它被公法知識的生產者、經營者和消費者群體所選擇、吸納、共享，並經過時間的積澱、淨化得以延綿、傳遞，因而具有高度的穩定性、延續性和群體認同性。統一公法學的時代背景、理論主張和理論姿態的共同作用，使得它可能成為公法傳統歷史演進中的一個拐點。統一公法學的產生和發展表明，我國現代公法理論的發展與創新，應當既總結當下的公法觀念，又創新傳統的公法理論，還倡導公法學科的建設；既解構傳統的公法理論，又建構現代的公法理論，還探索未來公法理論的發展。[3] 但在國際語境下，國際公法與國際私法的分野，仍局於國際主權的殿堂下，熠熠生輝。

現在的法律已經很難找到純粹的公法或者私法了，公法私法化或者私法公法化已經是法律的普遍現象了，只不過有些法律部門的公法性質更強烈一些，例如憲法、行政法；有些法律部門的私法性質更強烈一些，例如民法、商法；有些法律部門同時具備公法、私法的特點，例如經濟法、環境法。[4] 對於跨境商事領域而言，任何拘泥於「利益學」「隸屬說」和「主體說」的行為均是機械的，但在具體的跨境商事爭議中，充分覺察「利益學」「隸屬說」和「主體說」以及融合才是正途。

1　參見〔德〕拉德布魯赫：《法哲學》，王樸譯，法律出版社 2005 年版，第 127 頁。
2　參見熊亞文：《刑法私法化：現實圖景與理論空間》，載《現代法學》2016 年第 4 期。
3　參見袁曙宏、韓春暉：《公法傳統的歷史進化與時代傳承——兼及統一公法學的提出和主張》，載《法學研究》2009 年第 6 期。
4　參見謝增毅：《社會法的概念、本質和定位：域外經驗與本土資源》，載《學術與探索》2006 年第 5 期。

第三節　跨境商事爭議與法系

法系（legal family）就是「由若干國家和特定地區的、具有某種共性或共同傳統的法律的總稱」。[1] 在現代法律話語體系中，法系無疑是跨境商事法律主體認知、理解和把握跨境法律格局的重要理論工具。

法系研究，着眼並關切於「關於法的性質，法在社會和政治中的地位，法律制度的實施及其相應的機構，法律的制定、適用、研究、完善和教育的方法等等一整套根深蒂固的並為歷史條件所限制的理論」。[2] 實質上，法系是近代西方比較法學者對世界範圍的主要法律體系進行宏觀分類，以便進行比較研究而使用的概念或術語。比較法學者常常以法律的某一特徵為標準，進而把源於或同於該特徵的諸國法律歸於一類。儘管法系的劃分方法有利於對世界主要法律體系的比較研究，但是，由於對法系進行劃分容易忽略法律的本質特徵，甚至會同時使用兩個或兩個以上不同的標準，或帶有歐洲中心論和忽略他國法律價值的色彩，法系的分類和研究方法似乎顯得黯然失色。[3]

從詞的構成來看，法系（legal family, legal genealogy）是由「法」（law）和「系」（family, genealogy）構成。在英文中，family 和 genealogy 均有譜系、世系、族系之語義。按照生物遺傳學的觀點，生物體的生理構造、機能和特徵能夠由上一代傳給下一代。這樣，從共同的祖先繁衍出來的一代又一代的生物個體，因具有共同的遺傳屬性而呈現出較多的家族相似，構成為一個具有親緣關係的生物族系。同樣，具有共同的起源，因而具有親緣關係和相似特徵的眾多國家或地區的法也就構成了一個法的族系。[4] 應該指出，法系不是指某一個國家的法律，而是一些國家的法律，且

1　沈宗靈：《比較法研究》，北京大學出版社 1998 年版。轉引自 https://www. aisixiang. com/data/72933. html。

2　［美］約翰·亨利·梅利曼：《大陸法系》，顧培東、祿正平譯，法律出版社 2004 年版，第 54 頁。

3　參見武樹臣：《論中華法系的多元性格與時代意義》，載《人民論壇·學術前沿》2013 年第 1 期。

4　參見黃文藝：《重構還是終結──對法系理論的梳理與反思》，載《政法論壇》2011 年第 3 期。

這些國家的法律具有一種共性或共同的傳統；同時，某種法系與某一社會制度雖然有一定聯繫，但兩者並不是一回事。[1]

一、大陸法系（民法法系）

成文法，尤其法典法是大陸法系的最主要法律淵源，其起源於羅馬法後期查士丁尼的《國法大全》。成文法是立法機關明文制定並公佈實施某一法律部門抽象化、系統化的法律文件。儘管法國與德國在歐洲文化內部，其文化傳統、民族精神、思維偏好、歷史過程都存在很大的差異，但是由於共同繼受羅馬法，在法律體系上的接近程度遠超過差異程度。上述制度考察的一個基本結論是，以法國和德國為代表的民法法系的政治法律結構中，法院系統具有多元性的基本特徵，即都是以公法法院（包括憲法法院和行政法院）和普通法院的區分為基礎。這種法院系統多元性的背後可能存在着複雜多樣的歷史與文化原因。[2]

大陸法系的司法工作是一個官僚的職業；法官是職員、公務員，法院的作用狹窄、機械而又缺乏創造性。大陸法系法官的地位之所以同普通法系的法官存在如此大的差異，還在於大陸法系有着獨特的司法傳統。大陸法系司法傳統源於羅馬，而羅馬的法官在法律活動中並不是重要人物。[3]

二、普通法系（英美法系）

判例法為普通法系的最主要淵源，是由英國歷史上威斯敏斯特法院發展起來的能被賦予　般規範性質的，就具體案件所作的司法判決而成為普通法特有的法律體系。成文法與判例法的分野，成為大陸法系與普通法系區別的主要特徵，兩大法系各具優缺點，對於成文法而言，長期以來存

1　參見沈宗靈：《比較法研究》，北京大學出版社 1998 年版，第 332 頁。

2　參見田飛龍、盧翔：《民法法系法院系統多元性的法律史考察比較及其啟示》，載《江蘇警官學院學報》2009 年第 3 期。

3　參見［美］約翰·亨利·梅利曼：《大陸法系》，顧培東、祿正平譯，法律出版社 2004 年版，第 35 頁。

在着體系完整無缺性之觀念，而對於判例法，則是從判決到判決處進行摸索。成文法應然具有一種對科學體系的偏愛，而判例法則對於一切簡單的概括抱有深刻的懷疑。前者用概念進行推理，常常帶着危險蠕蠕獨行；而後者則進行形象化的直觀，如此等等。[1]

　　普通法系語境下，運用到法律上，實用主義會把依據先例判決即人們所知的遵循先例學說當作一個政策，而不是當作一種義務，[2] 英國的司法先例卻是一種有直接拘束力的法律，也就是說，對於司法先例，法官在審案時不只是參考和可以遵循，而是必須遵循；先例不只是示範的模式，而是對後來案件具有拘束力的判例。這就是英國的所謂「遵循先例」（stare decisis）規則。[3] 在美國，儘管立法機關在理論上是國家的最高權力機關，但實際上「法官所言即為法律」（The law is what the judge say it is）。[4] 普通法系的法官們「產生了這樣一種思想，即每個偏離不成文普通法的制定法，必定是一種例外性質，所以必須加以狹義解釋，並且準確地將其適用於它的言辭毫無疑問地涉及的那些情況，如果制定法經過這樣解釋後不適於爭議的案件，那麼，有關案件應根據普通法的一般原則裁決」。[5]

　　法官造法是普通法系的重要標示，對於該法系的法官來說，「無論他選擇的法律規定來自立法機關的成文法規，還是來自司法判例，它們的實際意義只能存在於具體案件之中，而這些又必須通過法官加以適用才能確定」。[6] 在司法權和行政權的關係上，普通法系國家都有對行政活動進行司法審查的慣例，在美國，法官還有權決定立法是否違憲，是否有效，並享有廣泛的解釋法律的權力，甚至具體適用的法律或行政法規尚具法律效力

1　參見［德］K. 茨威格特、［德］H. 克茨：《比較法總論》，潘漢典等譯，法律出版社 2003 年版，第 109-110 頁。

2　參見［美］波斯納：《超越法律》，蘇力譯，北京大學出版社 2016 年版，第 5 頁。

3　參見董茂雲：《普通法系的判例法傳統》，載《比較法研究》1997 年第 4 期。

4　參見［美］約翰‧亨利‧梅利曼：《大陸法系》，顧培東、祿正平譯，法律出版社 2004 年版，第 52-62 頁。

5　［德］K. 茨威格特、［德］H. 克茨：《比較法總論》，潘漢典等譯，法律出版社 2003 年版，第 386 頁。

6　［美］約翰‧亨利‧梅利曼：《大陸法系》，顧培東、祿正平譯，法律出版社 2004 年版，第 63 頁。

時，法官也可對它進行解釋。[1]

英美法系國家審理案件採用陪審團制度（儘管現在在民事案件的審理中很少適用陪審團審理，但其歷史傳統所形成的審理特點依然存在），由於陪審團不可能被頻繁地召集，因此開庭審理必須採取集中審理或連續審理的方式，即一旦開庭就必須在短時間內將案件審理完畢並做出最終的判決。審判的集中審理主義客觀上要求所有糾紛一次性解決，因此形成「一次性糾紛解決原則」。這一原則要求：其一，全部請求合併，即某一當事人在向其他當事人提出請求時，應當提出與雙方之間糾紛有關的全部訴求。其二，全部當事人合併，即對某項糾紛有請求或義務的人都應當作為本案的訴訟當事人。[2] 司法制度不能夠把時間浪費在多次聽取同樣的證據上，不同法官基於對相同訴訟資料與攻擊防禦方法的不同理解，難免做出相互矛盾之判決。而相同事實卻產生不同裁判結果，對於司法制度而言，正如美國學者所指出的那樣，是頗為尷尬的。[3]

三、中華法系

相較於大陸法系、英美法系，中華法系是唯一本土的法系，具有顯著孤立性和保守性特徵。

「正如海洋和陸地是先驗的存在一樣，不能因為陸地上有江河或者海洋裏有島嶼而否認海洋和陸地的區別，也不能從海洋和陸地自身固有屬性的比較中得出哪個更為重要的結論。」[4]

中華文化雖然歷史上曾經幾度遭受外來文化的侵襲，比如佛教文化、

---

1 參見［美］約翰‧亨利‧梅利曼：《大陸法系》，顧培東、祿正平譯，法律出版社 2004 年版，第 34 頁。

2 參見［美］傑弗里‧C.哈澤德：《國際貿易糾紛和民事訴訟一體化——美國民事訴訟的特質和意義》，載［日］小島武司等：《司法制度的歷史與未來》，汪祖興譯，法律出版社 2000 年版，第 131 頁。

3 ［美］史蒂文‧蘇本、［美］瑪格瑞特（綺劍）‧伍：《美國民事訴訟的真諦》，蔡彥敏、徐卉譯，法律出版社 2002 年版，第 184-185 頁。

4 郭明瑞、于宏偉：《論公法與私法的劃分及其對我國民法的啟示》，載《環球法律評論》2006 年第 4 期。

摩尼教文化等等，但在法律領域，始終以儒家學說為唯一正宗，經歷數千年而不變。究其原因，一是古代中國長期以農立國，自然經濟佔統治地位；二是內陸性的封閉環境，加之自然條件優越，可以自適自治；三是專制主義深入到思想文化領域，使得中華法系在中國悠久的歷史發展中只有縱向的傳承而無橫向的輸入。專制主義的不斷強化，加強了這種封閉性。而且文化的早熟所產生的文化優越感，使得我國的法律文化缺乏橫向的交流與吸納，因此中華法系的發展過程存在着孤立性，它獨樹一幟地屹立於世界法系之林。但是這種孤立性歷經二千多年的發展逐漸變成了一種保守性，「天不變，道亦不變」成為歷代統治者信奉的教條，所以到 1840 年鴉片戰爭以後，海禁大開，當西方法文化輸進中國，昔日的中華法系再也無法自治，其保守性作為社會進步的桎梏越來越凸顯出來，它的解體蛻變也就不可避免了。[1]

美國著名大法官霍姆斯曾指出，法律運行中，起關鍵作用的是那些實質性社會因素，即「對時代必然性的感知，流行的道德和政治理論，公共政策的直覺，不管你承認與否，甚至法官與他的同胞所共有偏見對人們決定是否遵守規則所起的作用都遠遠大於三段論。法律包含了一個民族許多世紀的發展歷史。它不能被當作由公理與推論組成的數學教科書。」[2]中華法系蘊含了本民族歷史獨特的文化沉澱，具有自身獨特的規則標示和規則覺知。

四、餘論

當過去不再照亮未來時，精神將行走在黑暗中。[3]實際上，在世界各國法律融合發展的今天，同一法律制度的多質性和各法律「類群」關係的複

1　參見張晉藩：《中華法系的回顧與前瞻》，載《中國法系國際學術研討會文集》，中國政法大學出版社 2007 年版。

2　[美]霍姆斯：《普通法》，冉昊、姚中秋譯，中國政法大學出版社 2006 年版，第 9-15 頁。

3　參見[美]哈羅德·J. 伯爾曼：《法律與革命：新教改革對西方法律傳統的影響（第二卷）》，袁瑜琤、苗文龍譯，法律出版社 2008 年版，第 394 頁。

雜性，給法系劃分帶來了很大困難。但是，這並不等於說我們找不到更為合適的劃分方法。考察其他某些領域的劃分，也許會對我們有所啟發。我們發現，在對當代世界的國家進行分類時，遇到了類似的難題。為避免採取單一標準進行一次劃分的片面性和一次劃分分別使用不同標準造成的邏輯混亂，人們便通常分別以不同標準進行多次劃分，每次劃分只使用一個標準。[1]

成文法確實在一定程度上限制了法官的思維，但實際上，正是為了限制法官的權力，才制訂了成文法典。

> 分權理論的極端化，導致了對法院解釋法律這一作用的否定，而要求法院把有關法律解釋的問題都提交給立法機關加以解決……通過這種方法，矯正法律缺陷，杜絕法官造法，防止司法專橫對國家安全造成威脅。[2]

判例在不同的法系也有不同的意義。在關於判例的概念上，在英美法系，判例是指詳細記載雙方當事人所爭執的事實與雙方當事人的辯論意見，然後記載法官的見解。而大陸法的判例一般只是簡單地記載事實的概要與法官的法律意見。兩者的主要區別在於：英美法的判例強調詳細記載案件事實與法官的見解，認為事實與法律適用規則的意見是不可分的，強調二者的聯結性。而大陸法的判例主要是記載了法官對某項法律條文的解釋意見，判例的作用旨在正確解釋法律，而並不是強調事實與規則之間的聯結性。[3]

法系劃分的重要意義不唯局限於比較法學理論方面，它還有助於人們超越國家主權在人類法律園地所設置的藩籬和擺脫狹隘的民族主義法律觀，從而積極研究和借鑒其他法律制度，有助於在理解和適用具體規則時

1　參見高鴻鈞：《論劃分法系的方法與標準》，載《環球法律評論》1993 年第 2 期。
2　［美］約翰·亨利·梅利曼：《大陸法系》，顧培東、祿正平譯，法律出版社 2004 年版，第 38 頁。
3　參見王利明：《論中國判例制度的創建》，載《判解研究》，人民法院出版社 2000 年第 1 輯。

考慮規則背後潛含的價值準則和宏觀背景，從而避免成為熟練背誦和機械實施外在規則的工匠。當然，與所有的劃分一樣，法系的劃分亦並非萬能的，它不能代替對法律制度的具體研究。對法系的劃分也不是絕對的，我們只能盡力尋找一種較為合理的劃分，完美無缺的劃分是沒有的。[1] 對於跨境商事而言，對法系的理解，應然構成對「時代必然性的感知，流行的道德和政治理論、公共政策的直覺」。[2]

第四節　跨境商事交易的邏輯

跨境商事交易必然直面和包含不同的法律文化。不同國家法律制度之間的差異很大程度上源於法律文化的差異。一般說來，一個社會中法律制度與法律文化越協調一致，法律制度的運行效果就越好。因為在這種情況下，法律的內在精神與法律的規則形式融為一體，法律制度與法律文化契合度高，法律規則不再是一種外迫工具，而是一種內信價值，由此遵守法律成為人們的自覺行動。反之，如果法律制度與法律文化相互衝突，法律制度就得不到人們的認同，法律就會名存實亡。法律制度的變化相對容易，立法者可以在短時間內實現法律制度的除舊佈新，但他們無力通過命令改變這個國家、這個民族的法律文化。法律文化的變化相對緩慢，在許多社會，傳統法律制度被廢除之後，傳統法律文化卻往往繼續存在。[3]

跨境商事交易，必以契約合同為表達方式；有跨境商事契約，應然關聯於法律與規則。公法的規範不得由當事人之間的協議而變更，而私法則是任意的，對當事人來說，協議就是法律。[4]

1　參見高鴻鈞：《論劃分法系的方法與標準》，載《環球法律評論》1993 年第 2 期。
2　胡興東：《中國傳統判例法與近代普通法系判例法的異同》，http://www.rmfyb.com/paper/html/2016-11/11/content_118335.htm?div=-1，2022 年 10 月 28 日。
3　參見高鴻鈞：《法律文化需要自己的「底盤」》，載《人民日報》2015 年 7 月 13 日。
4　參見周枏：《羅馬法原論》，商務印書館 2004 年版，第 92 頁。

　　跨境交易，必須以法律規則為行為依據；同時，法律意識，對於跨境交易同樣至關重要 —— 正所謂綱舉目張。法律思維作為法律意識的重要組成部分，其理性建立在超越具體問題的合理性之上，形式上達到那麼一種程度，法律制度的內在因素是決定性尺度；其邏輯性也達到那麼一種程度，法律具體規範和原則被有意識地建造在法學思維的特殊模式裏，那種思維屬於極高的邏輯系統性。因而只有從預先設定的法律規範或原則的特定邏輯演繹程序裏，才能得出對具體問題的判斷。因此，單一的法律淵源衍生而出的預先設定的法律規範，才是法院、仲裁判決的依據。[1]

一、法律邏輯思維

　　民事關係特別是合同關係越發達越普遍，交易就越活躍，市場經濟就越具有活力，社會財富才能在不斷增加的交易中得到增長。對於私人之間的關係，只要不涉及國家利益、公共利益，國家原則上不進行干預。只有在當事人出現糾紛之後，國家才以裁判者的身份行使國家權力，解決糾紛。所以，不僅私法給每個人提供了必要的發展其人格的可能性，由私法賦予的決策自由往往對主體而言也更為有利。[2]

　　　　商品不能自己到市場去，不能自己去交換，因此，我們必須尋找它的監護人，商品所有者。
　　　　為了使這些物作為商品彼此發生關係，每一方只有通過雙方共同一致的意志行為，才能讓渡自己的商品，佔有別人的商品。可見，他們必須彼此承認對方是私有者。[3]

　　跨境商事交易是商品跨境、國際性、區域性讓渡安排，是商品交易及商品本身的「監護人」。

1　參見［美］艾倫·沃森：《民法法系的演變及形成》，李靜冰、姚欣華譯，中國政法大學出版社 1992 年版，第 32 頁。
2　參見［德］迪特爾·梅迪庫斯：《德國民法總論》，邵建東譯，法律出版社 2000 年版，第 14 頁。
3　中共中央馬克思、恩格斯、列寧、斯大林著作編譯局：《馬克思恩格斯選集》第 4 卷，人民出版社 2012 年版，第 240 頁。

認真分析會發現，中西判例法形成的哲學基礎是相同的，都建立在一種不可知或折衷認識論的基礎上。哈耶克認為，在人類制度創制中存在建構理性和經驗理性兩種，不可知論屬於經驗理性。

> 其認為無論自然知識還是社會知識的最終來源都是使用經驗觀察的同行的確認和接受。這種傳統先例學說認為先前的裁定通過司法活動重複地適用至類似案件中是它們的可能正當性的最好證據，正如物理學家和化學家共同對科學實驗結果的重複確認被認為是其科學發現的可能真理的證據一樣。[1]

對於英美法系的法官來說，各種法律推理，各種哲學學說均只是一種工具，在他們的思維方式中，他們更願意把自己看作社會工程師，把影響社會政策、追求社會正義和福利作為一個目標。成文法的形式理性使大陸法系法官偏重於演繹式的推理，判例法的經驗理性使普通法系的法官偏重於歸納式推理，而我國古代法的非理性化使我國古代法官傾向於直覺和整體思維。[2]

在法律思維方式上，普通法國家與歐洲大陸國家無疑具有差異，但若認為前者的歸納式解決問題方法與後者系統的概念思想方法之間存在着一種不能溝通的對立，則肯定是錯誤的。[3]就兩大法系法官思維方式而言，目前表現出相互借鑒的趨勢，突出表現在對判例的態度上，大陸法系的傳統觀念是，任何法院都不受其他法院判決的約束，因為如果承認判例對其他法院判決案件有拘束力，就必然違反禁止法官立法的原則，但實際上，大陸法系法官也經常參照判例辦案。[4]這對於跨境商事交易當事人而言，具有至關重要的價值。

---

1 《中國傳統判例法與近代普通法系判例法的異同》，載《人民法院報》，2016 年 11 月 14 日。

2 參見王少禹：《影響法官思維之根本原因探析》，載《法學雜誌》第 38 卷第 4 期。

3 參見［德］K. 茨威格特、［德］H. 克茨：《比較法總論》，潘漢典等譯，法律出版社 2003 年版，第 377 頁。

4 參見［美］約翰·亨利·梅利曼：《大陸法系》，顧培東、祿正平譯，法律出版社 2004 年版，第 47 頁。

在私法自治範圍內，法律對於民事主體的意思表示，即依其意思而賦予法律效果；依其表示而賦予拘束力；其意思表示之內容，遂成為規律民事主體行為之規範，相當於法律授權民事主體為自己制定的法律。[1]

解釋者雖然以歷史上的立法者所確定之目的為出發點，對此等目的的推論結果卻必須深思熟慮，使個別法律規定均取向於確定的目的，因此，解釋者事實上已經超越了歷史事實上的「立法者的意志」，而以法律固有的合理性來理解法律。[2]

「分割」與「整合」的法律適用範式，歸納雖不全面，演繹卻算充分。作為一個相對獨立的體系，仲裁協議的法律適用領域充斥了原則與例外、衝突與共存、分割與整合等因素，是一個交織錯綜但卻脈絡可尋的法律選擇體系。外部的「分割和區分」與內在的「整合和統一」，既非此消彼長，亦非自相否定，而是共融於仲裁協議的法律適用體系，國際商事仲裁協議適用法律的主體脈絡亦彰顯出這種「分割」下的「整合」機制。[3]

假如規則背後的要點或目的並不明顯，那麼法官在這類處於陰影地帶的案件中對裁量權的運用就十分接近立法者的行為，因為他會考慮政策因素，而這正是我們期待立法者去做的事情。[4]

論證理論的重要認識之一，在由 Savigny 不斷談論且直到今日都無法超越之解釋學，依該學說僅有四項「要素」（論證之模態）：即文理的、邏輯的、歷史的、體系的（實證論者要求限於四種解釋），經證明洵非正確。[5]

為此跨境商事仲裁權利義務不僅限於程序領域，而且還包括實體方面

1　梁慧星：《民法總論》，法律出版社 1996 年版，第 151 頁。

2　〔德〕卡爾·拉倫茨：《法學方法論》，陳愛娥譯，商務印書館 2003 年版，第 210 頁。

3　王克玉：《國際商事仲裁協議法律選擇的邏輯透視》，載《法學》（滬）2015 年第 6 期。

4　〔美〕弗里德里克·肖爾：《像法律人那樣思考——法律推理新論》，雷磊譯，中國法制出版社 2016 年版，第 168 頁。

5　〔德〕亞圖·考夫曼：《法律哲學》，劉幸義等譯，五南圖書出版有限公司 2000 年版，第 47 頁。

的內容。一方面，仲裁協議涉及糾紛解決過程中的事項，包括仲裁管轄、仲裁協議執行以及程序規則實施等內容，而且仲裁協議實際執行取決於外部仲裁機構和司法機關而非當事人雙方，因此仲裁協議具有鮮明的程序性特徵；另一方面，仲裁協議的目的在於啟動仲裁程序，在仲裁程序發生前訂立，其是一項實實在在的實體性約定。仲裁協議的成立、生效及約束力遵循了合同的實體性法則，所以「將仲裁協議視作程序性事項的觀點應予糾正。」[1]

二、跨境商事交易的誠信安排

法律的重心在於，按照普通的、理性的人的行為標準，對具體行為進行判斷。而道德上的判斷更加注重每個人的主觀與心智狀況，更加強調那些故意或蓄意損害他人行為的可譴責性。因此，純粹的道德論在法律解釋理論上存在模糊、牽強的缺陷。[2]

作為一個為理性所支配的法律，它也不能要求一個行為不謹慎的人對他人因其行為所產生的一切損害，即一切該他人若非因行為人的過失即無需容忍的損害，承擔賠償責任。侵權行為法必須將那些過於「遙遠」的損害從其體系中排除出去。但是，在具體案件中應該把界限定在哪裏，法律以何種標準確定這一界限，各國的發展千差萬別。[3]

跨境商事交易規則即以「社會的理想，即以愛人如愛己的人類最高理想為標準」，誠信原則即須依此理想為判斷。[4] 誠信原則自羅馬法時代的 bona fides（善意）或 aequum et bonum（善意與衡平）等觀念而來。[5] 善意

---

1 參見 Emannual Gaillard & John Savage, *Fouchard, Gaillard, Goldman on International Commercial Arbitration*, CITIC Publishing House, 2004, p. 221.
2 參見易繼明：《侵權行為法的道德基礎》（代譯序），載［美］格瑞爾德·J. 波斯特馬：《哲學與侵權行為法》，陳敏、云建芳譯，北京大學出版社 2005 年版，第Ⅳ‐Ⅴ頁。
3 ［德］克雷斯蒂安·馮·巴爾：《歐洲比較侵權行為法》，焦美華譯，法律出版社 2004 年版，第 3 頁。
4 參見史尚寬：《債權總論》，榮泰印書館股份有限公司 1978 年版，第 319 頁。
5 參見謝孟瑤：《行政法學上之誠實信用原則》，載《行政法之一般法律原則》（二），三民書局 1997 年版，第 199 頁。

真誠是誠信原則對從事法律活動的當事人提出的首要要求。首先，善意真誠要求行為主體在從事法律交往時要動機善良，善待他人，行使權利、履行義務時要儘量顧及相對人的權益，謀求自身利益時不得侵害其他當事人的利益；其次，善意真誠要求行為主體以真誠的心態和誠實的行為行使權利，履行義務，不虛構事實，不行欺詐，不得以陷他人於錯誤的方式謀取個人私利。善意與真誠都是具有豐富含義的概念。就善意而言，其可以指主觀心理，即動機善良；也可以指客觀行為，即不以自己的不良行為損害他人的權益。但是，主觀動機需要以客觀行為加以表現，同時客觀行為的作出也可以反映行為主體動機上的善良，因此，法律上的善意是一個主、客觀相統一的概念。真誠強調的是行為主體在從事法律交往時要做到誠實，既不自欺，也不欺人，要向對方當事人提供真實的信息，不得採用虛假陳述使對方陷入一種錯誤的狀態，進而損害對方的利益。就兩者的關係而言，善意是真誠的基礎，只有行為主體出於善意行使權利，履行義務，才能在其行為上實現誠實的要求；真誠是善意的一種具體體現，只有對他人不行欺詐，才可認為行為人的行為達到了善意的要求。[1]

「依自然與善良的意識行事，既不自己，也不通過他人以犧牲第三人的方法致富的人」，認為不行任何欺詐和虛構，忠誠和勤勉行事，承擔必須之事的人，即是誠信行事。[2]

三、小結

法律與文化以及法律制度與法律文化之間存在密切聯繫。文化能夠作用於並塑造法律制度的模式。法律文化把文化的基本價值和主要精神傳遞到法律制度中去。法律制度作為一種外顯的規範性結構，它反過來又規範作為觀念形態的法律文化，並由此形成了互動。[3]跨境商事交易不唯關涉

1　參見閆爾寶：《行政法誠信原則的內涵分析——以民法誠信原則為參照》，載《行政法學研究》第 1 卷第 8 期。
2　參見徐國棟：《中世紀法學家對誠信問題的研究》，載《法學》2004 年第 6 期。
3　參見高鴻鈞：《法律文化需要自己的「底盤」》，載《人民日報》，2015 年 7 月 13 日。

跨境法律思維，更關涉法律意識、誠實信用。在跨境商事交易中，主觀私人權利的客觀法內容只是更加明白可見了。在這樣一種變化了的社會情境下，平等主觀自由的普遍權利不再可能僅僅通過法律主體的消極地位而得到保證。[1] 跨境法律規則是具有歷史連續性的知識體系。「思想沒有全新的，思想在借鑒和繼承中發展。」[2]

　　跨境商事交易安排必須具備三個條件：其一，必須要有獨立的跨境商品「監護人」（所有者）；其二，必須要跨境商品交換者對商品享有所有權；其三，必須要跨境商品交換者意思表示一致。這就是在交換過程中形成的跨境商品關係的內在要求，與此相適應，形成了以調整財產所有和財產交換為目的、由跨境民事主體、物權、債和合同等制度組成的具有內在聯繫的跨境商法體系。[3]

　　美國 James E. Bond 教授在其著作中將法官區分為政治家法官和藝術家法官，前者是指「把法院看成是一種政治機構，其成員必須靈活地行使其權力以促進合乎需要的公共目的」，具體說來，一個政治家法官注重考慮當時政治形勢的需要，選擇一個有關社會利益的準則適用於具體案件，因為他認為這個準則是最好的，所包含的才智與社會功利是將最有效地促進社會公平的；後者是指尊重現行法本身，「查閱憲法原文、查尋對憲法的原始理解、查找美國人民的歷史經歷」，從而尋找到某一與法律制訂者的價值觀相一致的特殊原則。[4] 在本質上，跨境商事交易亦具有兩種交易，即規則性和藝術性跨境交易。如何在跨境商事交易安排中呈現商品的底層性格與價值，始為跨境商事交易的根本邏輯。

1　參見［德］哈貝馬斯：《在事實與規範之間》，童世駿譯，生活·讀書·新知三聯書店 2003 年版，第 501 頁。
2　李其瑞：《法學研究與方法論》，山東人民出版社 2005 年版，第 43 頁。
3　參見王利明：《我國民法的基本性質探討》，載《浙江社會科學》2004 年第 1 期。
4　參見［美］James E. Bond：《審判的藝術》，郭國汀譯，中國政法大學出版社 1994 年版，第 10 頁。

第五節　跨境商事交易與科技

在現代社會中，科學技術的發展水平、它對社會生產和經濟活動的影響與促進、科學精神融入社會生活的廣泛程度、人民群眾的科學素養和職業技術技能，綜合反映着一個國家的現代化程度，也是國家綜合實力的關鍵指標。[1] 科學技術作為在勞動實踐中形成的對外部世界（自然）的規律性認識及運用規律創造出有利於實踐活動開展的各種方法和手段，是人類認識世界、改造世界的工具。[2]

明確科技活動的屬人本性，要做到這一點，就不能偏執於「科技中立」的價值觀念，認為科技雖然也是人的活動，但終究隱含着超越人類的獨立發展主題。可問題是，如果我們把科技理解為自然向人類的打開方式，那麼很顯然，這些方式不僅可以有選擇，而且應當是屬人的選擇。[3] 在一定意義上，科技進步是跨境商事交易的基本內容及推動力，亦為國際商事交易的深層次邏輯基礎。

一、科技理性、價值理性

現代科學的源頭多來自古希臘的自然哲學。泰勒斯、畢達哥拉斯、德謨克里特等人，是第一批自然探索者。他們對宇宙的奇異思辨，產生了把自然看作按照自身規律獨立運行的存在物的獨特自然觀念，開啟了用人類理性解釋和理解自然的思想活動，形成了重視邏輯與數學的思想風格，塑造了以追求真理為完美人生的精神氣質。之後相當長時間內，科學家都把自己的工作看作自然哲學的一部分。科學研究逐漸成為由各門學科的具體研究組成的專門活動，但古時期哲學家對浩渺星空的好奇和驚異，對宇宙本質問題的癡迷和熱情，對思想窮根究底的辯駁和拷問，對邏輯與理性

1　參見王克迪：《科技發展如何推動國家治理轉型》，載《學習時報》，2016 年 9 月 19 日。

2　參見刁龍：《從倫理視角看科技生態創新》，載《中國社會科學報》，2018 年 10 月 24 日。

3　參見張霄：《發展科技倫理：從原則到行動》，載《光明日報》，2019 年 12 月 9 日。

的推崇和讚賞，一直是科學傳統中最深層的精神內核。[1] 現代科技已發展到
「技術治理」（technology governance）階段，其正是從為解決科學技術研
發和應用中日益凸顯的倫理問題而提出「責任」概念的時候逐漸興起的。
機構組織和當事人以此來應對和解決共同面臨的挑戰和問題。新興科技的
倫理治理機制是多主體的參與、多元化構成的，幾乎不存在一種單一主體
的治理機制，其本質是一個個多主體的「邊界組織」的運作。[2]

　　香港華爾街日報亞太科技峰會亦為「邊界組織」的代表之一，係由
《華爾街日報》組織舉辦的科技創新領域的年度會議。每屆會議均會邀請
亞太地區科技產業知名企業負責人對全球範圍內的科技潮流和未來的發展
進行解讀。谷歌、蘋果、三星、華為等知名科技企業均曾在峰會上分享對
無人駕駛、移動支付、5G 移動技術等熱點問題的理解和思考。[3]

　　法律為實踐的理性。理性，是人所具有的一種自覺意識與能力。探究
自然，把握世界，追求「真」，是一種理性能力；研究社會，認識自己，
崇尚「善」與「美」，也是一種理性能力。我們把前者以自然科學為對象
的理性稱為「科技理性」，將後者以社會人文為對象的理性稱為「價值理
性」。二者之間具有內在關聯。科技理性只有在價值理性的統攝下才能具
有無害於人類的保障，而價值理性只有在科技理性的支撐下才能避免因愚
昧帶來的不幸。兩種理性各具魅力，並且在本質上具有一致性，共同構成

1　參見白春禮：《架構科學家與哲學家的思想橋梁，為人類科技事業貢獻新智慧》，載《中國科
　　學院院刊》2021 年第 1 期。
2　參見黃小茹、饒遠：《從邊界組織視角看新興科技的治理機制——以合成生物學領域為例》，
　　載《自然辯證法通訊》2020 年 1 月 16 日。
3　參見楊榮寬：《全新科技的發展，將進一步促進金融科技、跨境創新合作的升級》，載中國
　　日報網官方帳號，2019 年 6 月 21 日。2019 年 6 月 14 日，華爾街日報-香港亞太科技峰會在
　　香港地區舉行。道瓊斯首席創新官愛德華·羅塞爾（Edward Roussel）、Booking 集團首席執
　　行官兼總裁格倫·福格爾（Glenn Fogel）、今日資本創始人兼執行合夥人徐新、真格基金合
　　夥人兼首席執行官方愛之、500 Startups 合夥人楊珮珊、玉資本執行合夥人本·哈伯格（Ben
　　Harburg）、Y. Combinator 合夥人阿隆·哈里斯（Aaron Harris）、Asia Partners 執行合夥人尼克·
　　納什（Nick Nash）、Cloudflare 聯合創始人兼首席執行官馬修·普林斯（Matthew Prince）、
　　SGInnovate 創始人兼首席執行官斯蒂夫·萊昂納德（Steve Leonard）、美光科技（Micron）首
　　席執行官桑賈·梅洛特（Sanjay Mehrotra）、Kurly 創始人兼首席執行官 Sophie Kim, Zilingo 聯
　　合創始人兼首席執行官 Ankiti Bose, 阿克塞爾合夥公司合夥人 Abhinav Chaturvedi 等出席。

了人類認識與改造世界的理性能力。[1]

　　社會語境中的理性有許多重要的方面，其中之一是對個體和群體在社會行動中保證實現其期望目標的戰略能力的理性。群體中的個體被視為完全參與合作，但被視為對手的其他個體被排斥在外。現實社會中的戰略互動更加複雜，通常涉及合作與競爭相結合的不同模式。為了捕捉這些特徵，需要更具表現力和完善的邏輯框架。認識邏輯、信念邏輯和概率邏輯用於表示知識和分級信念，它們在哲學和人工智能領域都有許多卓有成效的應用。經典的認識論和道義邏輯在表示知識和信念時，依賴於一些特殊假設。在動態邏輯中，通常認為信息更新是正確的，即真實的。以同樣的方式，在概率論方法中，假設主體的信念滿足概率的柯爾莫哥羅夫公理，反過來又對這些信念施加強大的合理性和一致性條件。當然，這些假設都是理想化的。新的信息往往是錯誤的或誤導性的，很少滿足經典的強一致性標準。更重要的是，真實主體的行為方式往往與邏輯和概率論的正統假設不相容。為了建立更全面的關於主體的積極或規範的理論，需要能夠處理一些違反標準假設的較弱條件的理論。[2]

　　科技發展總是會引發技術的功能價值和社會價值之間的衝突，而人類社會所面對的層出不窮的新議題就是如何應對這種衝突所帶來的各種難題，從價值視角來看，法律針對道德事務所作出的干預需要符合特定的政治道德原則，即進入法律背後的價值世界。對於內嵌着激烈道德分歧的新興技術來說，法律的角色更為複雜。如果既有法律框架無法解決技術發展所帶來的新興問題，那麼，就需要進入法律背後的價值世界，尋找能夠支撐起法律之規制功能的倫理之點。[3]

1　參見牛紹娜：《推動科技理性與價值理性的平衡》，載《中國社會科學報》2020 年 9 月 9 日。
2　參見馬雷：《邏輯學、方法論與科技哲學的會通與融合——第 16 屆國際邏輯學、方法論和科技哲學大會綜述》，載《哲學分析》第 11 卷第 60 期第 2 冊。
3　參見鄭玉雙：《生命科技與人類命運：基因編輯的法理反思》，載《法制與社會發展》2019 年 9 月 18 日。

二、科技與跨境法律

　　所謂科技，在於考量其創新性，更在於考察該技術在給定的要素價格下是否具有經濟性的問題。技術的落地，既有技術規模化應用，更有由此衍生出的一系列此前不存在的應用方式。法律是實踐的理性，是一門實踐的學問，需要理想，更需要技藝。法律調整技術的進步，更須平衡科技創新與社會共享，由此，法律角度下的科技，既有創新者實踐的勇氣，更有其理論創見的共享，給社會受眾留下的無限進步和精神養分。

　　法學，只是一種解釋性框架。套用一句名言：「老的解釋性框架不死，只是逐漸凋零。」法律固本為一個解釋性框架。律師之辯護與代理的價值，恰在於通過反向思維，而維護現行法律邏輯，個案的生命力亦在於一種規定、理論之假設因素之外，是否還存在其他因素直接或間接導致了行為的結果？心理學中存在「確認偏誤」：即若一事實是一理論、規定的反例，則理論、規定即是錯誤。法律解釋的功能與導向，即為反例掃清障礙，無論擴大化解釋，抑或原理推斷，正所謂：「解釋不是不行，但是最起碼應該也給別人解釋的機會。」法律固涵着信息交換的高密度和高頻次。從這個角度來看，法學不唯是信息集散地的平台。其發展、擴大、法典化、新興法律部門，無非信息集散、解釋的延展與重生。

　　尤瓦爾·赫拉利曾在《人類簡史》中有言：「人工智能帶來的，是我們這個時代最大的革命。我們已經深陷其漩渦之中。」科技的本根動力在於好奇心，塞繆爾·約翰遜曾言：「好奇心是智慧富有活力的最持久、最可靠的特徵之一。」亞太科技佔據了當今世界一系列重大的智慧與前瞻，他們制心一處，體任天然，正如喬布斯所言：「活着就是為了改變世界，難道還有其他原因嗎？」美光科技總裁兼首席執行官 Sanjay Mehrotra 曾分享了「數據和 AI 已成為自動駕駛汽車的關鍵基礎，5G 和數字支付亦將成為物聯領域關注的重點」的觀點。較之於美國，數字支付在亞洲更快速地佔領了市場並取得成功，芯片製造行業亦更加重視安全和增長兩方面的平衡。全新科技的發展，必將進一步促進金融科技、跨境創新合作的升

級，夯構世界雙循環經濟模式。

「記住該記住的，忘記該忘記的。改變能改變的，接受不能改變的。」科技立法、司法、執法，在於信守私權與公權的平衡，追尋美的創製與普及，研磨世間科技判例，奉行科技法律能動性、實踐性多維度見解。科技發源於個人諦視，實踐於社會進步，終於無際的蒼天。現代社會，任何人都不能無視科技的進步，否則即是無視「靈魂的一塊碎片」，映照出心中的匱乏。科技胸襟無涯，表達於生活和智慧產權裏。於平淡中有奇創，於清空中有濃厚，張力無限，氤氳瀰漫。法律是參悟了宇宙進步的一種方法，化用王小波的一句話：「無非是想明白些道理，遇見些有趣的爭議」，幫助權利人釋放掉了多少平常在現實裏不能忍受的東西。

> 我們相信，科技的進步能打破一切壁壘，政治的、經濟的、文化的、宗教的、人種的，科技的進步加上足夠的錢（如果是無窮無盡的錢就更好了）就能解決一切問題，讓世界更美好。比如，如果人類喜歡言論自由、信息自由，那就發射幾十顆衛星，在天上組網，提供免費無線互聯網接入。[2]

> 每個人都急着講話，每個人都沒把話講完。快速而進步的通訊科技，仍然無法照顧到我們內心裏那個巨大而荒涼的孤獨感。……我想談的就是這樣子的孤獨感。因為人們已經沒有機會面對自己，只是一再地被刺激，要把心裏的話丟出去，卻無法和自己對談。[3]

在跨境商事領域下，科技更可能成為一種信用。所謂科技信用是一種特殊的信用，它源於人們對科學知識的信賴所產生的社會共識，這種理性的力量使得人們對科技本身，進而對科技轉化為具有實際價值的成果產生信心，並最終成為具有資源配置等信用核心功能的社會力量。從這個角

1　［美］傑羅姆·大衛·塞林格：《麥田守望者》，李曉霞譯，天津科技翻譯出版社 2013 年 7 月版，第 109 頁。
2　馮唐：《搜神記》，中信出版社 2017 年 8 月版，第 156 頁。
3　參見蔣勛：《孤獨六講》，長江文藝出版社 2017 年 4 月版，第 205 頁。

度來看，科技信用是一種廣義的信用，是社會信用的一部分，不僅代表宏觀社會層面的信任和信心，更兼具微觀金融層面的各項融資功能。[1] 科技鏈網作為一種新型的國家創新體系，它以國家信用和科技信用為依託，有機結合政府和市場兩種力量，將國家信用注入科技研發全過程，使分散、薄弱、盲目的短科研鏈打通成科學合理、覆蓋全局、動態調整的長科研鏈，將長期資本、人才、政策等創新基礎要素吸引、分解、延伸至科技鏈網的每一個研發節點，實現科技鏈、信用鏈、資本鏈的有機融合，消除信息不對稱，分散科技研發投資風險，助力解決科技發展中的重大瓶頸和難題，形成政府、企業、科研機構、金融中介協作共贏的科技生態網絡。[2] 在工業文明社會中，私有制下的資本邏輯在促進科技長足發展的同時，也讓科技逐步走上與人分離的異化之路。科技由早期社會中協助人更好地開展勞動實踐以獲得維持生存所需的物質資料的為人性特質，蛻變為「與勞動（人）相對立的、服務於資本（利益）的獨立力量」。[3] 資本邏輯下科技與人分離的結果，是科技活動漠視自然規律對人的生存的重要性，而單單尋求利益最大化，最終導致生態危機在全球蔓延。[4]

同時，科技在推動跨境商事發展的基礎上，也推動法律規則的進步。譬如，早在 1975 年，聯合國大會通過的《利用科學和技術進展以促進和平並造福人類宣言》，就規定，「所有國家應採取有效措施，包括立法措施在內，以預防並禁止利用科學和技術的成就以侵害人權和基本自由以及人身尊嚴」。《歐盟數據保護指令》在 1995 年規定了「刪除權」，在 2012 年修訂版中首次提出「被遺忘權」（right to be forgotten）；[5] 2018 年 5 月 25

1　參見陳元：《科技與資本》，載《中國金融》2020 年第 23 期。

2　參見陳元：《科技與資本》，載《中國金融》2020 年第 23 期。

3　《馬克思恩格斯全集》第 2 版第 37 卷，第 231 頁。轉引自張一兵：《經濟學革命語境中的科學的勞動異化理論（下）——馬克思〈1861 — 1863 年經濟學手稿〉研究》，https://ptext. nju. edu. cn/e8/1c/c13164a583708/page. htm，2022 年 11 月 2 日。

4　參見刁龍：《從倫理視角看科技生態創新》，載《中國社會科學報》，2018 年 10 月 24 日。

5　被遺忘權是一種人權概念，即人們有權利要求移除有關於自己的負面訊息或過時的個人身份資訊、搜尋結果。

日正式生效的《歐盟數據保護通用條例》（GDPR）確立了被遺忘權，規定了被遺忘權的行使要件及限制條件。[1]

三、小結

科技理性主要回答世界「是什麼」等問題，探究自然規律這一「真」的領域，表達的是一種客觀必然性，並通過主觀能動性對其加以運用，為人類生存和發展提供更多的物質財富。與科技理性相對，價值理性主要回答的是世界「應當是什麼」「怎樣才更好」等問題，賦予世界以「善」與「美」，表達的是一種主觀價值合理性。科技與價值是理性天平的兩端，科技理性的過度凸顯帶來了價值理性的式微。[2]

在科學的社會契約下科學自動管理問題的方案已遭遺棄，取而代之的是更加正式的激勵和監督系統。在一定意義上，跨境商事，本質代表了一種新的科學政策空間，在創新經濟價值及其指標的問題上將法律與科學的邊界問題內在化。[3]

第六節　跨境商事語境下的文化差異

文化和法律理念差異在國際商事仲裁中突出存在，西方法律傳統和背景的仲裁員對非西方傳統和背景的當事人、代理律師及證人所說、所寫、所反應缺乏理解，構成國際商事仲裁中文化和法律理念差異帶來的最大困境。在此基礎上，文化和法律理念差異可能導致西方仲裁員對案件事實，甚至當事人、證人產生誤解和偏見。例如，西方仲裁員對於中國當事人提

1　參見孫笑俠：《從民法典「身體權」到新技術進逼下的人權》，載《中國法律評論》2020 年第
　　6 期。
2　參見牛紹娜：《推動科技理性與價值理性的平衡》，載《中國社會科學報》，2020 年 9 月 9 日。
3　參見［美］大衛・古斯頓：《在政治與科學之間：確保科學研究的誠信與產出率》，龔旭譯，
　　科學出版社 2011 年版，第 12-14 頁。

出的稅務要求可能帶來付款拖延的問題常常無法理解，不僅不給予特殊考慮，甚至會產生當事人不可信的偏見。正如學者所言，文化差異本身可能並不是爭議的產生原因，卻可能在爭端解決中具有重要的影響。[1] 被人格化的國家與個人一樣有渴望自由的一面，也有尋求群體的一面。因為樂於群體，各國有承認並遵守國際秩序的意願，[2] 價值、文化和體制深刻地影響國家如何界定他們的利益。國家的利益不僅受其內部價值和體制的影響，也受國際規範和國際體制的影響。不同類型的國家用不同的方式來界定自己的利益，那些具有類似文化和體制的國家會存在共同的利益。[3]

一、文化

　　文化是一個社會中的價值觀、態度、信念、取向以及人們普遍持有的見解。[4] 雖然關於文化對社會、政治、經濟的影響究竟有多大，仍存在諸多爭論，但不可否認的是，文化是一種特殊的資源，是一種主觀的、靈活的、解釋性的力量，甚至不少學者將文化看作一種「軟權力」「軟實力」加以對待，認為其與軍事實力等強制性權力相輔相成。[5] 文化與人類社會的發展息息相關，它通過高度複雜的過程，藉助於物質的和非物質的混合體傳播，影響人們的思想和行為方式。文化既能夠通過人們選擇的住房類型、吃的食物、演奏和聆聽的音樂，以及人們信仰的宗教等得到反映，也可以通過一個人與父母、孩子、親屬、朋友、陌生人以及其他周圍的物質世界的關係來得到表達。所有這些文化的物質和非物質的方面都與價值融合在一起，傳承給後代。「文化塑造我們所有的思維、想像和行為 ……

1　參見 Donna M. Stringer, "Lonnie Lusardo, Bridging Cultural Gaps in Mediation", in *Dispute Resolution Journal*, 2001, 56（3）, pp. 29-39.

2　參見 [奧] 阿‧菲德羅斯等：《國際法》，李浩培譯，商務印書館 1981 年版，第 17-18 頁。

3　參見 [美] 塞繆爾‧亨廷頓：《文明的衝突與世界秩序的重建》，周琪等譯，新華出版社 2002 年版，第 15 頁。

4　參見 [美] 薩繆爾‧亨廷頓、[美] 勞倫斯‧哈里森主編：《文化的重要作用——價值觀如何影響人類進步》，程克雄譯，新華出版社 2018 年第 4 期。

5　參見宋念申：《衝突的是權力，建設的是文化——中美博弈中的「文化衝突」》，載《外交評論》2010 年第 2 期。

它是變革、創造性、自由和激活創新機遇的強大源泉。對於群體和社會來說，文化就是能量、靈感和力量源泉。」[1]

文化作為符號，有其「靜態」的一面，特別是歷史文化，在人們的頭腦中，常被賦予「過去完成時」的狀態。但是，正如上述所論，符號學更注重考察的是「符號在文化中的運行方式」，文化符號只有在「運行」中，被人們所破譯，才具有意義。不僅是觀念層面如此，物化的層面也是如此；不僅是歷史的文化如此，當下的文化更是如此。對過程性的關注，是當代文化研究的一個重要切入口。這一點對法律文化研究有着極為重要的方法論意義。[2]每個國家的歷史文化傳統、社會經濟條件和風俗道德觀念多有不同，法律規範必然體現不同國家的文化差異，從而形成所謂的「文化規則」。[3]

「一切問題，由文化問題產生；一切問題，由文化問題解決。」[4]文化的天然優勢和無形力量可以借用在裁判文書中，即以司法文化和其他文化結合的力量來明事理、論法理、講情理、通文理、順條理，以文說解，以文化人，以法文化為內核築牢法理。法律的抽象性和模糊性要求把適用某一法律及某一條文的理由講清道明，論證判決結果的合法性。裁判理由離不開價值權衡取捨，法官要對控辯雙方適用法律意見進行評判，進行一定的價值衡量，並進行價值序位排列。要建立一種有效的服從與被服從的司法信任關係，就必須通過說理論證編織一張「信念之網」，達致一種正當性以獲得受眾的信仰。[5]時間維度是法院文化引導社會正義實現的關鍵。法院文化在時間維度上與社會政治經濟結構具有共面性，法院文化如果不能順隨時代發展而實現與社會政治經濟結構的同向耦合，任何曾經有效的價值觀念都將成為「古老的傳說」。從系統角度來看，當法院文化對外界的

1　參見王禎軍：《作為權利的文化》，載《學習時報》2012 年 5 月 11 日。

2　參見林林：《法律文化的社會「過程性」》，載《比較法研究》2010 年第 5 期。

3　參見楊長更：《也說中國侵權法中的文化規則》，載《法制日報》，2014 年 2 月 12 日。

4　錢穆：《文化學大義》，（台北）台灣中正書局印行 1981 年版，第 3 頁。

5　參見張忠斌：《刑事裁判文書如何文化說理》，載《人民法院報》，2016 年 10 月 9 日。

溝通失去時間維度，法院文化乃至司法價值就會失去創造、引導法律規範期望的能力，當法院文化從法律適用的理由中產生出的溝通對法律文本今後將如何適用失去指引時，司法的引導規範功能也就喪失了。[1]

　　文化生產作為一種特別形式的社會生產，其發展離不開法治保障，而法治本身在促進文化發展的同時也會得到文化的滋養，並構成文化體系的重要內容。文化法治本身的「文化」維度，要求我們不能將文化法治理解成簡單的規制工具，而是要尊崇制度理性，以人（公民）為本，通過打造法治的文化優勢來推動文化的法治建設。[2]

　　　　法治的含義不只是建立一套機構制度，也不只是制定一部憲法一套法律。法治最重要的組成部分也許是一個國家文化中體現的法治精神。因此，要理解法治在一個國家裏的意義，要有效發揮法治運作的價值和規範功能，最重要的是文化。[3]

　　只有將「法律」與「文化」充分聯結與考量，始把被邊緣化了的文化重新「主題化」，這也許會在某種程度上增加法律的文明外觀，凸顯法律的歷史厚重，弱化法律工具論的庸俗，緩解法律意志論的生硬。稀缺和需求促動追求。如果說現代法律存在着信仰危機，那麼，這種信仰危機不過是文化危機的表徵，而文化危機則是這種信仰危機的深層根源。如果說對於現代的法律而言，文化確實成為了一種「稀缺資源」，那麼，依循「缺什麼補什麼」的思路，重新思考法律的文化情境及其意蘊，則是不難理解的了。[4]

　　法律不唯具有社會規範秩序的規則性以及解決社會問題的組織模式的一種，其同時包含有文化的符號意義。法律文化的闡釋和翻譯，其最終的目的是建立一套適應中國的法律概念體系，因此引進的外來法律與中國

1　參見王濤：《系統分析視角下的法院文化》，載《人民法院報》2016 年 12 月 2 日。

2　參見王錫鋅：《文化的法治與法治的文化》，載《民主與法制》2011 年 35 期。

3　[美] 詹姆斯．L. 吉布森、[南非] 阿曼達．古斯：《新生的南非民主政體對法治的支持》，載《國際社會科學雜誌》（中文版），1998 年 5 月，15-2 期，第 38-39 頁。

4　參見張武婕：《恆藤恭的法律文化論及其現實意義》，http://www.iolaw.org.cn/global/en/new.aspx?id=30484，2012 年 5 月 4 日。

傳統和現實的結合無疑是一個重要而又相當複雜的問題。顯然民族化本土化的過程是對各種文化的民族性、地域性等一系列的特徵做符合自身的溶通，但我們並不能因此就過分片面地強調我們文化的特殊性與中國性。

二、跨境商事與文化面向

在一個國家內，公共政策主要維護的是一個國家根本的法律制度和原則；在國際社會，國際公共政策維護的不應是個別獨特的、非國際性的制度，而應是人類社會普遍認可、並作為整體接受的一些根本性的制度。與國內社會相比，國際社會更難形成一致認可的強制性制度和「國際公共政策」規則。但任何法律秩序不可能只含有任意規範，還應有強行法規則為整個國際社會的普遍利益服務，並體現整個國際社會的倫理價值觀念，任何國家均有遵守這些強制性規則的義務。[1] 國際社會在一定程度上存在着反映整個國際社會普遍願望和利益的公共政策，而且由於人類在一些法律制度層面的趨同，「國際公共政策」在實踐中適用的空間將越來越大。[2]

> 文化的民族性離不開文化的時代性和世界性，吸收現代文明成就與認同的具有人類性、世界性的民族文化價值，是選擇文化發展道路的雙重參照。[3]

> 文化的解釋的方法並不奢望能夠解答人類歷史的全部問題，但它確實為我們更好地認識和理解人類開啟了一條必不可少的路徑 …… 我們掌握的應當不只是一套解釋的理論和技巧，而且應該有一個來源於研究對象並且與之相適應的有啟發力的概念體系。[4]

「一切法的本質是相同的，目標也一致，不同的只是它們的適用範圍

1　參見李浩培：《李浩培文選》，法律出版社 2000 年版，第 502、513 頁。
2　參見李雙元、徐國建主編：《國際民商新秩序的理論構建：國際私法的重新定位與功能轉換》，武漢大學出版社 1998 年版，第 257-269 頁。
3　郭齊勇：《跨世紀學人文存　郭齊勇自選集》，廣西師範大學出版社 1999 年版，第 298 頁。
4　梁治平：《跨世紀學人文存　梁治平自選集》，廣西師範大學出版社 1997 年版，第 153、155 頁。

或為了達到總目的所選擇的方法。」[1] 法律成長本身就是處於不斷地妥協、調整的過程中，「每一合理的主題都會涉及某些曾經不協調的主題，每一不協調的主題也都會涉及某些曾經協調的主題。」[2] 法律理念則是社會文化中極其重要的一部分，是社會文化觀念中有關自由、公平、秩序、效率等基本價值和規則的認知、態度和取向，並且在所有的社會文化構成中無疑屬於最具解釋性和強制性力量的部分之一。歷史傳承、社會結構、生產方式甚至生存環境等的不同，都將帶來文化和法律理念差異，這也使文化和法律理念差異成為跨境商事交易中必然要面對的因素。[3]

法律是一個世俗的事業，首先是要解決問題的，否則不僅法律人活不下去，作為職業的法律也活不下去，因此法律是非常世故和功利的。但首先並非全部，法律同時也是對人的生活意義的尋求和理解，因此，法律就具有了另外的一面——非常人性的一面。法律保障人的權利，也是關注人，關注社會生活。研究一下法制史和文藝史會發現，文學中對人性價值的崇尚，其實是同步甚至先於現代法治意識的覺醒。文學名著為法律的各種人文價值提供了最好的倫理描述，將文學帶入對法律和秩序的屬性、正義與非正義、法律的人文背景等問題的分析，有助於法律倫理屬性研究。文學名著是發現法律價值、意義的媒介，[4] 法律制度不是抽象符號，法律制度運行效果對於法律文化具有重要影響。如果法律制度的運行效果不佳甚至與法律制度的目標和初衷相違，法律制度的功能和價值就會被扭曲和消解，進而影響公眾的法律信念。因此，國家機關及其工作人員奉公守法和嚴格執法，會對現代法律文化的形成、確立和發展產生良好示範作用。[5]

1　［法］霍爾巴赫：《自然政治論》，陳太先等譯，商務印書館 1994 年版，第 23 頁。
2　［美］本傑明・N. 卡多佐：《法律的成長法律科學的悖論》，董炯、彭冰譯，中國法制出版社 2002 年版，第 141 頁。
3　參見初北平：《「一帶一路」國際商事仲裁合作聯盟的構建》，載《現代法學》2019 年第 3 期。
4　參見沈明：《法律與文學：可能性及其限度》，載《中外法學》2006 年第 3 期。
5　參見高鴻鈞：《法律文化需要自己的「底盤」》，載《人民日報》，2015 年 7 月 13 日。

三、小結

　　公共政策不僅是一個國家根本利益的安全閥，也是一個國家價值、文化和制度的守護者。正是在這意義上，歐盟和加拿大堅守「文化例外」原則，即在國際自由貿易體制下，基於文化商品和服務的雙重屬性，將其排除在貿易自由化的談判之外，不適用於有關的自由貿易法律體制。[1] 文學作為跨境文化的重要組成，是洞悉跨境商事文化的基礎路徑。從文學作品進入，當然具有風險，此緣於文學作品如常識所認為的，總包含虛構、想像成分，其所建構的人物、事件、情節等，常可能留有作者主觀世界的印記。而針對上述作品，在相關的文學研究中，已有學者指出這點，即儘管以原事件基本情形為依據，但作為豐富故事具體內容的某些素材具有「推測成分」，[2] 文化的生成與發展，總與當時的法律意識、區域利益相關聯，[3] 為此，在一定意義上，我國仲裁程序糾紛的司法審查所依據的制定法制度存在着嚴重的缺陷，主要是，立法歸類技術的欠缺；忽視當事人選擇仲裁的主要原因之一是能約定仲裁程序的合理期望；忽視仲裁必須遵循正當程序才有公信力的這種不同於協商或調解的關鍵性特徵。[4] 以不同文化視角，考察跨境商事交易，才能根本洞悉跨境商事的深層邏輯。

第七節　跨境合規與爭議解決

　　中國企業，尤其是中國走出去的企業在走出去的過程中，由於社會制度、法律、甚至是意識形態方面的差異、面臨着嚴峻、巨大的合規風險。

1　參見何其生、張喆：《國際自由貿易中的「文化例外」原則》，載《公民與法》2012 年第 5 期。

2　參見張寧：《中國現代文學中的離婚敘事》，西北師範大學文學系中國現當代文學 2009 年碩士學位論文，載中國優秀碩士論文全文數據庫，第 41-46 頁。

3　參見韓起祥：《劉巧團圓》，高敏夫記錄，海洋書屋 1947 年版，第 146-147 頁。

4　參見張聖翠：《仲裁程序爭議司法審查制度比較與借鑒》，載《上海財經大學學報（哲學社會科學版）》2017 年第 2 期。

諸多跨境商事爭議，在個中邏輯中，合規應然為必須直面的問題。所謂的跨境合規，是指其在進行跨國投資和經營活動中，不僅要掌握並遵守駐在國家（法域）的法律法規，尤其是其禁止性規定，還要在經營中注重防範違背當地的民風傳統、宗教信仰等文化因素而導致的道德風險等。[1]跨境企業日常合規包括但不限於勞工權利保護、環境保護、數據和隱私保護、知識產權保護、反腐敗、反賄賂、反壟斷、反洗錢、反恐怖融資、貿易管制、財務稅收等方面的具體要求。

　　跨境企業「要在走出去過程中不斷成長為卓越企業，必須重視跨境合規問題。」[2]經濟的全球化意味着企業所面臨的制裁風險的全球化。也就是說，企業不僅可能面臨國內法的制裁，還可能受到其他國家或國際性組織的禁止或命令性規範的規制。[3]在瞬息萬變的全球商業環境下，跨境企業開展全球合規計劃已成為緊迫訴求。對於跨境企業，對外貿易、境外投資、海外運營、海外工程建設、對外勞務合作等不同的海外業務所面臨的合規要求及風險亦各有不同。其中，尤以在其他國家或地區運營子公司等投資實體的「跨國企業」所面臨的海外運營合規管理問題最為嚴峻：首先，作為設立在特定國家或地區的實體，該企業的子公司或分支機構需要遵守該國家或地區的全部法律規範、商業或道德規則，且這些規範或規則不僅因某個地區的立法、社會政治環境而異，通常也會因行業和企業性質而異，例如中國航油（新加坡）股份有限公司高管入獄一案所反映出的，對於上市公司信息披露、高管職責有別於非上市公司的特殊監管；此外，海外投資實體的運營相對於其他海外業務往往具有長期性，通常不會在短時間內退出，這就要求該海外投資實體始終保持管理和運營的合規狀態，無疑對境內的母企業提出了更大的挑戰。[4]跨境企業或者其他組織體基於跨境思

1　參見盧茹彩：《跨境合規經營受中國企業重視》，載《今日中國》，2021 年 8 月 4 日。

2　盧茹彩：《跨境合規經營受中國企業重視》，載《今日中國》，2021 年 8 月 4 日。

3　參見李本燦：《刑事合規的制度邊界》，載《法學論壇》2020 年第 4 期。

4　參見《中國企業跨境合規管理：企業跨境合規風險及典型案例》，https://www.chancebridge.com/research/475.html，2020 年 3 月 14 日。

維，必須在法定框架內，結合組織體自身的組織文化、組織性質以及組織規模等特殊因素，設立一套違法和犯罪行為的預防、發現及報告機制，從而達到減輕或免除責任的訴求。[1]

一、合規一般原則

合規的本質是一個由靜態的制度內化為人的觀念，再由觀念指導行為的過程。從某種意義上來說，其是一門科學，是法學、管理學、經濟學、心理學等共同研究的對象。企業合規風險並不等於企業經營中的法律風險，即企業合規風險並非企業經營風險。合規中「規」的含義基本可以概括為：法律法規、監管政策與行業慣例、企業內部規章制度、企業普遍遵守的商業倫理，國有企業還有黨法黨規。法律風險按照法律門類可以概括為：法律環境變化風險、違規風險、違約風險、侵權風險、怠於行使權利的風險、行為不當的風險。合規和法律風險存在交集的是法律法規，廣泛意義上，監管的政策也可以被納入法律範疇。其他內容則沒有關係，比如違反企業規章制度不是法律風險，而怠於行使權利、一般性的違約、行為不當等法律風險也不是合規風險，[2]2018 年 11 月 2 日，國務院國有資產監督管理委員會印發《中央企業合規管理指引（試行）的通知》（以下簡稱《指引》），即國資發法規〔2018〕106 號，[3]該《指引》第二條明確規定：

> 合規，是指中央企業及其員工的經營管理行為符合法律法規、監管規定、行業準則和企業章程、規章制度以及國際條約、規則等要求。合規風險，是指中央企業及其員工因不合規行為，引發法律責任、受到相關處罰、造成經濟或聲譽損失以及其他負

1　參見李本燦：《企業犯罪預防中合規計劃制度的借鑒》，載《中國法學》2015 年第 5 期。

2　參見《合規管理與法律風險管理的區別與整合之一——三大區別》，http://www.360doc.com/content/18/0520/10/22551567_755392748.shtml，2018 年 5 月 20 日。

3　各地國有資產監督部門相繼出台相關指引，譬如江蘇省政府國有資產監督管理委員會出台《省屬企業合規管理指引（試行）》2019 年 11 月 8 日。2017 年 12 月，國家標準《合規管理體系指南》正式發佈，2018 年 7 月 1 日起實施。該指南的發佈與實施是我國企業管理領域取得的一次重大進步，也為我國企業國際化發展提供了重要基礎性制度保障。

面影響的可能性。合規管理，是指以有效防控合規風險為目的，以企業和員工經營管理行為為對象，開展包括制度制定、風險識別、合規審查、風險應對、責任追究、考核評價、合規培訓等有組織、有計劃的管理活動。

狹義上的合規僅指反賄賂合規，廣義的合規包括反賄賂合規、反壟斷合規、知識產權合規、稅法合規、數據保護合規、勞動法合規、刑事合規等方面。合規管理的目的就是通過建立一套機制，使公司能夠有效識別、評估、監測合規風險，主動避免違法違規行為發生，從而免受法律制裁或財務、聲譽等方面的損失，防範操作風險。[1]《指引》即採用廣義概念，其確定的合規管理重點領域為：（一）市場交易。完善交易管理制度，嚴格履行決策批准程序，建立健全自律誠信體系，突出反商業賄賂、反壟斷、反不正當競爭，規範資產交易、招投標等活動；（二）安全環保。嚴格執行國家安全生產、環境保護法律法規，完善企業生產規範和安全環保制度，加強監督檢查，及時發現並整改違規問題；（三）產品質量。完善質量體系，加強過程控制，嚴把各環節質量關，提供優質產品和服務；（四）勞動用工。嚴格遵守勞動法律法規，健全完善勞動合同管理制度，規範勞動合同簽訂、履行、變更和解除，切實維護勞動者合法權益；（五）財務稅收。健全完善財務內部控制體系，嚴格執行財務事項操作和審批流程，嚴守財經紀律，強化依法納稅意識，嚴格遵守稅收法律政策；（六）知識產權。及時申請註冊知識產權成果，規範實施許可和轉讓，加強對商業祕密和商標的保護，依法規範使用他人知識產權，防止侵權行為；（七）商業夥伴。對重要商業夥伴開展合規調查，通過簽訂合規協議、要求作出合規承諾等方式促進商業夥伴行為合規；（八）其他需要重點關注的領域。因此，實踐中對合規的認定亦多採用「大合規」概念，涵蓋各個門類。

跨境合規規則首先是作為一種強勢的意識形態和文化形態而存在，它

1　參見朱昌明：《從中興事件看企業合規的重要性》，載中國律師網，2018 年 4 月 27 日。

作為一種最具有說服力的解釋體系，已經系統性地滲透到了當代人類生活的方方面面。[1] 人類的建構理性並無法窮盡實踐活動的全部，社會性的建構往往呈現出一種探索和試錯的模式，一步一步地走，仔細地把預想的結果同已取得的結果相比較。[2] 現階段，僅有 35% 的調查企業重視合規部門的設立。合規部門最核心的「獨立性」地位問題，則僅有 17% 的受訪企業表示比較重視。企業合規機制的缺位、缺漏以及運行失效，導致的直接後果就是企業及其管理人員直接暴露在刑事法律風險下，給企業和高管理下巨大人身自由以及財產損失的隱患。[3]

《指引》第 17 條規定：企業建立健全合規管理制度，制定全員普遍遵守的合規行為規範，針對重點領域制定專項合規管理制度，並根據法律法規變化和監管動態，及時將外部有關合規要求轉化為內部規章制度。企業合規的終極目標是確保企業合規經營，保障企業經營目標得以實現。協調與融合是企業合規永恆的話題。企業合規管理須根植於企業業務和管理，需要與企業其他職能管理及業務體系有機融合，協調統一。（參見圖 1）[4]

實踐中，跨境企業必須重視自身合規評估，在合規風險評估工作中最為常用的一項工具是風險矩陣（risk matrix）或風險熱圖（risk heat map 或 risk mapping）工具。風險矩陣圖能夠給企業提供針對風險可能性及其影響的全面的可視化圖表，有助於企業通過調整風險管理資源的優先級來提高其風險管控與治理能力，具體而言，風險優先級化可幫助企業將時間與財力集中在熱圖上顯示最有可能造成危害的風險類別上。[5] 對於跨境電商

1　參見裴洪輝：《合規律性與合目的性：科學立法原則的法理基礎》，載《政治與法律》2018 年第 10 期。
2　參見［英］卡爾‧波普爾：《歷史決定論的貧困》，杜汝楫等譯，上海人民出版社 2009 年版，第 53 頁。
3　參見文茵：《企業家十大刑事法律風險之一：有效合規機制的欠缺》，載《新浪專欄》2020 年 1 月 2 日。
4　參見郭青紅：《新形勢下的合規要點》，載《匯業法律觀察》，2018 年 7 月 2 日。
5　參見 French Anti-Corruption Agency Guidelines to help private and public sector entities prevent and detect corruption, influence peddling, extortion by public officials, unlawful taking of interest, misappropriation of public funds and favouritism, version 12-20.

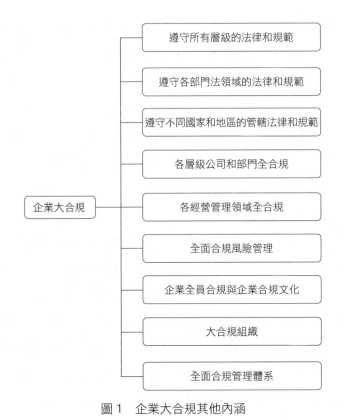

圖 1　企業大合規其他內涵

企業尤其應當建立合規風險識別與預警機制，可以使用風險矩陣、風險熱圖等工具，有利於全面系統梳理經營管理活動中存在的合規風險，對風險發生的可能性、影響程度、潛在後果等進行系統分析，對於典型性、普遍性和可能產生較嚴重後果的風險及時發佈預警。[1]

1　參見郭彬：《跨境電商涉嫌走私犯罪及企業合規》，http://www.148hb.com/crimeview/8641.html，2021 年 4 月 8 日。《中華人民共和國海關法》（2017 年修訂）第 46、47 條，個人攜帶的行李物品、郵寄進出口物品，應當以自用，合理數量為限；如果超出限度，則不再是海關法意義上的物品，而是貨物，構成走私罪，所謂「螞蟻搬家」方式具有累積性和沉澱數額巨大特點，可能會不經意間面臨刑事處罰。根據我國《海關法》規定，跨境電商所針對的徵稅對象，可以分為進出境貨物與進出境物品，進出境貨物具有貿易性質，數量較大；而進出境物品則是以合理自用為限，數量較小，但交易量頻繁。這兩者之間的徵稅內容，並不相同，進出境貨物的徵稅內容包括關稅、增值稅和消費稅，而進出境物品則只徵收進口稅。由於二者之間存在着一定的稅差，讓部分企業察覺到了套利空間，誘發了進行跨境電商的動機。

二、反賄賂合規及其他

從經濟學的角度看，合規與合目的性的統一就是把市場的效率和市場的道德統一起來，讓企業在追求財富最大化的過程中實現「至善」的目標。[1] 合規，其反映的是一種在價值中立和實事求是觀念支配下，對自然和社會經驗現象背後客觀規律的認知，它解決的是「是什麼」的問題，以「正確、真實」為評價標準。[2]

跨境企業的合規計劃對處理腐敗危機有着重要作用。跨境企業尤其應注意歐美法域中的「商業機構未能預防賄賂罪」，當事企業需要展示自身有充分的預防賄賂的制度和程序，並在整體上可以合理預防腐敗行為。一定意義上的企業合規核心是以反商業賄賂為核心。商業賄賂是一種利用社會公權力進行的腐敗行為。[3] 我國對單位犯罪的認定標準包括是否以單位名義實施和違法所得是否歸單位所有，[4] 我國刑法中的法人犯罪主要指單位犯罪，《中華人民共和國刑法》（以下簡稱《刑法》）總共包含 139 個可由單位構成的罪名。近三十年的單位犯罪立法演進和司法實踐，使得我國逐步形成了單位犯罪的法律體系。[5] 單位犯罪作為一種複雜的犯罪形態，具有社會危害性大、隱蔽性強、主體面廣等顯著特點。[6] 傳統法律救濟制度根基於法律責任的概念，而法律責任又與違法行為或先行行為密切相關，是基於違反了第一性義務而應承擔的不利後果。而在單位犯罪中，公權力所承擔的救濟責任卻已遠非如此。[7]

1　參見梁立俊：《合規律性與合目的性統一——對市場經濟的一個「美學」解讀》，載經濟管理網，2018 年 3 月 9 日。

2　參見［法］阿爾都塞：《讀〈資本論〉》，李其慶、馮文光譯，中央編譯出版社 2008 年版，第 30 頁。

3　參見何家弘：《中國腐敗犯罪的現狀評估》，載《現代法學》2014 年第 6 期。

4　參見黎宏：《單位犯罪中單位意思的界定》，載《法學》2013 年第 12 期。

5　參見黃曉亮：《論我國「單位犯罪」概念的摒棄——以域外比較為切入點》，載《政治與法律》2015 年第 3 期。

6　參見徐啟明：《淺議法人犯罪的刑事責任基礎》，載《瀋陽幹部學刊》2008 年第 2 期。

7　參見杜儀方：《從侵權法的局限性看合規藥品致害之國家責任》，載《政治與法律》2013 年第 7 期。

《指引》第 16 條明確規定：

> 強化海外投資經營行為的合規管理：（一）深入研究投資所
> 在國法律法規及相關國際規則，全面掌握禁止性規定，明確海外
> 投資經營行為的紅線、底線；（二）健全海外合規經營的制度、
> 體系、流程，重視開展項目的合規論證和盡職調查，依法加強對
> 境外機構的管控，規範經營管理行為。（三）定期排查梳理海外
> 投資經營業務的風險狀況，重點關注重大決策、重大合同、大額
> 資金管控和境外子企業公司治理等方面存在的合規風險，妥善處
> 理、及時報告，防止擴大蔓延。

2018 年 12 月 26 日國家發改委等七部門聯合發佈的《企業境外經營
合規管理指引》第九條要求企業在境外日常經營活動中，應該確保全方位
合規，並明確提出全方位合規包括反賄賂合規、反洗錢及反恐怖融資合規
和貿易管制合規。

英國《反賄賂法》規定企業採取「充分措施」防止賄賂行為的可以作
為抗辯事由，而美國司法部和證監會也將合規計劃作為考量因素之一，即
參考企業合規計劃的評估結果以決定是否信任企業的自我報告或是否起訴
該企業。[1] 甚至對於那些已經建立或者承諾繼續完善合規機制的企業，一些
西方國家逐步確立並實施暫緩起訴協議制度，與涉案企業達成有條件的和
解協議，在考驗期之內，涉案企業繳納罰款，建立或完善合規機制的，檢
察機關或者監管機構可以撤銷起訴。由此，企業合規機制的建立和完善，
可以成為檢察機關不起訴、法院不定罪或者減輕處罰的依據，甚至成為對
企業作出有條件不起訴的激勵機制。[2]

香港地區《防止賄賂條例》（第 201 章）規定了公共部門和私營部門

1　參見 Richard C. Rosalez, Weston C. Loegering and Harriet Territt, "The UK's Bribery Act and the FCPA Compared", in *American Bar Association Section of Litigation*（Jan. 2010）, http://www. americanbar. org/content/dam/aba/events/criminal_justice/2015/2015shanghai_BriberyAct_FCPA_Compared. authcheckdam. pdf.

2　參見陳瑞華：《企業合規制度的三個維度》，載《比較法研究》2019 年第 3 期。

的若干賄賂罪行。在公共部門，禁止以下行為：訂明人員（無論在香港地區還是其他地方）未經行政長官許可而索取或接受任何利益；為履行或不履行公職，或協助或妨礙任何人與公共機構間往來事務的辦理而向公職人員提供任何利益，或公職人員接受任何利益；為促成與公共機構訂立合約、撤回與公共機構訂立合約的投標，或在公共機構舉行的拍賣中不做競投而提供、索取或接受任何利益；與政府或公共機構進行事務往來時，向訂明人員或公職人員提供任何利益；以及現任或前任行政長官或訂明人員管有來歷不明的財產。新加坡的主要反賄賂立法《預防腐敗法》（PCA）涵蓋公共和私人賄賂，並針對受賄者和行賄者。禁止任何人（無論是獨立或與任何其他人合作）腐敗；給予、承諾或提供；或徵求、接受、同意接收，任何滿足作為誘因或獎勵或以其他方式的原因；任何人對任何事項或交易（無論是實際的還是提議的）做任何事情或忍耐；或公共機構的任何成員、官員或公務員，如涉及任何事項或交易（無論是實際或提議），或忍無可忍地做任何事情。[1] 德國《刑法》區分了公共部門和私營企業的賄賂行為。在公共部門，法律禁止公職人員、受託從事特殊公共服務職能的人和士兵支付和收受賄賂。通常禁止向公職人員付款，無論付款是否是為了領取福利。這是為了避免公眾誤解向公職人員支付報酬會獲得利益。如果罪行涉及「重大利益」或罪犯不斷支付或接受利益，其目的就是繼續實施此類罪行，就確立了嚴重賄賂罪。在私營部門，企業僱員或代理人不得要求、允許自己得到承諾，或在商業交易中為自己或他人接受利益，作為根據在競爭性購買商品或商業服務方面的不公平偏好考慮的問題。這同樣適用於在此背景下向這些人提供、承諾或給予此人的福利的任何人。[2] 上述規定，對於特定法域的跨境企業而言，屬於經營行為的紅線、底線。

　　跨境商事交易契約中普遍要求約定「反賄賂」條款，為此，精細化企

1　參見邁克爾·勞：《反賄賂和反腐敗指南：新加坡》，https://www.kwm.com/en/sg/knowledge/insights/anti-bribery-and-corruption-guide-singapore-20160801，2016 年 8 月 1 日。

2　參見斯蒂芬·施密特：《反賄賂和反腐敗指南：德國》，https://www.kwm.com/en/knowledge/insights/anti-bribery-and-corruption-guide-germany-20160801，2016 年 8 月 1 日。

業合規諮詢具有應然的價值，即以創造性的智慧和知識為企業提供風險應
對、賄賂核查、運營管理、合規審查、制度設計、評價考核等部分組成的
系統管理活動。諮詢分為診斷評價和動態督導兩個階段。第一個階段，即
診斷評價階段，這個階段找出企業存在的問題並分析問題產生的原因，律
師針對這些問題，設計完善方案，並提出合規諮詢報告；第二個階段，即
動態督導階段，這個階段由律師對企業的相關人員進行培訓，持續督導具
體完善方案的實施。[1]

三、小結

經濟全球化的發展，意味着跨境公司業務已經跨越了國界與法域，呈
現極度複雜性。亦意味着，公司已經形成了相對封閉的系統。[2] 儘管，合規
無法直接幫助企業創造商業價值，卻可以幫助企業避免重大的經濟損失。
使企業可以承擔更大的道德責任和社會責任，並樹立良好的社會形象，
獲得長久的商業信譽，從而實現可持續的業務增長。企業合規首先是一種
公司治理問題，屬於商事法和公司法研究的新課題；企業合規也涉及政府
監管部門對違法違規企業的監管、調查和處罰問題，涉及監管部門對建立
合規計劃的企業要不要作出寬大處理的問題，在行政法研究中具有重大意
義；企業合規還屬於重大的刑法課題，對於建立有效合規計劃的企業，檢
察機關可以放棄起訴、宣告無罪或者減免刑事處罰，這無論如何都構成對
傳統刑法理論的挑戰；企業合規還是刑事訴訟法中的最新課題，對於涉嫌
犯罪的企業已經建立合規計劃，或者承諾完善合規計劃的，檢察機關可以
與其簽署暫緩起訴協議，這顯然對傳統的刑事公訴制度構成重大挑戰。[3]

同時，合規之「規」不僅包括符合具有一般法律約束力的法定規矩，
更是指通過企業的主動內部自治符合行業規矩，包括普遍的道德規範和公

---

1 參見史源：《淺談律師精細化合規諮詢——從一個古老的故事說起》，載中國律師網，2020 年
 3 月 30 日。
2 參見李本燦：《刑事合規的制度邊界》，載《法學論壇》2020 年第 4 期。
3 參見陳瑞華：《企業合規制度的三個維度》，載《比較法研究》2019 年第 3 期。

序良俗；不僅包括企業外部的監管要求，也包括企業自身制定的行為規範。中資企業在境外要真正落實國內對境外企業的合規指引內容，實踐中必須考量：建立獨立的合規機制並保證溝通無障礙，合規培訓；內訓及外訓，完善員工準則及規章制度，設立定期及特殊事項內檢機制，設立警示線，加強知識產權保護，對商業夥伴加強合規調查並要求合規承諾等。[1]

第八節　跨境環保與合規

生態保護已經日益成為全球關注的重要日程。對於環保違規跨境企業的處罰，不僅涉及行政責任，民事責任，更關涉企業高管個人刑事責任，為維護跨境企業國際形象，更多跨境企業的股東，還可能涉及消除環境污染的強制業務，環境污染後恢復原狀的費用等。

> 一些企業在對外投資與貿易往來中，因為種種原因，往往忽視或輕視自身本應承擔的環境保護責任，最後不但被課以重罰，還從根本上制約了項目的可持續推進。[2]

由於我國經濟發展對資源的巨大需求，在一定時期，海外投資在一定程度上具有資源導向性。我國的跨境投資者已面臨過多起此類事件。在柬埔寨，當地政府曾因環境問題收回了中國投資者的森林採伐權。在納米比亞，由於當地和國際環境組織的抗議，一家中國公司的魚翅烘乾項目沒有得到政府批准。2011 年，紫金礦業被指沒有披露里奧布蘭科礦項目的重大環境和生態風險，當地的環境保護機構對紫金礦業當地公司及其高層處以重罰。中石油和中石化在蒙古、印度尼西亞、墨西哥及加蓬的某些項目

1　參見丁大寶：《從阿里巴巴被罰看中國企業合規以及跨境企業合規》，https://zhuanlan.zhihu.com/p/368038219，2021 年 4 月 26 日。

2　參見韓秀麗、徐鋼：《海外投資企業若輕視環境保護將面臨規制風險》，載《中國環境報》，2014 年 9 月 18 日。

亦都遇到了當地環保組織的抵制及政府環境規制方面的問題。[1]

　　不同國家的環境不同，因此跨境交易必然會涉及母國市場與東道國市場之間在經濟、環保、金融、市場、競爭、資產、人力資源、技術等方面的條件差異。成功的跨境投資需要在進入新市場時評估廣泛的諸多因素，GDP 增長、客戶需求、通貨膨脹率、利率、匯率、人口趨勢、批發零售網絡和銷售渠道、零部件與其他投入的當地供應及其進口、製造或供應成本、市場增長率、消費支出、公共補貼、公共基礎設施、教育資源、稅率等等。

> 跨境企業進行國際化經營，往往習慣了國內的思路，國際化早期難免會有一些僥倖或想當然的做法，但伴隨中國企業國際化的深化，國際化合規的問題應該深深地嵌入管理層的決策大腦之中。[2]

　　加強環境保護、走可持續發展道路是世界各國面臨的共同挑戰，跨境企業在商事交易中必須高度重視環保合規問題。

一、跨境環保

　　環境法根植於傳統法又有別於傳統法，包含着人類的自省精神同時彰顯着人類的首創精神。環境法以全新的法律思維、價值理念和制度設計衝擊着傳統法保守頑固的壁壘，又非單向度的否定和徹底的背叛，它是對傳統法學的矯正和批判性發展；環境法提出的許多理論觀念正在逐漸被整合到主流法學理論當中，從而為當代法學揭開了一幅混亂但充滿生機的法律世界圖景。[3] 有限的自然資源與人類發展的無限渴求之間始終存在着矛盾，這種矛盾始終應該以試錯的演化博弈方式來加以調和。文明的演化總是要

1　參見韓秀麗、徐鋼：《海外投資企業若輕視環境保護將面臨規制風險》，載《中國環境報》，2014 年 9 月 18 日。

2　參見屈麗麗：《全球化背景下的合規管理》，載中國經營網，http://www.cb.com.cn/gongyeyucaikuang/2018_0505/1234092.html，2018 年 5 月 5 日。

3　參見侯佳儒：《環境法興起及其法學意義：三個隱喻》，載《江海學刊》2009 年第 5 期。

遵循一個出現挑戰與應對挑戰的循環過程，而這需要博弈的順暢進行，讓其成果逐漸在規則和制度上固化。[1]

世界各國普遍開始重視環境生態保護。2015 年 12 月，《聯合國氣候變化框架公約》近 200 個締約方在巴黎氣候變化大會上達成《巴黎協定》，該協定為 2020 年後全球應對氣候變化行動作出安排，該協定將長期目標設為全球平均氣溫較前工業化時期上升幅度控制在二攝氏度以內，並努力將溫度上升幅度限制在 1.5 攝氏度以內。並逐步實現到本世紀下半葉實現溫室氣體淨零排放，即碳中和目標。歐盟、日本、韓國等先後承諾在 2050 年實現碳中和目標。[2] 現階段，歐盟的節能減排政策與國內跨境電商業已能直接掛鈎，是因為在歐盟的碳零排放計劃刺激下，未來我國跨境出口產品在歐洲市場上將面臨更嚴苛的進口質檢標準與環保要求。同時，新冠疫情使得人們意識到環保和可持續發展的重要性，歐洲客戶在消費需求層面上將會更偏向於綠色環保、低碳的產品。[3]

世界各國一方面重視跨境生態環境保護領域更廣泛的合作共識和更廣闊的合作空間，在污染治理、野生物保護、生態信息共享等領域的合作邁上新台階。[4] 另一方面致力於內國環境法的細化與執行。諸如，澳大利亞環保法律法規的條款即很精細，可操作性很強。突出特點是重視預防，有關許可制、環境影響評價、污染企業自我監控等法律措施和制度都是着眼於事前控制的，有關預防措施的內容佔法律條款的絕大多數，而有關事後懲罰措施則處於法規中不顯眼的位置。比如對於採礦者，政府不僅要求他們在開礦前要考慮到採礦對周圍動植物和人居的影響，還要求開採者要拿出礦山開採後的治理計劃，即廢礦場地的「恢復」計劃，採礦主在開礦前必須交納「恢復」廢礦的成本。維多利亞州的《環保收費法規》，條款多達

1　參見劉淄川：《歐美環保制度的演化》，載《經濟觀察報》，2015 年 3 月 23 日。

2　參見耿強：《「碳中和」的背景及對中國經濟產業的影響》，載《新華日報》，2020 年 12 月 28 日。

3　參見跨境阿米 Show：《歐洲跨境新藍海：碳零排放環保產品　歐盟碳零排放背後商機解讀》，https://www.163.com/dy/article/FUL13M54053678EF.html，2020 年 12 月 24 日。

4　參見王琳：《中俄專家建言「跨境環保」：攜手保護界江生態環境》，載中國青年網，2017 年 5 月 20 日。

百餘條，從收費種類、標準、單位、計算公式到最大排污允許量、交費流程、費用減免等，都規定得十分詳細。僅垃圾填埋就按照廢物種類和數量列出了 16 個層次的收費水平，每個層次收取若干個「費單位」，「費單位」由垃圾填埋成本確定。每個「費單位」的具體金額由當年物價水平確定。這樣的規定可操作性強，避免了執法的主觀性、隨意性，減少了執法過程中的摩擦。[1]

　　各國的環保法庭具有明確的受案範圍且具有很強的針對性，一般包括環境污染、自然資源利用、土地利用和規劃、環境許可證等方面的糾紛，但也有國家只受理環境案件中的一種或幾種。澳大利亞土地和環境法庭主要受理涉及強制徵用土地的評估及補償案件、涉及環境規劃和保護執行案件、對輕微環境刑事案件的建議管轄、地方法院已經定罪的刑事上訴案件。瑞典地區環境法庭只受理與環境、水資源有關的案件。[2]

　　在跨境環保案件中，廣東省地方法院受理了一大批行政、刑事、民事環保案件，突出表明生態環境仍是粵港澳大灣區最大的短板：這裏每一萬美元 GDP 用水量為 214.47m^3，比東京灣區高 30%；單位 GDP 能耗是其他三大灣區的兩倍左右；空氣質量水平差距明顯，PM2.5 年均濃度是同期國際一流灣區水平的三倍左右；地表水黑臭水體佔比 8.9%。大灣區生態環境保護應涵蓋大灣區面臨的主要跨境生態環境問題，包括大氣、河流、海洋、固廢、生物多樣性等。[3] 但由於港澳地區與內地的政治體制不同，其立法、行政、司法等體制和程序都有所不同，具體案件的審理以及《粵港澳大灣區生態環境保護規劃》的制定和執行，乃至大灣區的整體跨境保護必然要考慮該種差異，注意協調和可操作性。這種特殊的跨境合作，既不同於內地省份、城市之間的合作，更不同於國際合作。大灣區要實現綜合性

1　參見李琳：《澳大利亞對外國企業有哪些環保方面的限制》，http://www.newsijie.com/touzi/haiwai/dayangzhou/zhengce/2015/0504/18684.html，2015 年 5 月 4 日。

2　參見李賢華：《域外環保法庭制度簡述》，載《人民法院報》，2016 年 10 月 21 日。

3　參見張誠：《地球的一半，以跨境合作，保護粵港澳大灣區生態環境》，載澎湃新聞，2019 年 8 月 31 日。

可持續發展，其生態環境保護目標不應是孤立的，而應圍繞大灣區整體經濟社會可持續發展設立，既體現約束性，也體現相關性和保障性；應協調粵港澳設立清晰、具體的子目標和階段性目標。[1]

二、跨境環境合規

跨境環保建立於人類廣泛環境倫理基礎之上，環境法以環境倫理為依託的轉向還涉及環境法律道德化的問題。法律和道德作為社會調控的方式，應然會出現融合的傾向，即法律道德化和道德法律化的傾向。關於道德更多表現為一種約束義務性規範，哲學家阿多諾曾深刻指出：「任何道德法則都具有否定自由的被給予性。」[2] 環境倫理在本質上要求抑制人類私慾，突出自然規律、生態原則的決定性意義，這也是眾多自然科學領域學者在研究生態修復規範化運作問題時所提出的關鍵原則之一。[3] 現代社會中，一種普遍化的道德必然是一種規範化的「底線倫理」。[4]

法律所強調的秩序均為社會秩序，社會秩序是指人們交互作用的正常結構、過程或變化模式，非社會秩序是指事物的位置所在、結構狀態或變化模式。[5] 環境合規需要確定一系列的正義原則，在環境利益差異的社會結構中作出理性選擇，達成公平正義的分配契約，確定環境利益最低共識的公共理性，在各環境利益衝突的主體之間達到一個恰當的平衡。[6] 為此，跨境環境合規的主要內容以及關鍵組成，即在於刑事責任的考量與邏輯安排。

1　參見張誠：《地球的一半，以跨境合作，保護粵港澳大灣區生態環境》，載澎湃新聞，2019 年 8 月 31 日。

2　［德］阿多爾諾：《否定的辯證法》，張峰譯，重慶出版社 1993 年版，第 28 頁。

3　參見焦士興：《關於生態修復幾個相關問題的探討》，載《水土保持研究》2006 年第 8 期。

4　參見何懷宏：《底線倫理》，遼寧人民出版社 1998 年版，第 8 頁。

5　參見卓澤淵：《法的價值論》，法律出版社 1999 年版，第 97 頁。

6　參見李亮、高利紅：《論我國重點生態功能區生態補償與精準扶貧的法律對接》，載《河南師範大學學報（哲學社會科學版）》2017 年第 5 期。

現代刑法試圖忽略被害人和犯罪人之間的利害關係而迴避複雜的社會現實。所以，現代刑法沒有意識到被害人向刑事司法機關的報告經常意味着尋求解決他們與犯罪人之間的矛盾衝突，而不僅僅是為了懲罰……所以保護被害人不僅僅意味着立刻阻止和評價犯罪行為，而且還應當試圖在具體的社會情境下解決被害人和犯罪人之間的衝突。[1]

在江蘇省南京市鼓樓區人民檢察院訴南京勝科水務有限公司、ZHENGQIAOGENG（鄭巧庚）等 12 人污染環境刑事附帶民事公益訴訟案中，[2]2014 年 10 月至 2017 年 4 月，勝科公司多次採用修建暗管、篡改監測數據、無危險廢物處理資質卻接收其他單位化工染料類危險廢物等方式，向長江違法排放高濃度廢水共計 284,583.04 立方，污泥約 4362.53 噸，危險廢物 54.06 噸。經鑒定，勝科公司的前述違法行為造成生態環境損害數額合計約 4.70 億元。江蘇省南京市鼓樓區人民檢察院於 2018 年 1 月提起公訴，指控被告單位勝科公司、被告人 ZHENGQIAOGENG（鄭巧庚）等 12 人犯污染環境罪，並作為公益訴訟起訴人於 2018 年 9 月提起刑事附帶民事公益訴訟，請求判令被告勝科公司承擔生態環境修復費用。附帶民事公益訴訟案件，經江蘇省南京市玄武區人民法院調解，江蘇省南京市鼓樓區人民檢察院與勝科公司、第三人勝科（中國）投資有限公司（以下簡稱勝科投資公司，係勝科公司控股股東）簽署調解協議，最終確認勝科公司賠償生態環境修復費用現金部分 2.37 億元，勝科投資公司對前述款項承擔連帶責任，並完成替代性修復項目資金投入不少於 2.33 億元，用於環境治理、節能減排生態環保項目的新建、升級和提標改造。該案中，第三方勝科投資公司係基於股東社會責任等考慮，主動加入附帶民事公益訴訟案件的調解中並承擔環境修復費用，為調解方案的執行提供了

1　Dieter Rossner, "Mediation as a Basic Element of Crime Control", in *Buffalo Criminal Law Review*, vol. 3:213, 1999, Netherlands.

2　參見最高人民法院 2020 年 5 月 8 日，為最高法院、公安部督辦環境污染案件，影響巨大。

有力保障。[1]

　　2019 年 5 月 7 日，法院向檢察機關轉達勝科水務公司提出民事公益訴訟案件的調解申請，其控股股東勝科投資公司出具擔保函。公益訴訟起訴人綜合考慮實際情況，尋求保護公益「最優解」，同意調解意見。創造性同意增加第三人勝科投資公司作為賠償義務人，採取「現金賠償 ＋ 替代性修復」方式，經 35 輪 50 餘次磋商，科學確定 4.7 億總額的調解方案。2020 年 2 月 7 日，該調解書生效。第三方參與調解，有助於進一步提高調解的效率和執行基礎，進一步擴大了環境法程序的社會影響力並加強了教育作用。在附帶民事訴訟審理過程中，人民法院應當統籌社會力量，健全完善調解機制，推動形成防範化解社會矛盾的整體合力，在查明事實、分清是非的基礎上，積極探尋當事人個人利益與生態環境保護的根本利益的交匯點，在依法保障個人合法權益，促成和解的同時，注重環境治理、修復，向環境保護主管部門發出司法建議，促進了司法與行政執法的有機銜接，共同強化對生態環境的保護力度。[2]

　　環境犯罪刑事附帶民事賠償的調解，並不能當然替代具體法定代表人及負責人個體刑事責任，為此跨境企業刑事環境合規，必須被高度重視。實踐中環境合規指數是一重要參考指標體系，其站在企業管理者、監管部門、利益相關方、金融機構、公眾等多方使用者的角度，客觀反映企業的環境合規管理水平及其變化趨勢，實現對環境合規風險的量化、分析、比較和預測的目的，使其可成為評價企業環境合規能力的重要依據。[3]跨境企業，為最大程度避免環境爭議、爭端、法律責任，日常環保合規管理應當注意以下問題：1. 環境管理機構、管理制度、管理人員狀況及環境管理責任是否明確；2. 建設項目環評許可和排污許可是否符合法律規定；3. 大氣污染物和水污染物排放環節、排放口、排放種

1　參見《南京市中級人民法院刑事裁定書》（2019）蘇 01 刑終字 525 號。
2　參見《最高人民法院公佈十起環境侵權典型案例》，載《人民法院報》，2015 年 12 月 30 日。
3　參見李曉媛：《企業環境合規指數的構建與發展》，載《環境與發展》，2020 年第 2 期。

類、排放量、排放濃度、污染防治設施設備、污染處理工藝現狀及是否符合環評、排污許可、法律規定；4. 噪聲污染的產生環節、排放情況、污染防治設施設備、污染處理工藝現狀及是否符合環評、排污許可、法律規定；5. 固體廢物及危險廢物的產生、貯存、運輸、處置、管理等各個環節的現狀及是否與申報情況及管理計劃相符、是否符合法律規定；6. 危險化學品管理是否符合法律規定；7. 環保安全距離是否符合環評和法律規定。[1]

三、小結

　　跨境環保法律是對外部條件的被動反應，而跨境環保合規是為增強公司的市場地位，對不同法域規定的主動應對，亦是對人類環境倫理的尊重。奧利弗根據資源依賴理論，歸納了組織各種潛在應對策略的可能性，包括遵循、妥協、迴避、反抗和操縱五種類型，強調組織選擇自利策略性應對方案的可能性。[2] 跨境環保合規，尤其在刑事合規，最大程度上體現跨境企業管理水平和跨境爭議管理水準，並影響企業的可持續發展水平。

　　應當指出，在成本角度，跨境企業應將合規成本和不合規成本進行鑒別，不難得出遵守環境法律的成本包括支付檢查和審計費用、購買政府批准的污染監測設備，較於對污染單位徵稅、民事責任、刑事責任承擔的成本，孰輕孰重。

1　參見吳青、樂清月：《合規創造價值：上市公司的環保合規怎麼做》，https://www.kwm.com/zh/cn/knowledge/insights/what-about-the-environmental-compliance-of-listed-companies-20180516，2018 年 5 月 17 日。

2　參見［美］斯科特：《制度與組織——思想觀念與物質利益》，中國人民大學出版社 2010 年版，第 178-184 頁。

第九節　跨境數據安全與爭議解決

當今時代，在一定意義上，數據已成為經濟發展的重要驅動力。電子商務、數字貿易等在全球範圍加快發展，無紙化方式在國際貨物貿易和服務貿易中得到廣泛應用，大量數據在不同國家間頻繁跨境流動。大規模、高頻率的跨境數據流動，一方面提高了人們的工作生活效率，有力促進了經濟全球化；另一方面也帶來突出的數據傳播風險，對國家信息安全、網絡安全構成新挑戰。[1] 數據安全亦與跨境商事爭議緊密關聯。

數據是人類發明的一種符號，不因人的認識不同而不同，因此客觀性強；而信息則是符號所反映的內容，強調的是人對於數據的認識，因而具有一定的主觀性。[2] 數據與信息本質代表着不同的內涵：「信息是指主體對事物運動的狀態及變化方式的認識和表達」；數據的本質則是以 0 和 1 的組合而表現出來的比特形式。數據是信息在計算機和網絡世界傳播的媒介與載體。作為對特定事物狀態的描述，信息往往是唯一的，但其載體和傳播媒介是多樣的。即便是在網絡環境下，因觀測設備、視角和編碼方式等的差異，就同一信息所形成的數據也可能有很大的不同。而以數據為客體，數據財產權也並不意味着對信息的壟斷，不否認他人以其他媒介或數據獲取相應信息的權利。[3]

跨境數據在跨境商事交易環節中涉及諸多待解決的問題，包括數據安全、數據的權屬、數據的流動、數據的商業化應用、數據商業價值的利益歸屬以及數據的刪除等。

一、跨境數據保護、數據安全

數據是由人類自己所創造，個人數據作為一種資源，具有再生性與非

1　參見石靜霞、張舵：《積極參與制定跨境數據流動規則》，載《人民日報》，2018 年 6 月 5 日。
2　參見申衛星：《論數據用益權》，載《中國社會科學》2020 年第 11 期。
3　參見雷震文：《數據財產權構建的基本維度》，載《中國社會科學報》，2018 年 5 月 16 日。

競爭性的特點。再生性使得個人數據的規模呈不斷擴張的態勢，而非競爭性則使得個人數據可反覆使用，並供不同的主體共享。尤其是，雖然相應的數據是因個人的行為或活動而產生，但是，此類數據不僅涉及公民個人隱私、財產或其他個人信息等方面的權益與控制處理主體〔也稱控制者與處理者（controller and processor）〕對數據的控制、分析與使用的權益，而且涉及數據科技產業的行業性利益與整個互聯網經濟發展佈局的利益；此外，還可能涉及公共安全與國家安全等方面的利益。[1] 個人信息在本質上體現為個人人格尊嚴和自主決定，因此權利人對業已公開的個人信息享有支配權。具體而言，數據收集者、處理者在收集處理個人信息時應當滿足知情同意規則的要求，並遵循合法、正當、必要的原則。[2] 大數據的核心價值和功能是預測，通過將數學算法運用到海量的數據上，大數據分析能夠洞察並預測事情發生的可能性。[3] 大數據時代的數據挖掘、商業智能、追溯集成等技術給個人信息保護帶來了巨大挑戰，加強個人信息保護在大數據時代顯得尤為迫切。[4]

信息性隱私權則強調個人對信息的使用、加工和轉移享有控制權，屬於積極權利的範疇。[5] 從國外的實踐看，不少國家都通過立法保護個人信息安全，從隱私保護的政策框架、數據保存與處理的安全責任、事後審查等方面對數據收集的民主化進行了規定。[6] 2018 年 5 月 25 日，歐盟出台了《通用數據保護條例》（General Data Protection Regulation，簡稱 GDPR）。該條例在歐洲國家和地區的適用範圍極為廣泛。根據該條例第 20 條的規定，數據主體有權獲取「經過整理的、普遍使用的和機器可讀

1　參見勞東燕：《個人數據的刑法保護模式》，載《比較法研究》2020 年第 5 期。

2　參見楊東、吳之洲：《數據抓取行為的法律性質》，載《中國社會科學報》，2018 年 12 月 6 日。

3　參見侯佳《司法大數據的應用與多元化解機制的構建》，載《人民法院報》，2017 年 12 月 22 日。

4　參見史衛民：《大數據時代個人信息保護的現實困境與路徑選擇》，載《情報雜誌》2013 年第 12 期。

5　參見趙康：《數據泄露折射隱私權保護問題》，載《中國社會科學報》，2018 年 11 月 8 日。

6　參見 Ira S. Rubinstein, *Privacy and Regulatory Innovation: Moving Beyond Voluntary Codes*, 6 J. L. & Pol'Y Info. Soc'Y 356, 357(2011).

的」個人數據，有權「無障礙地將此類數據從收集其數據的控制者那裏傳輸給其他控制者」。[1] 違規企業將被處罰以 1000 萬歐元或全球營業收入的 2%（兩者取其高），嚴重者處罰以 2000 萬歐元或全球營業收入的 4%（兩者取其高）。因此，跨境企業必須要做好數據保護方面的審查工作。[2]

英國發佈的《數據保護法案（草案）》強化了「知情同意」制度，並對個人同意增加了許多新條件。[3] 由此，「知情同意」是當今世界使用數據信息的主要模式之一，是個人信息保護法的一項基本原則，其通過對信息主體與信息收集者雙方履行「知情同意」的強制性程序來制衡處於強勢地位的信息收集者。[4]2018 年 6 月，美國加利福尼亞州頒佈了《加州消費者隱私法》（又稱 CCPA），基於諸多知名的互聯網企業如谷歌、Facebook 等位於加州，該法在美國的推行使得 CCPA 可以對標歐盟的 GDPR。美國聯邦貿易委員會也認為：「信息掌握在消費者手中，能夠提高其合理購買的決策能力，這是我們經濟體系的基本原則，對於經濟的有效運作來說，絕對必要。」[5]

2021 年 6 月 10 日第十三屆全國人民代表大會常務委員會通過《中華人民共和國數據安全法》（自 2021 年 9 月 1 日起施行），該法第二條明確規定：

> 在中華人民共和國境內開展數據處理活動及其安全監管，適用本法。在中華人民共和國境外開展數據處理活動，損害中華人民共和國國家安全、公共利益或者公民、組織合法權益的，依法追究法律責任。

第 19 條同時規定：

1　參見《歐洲一般數據保護條例》，丁曉東譯，http://www.calaw.cn/article/default.asp?id=12864，2018 年 9 月 5 日。

2　參見丁大寶：《從阿里巴巴被罰看中國企業合規以及跨境企業合規》，https://zhuanlan.zhihu.com/p/368038219，2021 年 4 月 26 日。

3　參見 Philip Hacker & Bilyana Petkova, *Reining in the Big Promise of Big Data: Transparency, Inequality, and New Regulatory Frontiers*, 15 Nw. J. Tech. & Intell. Prop. 1, 12(2017).

4　參見江江帆、常宇豪：《個人信息保護中「知情同意」適用的困境與出路》，載《經濟法論壇》，法律出版社 2018 年版，第 46-64 頁。

5　參見 John Frank Weaver, *Artificial Intelligence and Governing the Life Cycle of Personal Data*, 24 Rich. J. L. & Tech. 2, 9(2018).

國家建立健全數據交易管理制度，規範數據交易行為，培育數據交易市場。從事數據交易中介服務的機構提供服務，應當要求數據提供方說明數據來源，審核交易雙方的身份，並留存審核、交易記錄。

從立法精神角度，在個人數據的問題上，以同意機制為基礎的法律保護框架，顯然是將對個人數據的保護責任主要放在數據主體而非控制者與處理者之上，一旦數據主體表達同意，後續的風險及其結果便要由數據主體來承擔。問題在於，在數據的商業化流動中，商業性利益主要由收集、保管與使用數據的控制者與處理者所享有，包括泄露與濫用的相應風險本身也是由其所創設，控制者與處理者不可能置身事外。[1]

因此，在全球數據治理中，圍繞個人、企業和主權國家這三大至關重要的主體，產生了諸多問題，從而使當前全球數據治理面臨兩方面挑戰：一方面是個人與個人、企業與企業、主權國家與主權國家等同一主體之間的數據權益或主張衝突；另一方面則是個人、企業與主權國家等不同主體之間圍繞數據權益產生的衝突。[2] 此前，數據安全解決方案比如數據泄密防護，對象是局部的、受限的、確定的，而大數據時代，也許那些原本毫不起眼甚至毫無價值的數據，因其積聚從量變到質變，也必須要成為受保護對象。[3]

應該指出，發達國家基於科技先發優勢，較早認識到數據流動對經濟社會發展的作用，建立了對自己有利的跨境數據流動規則。發展中國家由於技術上處於追趕階段，在跨境數據流動規則制定上更多處於防禦地位。[4] 如果說英美法系的判例法傳統代表了經驗主義哲學視野下的「進化理性」，其強調制度（包括道德、語言、法律）是以累進的方式，在不斷的試錯中進化而來的，那麼，中國法所具有的制定法特徵，就更為傾向一種

1　參見勞東燕：《個人數據的刑法保護模式》，載《比較法研究》2020 年第 5 期。
2　參見蔡翠紅、王遠志：《全球數據治理：挑戰與應對》，載《國際問題研究》2020 年第 6 期。
3　參見劉英團：《大數據時代亟待補齊法律短板》，載《法制日報》，2014 年 9 月 18 日。
4　參見石靜霞、張舵：《積極參與制定跨境數據流動規則》，載《人民日報》，2018 年 6 月 5 日。

「建構理性」，其更為注重通過人的理性來對社會制度予以設計把控。[1]

二、跨境數據合規

　　跨境指的是從一個法域到另一個法域，數據總是朝集約、高效的方向發展，雲計算作為一種通過網絡提供計算資源，可根據用戶需求來擴大或縮小規模的效用服務，已經逐漸成了企業出海背後的助推器，讓「一切」運行在雲端，企業可以更好地輕裝上陣，集中精力做產品、做服務。雲計算也僅是企業數據跨境流動的一個集中領域，而在企業全球化佈局中，有個因素正在掣肘着企業的出海之路，那就是數據跨境傳輸（international data transfers）困局。[2]「數據跨境流動」（transborder data flows）一詞較早來源於經濟發展與合作組織（OECD）頒佈的《關於隱私保護和個人數據跨境流動的指南》。依照我國的法律、法規以及規範性文件，「數據跨境流動」一詞在相關法律性文件中的相關表述為「個人信息和重要數據」「向境外提供」[3]，數據跨境流動的主要風險是指在廣義的法律適用層面下可能產生的相關風險，可概括為違法風險、違規風險、違約風險與其他風險。[4]根據《最高人民法院、最高人民檢察院關於辦理侵犯公民個人信息刑事案件適用法律若干問題的解釋》（2017 年），非法獲取、出售或者提供公民個人信息的，可能構成侵犯公民個人信息罪。為此，跨境電商企業數據合規是電商企業所面臨的重要議題，而作為保障法的刑法如何參與數據合規治理也是近年來刑事合規理論研究的熱點。跨境司法訴訟，在性質上歸屬於事後性規制。它是指受算法決策影響的人認為算法決策機制存在歧視性影響時，向法院提起訴訟，要求算法作出者改變決策，並承擔損失

1　參見張志銘：《轉型中國的法律體系建構》，載《中國法學》2009 年第 2 期。

2　參見姜斯勇：《全球視野下的數據跨境流動合規》，http://www. minton-lawyers. com/page10?article_id=147，2019 年 9 月 19 日。

3　參見《中華人民共和國網絡安全法》（2016 年）第 37 條，關鍵信息基礎設施的運營者在中華人民共和國境內運營中收集和產生的個人信息和重要數據應當在境內存儲。因業務需要，確需向境外提供的，應當按照國家網信部門會同國務院有關部門制定的辦法進行安全評估。

4　參見陳巍：《金融數據跨境流動的治理維度與合規路徑——以近期證券市場案例為視角》，載《東方律師》，2017 年 7 月 4 日。

的機制，實踐中形成了不同待遇審查和差異性審查兩種基本模式。[1]

　　跨境企業應當嚴格按照相應標準執行數據分級分類保護制度。在相應搭建自身的合規制度參照數據分類分級標準時，關注的不僅僅是數據分類分級保護標準中分類分級標準是否為強制標準，而是關注行業主管部門所制定的有關指引以及在依據法律法規執法過程當中所適用的分類分級標準，即使當執法所依據的分類標準為指引或推薦性標準。[2]〔梳理跨境企業業務涉及的用戶數據，如下表 DI（Data Inventory）清單流可以作為評估參考。〕[3]

表 1　DI 清單流（草擬）

1. 業務流程（或對應的業務場景、應用系統等）
2. 收集的個人數據項
3. 使用個人數據的目的
4. 是否是業務必需的（是否強制）
5. 個人數據收集來源
6. 個人數據收集方式
7. 數據主體是否可以修改或刪除個人數據
8. 數據主體是否可以撤銷同意／授權
9. 傳輸方式
10. 個人數據存儲位置（國家）
11. 個人數據存儲方式
12. 個人數據存儲時限
13. 個人數據存儲到期後是否會被銷毀及銷毀方式
14. 是否跨境轉移（數據轉移國和數據接收國）
15. 是否向第三方披露（向哪些第三方披露）

1　參見 Pauline T. Kim, *Data-Driven Discrimination at Work*, 58 Wm. & Mary L. Rev. 857（2017），pp. 902-903.

2　參見蔡開明：《跨境數據合規──〈數據安全法〉解讀與企業合規管理的三個建議》，載《CGGT 走出去智庫》，2021 年 6 月 29 日。

3　參見鄒楊、齊佳音：《大數據企業數據跨境之合規框架》，載《中國高新科技》2021 年第 5 期。

2000 — 2016 年的十數年中，歐美對於數據跨境流動的監管政策可以大致劃分為三個階段：安全港協議階段、標準合同條款與約束性企業規則適用的過渡階段以及隱私盾協議與保護傘協議階段。[1] 作為數據大國，我國在跨境數據流動治理領域起步相對較晚，總體思路仍以對外防禦為主。一方面應建立靈活多樣、寬嚴相濟的數據分級監管模式。另一方面亦應主動參與涉及數據跨境流動的多邊或雙邊的協定談判。[2]

表 2　金融機構（包括提供金融服務的其他類金融企業）涉及跨境金融交易業務涉及個人金融信息跨境傳輸的，內部合規應完成工作 [3]

存儲、處理和分析所收集的個人金融信息要在中國境內進行。
向個人金融信息主體説明數據出境目的、用途、範圍、內容、存儲期限等，取得個人金融信息主體的授權同意，未成年人個人金融信息出境須經其監護人同意。
告知個人金融信息主體境外接收方主體信息、聯繫方式，所在的國家或地區，個人金融信息主體對接收方所享有的權利，如訪問、刪除、更正等權利，境外接收方對個人金融信息主體承擔義務。
通過簽協議、現場核查等有效措施確認境外接收機構採取同等的安全保護措施，與境外接收個人金融信息的主體簽訂的合同條款應包含：個人信息出境的目的、類型、保存時限、刪除時間、銷毀措施等；合同中涉及個人信息主體權益的條款的受益人是個人金融信息主體；個人金融信息主體合法權益受損時，可以自行或者委託代理人向金融機構或者接收者或者雙方索賠；接收者不得向其他第三方傳輸個人金融信息等。
建立個人金融信息出境記錄（記錄至少包括：向境外提供個人信息的日期時間；接收者的身份、名稱、地址、聯繫方式；向境外提供的個人金融信息的類型及數量、敏感程度）並且至少保存五年。

從企業與國家層面，對用戶 / 公民信息的過度監管一方面幫助企業 / 國家機器做出符合利益需求的決策，一方面也面臨着關於碾壓人文精

1　參見羅力：《美歐跨境數據流動監管演化及對我國的啟示》，載《電腦知識與技術》2017 年第 8 期。

2　參見姚前：《推動數據跨境合規有序高質量流轉》，載環球網官方賬號，2020 年 9 月 25 日。

3　參見蘇耀雲：《個人金融信息跨境傳輸合規要點》，載中國律師網，2020 年 5 月 13 日。

神的苛責。[1]

表 3　個人金融信息跨境傳輸的相關規定[2]

《關於銀行業金融機構做好個人金融信息保護工作的通知》第六條	在中國境內收集的個人金融信息的存儲、處理和分析應當在中國境內進行。除法律法規及中國人民銀行另有規定外，銀行業金融機構不得向境外提供境內個人金融信息。
《中國人民銀行金融消費者權益保護實施辦法》第 33 條	在中國境內收集的個人金融信息的存儲、處理和分析應當在中國境內進行。除法律法規及中國人民銀行另有規定外，金融機構不得向境外提供境內個人金融信息。境內金融機構為處理跨境業務且經當事人授權，向境外機構（含總公司、母公司或者分公司、子公司及其他為完成該業務所必需的關聯機構）傳輸境內收集的相關個人金融信息的，應當符合法律、行政法規和相關監管部門的規定，並通過簽訂協議、現場核查等有效措施，要求境外機構為所獲得的個人金融信息保密。
《中國人民銀行金融消費者權益保護實施辦法（徵求意見稿）》第 34 條	在中國境內收集的消費者金融信息的存儲、處理和分析應當在中國境內進行。因業務需要，確需向境外提供消費者金融信息的，應當同時符合以下條件：（一）為處理境內業務所必需；（二）經金融消費者書面授權；（三）信息接收方為完成該業務所必需的關聯機構（含總公司、母公司或者分公司、子公司等）；（四）通過簽訂協議、現場核查等有效措施，要求境外機構為所獲得的消費者金融信息保密；（五）符合法律法規和其他相關監管部門的規定。
《個人金融信息保護技術規範》	在中華人民共和國境內提供金融產品或服務過程中收集和產生的個人金融信息，應在境內存儲、處理和分析，因業務需要，確需向境外機構（含總公司、母公司或者分公司、子公司及其他為完成該業務所必需的關聯機構）提供個人金融信息的，具體要求如下：1. 應符合國家法律法規及行業主管部門有關規定；2. 應獲得個人金融信息主體的明示同意；3. 應根據國家、行業有關部門制定的辦法與標準開展個人金融信息出境安全評估，確保境外機構數據安全保護能力達到國家、行業有關部門與金融行業機構的安全要求；4. 應與境外機構通過簽訂協議、現場核查等方式明確並監督境外機構有效履行個人金融信息保密、數據刪除、案件協查等職責義務。

　　完善的數據保護合規機制對於跨境企業來說，意味着企業需要投入人力、財力和物力，將數據保護的政策、執行和審查，滲透到每一個業務流

1　參見 Michael K. & Miller K. W., "Big Data: New Opportunities and New Challenges", in *Computer* (6), 2013.

2　參見蘇耀雲：《個人金融信息跨境傳輸合規要點》，載中國律師網，2020 年 5 月 13 日。

程控制點，這是一個相當浩大而繁複的工程。跨境企業需做好充分的內外部環境因素分析，綜合考量，選擇並踐行適合自身的數據合規框架。[1]

三、餘論

數字的本質是人，分析數據就是在分析人類族群自身。大數據能夠對用戶行為的追蹤和理解更加具象，數據能夠多維度地關注人、洞察人。[2] 數據的價值並不是數據自身的屬性，它是數據與應用環境互動狀態的縮影，數據沒有與生俱來的使用價值，數據的價值與用戶的應用目標及使用能力有關，能幫助目標實現的數據才有價值，用戶能力不足，即使有用的數據也會變得無用。[3] 從權利理論的角度來看，權利的內涵與邊界本身就是隨着時代發展而變化的，現代社會在強調消極權利的同時，早已經越來越多地擁抱積極性權利。[4]

數據經濟時代，數據的外部性特徵決定了數據需要在更多的維度和更廣的範圍實現開放、流動、融合才能產生更高的價值和效用。從國際範圍看，數據全球化趨勢明顯，各國數據主權管轄全面興起，全球跨境數據流動管理政策面臨重構。[5] 為此，跨境商事爭議的內核實質為數據治理，其建立於對數據的責任。組織工作人員通過系統地創建和實施政策、角色、職責和程序來協作並持續地改進數據質量。因此，它是用來定義關於數據的決策過程的，指向一個戰略性的長期過程，通常出現在達到相當成熟水準的組織裏。它為管理、使用、改進和保護組織信息的過程增加了嚴謹性和

1　參見鄒楊、齊佳音：《大數據企業數據跨境之合規框架》，載《中國高新科技》2021 年第 5 期。

2　參見大數據戰略重點實驗室：《DT 時代：從「互聯網＋」到「大數據 ×」》，中信出版社 2015 年版，第 43 頁。

3　參見胡小明：《數據價值再討論》，https://www.sohu.com/a/404789265_472878，2021 年 6 月 28 日。

4　參見 Henry Shue, *Basic Rights: Subsistence, Affluence, and U. S. Foreign Policy*, Princeton University Press, 1980; Lawrence Croke, *Positive Liberty: An Essay in Normative Political Philosophy*, Kluwer Academic Publishers, 1980.

5　參見惠志斌、張衡：《面向數據經濟的跨境數據流動管理研究》，載《社會科學》2018 年 1 月 12 日。

紀律性。高效的數據治理可以促進跨組織協作和結構化決策，進而提高數據的質量、可用性和完整性。[1]

第十節　跨境商事爭議與信賴

嚴格意義上，跨境商事爭議出現的本根在於信賴的喪失。為此，消弭跨境商事爭議的基本原則，即在於建立和夯實信賴。信賴保護不僅是跨境交易秩序的要求，亦是權利邏輯的必然結果。

> 信賴原則同互相尊重原則、自決原則（其私法表現形式為私法自治）、自我約束的原則（在約束行為，特別是契約）一樣，是一項正當法的原則。[2]

保護誠實與維護信用塑造了法律交往的基礎，尤其塑造了一切法律上的特別關聯（sonderbeziehung）。這一原理並非僅係對債務關係的限制，這是普遍有效的一般原則，與之相反，若既不存在，也不試圖產生法律上的特別關聯之時，其行為就不能再以誠實信用標準衡量，[3]便是信賴之災難。

在跨境私法領域，信賴保護原則往往隱沒在誠實信用原則的光輝之下，人們在研究相關責任過程中，往往將信賴和誠實信用原則直接聯繫在一起。但實際上誠信原則作為上位原則，不只包含信賴因素，其內涵並不僅限於對信賴的保護；而信賴保護原則作為一個具體原則，是誠實信用原則具體化的表現，實際上是從誠實信用原則中開發出一種「信賴保護」義

1　參見億信華辰：《數據管理和使用：21 世紀的治理》，第 6 頁，載 https://royalsociety.org//media/policy/projects/data-governance/data-management-governance.pdf，2021 年 6 月 15 日。參見美國俄克拉荷馬州管理和企業服務辦公室（Office of Management & Enterprise Services, OMES）的數據治理項目辦公室於 2019 年 4 月 17 日發佈的《數據治理概覽》（*Data Governance Overview*）報告。
2　［德］卡爾·拉倫茨：《德國民法總論》（上），王曉曄等譯，法律出版社 2003 年版，第 58 頁。
3　參見 Karl Larenz, *Lehrbuch des Schuldrechts*, Band Ⅰ: Allgemeiner Teil, 14. Aufl., 1987, S. 127f.

務。[1]不同法域在理論和判例中，也都類似地根據誠實信用原則，開發出眾多「附隨義務」，來彌補跨境法律或合同規定的缺漏。[2]信賴原則旨在保護信賴，使賦予信賴的跨境當事人的利益最大程度上得到滿足，從而維護跨境交易安全和利益保護。

英美契約法上的允諾禁反言法則（the doctrine of promissory estoppels）和大陸法系的信賴責任（Ver-trauenhaftung）或稱表見責任（Rechtsscheinhaftung）均以最大限度地保護合理信賴為正當性理由，是以與常態法或正統法的悖向性規定為共同特徵，以期待利益的實現為共同屬性得以聚合的規則體系，是現代法涉獵領域最寬、覆蓋面最廣的規則群。[3]

一、跨境與信賴

跨境交易是以營利為目的，營利是所有參與者的共同目標，當事人必須選擇信任他人特別是陌生人才能實現這一目標。信任是通往合作的道路，以信任為基礎的協議可以持續得更長久，而且不必在每一步都反覆協商。[4]商事活動的目的是逐利，但利從何來？不是來自爾虞我詐、投機取巧，而是來自誠信經營和信賴互守。

熟人社會中，高度的熟悉產生高度的信任，高度的信任產生高度的信用，高度的信用是無條件的，但「這種信任並非沒有根據的，其實最可靠也沒有了，因為這是規矩，對一種行為的規矩熟悉到不加思索時的可靠性。」[5]陌生社會，是「把個人從家庭聯繫中揪出，使家庭成員相互之間變得生疏，並承認他們都是獨立自立的人。」[6]商事交易一開始就是在陌

1　參見姜淑明、梁程良：《構建信賴利益損害賠償責任的思考》，載《時代法學》2012 年第 6 期。
2　參見葉溫平：《合同中的保護義務研究》，法律出版社 2010 年版，第 125 頁。
3　參見馬新彥：《兩大法系信賴法則的融合——以美國路易斯安那民法典為對象》，載《法學評論》2012 年第 6 期。
4　參見［美］埃里克·尤斯拉納：《信任的道德基礎》，張敦敏譯，中國社會科學出版社 2006 年版，第 2 頁。
5　費孝通：《鄉土中國》，北京大學出版社 1998 年版，第 10 頁。
6　［德］黑格爾：《法哲學原理》，商務印書館 1982 年版，第 241 頁。

生人之間進行的，市場經濟越發達，捲入的陌生人越多，市場社會是一個陌生人的世界。在這種社會裏，與在熟人社會裏完全不同，人們相互不知底細，互相猜疑。在這種情況下，就用得着多說了，誰能打消他人的猜疑，獲得他人的信任，誰就能獲得市場機會，取得經濟成功。不難看出，在陌生人世界，是以信取人，誠信是陌生人之間的親和力，信用是化陌生為熟悉的催化劑。[1]

　　商事交易都是在一定時空下進行的，一般而言，時空越大交易越難，因為安全性越低。但跨境商事交易無論在時間上還是在空間上都大大擴大了。在一定意義上，信賴內在驅動跨境交易，信賴縮短了時空的距離，加強了跨境交易的安全性，堅固了市場交易的紐帶。從歷史上看，商法最初的發展很大程度上即是由商人誠信完成的。商人是經營關係的靈魂和統領，對營業組織、營業行為和營業資產進行有機的統籌以實現其營利目的。商事主體的營利性經營行為這一特性體現在：商人從事商事經營活動需要滿足「商人方式」要求，如需要進行登記註冊，當然也有例外，如對小商人實行豁免登記；凡是以從事經營活動為職業的商人必須設置商業賬簿，同樣，小商人也可以豁免這一義務。[2] 登記與註冊是誠信的公示與強化外觀。

　　商人階層的出現，也直接促使了商事交易規則的制度化、規範化。從歷史源流上看，商法就是從商人間有效的習慣和交易慣例中不斷發展而來的。[3] 而商事交易習慣其內核，即為誠實。誠信是人與人之間連結的紐帶，是集結人心、天下互利的保證。不誠信者，失信於人，無人結之，沒有人同他合作交易，自絕於人，被驅逐出了現代經濟活動之外，何談經濟活動？[4] 正所謂：Honesty is the best policy（誠信是最好的策略）。

　　跨境商事將陌生社會中的交易進一步擴大時空，所有關於國際商事爭

1　參見邱本：《論誠實信用》，載《理論界》2006 年第 12 期。

2　參見施天濤：《商事關係的重新發現與當今商法的使命》，載《清華法學》2018 年 5 月。

3　參見﹝德﹞C. W. 卡納里斯：《德國商法》，楊繼譯，法律出版社 2006 年版，第 2 頁。

4　參見邱本：《論誠實信用》，www.civillaw.com.cn, 2006 年 8 月 14 日。

議解決的程序機制和實體協議面臨着的前提性問題，即誠信。商人法（law merchant）也稱「商法」，其英文表達形式是從拉丁文「lex mercatoria」直譯而來的。[1]「關係的持續性」是信譽的基礎因而也是合作的基礎，「合作的基礎不是真正的信任，而是關係的持續性。」[2] 商人法是有關商人及其商業交易的規範與原則，其他普通法律無法替代。如利普森所說：「支配中世紀貿易者商業生活的法律不是該國的普通法，而是商人法。」「商人法是一部由商人『從其需要和視野』出發創造的不成文習慣法，儘管在某種程度上它可能已經受到成文法的影響（例如債務法）。」[3] 為此，《法國民法典》第 1134 條規定：「契約應以善意履行之」，《德國民法典》第 242 條規定：「債務人有義務依誠實和信用，並參照交易習慣，履行給付」，《日本民法典》第一條規定：「權利行使及義務履行應遵守信義，且誠實為之」，《瑞士民法典》第二條規定：「任何人都必須以誠實信用的方式行使其權利和履行其義務」。

　　跨境爭議解決實際為跨境商事誠信缺失的彌補或救濟路徑。跨境交易以合同為基礎，所以商事糾紛很大一部分屬於合同糾紛，糾紛當事人意思自治原則是跨境爭議解決機構確定準據法最常見的方式。但當事人可以自由選擇糾紛適用的法律並不意味着法院地實體法規範作用的降低。相反，當事人對法院的選擇和對法律的選擇呈現正相關性，因此法院地法律制度是吸引當事人選擇法院的重要因素。[4]

　　對爭議「國際性（internationality）」的界定從邏輯上說包含兩種方法：正向邏輯進階和反向邏輯倒置，這兩種方法在國際國內立法中都有所體現。正向邏輯進階是定義「國際」的常見方法，是通過對國際情形的概括來給出定義，例如新加坡《法庭規則》第 110 號令第 1（2）（a）條對「國

1　參見薛波主編：《元照英美法詞典》，北京大學出版社 2014 年版，第 790 頁。
2　［美］羅伯特·艾克斯羅德：《合作的進化》，吳堅忠譯，上海人民出版社 1996 年版，第 72 頁。
3　參見［英］E. 利普森：《英國經濟史》第 1 卷，亞當·查爾斯·布萊克出版社 1947 年第 9 版，第 258 頁。
4　參見卜璐：《「一帶一路」背景下我國國際商事法庭的運行》，載《求是學刊》2018 年第 5 期。

際」的定義：

　　（i）當事方在訂立提交 SICC 管轄的書面管轄協議時，營業
地位於不同的國家；

　　（ii）當事方在新加坡均無營業地；

　　（iii）下列地點位於任何一方當事人營業地國以外的國家：
（A）當事人之間商事關係中實質義務的履行地；（B）與爭議標的
物有着最密切聯繫的地點；

　　（iv）訴訟當事方明確同意爭議的標的涉及兩個以上的國家。

反向邏輯倒置的方法通過把不屬於國際的情形排除在外來定義「國
際」，實際上是通過定義「國內」來反向推導「國際」的含義。例如 2015
年海牙《國際商事合同法律選擇原則》第一條第二款就該原則的適用對象
表述為：

　　就本原則而言，合同係國際合同，除非各方當事人的營業所
位於同一國家，並且除了所選擇的法律之外當事人法律關係及其
他所有相關要素均只與該國有關。

　　個案中的法益衡量有助於解決規範衝突問題，對適用範圍重疊的規範
劃定其各自適用的空間，但由於沒有一件個案會與另一案件完全相同，因
此不能期待一種單憑涵攝即可解決問題的規則，而是每次都必須考量具體
的個案情勢。[1]

　　跨境商事交易中，探討某種默示行為是否構成欺詐，首先應確定表意
人是否有信息披露義務，而是否存在該義務，按照德國帝國法院的意見，
則應考察誠實信用原則是否要求行為人說話，對方當事人根據實際的業務
交往是否可以期待行為人作出說明。[2] 即便是與奸詐的、不守信用的敵人訂
立的協議，也應善意履行而非弄虛作假；違背被迫訂立的契約是正當的，

1　參見［德］卡爾·拉倫茨：《法學方法論》，陳愛娥譯，商務印書館 2004 年版，第 286 頁。
2　參見［德］迪特爾·梅迪庫斯：《德國民法總論》，邵建東譯，法律出版社 2001 年版，第 598-
　　599 頁。

強迫他人以達損人利己之目的是不允許的；基於善意的神聖性，和平協議不論其條款如何都應得到堅決的維護。[1]

二、誠實信用

誠信是交易的基礎，誠如阿羅所說的：「信任是有效的經濟交易的潤滑劑。」[2]信任是許多經濟交易所必需的公共品德。[3]沒有誠信，交易就沒有基礎，甚至就沒有交易，結果只有哄搶和欺騙。跨境商事交易中，當事人信守誠實信用，應然信守交易習慣和契約約定。其蘊含着跨境當事人對跨境交易預期的合理判斷，當事人具有對其信賴的正當理由。因此，當交易雙方發現某種事實符合法律或者交易習慣上的權利外觀，跨境雙方基於對法律或者交易習慣的信任而產生對外觀事實的信賴，法律必須保護這種信賴，這是權利邏輯的必然要求。[4]誠信原則主要通過積極引導的方式而不是通過消極禁止的方式來實現其維護交易秩序的功能。誠信原則一般通過設定行為人所應當履行的義務，來調整交易行為。一般來說，法律體現了最基本的道德規範。[5]

法律原則是指可以作為規則的基礎或本源的綜合性、穩定性原理和準則。與法律規則不同，法律原則不預先設定任何確定的、具體的事實狀態，沒有規定具體的權利和義務，更沒有規定確定的法律後果。法律概念是指對各種法律事實進行概括，抽象出它們的共同特徵而形成的權威性範疇。概念雖然不規定具體的事實狀態和具體的法律後果，但是，每一個概念都有其確切的法律意義和應用範圍。[6]誠實信用在跨境商事中，即表現為概念，亦體現為原則。英美法系的信賴法則始於契約法，是作為契約強制

1　參見 Hugo Grotius, *De Jure Belli Ac Pacis Libri Tres*, Francis W. Kelsey Translated, Oxford: Clarendon Press, 1925, p. 13, p. 324, pp. 409-410, pp. 414-429, pp. 613-622, p. 862.

2　參見 K. Arrow, *The Limits of Organization*, New York: W. W. Norton, 1974, p. 71.

3　參見 F. Hirsch, *Social Limits to Growth*, Harvard University Press, 1978, pp. 78-79.

4　參見楊東寧：《信賴保護的私法結構》，載正義網，2013 年 7 月 9 日。

5　參見王利明：《民法基本原則：誠實信用和公序良俗》，載《北京日報》，2019 年 5 月 6 日。

6　參見張文顯：《法哲學範疇研究》，中國政法大學出版社 2001 年版，第 50 頁。

執行力的法定根據而產生的。英美法系契約理論的獨到之處在於「法律制度絕不會對所有的合同都賦予強制執行的效力，法律人要做的就是抽象出區分應當強制執行與不可以強制執行的一般標準和基礎。」[1]

　　英美法上雖沒有所謂的誠實信用原則，但相比大陸法系的信賴保護原則，在保護範圍與保護方式方面更為寬泛的「合法預期（legitimate expectations）之保護」原則，要求當事行為須具備規律性、可預測性及確定性。[2]誠信原則固本是從善意原則中推演出來的一般法律原則。善意是要求當事人在合同關係中應正直、忠誠的行為，具有不侵犯他人權利的善意，在自利的同時具有利他的信念；與人為善，落實到具有協議關係的社會主體之間，主要就是要誠實、守信用。可見，誠信是善意的應有之義。無論是在公民之間的協議中還是在國家之間的協議中，誠實信用都是與人為善的具體表現，其主旨就是維護與滿足協議主體之間的合理需求並拒絕不合理需求。目前，誠信原則已經成為各國民法的基本原則與基本價值，各國合同法上也存在很多保障誠信原則的具體規定，這體現了一般法律原則對實在法的轉化作用。[3]

　　波斯納的「有效違約」理論直接關涉誠實信用。其一，對於有效違約的承認就必然存在着有違誠信等交易道德的問題。一方面，誠實信用的原則要求合同當事人要誠實、守信用，不欺詐，不任意毀約，非經當事人的同意或法律的規定，不能任意變更、解除合同和違反合同，如果允許合同一方當事人為追求最大利潤而隨意違約，這將嚴重損害無過錯的合同一方當事人的合法利益，這對信守合同的一方當事人是極不公平的；另一方面，誠實信用原則不僅要平衡跨境當事人之間的各種利益衝突和矛盾，促使跨境當事人依善意的方式行使權利和履行義務，不得規避法律和跨境契

1　John P. Dawson, William Burnett Harvey, Stenley D. Henderson, *Cases and Comment on Contracts*, Sixth Edition, Foundation Press, Inc. 1993, p. 193.

2　參見 Harry Woolf, Jeffrey Jowell, Andrew Le Sueur, *De Smith's Judicial Review*, London: Sweet & Maxwell 2007, p. 609.

3　參見羅國強：《重讀善意：一種實踐理性》，載《湖南師範大學社會科學學報》2016 年第 7 期。

約的規定，還要平衡當事人的利益與公序良俗之間的衝突與矛盾，要求當事人在履行合同中，要充分尊重他人和公序良俗，不得濫用權利。跨境交易的目標是鼓勵交易，促成交易，不僅要追求效益最大化，同時更要兼顧公平、正義，不能因片面追求效益而不顧及公平、正義。[1]

　　跨境商事法律體系分為「外在體系」和「內在體系」，外在體系是指對法律事實和法律制度所作的概念上的整理和闡明；而內在體系則是指支配整個跨境法律的基本原則以及這些原則之間的實質聯繫。[2]誠信信用，在跨境商事法律體系中因為它以特別關聯為前提，在即存特別關聯中的背俗行為都是——而且是特別嚴重的——背信。[3]信賴法則作為規則的聚合，它承載着聚合所有規則的共同使命、共同特徵與共同的本質屬性。[4]兩大法系信賴法則自其產生時起，便對傳統的常態法律規定具有矯正和補充功能。歷史上不乏學者因為信賴法則對一般法律規則的補充功能，而主張信賴法則是法律的例外規定，或補充條款；更有學者因為信賴法則的矯正功能而憂慮信賴法則的廣泛適用可能給固有法律制度帶來顛覆性破壞，而極力阻止其由例外規定轉變為法律的一般條款。[5]在沒有信賴保護原則的羅馬法時代，法律判斷的基準點往往在真實權利人一方，而隨着跨境私法的發展，信賴保護原則已經成為私法考量的另一個重要價值，並且越來越重要，因為保護信賴意味着保護第三人，「第三人在交易中並不是一個單獨的人，而是穩定的社會經濟秩序的化身。」[6]

1　參見李強：《英美契約法上的信賴利益與期待利益初探》，http://www.law-lib.com/lw/lw_view.asp?no=1078，2002年7月23日。

2　[德]卡爾·拉倫茨：《德國民法通論》（上），王曉嘩等譯，法律出版社2003年版，第1頁。

3　Karl Larenz, *Lehrbuch des Schuldrechts*, Band Ⅰ. Allgemeiner Teil, 14. Aufl., 1987, S. 127f.

4　參見馬新彥：《信賴原則指導下的規則體系在民法中的定位》，載《中國法學》2011年第6期。

5　參見 Mariano D'Amelio, "Apparenza del diritto", in Il diritto civile nelle pagine del Digesto, a cura di Raffaele Caterina, UTET, 2008, p. 3.

6　孫憲忠：《中國物權法總論》，法律出版社2018年版，第441頁。

三、小結

　　法律必須被信仰，否則它將形同虛設。[1]「人與人相於，信義而已矣；信義之施，人與人相於而已矣」，「信義者，人與人相於之道」。[2]

　　信賴驅動跨境商事，跨境商事需要強化誠信。在跨境商事交易中，交易誠實、交易便捷與交易安全比以往任何時候都更加具有重要意義。大陸法系信賴法則強調權利的外觀要件事實，只要外觀要件事實使相對人信賴權利的存在，而無論權利是否真正存在，均發生權利存在的法律後果；而英美法系信賴法則強調許諾人的意思表示，只要當事人的意思表示導致相對人的信賴，許諾人便不得否認自己的許諾。然而，權利的外觀常常通過意思表示表現，權利外觀與意思表示外觀的界限越來越模糊，加之兩大法系信賴法則對法律行為矯正功能的一致性以及保護信賴利益價值取向上的共性，致使兩大法系信賴法則相互滲透。[3]

1　參見［美］伯爾曼：《法律與宗教》，梁治平譯，上海三聯書店 1991 年版，第 28 頁。

2　［明］王夫之：《讀通鑒論》（上），中華書局 1975 年版，第 87 頁。

3　參見馬新彥：《兩大法系信賴法則的融合——以美國路易斯安那民法典為對象》，載《法學評論》2012 年第 6 期。

第二章
跨境商事爭議的理論基礎

　　法學理論，通常指概念、原理的體系，是系統化了的一種理論認識。而作為社會科學分支的國際商事學科則不僅要求有一種主導性支配的法學理論，而且要求以某一法學理論為指導可以生產出體系化的知識，即能夠成為一種跨境商事研究的範式。

第一節　法律與邏輯

「法律的生命從來也不在於邏輯，而在於經驗。」一個多世紀之前，美國聯邦最高法院大法官奧利弗・溫德爾・霍姆斯（Oliver Wendell Holmes）靈光一現，在其代表作《普通法》一書中寫下了這句名言。[1] 哈耶克亦指出：「對於實證主義而言，法律，從定義上講，只能由人的意志經由審慎思考而形成的命令構成，別無他途。」[2] 同時，法律所體現的乃是一個民族經歷的諸多世紀的發展歷史，因此不能認為它只包括數學教科書中的規則和定理。[3]

法律作為一種應然性的社會規範，其目的當然具有應然屬性，當我們說法律是基於某一目的制定時，意味着這一目的所包含的價值宗旨和實體目標具有正當性，是該法理應追求的正當功能。作為一組應然性概念，法律的規範目的、法律應當實現的正當功能和法律追求的合理社會效果之間的界限並不清晰，彼此之間常有交叉和重合之處。然而，從方法論的角度看，三者之間在面向與屬性上卻有着明顯的差別，法律功能是從法社會學角度，探討法律實施或者司法裁判理應發揮的正當功用，其正當性側重社會效果層面的合理性；規範目的則將「目的」作為一種內在於法律的正當

1　參見 Oliver Wendell Holmes, *The Common Law*, 1881, reprinted in The Collected Works of Justice Holmes: Complete Public Writings and Selected Judicial Opinions of Oliver Wendell Holmes, ed. by S. M. Novick, Chicago, IL: University of Chicago Press, 1995, p. 115.

2　[英]弗里德利希・馮・哈耶克：《自由秩序原理》（上），鄧正來譯，生活・讀書・新知三聯書店 1997 年版，第 299 頁。

3　參見[美]博登海默：《法理學法哲學與法律方法》，鄧正來譯，中國政法大學出版社 2001 年版，第 151 頁。

理念，儘管必須實質合理，但也應當考量這樣的目的訴求是否能在當前法秩序體系中得以實現；法律後果層次非常複雜，既有合法性層面的推理結論，也指向法律實施或司法裁判之社會效果。[1]

一、邏輯

邏輯是人們思維必須遵守的基本準則。邏輯的方法也是最常用的方法之一。不管是理論還是實踐，結論都必須藉助邏輯的方法得出。常用的邏輯方法有演繹、歸納和類比等。因而，即使是那些自稱反邏輯的人或者被貼上反邏輯標籤的人，都不可能愚蠢到簡單而固執地反對一切邏輯和反對使用一切的邏輯方法，他們最多反對某種類型的邏輯，但仍然要倚賴其他類型的邏輯。從這個意義上說，絕對的反邏輯是不存在的。所謂的反邏輯僅僅意味着認為和其他某種東西相比，邏輯的作用或者價值比較小；或者是，反對的是哪種類型的邏輯。[2]

法學作為「理解的」科學或詮釋（解釋）科學，「以處理規範性角度下的法規範為主要任務」，質言之，其主要想探討規範的意義。其關切的是實在法的規範效力、規範的意義內容，以及法院判決中包含的裁判準則。法律學者把法律作為一套被人們設計為一種意義體系的規範性述說（normative statements）來加以研究 …… 他們考察法律的內在結構和意義。在這裏，法學作為科學活動，與其說是認識和揭示真理，不如說是追求理解，即通過解釋、論證、論辯（對話）等方式合理地解決人們在法律認識上的意見分歧和觀點衝突，達成具有主體間性的、可普遍接受的共識，直至建構一套公認的、系統化的法律知識體系，並由此而形成法學的「知識共同體」。[3]

1　參見戴津偉：《實質法律解釋的邏輯規制》，載《濟南大學學報（社會科學版）》2018 年第 6 期。
2　參見張芝梅：《法律中的邏輯與經驗——對霍姆斯的一個命題的解讀》，載《福建師範大學學報（哲學社會科學版）》2004 年第 1 期。
3　參見舒國瀅：《法學的立場之辨》，https://www.docin.com/p-110126849.html，2021 年 12 月 23 日。

在概念和體系構成方面，法律教義學不惟需要形式上的法學邏輯，因為形式邏輯只提出了法學的一般規則，而且還需要一個從被保護的法益角度提出論據的實體上的邏輯，並因此而對制定和論證法規範起到推進作用。實體邏輯包含了從價值體系中引導出來的實體裁判的理由，此等裁決從司法公正的角度和刑事政策的目的性方面看，內容是正確的，或者至少是可以證明是正確的。[1]

原因在於，「法律作為自身的理性，它是公共的理性；它的目標是公共的善和根本性的正義；它的本性和內容是公共的，這一點由社會之政治正義觀念表達的理想和原則所給定，並有待於在此基礎上作進一步的討論」。[2]

在各種自然法和法律實證主義理論中都會出現形式主義，成為一個形式主義者的唯一的必要條件是，一個人對他的前提和他從前提引出結論的方法有最高的信任。[3]馮‧賴特、安德森等邏輯學家在對法律規範進行抽象的基礎上，建立了能夠反映法律規範內在結構的規範邏輯，使紛紜複雜的規範之間關係可以用更精確的形式語言表達出來，這是一項很有意義的工作。規範邏輯大多數系統存在的最大問題是，它將社會設計為一個理想的模型，即法律是社會控制的整體，所有的社會行為都是法律的調整對象，而忽視了道德、宗教、禮儀等其他的社會規範，這是不正確的。法律只調整那些主要的社會關係，正如有人所說的，法律是「最低限度的道德」。[4]

1980 年代，中國法學開始研究法律邏輯，但大都限於傳統邏輯原理加法律和司法方面的考察。2000 年以後，關於法律推理和論證的一些西方著作中譯書出版，一些法律學者始進入法律邏輯研究領域。中國學者使用不同的資源或工具——如傳統形式邏輯、數理邏輯、非形式邏輯、批判

1　[德]漢斯‧海因里希‧耶賽克、[德]托馬斯‧魏根特：《德國刑法教科書》，徐久生譯，中國法制出版社 2009 年版，第 54 頁。

2　[美]羅爾斯：《政治自由主義》，萬俊人譯，譯林出版社 2000 年版，第 225-226 頁。

3　參見[美]波斯納：《法理學問題》，蘇力譯，中國政法大學出版社 1994 年版，第 52-53 頁。

4　參見陳銳：《法律與邏輯——對法律與邏輯關係的一種全面解讀》，載《西南政法大學學報》2016 年第 9 期。

性思維、論辯理論、法律推理和論證的理論、法理學和法哲學——去研究法律、司法偵查和司法審判等方面的邏輯問題。[1] 藉助西方的法學知識、原理，中國法學關於法律思維的研究已經相對成熟。[2] 譬如，四十餘年來，中國的法理學話語經歷了由法律意識（法律心理）、法律思想、法律理念、法治觀念、法律思維、法治思維到法理思維的概念演化。這一概念演化始終存在着一種對法律合理化使用的激情，即在法治觀念下強調尊重法律合理性的現代法律模式內，使用規則的邏輯就成為法律的核心邏輯。[3]

亦即，法律邏輯不僅指形式邏輯，而主要是價值判斷。「法律邏輯不僅是思維規律的科學，不僅僅是從形式方面去研究概念、判斷和推理，而主要是研究其實質內容。」[4]

二、法律適用

邏輯學自誕生起，工具性、基礎性就是其根本性質。

> 可能我們都活得太理智了，以至於看到理智崩塌、或情感破滅的殘破人生時，會產生邏輯上的眩暈感。裏面的人都好像一灘被潑在地上的水，你知道他們原來是好的，是好的，可是如今全是泥土和垃圾，無法分離。[5]

法律適用，是一個邏輯與經驗交互作用的過程。作為應然狀態的法律規範，如何適用於作為實然狀態的案件事實，這需要一個類比的過程。一方面是法律規定的行為構成，一方面是實際發生的事實行為，只有二者能夠彼此對稱時，法律規範才能夠適用到具體的案件當中。但法律邏輯的確定性，只是一種幻想，存在於合乎邏輯的形式背後的，是對相互競爭的立

1　參見陳波：《中國邏輯學 70 年：歷程與反思》，載《河北學刊》2019 年第 6 期。

2　參見陳金釗：《法理思維及其與邏輯的關聯》，載《現代法學》2019 年第 3 期。

3　參見〔英〕尼爾‧麥考密克：《法律推理與法律理論》，姜峰譯，法律出版社 2018 年版，前言第 2 頁。

4　〔比〕佩雷爾曼：《正義、法律和辯認》（作者序），轉引自沈宗靈：《佩雷爾曼的「新修辭學」法律思想》，載《法學研究》1983 年第 5 期。

5　〔美〕雷蒙德‧卡佛《新手》，孫仲旭譯，譯林出版社 2015 年 6 月版，第 197 頁。

法根據的相對價值和重要性的判斷，這種判斷常常是一種下意識的說不清楚的判斷。判決有時候無非就是在某一特定的時間和地點，給予某一特定團體更多的恩惠的東西。[1]

邏輯不能解決一切，邏輯不是推動法律發展的唯一的力量。實用主義強調法律是用來解決問題、解決糾紛的，而真正能夠解決問題的不是對理論的生搬硬套，而是具體分析每個案件在事實方面的細微的差別，同時考慮我們的價值訴求，才能作出一個相對合理的判決。[2]

在法律實踐領域，法學家們所面對的是大量千差萬別的有待處理的案件、情勢和問題等等「個別的東西」「個別的事物」（或「一次性的、特殊的和個別的事件和現象」），這些「個別的東西」「個別的事物」沒有所謂的「一般的規律」可尋。從總體上說，對待這些事物，法學同其他「歷史的文化科學」一樣，只能採取「個別化的方法」或「表意化」的方法，其中佔主導地位的是「個別記述思維」的形式。[3]

> 法律推理作為法律邏輯的具體運用形式之一，亦為法律工作者從一個或幾個已知的前提（法律事實或法律規範、法律規則、判例等法律資料）得出某種判處結論的思維過程。[4]

法律推理問題的凸現，可以說是法學的專業自覺或職業自覺的一個標誌。「他們不再滿足於此前的政策話語或日常話語，開始真正尋求證明他們的職業以及行為合法性的更堅強的基礎。」[5]

在人類社會中，無論是就單純的邏輯推演還是客觀的歷史與現實狀況來說，無論是從價值訴求來看還是從事實證明來說，人與規則都始終是處於一種雙向互動、彼此塑造而永不完結的過程之中：即在真實社會生活之

---

1 參見牟治偉：《經驗比邏輯更重要嗎？》，載《人民法院報》，2016 年 8 月 12 日。
2 參見張芝梅：《法律中的邏輯與經驗──對霍姆斯的一個命題的解讀》，載《福建師範大學學報（哲學社會科學版）》2004 年第 1 期。
3 參見舒國瀅：《法學的立場之辨》，https://www.docin.com/p-110126849.html，2021 年 12 月 23 日。
4 張文顯：《二十世紀西方法方法哲學思潮研究》，法律出版社 1996 年版，第 106 頁。
5 解興權：《通向正義之路──法律推理的方法論研究》，中國政法大學出版社 2000 年版，第 19 頁。

中，人都始終是規則的人，而規則也始終都是人的規則。[1]

> 正確性意味着合理的、由好的理由所支持的可接受性。[2]
>
> 功能解釋賦予文本意義，該意義可以使文本實現人們對其所賦予的功能。功能解釋的一個種類便是目的論解釋，它建立在立法者所追求的目的基礎之上。[3]

邏輯應用研究為應用邏輯發展提供活力，而應用邏輯研究則為邏輯應用提供動力，它們共同促進了邏輯學和法學研究的發展。[4] 現代邏輯是一種既精確又豐富的邏輯工具，決非過去傳統邏輯那一點三段論的知識所能比擬。[5] 法律是一個激勵機制，激勵必須面向未來。法律既可以訴諸於判例，也可以規定為明文，但兩者共同服從的邏輯是基於「理性人思維」的經濟學邏輯。這不僅可以從事先的發生學視角獲得支持，而且可以從事後的生態競爭視角獲得進一步驗證。[6]

第二節　法律產品與司法影響力的證成
——國際商事仲裁法庭的另一種表達

商事交易是以營利為目的，營利是所有參與者的共同目標，當事人必須選擇信任他人特別是陌生人才能實現這一目標。信任是通往合作的道路，以信任為基礎的協議可以持續得更長久，而且不必在每一步都反覆協

1　參見［古希臘］亞里士多德：《政治學》，吳壽彭譯，商務印書館 1995 年版，第 7 頁。

2　［德］哈貝馬斯：《在事實與規範之間——關於法律和民主法治國的商談理論》，童世俊譯，生活‧讀書‧新知三聯書店 2003 年版，第 278 頁。

3　［法］米歇爾‧托貝：《法律哲學：一種現實主義的理論》，張平、崔文倩譯，中國政法大學出版社 2012 年版，第 88 頁。

4　參見王廣祿：《應用邏輯：邏輯學的未來發展方向》，載《中國社會科學報》，2015 年 2 月 28 日第 698 期。

5　參見李先焜：《論語言學與邏輯學的結合》，載《湖北大學學報（哲學社會科學版）》1994 年第 5 期。

6　參見桑本謙：《「法律人思維」是怎樣形成的》，載《法律與社會科學》2015 年第 13 卷第 1 輯。

商。[1]「歷史乃是立法科學有形的實驗室。」[2]正如拉丁語格言所揭示的「哪裏有貿易，哪裏就有法律」，商法的萌生內嵌於商人誠信行為和自我規範，商事經營行為具有其獨特性。「權利是習慣地生成的，正如人們的交往行為是習慣地生成的一樣。」[3]商法本質上是一種私人間的自治法，商人的意志選擇及體現，在相關商事習慣、慣例、公序良俗中均有相當充分的體現和反映。商人階層的出現，也直接促使了商事交易規則的制度化、規範化。從歷史源流上看，商法就是從商人間有效的習慣和交易慣例中不斷發展而來的。[4]

一段時間以來，國際商事法庭開始成為區域或國家法律產品競爭力的重要表達方式，成為司法國際影響力和話語權的重要判斷標準。譬如德國商事法庭的建立，即為德國越來越強烈之其法律與司法國際影響力與話語權的重要表徵，尤其在英國宣佈脫歐之後，英國法律服務的國際競爭力可能被削弱，歐洲大陸諸國包括德國在內希望能夠填補倫敦國際商事法庭留下的空白。[5]跨境司法訴訟以其較高的公正性、權威性，仍是國際商事爭端解決的重要方式之一，但是面臨着周期較長、跨境調查取證難、靈活性相對不足，尤其是可執行性較差等一系列問題。[6]

一、跨境商事

跨境商事的含義是所有關於國際商事爭議解決的程序架構和實體協議直面的前提性問題。跨境是不斷流動、變遷的過程；商人從來就不是固定不動的。歷史上不同的人群，在歷史演變中可能融合成到同一人群當中；

1　參見［美］埃里克·尤斯拉納：《信任的道德基礎》，張敦敏譯，中國社會科學出版社 2006 年版，第 2 頁。

2　［美］泰格，［美］利維：《法律與資本主義的興起》，紀琨譯，上海：學林出版社 1996 年版，第 223 頁。

3　謝暉：《論新型權利生成的習慣基礎》，載《法商研究》2015 年第 1 期。

4　參見［德］C. W. 卡納里斯：《德國商法》，楊繼譯，法律出版社 2006 年版，第 2 頁。

5　參見 Maximilian Pika, *Die Kammer für internationale Handelssachen-Eine emalige Chance nach dem Brexit*, IWRZ 2016, p. 206.

6　參見沈圓圓：《跨境交易與跨境合規高峰論壇舉行》，載《人民法院報》，2019 年 10 月 21 日。

而歷史上相同人群的成員，在歷史演變中可能分化到不同人群當中去。[1] 現代跨境商事，不唯包括傳統商事主體，亦涉及國際法主體諸如國家、國際組織在一般商事交易中的交易行為。英國權威仲裁法專家艾倫·雷德芬與馬丁·亨特所著的《國際商事仲裁法律與實踐》，將包括「美伊索償仲裁」在內的國家間仲裁都納入討論範圍，並稱：「美伊索償仲裁這些已經公開的裁判文書，連同大量分析文獻。對於國際商事爭議解決如何適用貿發會仲裁規則和解決國際貿易爭議的方式，提供了頗有價值的評論」。[2]

國際商事法庭主要以協議管轄作為管轄權確立的基礎，如同一般國際商事仲裁協議，體現當事人意圖的選擇法院協議成為國際商事法庭取得管轄權的核心，所以國際商事法庭仿效仲裁機構給出選擇法院協議的推薦文本，是避免管轄權爭議最有效的方案。國際商業交易以合同為基礎，所以商事糾紛很大一部分屬於合同糾紛，糾紛當事人意思自治選法是國際商事法庭確定準據法最常見的方式，關於此種方式的立法和實踐在我國運用得已非常成熟。國際商事仲裁受一定法律體系支配並不意味着國際商事仲裁必須受單一法律體系的控制。在一些特殊情形下，支配國際商事仲裁的程序法可能由國內法與國際法共同構築，這就是國際商事仲裁程序法適用中的並存法。[3]

依託歷史上西方國家以及西方當事人在國際商事關係中的相對強勢地位，傳統的國際商事爭議解決在全球範圍內獲得了長足發展，非西方參與主體，包括非西方仲裁機構、仲裁員、代理人以及當事人也不斷主動或者被動地參與其中。然而，國際商事爭議解決在全球範圍內的發展以及爭議解決規則的趨同之勢並不能掩蓋其背後的文化及法律理念差異，這種差異已經成為非西方主體參與國際商事仲裁不可忽視的障礙和挑戰。[4]

---

1 吳啟訥：《「跨境民族」論述與中華民族國族建構》，載《文化縱橫》2017 年第 12 期。
2 參見［英］艾倫·雷德芬，［英］馬丁·亨特：《國際商事仲裁法律與實踐》（第四版），林一飛、宋連斌譯，北京大學出版社 2005 年版，第 63-66 頁。
3 謝新勝：《國際法在國際商事仲裁中的適用路徑分析》，載《中國國際法年刊》2012 年。
4 初北平：《「一帶一路」國際商事仲裁合作聯盟的構建》，載《現代法學》2019 年第 3 期。

　　從法庭程序來說，商人法庭與普通法法庭最大的區別是其所提供的簡易程序（summary procedures）和快速審判。格羅斯認為，泥足法庭[1]的顯著特徵是它的簡易程序。12世紀英格蘭和蘇格蘭某些地方的習慣法已經要求，凡是涉及行商的訴訟應該在第三個潮汐到來前完成。類似的要求經常見於13世紀以後的檔案之中。泥足法庭的訴訟無需令狀，儀式簡便，不允許拖延，接受法庭傳喚要在一天以內，甚至經常在一小時以內到庭。如果法庭傳喚時被告不到場，那麼他的商品將被立即扣押、估價和拍賣。[2]龐茲也認為，在所有地方，商事法庭都提供簡易程序和快速審判，商人沒有時間等候王室法庭的裁決。商人法的解釋以平衡法為基礎。商事法庭不受各國法庭的法律和司法制度差別的束縛，能在公平和正確的基礎上作出判決。[3]城市法中還發展出市場和市集所需要的陸上商業法。

　　　　這些集市和市場具有複雜的組織形態，因而隨着教會法體系和世俗法體系的發展，也形成了特定的商法概念。這種商法不僅包括市集和市場的習慣法，而且包括有關貿易的海商習慣，最後還包括城市和城鎮本身的商法。[4]

二、國際商事法庭

　　《最高人民法院關於設立國際商事法庭若干問題的規定》（以下簡稱《規定》）第七條明確規定：

1　亦作「塵土法庭」「集市法庭」。在古英格蘭司法中最低級別的法庭，也是辦案效率最高的法庭。之所以稱為塵土法庭，是因為訴訟當事人為奔波於各集市之間、腳上沾滿塵灰的商人，設立法庭是附屬於有權舉辦集市之領主或自治市的權利，由領主或市長指派總管（steward）主持，法官為參加集市的商人，對發生在集市中的民事案件和輕微罪行進行簡易審理。（參見：http://lawyer.get.com.tw/dic/DictionaryDetail.aspx?iDT=45025。）
2　參見 C. 格羅斯：《1270 — 1638年商人法精選案例》第1卷《地方法庭》，伯納德·夸里奇出版社1908年版，導言第20、21、26頁。
3　參見 N. J. G. 龐茲：《中世紀歐洲經濟史》，朗曼出版社1994年第2版，第427頁。
4　［美］哈羅德·J.伯爾曼：《法律與革命》第1卷，賀衛方等譯，法律出版社2008年版，第334頁。

國際商事法庭審理案件，依照《中華人民共和國涉外民事關係法律適用法》的規定確定爭議適用的實體法律，當事人依照法律規定選擇適用法律的，應當適用當事人選擇的法律。

國際商事法庭應充分體現國際性特點，具體體現為其受案範圍的國際性、適用法律的國際性、機構人員組成的國際性等方面。國際商事法庭的任務應主要包括，專門受理「一帶一路」建設參與國平等民商事主體的企業、個人自願提交的國際商事、貿易與投資糾紛並作出判決，確認、承認國際商事專家委員會及著名國際商事調解機構出具的調解協議、著名國際仲裁機構作出的仲裁裁決。國際商事法庭還應當在推進中國與參與國家之間民商事司法協助方面、彼此之間法院判決及仲裁裁決的承認與執行等方面開展積極而有成效的合作，促進「一帶一路」參與國之間的商事判決、商事仲裁裁決及商事調解書的國際流動性，讓「一帶一路」參與國商事主體享受到更多的司法服務獲得感，以此營造「一帶一路」法治化營商環境和氛圍。[1]

專業化、國際化的法官隊伍是國際商事法庭成功運行的保障。英國皇家律師理查德·索斯韋爾總結了英國商事法院取得成功的三個要素：法官的能力和經驗、靈活的程序機制、專業的律師隊伍。[2] 國際商事法庭，作為「一帶一路」商事爭端解決機制和機構的重要組成部分，是中國法院服務和保障「一帶一路」建設的重要司法創新，是中國涉外商事審判體制與時俱進的重要時代標誌。參與「一帶一路」建設的國家，法治發展環境各異、司法體制各異，給各國企業開展跨國性商務活動帶來極大的法律方面的困難和挑戰，建立一個統一、公正、高效的爭端解決機構，對於他們克服上述法律困難、防範巨大的法律風險、避免重大經濟損失、有效地維護自身合法權益具有十分重要的現實意義。國際商事法庭應以公平、公

1　參見劉敬東：《國際商事法庭的時代意義與使命》，載《人民法院報》，2018 年 7 月 5 日第二版。
2　參見 Richard Southwell, "A Specialist Commercial Court in Singapore", in *Singapore Academy of Law Journal*, 1990（2），pp. 274-275.

正、高效、便利為宗旨，貫徹共商、共建、共享的原則，在完善我國現有涉外民商事審判體制的基礎上，借鑒現有國際爭端解決機制以及其他國家建立的國際商事法庭的成功經驗，切合「一帶一路」建設的特點和實際需求，充分展現中國涉外司法的時代風貌。[1] 我國的國際商事法庭是一個「三位一體」的「一站式」國際商事糾紛解決平台。根據《規定》第 11 條，最高人民法院選定符合條件的國際商事調解機構、國際商事仲裁機構與國際商事法庭共同構建調解、仲裁、訴訟有機銜接的糾紛解決平台，形成「一站式」國際商事糾紛解決機制。相較而言，雖然一些國外的國際商事法庭也能審理與國際商事仲裁有關的訴訟請求，如新加坡國際商業法庭（Singapore International Commercial Court）、阿布扎比全球市場法庭（AbuDhabi Global Market Courts）、阿斯塔納國際金融中心法院（Astana International Financial Centre Court）等，但沒有委託調解制度。[2]

最高法院商事法庭受案範圍包括參與「一帶一路」建設，各國商事主體自願選擇國際商事法庭管轄的民商事爭端等。適用的法律規則應具有廣泛包容性，包括國際公認的國際法規則，如國際貿易、投資、金融法律規則，國際商事規則，國際海事海商規則，以及國際法一般法律原則和國際慣例，也適用當事人選擇的內國法以及聯合國示範法規則。國際商事法庭建立的國際商事專家委員會具有廣泛的國際代表性，應聘請「一帶一路」參與國具有高超民商事法律、國際貿易法律、國際投資法律理論水平仲裁員、法律專家，以及具備豐富司法實踐經驗、品德高尚的資深法官。[3]

國際商事法庭已受理 18 起國際商事案件，審結六起。其中，廣東本草藥業集團有限公司訴意大利貝斯迪大藥廠產品責任糾紛案是國際商事法庭作出實體判決的第一案，該案的判決，明確了雙方在未成立合同關係的情況下，作為已經履行了召回義務的銷售者，可根據產品召回的相關規定

1　參見劉敬東：《國際商事法庭的時代意義與使命》，載《人民法院報》，2018 年 7 月 5 日。

2　參見杜濤、葉珊珊：《國際商事法庭：一個新型的國際商事糾紛解決機構》，載《人民法院報》，2018 年 7 月 10 日。

3　參見劉敬東：《國際商事法庭的時代意義與使命》，載《人民法院報》，2018 年 7 月 5 日。

尋求救濟的規則。確認仲裁協議效力案的裁決，有效規制了「存在仲裁條款情況下，當事人採取增加非仲裁協議當事人列為共同被告以達到規避仲裁條款的目的的行為」，統一了處理此類案件的思路和標準。這些案件的審理和裁判充分展現了國際商事法庭的審判能力和水平，明確了類似糾紛的裁判規則，具有很強的指導意義。[1]

表 4　國際商事法庭已審結案件

序號	案號	受理時間	雙方當事人	案由	裁判結果
1	（2019）最高法商初 1 號	2019 年 2 月	廣東本草藥業集團有限公司與意大利貝斯迪大藥廠	產品責任糾紛	部分支持原告請求
2	（2019）最高法民商初 2 號	2019 年 2 月	亞洲光學股份有限公司、東莞信泰光學有限公司等與富士膠片株式會社等	加工合同糾紛	裁定駁回原告起訴
3	（2019）最高法民特 1 號	2019 年 2 月	運裕有限公司、深圳市中苑城商業投資控股有限公司	申請確認仲裁協議效力	駁回申請
4	（2019）最高法民特 2 號	2019 年 2 月	新勁企業公司、深圳市中苑城商業投資控股有限公司	申請確認仲裁協議效力	駁回申請
5	（2019）最高法民特 2 號	2019 年 2 月	北京港中旅維景國際酒店管理有限公司、深圳維景京華酒店有限公司	申請確認仲裁協議效力	駁回申請

從逆向角度思考，《承認及執行外國仲裁裁決公約》當前已有大量締約國，因此仲裁裁決具備司法判決所不具備的更易跨國承認與執行的特性，司法機關應依託仲裁裁決的執行便利特性，構思我國國際商事法庭判決向仲裁裁決轉化的機制，夯實訴訟機制與非訴機制無縫雙向對接的基

1　參見王淑梅：《加快推進國際商事法庭建設　打造國際法研究和運用的新高地》，http://cicc.court.gov.cn/html/1/218/149/192/1944.html，2020 年 12 月 23 日。

礎，建立訴訟、仲裁、調解機制間的良好互動。[1]

　　我國國際商事法庭程序是訴訟和仲裁兩種爭議解決程序的融合。國際商事法庭程序的本質是一種「仲裁化」的訴訟程序，我國國際商事法庭在專家委員會的組成、法律的適用上充分借鑒國際商事仲裁「去國家化」的特徵，在訴訟程序的啟動和進行上吸納仲裁程序尊重當事人意思自治、一裁終局的優勢，在判決的承認執行上意圖藉助被譽為《紐約公約》司法版本的 2005 年海牙《選擇法院協議公約》。[2]

三、小結

　　國際商事法庭的建設，已密切關聯於我國司法國際影響力。我國提出建立訴訟、調解、仲裁有效銜接的多元化「一站式」國際商事糾紛解決機制。國際商事法庭作為該機制的核心不僅要擴張其管轄，還需要對調解和仲裁提供司法支持和監督，並深化國際商事專家委員會的職能。國際商事糾紛解決機制需要配套程序法的國際化，為此要引入國際化的商事調解，完善國際商事仲裁法律制度，民事訴訟法也要有所突破和創新，並在多雙邊層面推動國際商事調解協議和判決的跨境執行。[3]

　　就仲裁而言，國際商事法庭對作為國際商事糾紛解決平台組成部分的國際商事仲裁機構審理的標的額人民幣三億元以上或其他有重大影響的國際商事仲裁案件實行司法支持和審查的集中管轄，提供超出現有法律框架的強有力支持。[4] 國際商事法庭的建設，開始成為各國法律影響力的一種品格性展示，譬如德國的國際商事法庭既沒有像中國或新加坡等國那樣將國際商事法庭作為隸屬於最高法院的專門機構，也不像阿聯酋迪拜國際金融

1　參見蔡高強：《焦園博構建一帶一路商事糾紛解決機制》，載《中國社會科學報》，2018 年 10 月 8 日。

2　參見陳隆修：《2005 年海牙法院選擇公約評析》，五南圖書出版公司 2009 年版，第 3 頁。

3　參見薛源：《以國際商事法庭為核心的我國「一站式」國際商事糾紛解決機制建設》，載《政法論叢》2020 年第 1 期。

4　參見高曉力：《打造國際商事法庭司法保障「一帶一路」建設》，載《人民法治》，2018 年 2 月。

法院或荷蘭國際商事法庭那樣被作為特區法院來對待，它是一種更具廣度與彈性的機構模式：既可以允許國際商事法庭在德國境內的州中級法院全面鋪開，其數量將蔚為可觀，同時也可以允許各州政府根據地方需要只引入少量而必要的國際商事法庭，以保證司法資源的靈活與高效配置。這種目前看來獨一無二的模式是德國立法者試圖結合國際商事糾紛解決的現代性與本土商事法庭傳統性使然。[1]

第三節　RCEP 爭議解決機制研究

法律是一普遍適用的行為規則，「法律從紛繁複雜的社會關係中高度抽象而來，捨棄了個別社會關係的特殊性，而表現為同類社會關係的一般共性，換言之，法律一般只對社會關係作類的調整或規範調整，而不作個別調整。」[2]國際投資法現狀是碎片化的，特點主要有多邊投資規則缺乏綜合性、區域規則效力範圍小、雙邊投資協定極度碎片化、國內投資法分散與滯後。投資保護、投資准入、公平競爭、爭端解決，是四個傳統國際投資法要解決的重點問題。投資規則越來越開始從專門性的雙邊投資協定向區域性的投資協定，再向包含投資規則的綜合性經貿協定轉化。從投資規則的內容來看，也可以發現高標準投資規則在要素投資保護、投資協定內容上的擴張、投資促進與便利化普及、投資者的義務等方面，有新的發展和變化。[3]

《區域全面經濟夥伴關係協定》（Regional Comprehensive Economic

---

1 參見毛曉飛：《獨特的德國國際商事法庭模式——解析〈聯邦德國引入國際商事法庭立法草案〉》，載《國際法研究》2018 年第 6 期。

2 參見徐國棟：《民法基本原則之解釋——成文法局限性之克服》，中國政法大學出版社 1992 年版，第 134 頁。

3 參見《從 RCEP 看國際貿易和投資規則中的中國智慧》，http://wenhui.whb.cn/zhuzhan/yw/20201228/385910.html，2020 年 12 月 28 日。

Partnership），由東盟十國[1]於 2012 年提出並正式啟動談判。截至簽署時，成員方包括東盟十國以及中國、日本、韓國、新西蘭、澳大利亞五個重要貿易夥伴，區域內貿易額達 10.4 萬億美元，佔全球貿易總額的 27.4%。2020 年 11 月 15 日，我國簽署了 RCEP，其本質上亦為一種行為規則和解釋系統。

RCEP 邀請中國、日本、韓國、澳大利亞、新西蘭共同參加（「10+5」），通過削減關稅及非關稅壁壘，建立 15 國統一市場的自由貿易協定，係由東盟國家首次提出，並以東盟為主導的區域經濟一體化合作，是成員方間相互開放市場、實施區域經濟一體化的組織形式。RCEP 涵蓋約 35 億人口，GDP 總和將達 23 萬億美元，佔全球總量的 1/3，為現階段全球經濟體量最大的區域性自由貿易協定，規模高於美墨加協定（USMCA）、全面與進步跨太平洋夥伴關係協定（CPTPP）或歐盟 28 國的比重。相比之下，USMCA、CPTPP 以及歐盟的外國直接投資流入額所佔比重分別為 28.3%、24.1% 和 4.2%；出口方面，RCEP 面向全球市場的出口規模高達 25%，而 USMCA 和 CPTPP 卻分別僅為 10.7% 和 13.5%。[2]

RCEP 並不機械地照搬跨太平洋夥伴關係協定（TPP），強推知識產權、國有企業、勞工標準等方面所謂「白金條款」等過高標準，而是充分認識到亞洲地區發展多樣性的現實，從這一基礎出發，在多樣性與高標準之間找到平衡——以具有靈活性的安排和方式。RCEP 不僅是一個貿易協定，同時也是東盟與鄰近國家發展戰略夥伴關係的重要框架。由於 RCEP 中所含內容十分廣泛，除了包含消除內部貿易壁壘、創造和完善自由的投資環境、擴大服務貿易等方面，還將涉及知識產權保護、競爭政策等多領域。相較於全球正在運行的其他自由貿易協定，RCEP 是一個新型的自

---

1 東盟十國是東南亞國家聯盟（Association of Southeast Asian Nations），簡稱東盟（ASEAN），1967 年 8 月 8 日成立於泰國曼谷，現有十個成員方：印度尼西亞、馬來西亞、菲律賓、泰國、新加坡、文萊、柬埔寨、老撾、緬甸、越南，總面積約 449 萬平方公里，人口 6.54 億（截至 2018 年），祕書處設在印度尼西亞首都雅加達的一個國際合作組織。

2 參見王璞：《一文讀懂 RCEP》，https://www.sohu.com/a/434704163_589939，2020 年 11 月 27 日。

貿協定，擁有更大的包容性，對於促進亞太地區貿易發展，維護開放、包容和基於規則的貿易體制，創造有利於貿易投資發展的區域政策環境至關重要。

貿易協定爭端解決機制依據司法水平的高低，基本可分為政治解決模式、混合解決模式、司法解決模式。[1]是否設置爭端解決機制是區域貿易協定是否完備的表現，通常意義上，成員方不願將糾紛提交至該區域貿易協定爭端解決機制管轄，很可能是由於該爭端解決機制不完善或該機制的政治屬性太強使其公正性大大降低。[2]為此，考察 RCEP 爭端解決機制具有重要意義。

一、關於 RCEP 爭端解決機制

隨着世界經濟增長持續低迷，去全球化、單邊主義和貿易保護主義現象越來越明顯，一些發達國家通過推行各種貿易限制措施以強化本地市場保護。而亞洲地區身處貿易保護主義的核心地帶，頻繁受到來自發達國家的貿易調查與限制。[3]

RCEP 共計二十章，第十九章（Dispute Settlement）專章規定爭端解決，共 21 條，從 RCEP 專家組設立、召集、聽證會、程序、專家組報告以及執行等各方面進行了明確約定。

RCEP 爭端解決強調在訴諸對抗性爭端解決機制之前進行雙邊和區域協商。第十九章第三條第（一）款規定該章「適用於締約方之間與本協定解釋和適用相關的爭端解決」以及「一締約方認為另一締約方的措施與本協定項下的義務不相符或者另一締約方未履行本協定項下的義

1　參見 James McCall Smith, "The Politics of Dispute Settlement Design: Explaining Legalism in Regional Trade Pacts", in *International Organization*, vol. 54, no. 1, 2000, pp. 147-150; Hyeran Jo, Hyun Namgung, "Dispute Settlement Mechanisms in Preferential Trade Agreements: Democracy, Boilerplates, and the Multilateral Trade Regime", in *Journal of Conflict Resolution*, May 15, 2012, pp. 1041-1648.

2　參見周士新：《東盟管理爭端機制及其效用分析》，載《國際關係研究》2015 年第 5 期。

3　參見王璞：《一文讀懂 RCEP》，https://www.sohu.com/a/434704163_589939，2020 年 11 月 27 日。

務」。值得注意的是，RCEP 並未採用投資者與國家間投資爭端解決機制
（investor-state dispute settlement），現階段的爭議解決機制僅限於締約國
層面的。第十九章第一條分別對「申訴方」（complaining party）、「爭端各
方」（parties to the dispute）、「爭端一方」（party to the dispute）、「應訴
方」（responding party）、「程序規則」（rules of procedures）以及「第三方」
（third party）等專業術語進行定義；[1] 第二條明確規定 RCEP 爭端解決機制
的目標是為解決本 RCEP 項下產生的爭端提供有效、高效和透明的規則與
程序；[2] 第三條明確了 RCEP 爭端解決機制規定適用的範圍為協定締約方之
間解釋本協定時以及違反協定規定的義務時而產生的爭端，並明確 RCEP
不影響成員方將爭端訴諸其他國際公約中爭端解決程序的權利；第四條則
對爭端解決的一般原則進行了規定，包括協定依照國際公法解釋的習慣規
則進行解釋，依據 RCEP 成立的專家組應該考慮 WTO 專家組和上訴機構
對這些規定所做的相關解釋，爭端方依據本章規定所做的任何通知、請
求和答覆均應該為書面形式，[3] 鼓勵爭端各方通過合作和磋商達成一致的爭
端解決方法，在不損害第三方的前提下，爭端各方同意後可修改本章規
定的任何期限，及時解決締約一方採取的措施損害另一締約方所產生的
爭端等。RCEP 爭端解決機制的基本程序，主要包括：consultations good
offices, conciliation, or mediation。第六條與第七條規定 RCEP 締約方可採
用磋商、斡旋、調解或調停多種方式在專家組組成之前或替代專家組解決
爭議。爭端各方均可以請求磋商。爭端各方應當善意地進行磋商，並且盡
一切努力通過磋商達成共同同意的解決辦法，包括在磋商過程中提供充分
的信息、處理磋商過程中交換的任何保密和專有信息、努力使對事項專門
負責或擁有專業知識的政府機關或其他管理機構的人員可以參與磋商等，

1　參見 Article 19. 1: Definitions For the Purposes of this Chapter.

2　參見 RCEP Agreement: "The objective of this Chapter is to provide effective, efficient, and transparent rules and procedures for settlement of disputes arising under this Agreement."

3　參見 RCEP Agreement: "All notifications, requests, and replies made pursuant to this Chapter shall be in writing."

對磋商保密。

申訴方（the responding party）提出磋商請求，應該說明請求的理由、事實和法律基礎，以及確認爭議措施。起訴方應同時向被訴方提供磋商請求的副本，被訴方應當立即以通報的形式向該起訴方確認收到根據第一款提出的磋商請求並指明收到請求的日期以及收到磋商請求後所採取的一系列行動。如果爭端各方以外的其他各方認為其在磋商中具有實質貿易利益，可以在不遲於收到磋商請求副本之日後的七天內通知爭端各方加入磋商。[1] 爭端各方可在任何時候同意自願採取爭端解決的替代方式，如斡旋、調解或調停。此類替代方式的程序可以在任何時間開始，並且可以由任何爭端方在任何時間終止。如爭端各方同意，在專家組審查進行工作的同時，斡旋、調解或調停仍可以繼續進行。斡旋、調解或調停的程序以及各方立場應當保密，並且不得損害任何爭端方在任何進一步或其他程序中的權利。[2]

第十九章第八條對設立專家組（request for establishment of a panel）進行了規定。專家組的設立請求提出後，在收到設立專家組的請求之日起十天內，爭端各方應當進行磋商，同時考慮爭端的事實、技術和法律方面，以就專家組的組成程序達成一致。如果爭端各方在收到提出的設立專家組請求之日起 20 天內，未能就專家組的組成程序達成一致，任何爭端方可以在其後的任何時間通報另一爭端方，就它希望採用第五款至第七款規定的程序，通知爭端另一方。專家組的專家具體條件為：（一）具有法

1　The responding party shall:(a)reply to the request for consultations made pursuant to paragraph 1 no later than seven days after the date of its receipt of the request; and(b)simultaneously provide a copy of the reply to the other parties. The responding party shall enter into consultations no later than: (a) 15 days after the date of its receipt of the request for consultations made pursuant to paragraph 1 in cases of urgency including those which concern perishable goods; or (b) 30 days after the date of its receipt of the request for consultations made pursuant to paragraph 1 regarding any other matter.

2　The parties to the dispute may at any time agree to voluntarily undertake an alternative method of dispute resolution, including good offices, conciliation, or mediation. Procedures for such alternative methods of dispute resolution may begin at any time, and may be terminated by any party to the dispute at any time.

律、國際貿易、本協定涵蓋的其他事項或者國際貿易協定項下的爭端解決的專業知識或經驗；（二）在客觀性、可靠性和合理的判斷力的基礎上嚴格挑選；（三）獨立於，並且不與任何締約方關聯或接受任何締約方的指示；（四）未以任何身份處理過該事項；（五）向爭端各方披露可能引起對他或她的獨立性或公正性產生合理懷疑的信息；以及（六）遵守《專家組程序規則》所附的《行為準則》。[1]

　　專家組應由三名專家組成員組成。所有專家組成員的任命和提名應當符合第十一條第十款和第十三款所提及的要求。起訴方應當在收到通報之日起十天內任命一名專家組成員，被訴方應當在收到通報之日起 20 天內任命一名專家組成員。一爭端方應當通報另一爭端方其對專家組成員的任命。爭端各方應當就第三名專家組成員的任命達成同意，該第三名專家組成員為專家組主席。每一爭端方可以向另一爭端方提供一份最多三名專家組主席的被提名人名單。如在收到通報之日起 35 天內沒有任命任何專家組成員，任何爭端方可以在其後的 25 天內，請求 WTO 總幹事在提出此類請求之日起的 30 天內任命餘下的專家組成員。專家組主席的被提名人名單也應當提供給 WTO 總幹事。如 WTO 總幹事向爭端各方通報其不能履行，或者爭端方提出請求之日起 30 天內沒有任命餘下的專家組成員，任何爭端方可以請求常設仲裁法院祕書長迅速任命餘下的專家組成員。專家組的設立日期應當為最後一名專家組成員被任命的日期。在與爭端各方磋商後，設立的專家組應當在設立之日起 15 天內，確定專家組程序的時間表。每一爭端方以書面形式陳述其案件事實、論點和反駁論點，專家組為爭端各方提供至少一次向專家組陳述其案件的聽證會（除特殊情況，最多不超過兩次聽證會），每一爭端方和每一第三方應當迅速

1　(a) have expertise or experience in law, international trade, other matters covered by this agreement, or the resolution of disputes arising under international trade agreements; (b) be chosen strictly on the basis of objectivity, reliability, and sound judgement; (c) be independent of, and not be affiliated with or take instructions from, any party; (d) not have dealt with the matter in any capacity; (e) disclose, to the parties to the dispute, information which may give rise to justifiable doubts as to his or her independence or impartiality; and (f) comply with the Code of Conduct as annexed to the Rules of Procedures.

地、全面地答覆專家組提出的其認為必要和適當的此類信息的任何請求，專家組可以應一爭端方的請求或自發地向其認為適當的任何個人或機構尋求附加信息和技術建議。專家組提交最終報告的期限一般為七個月（從設立之日起）。專家組自其設立之日起 150 天內向爭端各方發佈中期報告。在緊急情況下，包括涉及易腐貨物的情況，專家組努力在其設立之日起 90 天內發佈中期報告。爭端方可以在收到中期報告之日起 15 天內向專家組提交對中期報告的書面意見，專家組在考慮爭端各方對中期報告提出的任何書面意見後，可以進行其認為適當的任何進一步審查並修改其中期報告。專家組在中期報告發出之日起 30 天內向爭端各方發佈最終報告，並在向該爭端各方發佈最終報告之日起七天內向其他締約方發佈最終報告。專家組應當以協商一致方式作出裁定和決定，如專家組不能取得一致，可以以多數投票的方式作出裁定和決定。專家組成員可以對未協商一致的事項提出不同意見或單獨的意見。報告中專家組成員個人發表的意見應當匿名。[1]

　　爭端各方可以隨時同意專家組中止其工作（suspension and termination），中止期限自各方達成同意之日起不超過 12 個月。在此期限內，經任何爭端方請求，中止的專家組程序應當恢復。如發生中止，專家組程序的任何相關期限隨中止工作的期限而相應延長。如專家組連續中止工作超過 12 個月，則設立專家組的授權應當終止，除非爭端各方另行約定。[2]在達成一致同意的解決辦法的情況下，爭端各方可以同意終止專家組程序，並將該情況共同通報專家組主席。不論中止或終止，爭端各方應當共同通報其他締約方專家組程序該情況，或設立專家組的授權已經終止。專家組的裁定和決定應當是終局的，並且對爭端各方具有約束力，爭端各方應予執行。在專家組向爭端各方發佈最終報告之日起 30 天內，被訴方應當通報起訴方其關於執行專家組最終報告的意願。如被訴方認為其已經遵守 RCEP 第

1　參見 Article 19. 13: Panel Procedures.
2　參見 Article 19. 14: Suspension and Termination of Proceedings.

十九章第十五條第一款項下的義務，應當立即通報起訴方；如立即遵守第一款項下的義務是不可行的，被訴方應當將其認為遵守第一款項下的義務所需要的合理期限通報起訴方，並且說明為此類遵守其可能採取的行動。如被訴方根據第二款第（二）項作出通報，表示其立即遵守第一款項下的義務不可行，其應當擁有一段合理期限以遵守第一款項下的義務。該期限由爭端各方約定，如無法達成一致，任何爭端方可以通過通報專家組主席和另一爭端方的方式，請求專家組主席確定合理期限。如爭端各方對最終報告的執行存在分歧，可重新召集專家組解決爭端。起訴方可以通過通報被訴方，請求重新召集執行審查專家組。執行審查專家組應當在收到請求之日起 15 天內重新召集。在可能的情況下，執行審查專家組應當在重新召集之日起 90 天內向爭端各方發佈中期報告，並在其後 30 天向爭端各方發佈最終報告。從起訴方提出重新召集執行審查專家組請求之日起至執行審查專家組提交最終報告之日止的期限不超過 150 天。補償和中止減讓或其他義務是在被訴方未在合理期限內遵守最終報告的執行的義務時可適用的臨時措施，都不優先於履行最終報告的執行項下的義務。補償是自願的，並且如給予補償，應當與本協定相一致。中止減讓或其他義務是臨時性的，並且僅能適用至最終報告的執行項下的義務已經被遵守或達成一致同意的解決辦法為止。[1]

二、RCEP 爭端解決機制評析

構建人類命運共同體思想豐富了國際商法基本原則的內涵，確立了整體的利益觀，突破了本位主義利益觀；共同繁榮，是國際經濟合作的主要目標，也是國際經濟法律制度變革的目標。在全球化的背景下，商法國際性、國際商法、功能和權威正在發生重組和調整。全球化帶來的不是一個簡單的貿易阻礙或貿易壁壘問題，事實上，商法亦必須隨時調整自己，

---

1   參見 Article 19. 17: Compensation and Suspension of Concessions or Other Obligation.

以適應不斷變化的歷史現實。[1]外國投資者在進入東道國投資之前，一般需要考慮如下問題：投資領域是否受到東道國限制；對股權比例和高級管理人員等是否有特殊要求；外商投資是否需要獲得行政許可；對外國投資者是否有激勵措施；投資完成後是否存在持續性義務，比如業績要求；是否有相關的投資保護和爭端解決機制。[2]為此，一項區域貿易協定期望實現的經濟一體化程度越高，該協定就越偏向於採用更高司法化水平的爭端解決機制。東盟爭端解決機制的演進與東盟經濟一體化的提升相伴隨。東盟爭端解決機制從最初的「東盟方式」發展到最終的《東盟憲章爭端解決機制議定書》，其演進過程所反映的是區域經濟一體化發展對爭端解決機制越來越高的要求。RCEP 旨在建立一個高質量的自由貿易協定，在經濟一體化目標上可能不及東盟，但談判國之間的經濟聯繫日益緊密，相互的依存度也隨之上升。區域貿易協議談判國之間經濟的不對稱性也影響爭端解決機制模式的選擇。一般而言，相對經濟實力差距的大小與爭端解決的司法化水平的高低呈反比。由於五份「10+1」FTA 協議下均沒有一個常設的機構為仲裁庭的成立提供幫助，仲裁庭的人選只能由雙方來選定，隨着 RCEP 成員方的增多，以及對爭端解決機制司法化的要求，有必要通過設置一個常設機構來輔助仲裁庭的工作，包括一份供選擇的仲裁員名冊，以期規範仲裁庭的組成，提高效率。[3]

　　法律的存在根據不是超越歷史的普遍人性，也不是超越歷史的先驗理性，而是民族以及主宰民族的民族精神。換言之，法的發展不是自由意志的產物或偶然的產物，而是一個有機的歷史的生成和增長的產物。法律的存在根據並沒有超越歷史，而是一個歷史實體。[4]爭端解決機制亦如此，區域貿易協定成員的數量從兩方面影響爭端解決機制模式的選擇。一方面，

1　參見［英］戴維·赫爾德等：《全球大變革：全球化時代的政治、經濟與文化》，楊雪冬等譯，社會科學文獻出版社 2001 年版，第 13 頁。

2　參見倪建林：《RCEP 投資規則簡析》，http://www.lawyers.org.cn/info/bfe0a0cf545b47e9a05a69197db86dff/，2021 年 2 月 9 日。

3　參見王茜：《RCEP 爭端解決機制構建研究》，載《國際展望》2018 年第 2 期。

4　參見曹衛東：《遲到民族與激進思想》，上海人民出版社 2016 年版，第 187-189 頁。

成員數量越多，發生貿易爭端的概率越高，就越需要一種穩定的爭端解決機制。另一方面，司法化水平高往往也意味着維護成本較高，成員越多各自分擔的費用越少，就越能減少成員方的經費壓力。[1]RCEP 是各項指標領先全球的超大自貿區，極大地增加亞洲區域經貿政策的穩定性，優化投資預期，提振生產和消費信心，特別是有助於為全球提供一個區別於傳統歐美市場的最終消費市場，為拉動世界經濟走出低迷增長提供助力。作為全球最具潛力的區域自由貿易協定，RCEP 應進一步打破亞洲區域貿易壁壘，完善爭端解決機制，促使亞洲形成統一和穩定的生產與消費市場，這將對亞洲乃至全球其他正在談判的區域和多邊自由貿易安排產生積極示範效應。[2]

　　RCEP 爭端解決機制，本質上亦為區域國家在一定時期內法律淵源的主要表現形式。法律形態不但集中反映了某一社會或國家的法律實踐活動的主要特點，保障着法律價值社會的實現，維繫着有利於社會整體生存和發展的基本秩序，而且角度上塑造着人們的行為和思想，有力地促進了社會的變革。[3]RCEP 既包括貨物貿易、服務貿易、投資等市場准入，也包括貿易便利化、知識產權、電子商務、競爭政策、政府採購等大量規則內容，涵蓋了貿易投資自由化和便利化的方方面面。RCEP 採用區域原產地累積規則，支持區域產業鏈供應鏈發展；採用新技術推動海關便利化，促進新型跨境物流發展；採用負面清單作出投資准入承諾，大大提升投資政策的透明度；還納入高水平的知識產權、電子商務章節，適應數字經濟時代的需要。[4]

1　參見 Chase, Claude, et al. "Mapping of Dispute Settlement Mechanisms in Regional Trade Agreements-Innovative or Variations on a Theme?", in *World Trade Organization Staff Working Paper* No. ERSD-2013-07 (2013).

2　參見王璞：《一文讀懂 RCEP》，載《北大縱橫》，2020 年 11 月 27 日。

3　參見陳寶亞：《論我國成文法形態的反思與變革》，載中國法院網，2006 年 12 月 13 日。

4　參見徐佩玉：《全球最大自貿區啟航》，載《人民日報（海外版）》，2020 年 11 月 17 日。

我們的時代期待於法制不僅是要它建立秩序，而且是想通過新的法律多少從根本上改造社會。[1]

爭端解決機制作為國際商法重要組成部分，其自身是一種與大地上萬物生長、養育緊密聯繫在一起的生命能量，而這種能量無疑來源於歷史、文化與傳統所賦予的存在意義。[2] 國際商法對於以住宅為中心的陸地性秩序和以船隻為中心的海洋性秩序有着不同的意義，恰恰是後者將商事交易從陸地性秩序中更加解放出來。如果說大陸國家的陸地性存在及其各種具體的制度的核心乃是住宅。住宅、財產、婚姻、家庭以及繼承權，所有這一切都建立在農耕的基礎上，相比之下，海洋性存在中所行駛的船隻本身在更大的程度上乃是一個科技性的工具，且擴張性和效率更為明顯。[3]

三、餘論

RCEP 實質上是成員方間做出的一個承諾，承諾把相關商品的進口稅逐漸降為零。

協定較大幅度地取消了關稅壁壘、非關稅壁壘以及投資壁壘，將使區域內部的相互貿易需求快速增長，也會將部分和域外夥伴的貿易轉移為域內貿易。在投資方面，協定也會帶來新增的投資創造效應。因此，RCEP 將拉動整個地區的 GDP 增長，創造更多的就業，讓各國人民的福祉得到顯著提高。[4]

大多數自由貿易協定中的爭端解決章節都是出了名地難以使用，因此不常被閱讀。[5] 爭端解決機制是貿易協議不可或缺的一部分，它是貿易協

1　［法］勒內·達維德：《當代主要法律體系》，漆竹生譯，上海譯文出版社 1984 年版，第 15 頁。
2　參見［德］施米特：《大地的法》，劉毅、張陳果譯，上海人民出版社 2017 年，第 185 頁。
3　參見「德］施米特：《陸地與海洋》，林國基、周敏譯，華東師範大學出版社 2006 年版，第 120-121 頁。
4　徐佩玉：《全球最大自貿區啟航》，載《人民日報海外版》2020 年 11 月 17 日。
5　參見 Henry Gao：《不要指望 RCEP 解決貿易爭端》，https://xueqiu.com/3324467170/163358155，2020 年 11 月 16 日。

議的「自癒」機制，通過爭議的解決以維護各方達成的承諾。需要強調的是，設置爭端解決機制不僅只是程序完整的需要，更是解決 RCEP 內部貿易爭端的有效途徑。[1]

從談判到簽署，RCEP 歷經八年。在此期間，國際環境日益複雜。全球貿易爭端加劇、地緣政治衝突不斷、逆全球化潮流加速、單邊主義保護主義盛行，新冠肺炎疫情給世界各國帶來嚴重衝擊。這些背景下，RCEP 最終落定，表明亞太地區多國對自由貿易、多邊主義的信任，也為今後發展打下良好基礎。[2]

社會科學的研究旨在應對複雜多變的社會現象，而不同社會的具體情形各異，其所面臨的社會問題也存在較大差別。因此，社會科學研究的本土性色彩較強。受吉爾茨倡導「地方性知識」的影響，中國學術界對這一概念格外青睞，競相輾轉紹述。但是，科學的重要特徵之一便是「透過現象看本質」，即揭示出複雜多變的現象背後的規律。作為人類法律文化視野中的法學理論，也有必要邁向「一般的」理論，對人類社會的法律生活進行反思、分析、評價，並非僅局限於某個特定的時代或者某個特別的地域井蛙之見。[3]法律應該是可以通過學習而普適化的知識，法律人不必限縮在自己周圍的國家裏，法律背後有一些理性可以通過相互學習而成長，從而變得更好。從比較法的拓展視野中，他們發現好像不必瑟縮蟄居於君王的命令、傳統的習慣之下，而是可以去發現有沒有一些更好的規律、更好的規範，就像對自然規律的發現一樣。耶林認為一個民族的生活並不應孤立存在，他對於法律是純粹由地域或民族的發展而形成的學說沒有興趣。[4]在此角度，RCEP 爭端解決機制的研究，應然能夠帶來跨境商法更多的視野與素材，提供更多實踐模型與解釋框架。

1　參見王茜：《RCEP 爭端解決機制構建研究》，載《國際展望》2018 年第 2 期。

2　參見李正穹：《簽署 RCEP 對中國和世界意味着什麼》，載民主與法制網，2020 年 11 月 16 日。

3　參見張世明：《再思耶林之問：法學是一門科學嗎？》，載《法治研究》2019 年第 3 期。

4　參見 Jhering, *Geist DesRömischenRechts Auf Den Verschiedenen Stufen Seiner Entwicklung*, Teil 1, 6. Aufl. 1907, S. 15.

　　毋庸置疑，我們的時代是解釋的時代。從自然科學到社會科學、人文科學到藝術，有大量的數據顯示，解釋成為 20 世紀後期最重要的研究主題。在法律中，向解釋學轉向的重要性怎麼評價也不過分。[1] 由此，「法律必須穩定，但又不能靜止不變。因此，所有的法律思想都力圖使有關對穩定性的需要和變化的需要方面這種互相衝突的要求協調起來。我們探索原理 …… 既要探索穩定性原理，又必須探索變化原理。」[2]

第四節　跨境商事爭議中的專家證人
——司法運行和發展的內生性資源

　　在跨境商事爭議中，專家證人，係一重要爭議解決程序性概念，按照美國《聯邦證據規則》（2011 年重塑版）第 702 條規定，專家證人是指「因知識、技能、經驗、訓練或者教育而具備專家資格的證人，可以以意見或其他的形式就此作證。」[3] 在證據法領域，專家證人提供的證據即為專家證據，該概念深層次植根於英美法系，主要關注於為法院訴訟程序之目的指定提供或準備證據的專家。通常認為，專家證人應然在一定領域內具有專門的知識和技能，並運用其專門知識和技能對案件的事實問題進行觀察、鑒別、作出判斷，提供意見或證言的具有專門知識的人員。[4]

　　跨境商事爭議中文化差異能夠塑造人類行為和對世界的看法，專家證人是文化差異的一種集中體現。在大陸法體系國家，專家通常不能被稱為

1　參見［美］帕特森：《法律與真理》，陳銳譯，中國法制出版社 2007 年版，序言。

2　［美］龐德：《法律史解釋》，曹玉堂等譯，華夏出版社 1989 年版，第 1 頁。

3　王進喜：《美國〈聯邦證據規則〉（2011 年重塑版）條解》，中國法制出版社 2012 年版，第 212 頁。

4　參見王悠然：《文化人類學家擔任專家證人有何挑戰》，載《中國社會科學報》，2015 年 4 月 1 日。

證人。[1]《布萊克法律詞典》對專家證人如此定義：

> 因接受教育和訓練或者具有專業技術和經歷適格的證人，提供關於科學技術的或者其他特殊的關於事實問題的證據，也稱技術證人。[2]

從專家證據的功能來看，專家證據能夠擴大和延長法官的感知能力，幫助法院查明有關技術事項的因果關係，進行事實認定，如查出客體的共同特徵和差別，精確測定受檢客體質量和數量，客觀記錄和複製痕跡、物證，進行同一認定，運算和處理各種信息等。隨着科技的日益發展，專家證據的擴張乃是一種不可抗拒之潮流。[3]

一、專家證人的基礎邏輯

法律是一種普遍適用的行為規則，「法律從紛繁複雜的社會關係中高度抽象而來，捨棄了個別社會關係的特殊性，而表現為同類社會關係的一般共性，換言之，法律一般只對社會關係作類的調整或規範調整，而不作個別調整。」[4]「專家證人對於相關領域必須擁有充分的知識和技能」，「該種知識可能單獨來自於對某一領域的學習（如教育），也可能單獨來自於其他領域的實踐（如經驗），或者更為常見的二者兼而有之。」[5]由於法院／仲裁機構受理的案件日益複雜，法官／仲裁庭等主體尋求判例智識性支持的動機也漸趨強烈。更重要的是，判例中司法經驗與理性的積累已經到達

---

1 普通法的「專家證人（expert witness）」大致相當於大陸法的「鑒定人」，但也有區別；「expert report」可譯作專家報告，本文作鑒定結論，但它與大陸法的「鑒定結論」不全一致。在普通法國家，專家一般由當事人指定，地位與證人相同，作用在於解釋和描述第一手觀察。

2 Black's Law Dictionary 1633（8th ed, 2004）1070-1071; Evidence §§ 521, 523-527, 599-600, 612-617, 619-625, 628-630, 632, 634-638, 644, 649-653, 656-660, 666-668, 670-671, 673-678, 680-682, 685-686, 688.

3 參見徐昕：《專家證據的擴張與限制》，載《法律科學》2001 年第 6 期。

4 徐國棟：《民法基本原則之解釋——成文法局限性之克服》，中國政法大學出版社 1992 年版，第 134 頁。

5 ［美］約翰・W. 斯特龍主編：《麥考密克論證據》，湯維建等譯，中國政法大學出版社 2004 年版，第 32-33 頁。

了相當的程度，逐漸發展成司法運行和發展的內生性資源。[1] 法官的認知能力是有限的，特別是一些專業性較強的問題，需要藉助專家證人來彌補法官認識能力之不足。陪審員制度在一定程度上也是為了解決法官專業知識不足的問題，通過引入具有專業知識背景的專家做陪審員來完善對案件的處理。只有陪審員是不夠的，專家證人制度與陪審員並不矛盾，相輔相成。[2]

　　儘管當事人在一定程度上取得專家和法律顧問的諮詢完全正當，但專家證據應該且至少看來如此，即向法院提交的專家證據為專家獨立的意見，不受當事人之間訴訟的形式和內容影響，這一點非常必要。倘非如此，則專家證據可能不僅不正確，甚至將擊敗自身。[3] 本質上，英美法系對專家證人的資質要求並非特定高標準，而是從實用角度出發，以證明案件事實為主，不以形式要件為必備條件，專家是否適格除了由當事人決定之外，法庭的評估決定也具有很大的自由和靈活性。比如，《美國聯邦證據規則》（2011 版）規定：

　　　　專家證人是指因知識、技能、經驗、訓練或者教育而具備專家資格的證人，可以以意見或其他的形式就此作證。[4]

　　　　這裏的專家，顯然是廣義含義上的專家。在規則範圍內的專家，不僅是最嚴格意義上的專家，例如醫生、物理學家和建築師，而且包括有時叫做「熟練」（skilled）證人的巨大群體，諸如就土地價值作證的銀行家或者土地所有者可以作為專家證人。

　　　　在評估專家資格時應當自由和靈活。審判法院在就某一特定事項確定專家資格時，具有很大的自由裁量權。[5]

1　參見 Benjamin Liebman and Tim Wu,“China's Network Justice”, in *Chicago Journal of International Law*, no. 8, 2007, pp. 257-321.
2　參見唐亞南：《完善涉家暴案件中的專家證人制度》，載《人民法院報》，2016 年 7 月 22 日。
3　參見 John O'Hare & Kevin Browne, *Civil Litigation*, ninth edition, Lodon, Sweet & Maxwell, 2000.
4　王進喜：《美國〈聯邦證據規則〉（2011 年重述版）條解》，中國法制出版社 2012 年版，第212 頁。轉引自宋健：《專家證人制度在知識產權訴訟中的運用及其完善》，載《知識產權》2013 年第 4 期。
5　王進喜：《美國〈聯邦證據規則〉（2011 年重述版）條解》，中國法制出版社 2012 年版，第213 頁。

　　法院應要求，對一切專家證人的主詢問皆採書面形式，特殊情形除外。當然，提出證據方式應由審理法官確定，但實踐表明，大型商事案件中提出專家證據的時間過長，反而越來越令人疑惑。故南澳大利亞要求專家提供的鑒定結論，包括專家資格全部細節，清楚表達意見依賴的事實假定，明確區分依事實假定得出的意見。[1]

　　英美法系中將證人分為普通證人和專家證人，普通證人具有不可替代性，他們在訴訟活動前已經了解了案件的基本情況，將自己感知的案件事實呈現給法院。但是，專家證人具有可替代性，他們是接受當事人的委託或者法庭的指派後才能在訴訟程序中了解案件事實，其與普通證人最大的區別就是無需親歷當事案件。所以，只要具備該領域的相關專業知識和經驗，就可以成為專家證人，其身份具有可替代性。[2] 為此，1999 年《英國民事訴訟規則》第 35.3 條明確規定：

　　　　（1）專家證人的職責，在於以其專業知識幫助法院解決有關訴訟程序涉及的問題；
　　　　（2）專家證人的職責，優先於專家證人對指示人或者費用承擔人之義務。

　　美國聯邦證據規則同時規定了專家證人證言的有助性標準和可靠性標準。所謂「有助性標準」，是指有助於事實發現或者理解證據或認定案件的爭點事實——

　　　　（1）專家證人運用的該項理論、技術或方法能否被驗證或已被驗證；
　　　　（2）該項理論、技術或方法是否接受過同行的評論並發表過；
　　　　（3）該項理論、技術或方法已知或潛在的出錯率是否確定，是否存在並維持可控制這一理論、技術或方法應用的標準；

1　參見［日］谷口安平：《程序的正義與訴訟》，王亞新、劉榮軍譯，中國政法大學出版社 1996 年版，第 257 頁。
2　黃凱：《構建我國環境資源審判專家證人制度》，載《人民法院報》，2015 年 5 月 8 日。

（4）該項理論、技術或方法在相關領域是否得到普遍接受。

所謂「可靠性標準」，是指什麼樣的專門知識才可作為專家證據——

（1）專家證言基於足夠的事實和數據；

（2）證言是可靠的原理和方法的產物；

（3）專家將這些原理和方法可靠地適用於案件的事實。[1]

在一定意義上，專家證人在糾紛解決中的權力，本質為「技術權」語境。專家證人在商事訴訟／仲裁中發表的意見為專家意見。專家證人的工作內容就是充分發揮自己所積累的知識經驗，藉助一些設備或者科學儀器針對商事訴訟／仲裁案件的相關專業問題作出科學判斷，幫助法庭對涉及的特定技術問題進行證明，同時也可以協助當事人在案件審理環節進行質證。專家證人在此過程中要避開一些主觀因素，其發表的意見應具有科學性的特點。[2]

審判權與技術權之間必然是一個矛盾的運動過程，現階段，佔據主導地位的當然是審判權，但立法界以及司法界似乎感覺到技術權上升的威脅，因而在諸多方面對專家證人的技術權予以限制。從證據規則發展史可見，法院長期以來對專家證據持有戒心，因而普通法證據規則發展了對專家證據的各種限制，如專業規則、專業領域規則（專業領域須在有關科技界普遍可接受）、常識規則（證明主題須在大眾常識範圍之外）、基礎規則（專家證據的基礎須以可採性證據證明）等等。[3]

二、我國訴訟程序中的專家

中國「法」的傳統及其特質本身已成為固化的過去式而不可能被改變，改變的只是不同時空的體驗者對其的感受和理解。[4]在一定意義上，證

1　參見謝偉：《我國環境訴訟的專家證人制度構建》，載《政治與法律》2016 年第 10 期。

2　參見黃凱：《構建我國環境資源審判專家證人制度》，載《人民法院報》，2015 年 5 月 8 日。

3　參見 I. Freckelton, *"Cross-examination"*, in *Australian Lawyer* 20（1996）31（7）。

4　參見萬志強：《「非規則型法」：貢獻、反思與追問》，載《華東政法大學學報》2018 年第 2 期。

據法即將自然法中的重要部分抽出來加以外在化、客觀化並賦予其社會的強制力，即提供公共權力的支持，其就成為了制度上的法。[1] 基於我國成文法體制以及法院整體本位運行模式，作為對中國法治運行具有重要影響的現象，判例運用在一定角度已表現為制度化，儘管在判例實際運用過程中各主體對理性的趨從能夠形成某種自發性秩序，但這並不能減弱制度建設的必要性。[2]

《民事訴訟法》第 79 條規定：

> 當事人可以申請人民法院通知有專門知識的人出庭，就鑒定人作出的鑒定意見或者專業問題提出意見。

《最高人民法院關於民事訴訟證據的若干規定》（2019 年修訂，自 2020 年 5 月 1 日起施行）第 84 條規定：

> 審判人員可以對有專門知識的人進行詢問。經法庭准許，當事人可以對有專門知識的人進行詢問，當事人各自申請的有專門知識的人可以就案件中的有關問題進行對質。有專門知識的人不得參與對鑒定意見質證或者就專業問題發表意見之外的法庭審理活動。

而修訂前《最高人民法院關於民事訴訟證據的若干規定》（2002 年 4 月 1 日起施行）第 61 條第一款的規定如下：

> 當事人可以向人民法院申請一至二名具有專門知識的人員出庭就案件的專門性問題進行說明。人民法院准許其申請的，有關費用由提出申請的當事人負擔。審判人員和當事人可以對出庭的具有專門知識的人員進行詢問。經人民法院准許，可以由當事人

1　參見［日］寺田浩明：《「非規則型法」之概念：以清代中國為素材》，載《權利與冤抑：寺田浩明中國法史論集》，王亞新等譯（本篇魏敏譯），清華大學出版社 2012 年版，第 385、386 頁。

2　參見顧培東：《法官個體本位抑或法院整體本位——我國法院建構與運行的基本模式選擇》，載《法學研究》2019 年第 1 期。

> 各自申請的具有專門知識的人員就有關案件中的問題進行對質。
>
> 具有專門知識的人員可以對鑒定人進行詢問。

修訂前規定明確當事人在民事程序中均有權啟動專家證人程序，但修訂後當事人該項權利存在不確定性。

司法實踐中，專家證人應在舉證時限屆滿前的一定時間，在接受當事人或法庭聘請後，經過前述的調查分析過程，在審理前的庭前準備會議上提出專家證言。雙方當事人應互相提供專家證人的名單和身份資料，以及說明該專家證人作證涉及的專業領域等。為加強雙方專家證人之間的溝通，還可以在雙方當事人以及法庭聘請的專家證人之間組織專家人會議，其目的一般包括四點：一是確定雙方專家證人意見中具有一致性的內容；二是確定雙方專家證人的意見分歧所在和各自的理由；三是探討解決意見分歧或區分意見正誤的方法；四是通過雙方專家證人的討論發現專家報告中沒有涉及的重要問題。[1]

《最高人民法院關於行政訴訟證據若干問題的規定》（2002 年）第 48 條規定：

> 對被訴具體行政行為涉及的專門性問題，當事人可以向法庭申請由專業人員出庭進行說明，法庭也可以通知專業人員出庭說明。必要時，法庭可以組織專業人員進行對質。當事人對出庭的專業人員是否具備相應專業知識、學歷、資歷等專業資格有異議的，可以進行詢問，由法庭決定其是否可以作為專業人員出庭。
>
> 專業人員可以對鑒定人進行詢問。

該規定明確當事人和人民法院在行政程序中均有權啟動專家證人程序。「在行政訴訟中，由於原告相對人和行政主體可能在經濟實力、訴訟經驗上存在巨大差異，從而容易形成選任的專家證人能力不同而造成雙方訴訟地位失衡」，法官根據案情在當事人選任的專家之外指定專家證人，「這

1　參見徐繼軍：《專家證人研究》，中國人民大學出版社 2004 年版，第 103 頁。

種做法能夠有效地幫助法官全面公正地面對各方專家證言，也能減少行政
訴訟雙方在專業知識上的差異對『平衡』造成的破壞。」[1]

《中華人民共和國刑事訴訟法》（以下簡稱《刑事訴訟法》）（2012 年
修訂）第 192 條第二款規定：

> 公訴人、當事人、訴訟代理人可以申請法庭通知有專門知識
> 的人出庭，就鑒定人作出的鑒定意見提出意見。法庭對於上述申
> 請，應當作出是否同意的決定。

《刑事訴訟法》的此項規定為新增加的條款，確立了專家證人出庭制
度，這是對我國刑事司法中的重大突破。[2]

《刑事訴訟法》（2018 年修訂）第 192 條進行了修訂：

> 公訴人、當事人或者辯護人、訴訟代理人對鑒定意見有異
> 議，人民法院認為鑒定人有必要出庭的，鑒定人應當出庭作證。
> 經人民法院通知，鑒定人拒不出庭作證的，鑒定意見不得作為定
> 案的根據。

刑事專家證人出庭制度尚存爭議。應當指出，專家證人制度有利於保障司
法公正。隨着經濟社會的發展和科學技術的不斷進步，法院在審判刑事案
件的過程中所遇到的專業問題越來越多、越來越複雜，法官由於知識上的
欠缺而無從對證據作出判斷，使案件的審理陷入「僵局」。在那些較為複
雜的、需要作出相應專業鑒定的案件中，通過當事人選任或者聘請專家證
人對案件中的證據作出相應意見，能夠在訴訟程序上充分保障當事人對訴
訟抗辯權的行使，這無疑有利於平衡訴訟活動中控辯雙方的地位。在刑事
訴訟活動中的專家證人制度，能夠保障當事人的質疑權、詢問權、質證
權、辯護權等得到有效行使，同時有利於法官查明案件事實，對案件作出
合理、公正的裁判，從實體上有利於實現司法公正。

1　高潔如：《設立專家證人制度的構想》，載《政法學刊》2008 年第 4 期。
2　參見寧林、潘星明：《專家證人制度特徵及其價值芻議》，載《人民論壇》2014 年第 2 期。

專家證人制度有利於提高司法效率。案件審理周期的長短是司法效率的重要體現，無論是對於當事人來說，還是對國家來說，迅速裁判案件對於刑事司法活動至關重要，司法資源的有限性決定了國家不願意以更多的時間審理案件，否則容易造成司法資源的浪費。[1] 專家證人的職責，在於就其專業知識領域內的事項協助法院；並且該種職責優先於專家證人對委託或聘任他的當事人的職責。律師應當將專家對法院的優先職責告知其當事人，以使當事人明白專家證人將全面客觀地分析有關事項而不會有意識傾向性地提供支持一方當事人的證詞。[2]「法庭所聽到的不是專家的意見，而是有利於各自一方當事人的觀點。」[3] 專家報告應向法院提出，而非向委託專家的當事人提出。專家報告的內容主要包括：專家證人的資格；製作專家報告時所依據的文獻或其他資料；概述專家報告所涉及的事項的各種不同觀點，並為自己的觀點闡明理由；概述得出的結論；表明專家證人理解其對法院所負的義務，以及他已經遵守了有關義務。[4]

專家證人作為司法運行和發展的內生性資源，其技術優勢，構成對專門、關鍵、核心問題的解釋，該「解釋乃是一種媒介行為，藉此，解釋者將他認為有疑義文本的意義，變得可以理解。」[5]「爭議疑難問題以及模糊性意味着在法律運作中對人的因素的引入，法律由此被看作是須由解釋者補充完成的未完成作品，是必須由人操作的機器而不是自行運轉不息的永動機，法律的外延由此成為開放性。法官可根據社會生活發展的需要，通過解釋基本原則，把經濟、政治、哲學方面的新要求補充到法律中去，以使法律追隨時代的發展而與時俱進，實現法律的靈活價值。」[6]

1　參見寧林、潘星明：《專家證人制度特徵及其價值芻議》，載《人民論壇》2014 年第 2 期。

2　參見 Charles Plant, *Blackstone's Civil Practice*, Blackstone Press Limited, 2000, p. 560.

3　John Basten, "The Court Expert in Civil Trials-A Comparative Appraisal", in *The Modern Law Review*, vol. 40, no. 2, 1977.

4　參見 Colin Tapper, *Cross and Tapper on Evidence*, Butterworths, 1999, p. 1.

5　［德］卡爾·拉倫茨：《法學方法論》，陳愛娥譯，商務印書館 2003 年版，第 19 頁。

6　徐國棟：《民法基本原則之解釋——成文法局限性之克服》，中國政法大學出版社 1992 年版，第 355 頁。

三、小結

專家證人作為司法運行和發展的內生性資源，在跨境商事爭議解決中具有關鍵價值。法律的目的之一即是在處理各種社會主體的關係問題上儘可能地遵循道德和理性地伸張正義。[1] 其作為規範模式，應該對其調整的社會關係具有最大限度的涵蓋性，應該提供儘可能多且詳盡的規則去規範和指引人們的行為。但是，法律畢竟是人類認識客觀世界的產物，人們對事物的認識總要受到主觀條件的種種限制，有一個不斷反覆和無限發展的過程。[2]

專家證人與鑒定意見緊密關聯，我國鑒定制度存在着許多重大缺陷，如鑒定機構設置混亂；鑒定主體限於單位，排除自然人作為鑒定人；鑒定機構選定不合理地排除當事人自治等。可考慮借鑒專家證據制度的基本原理改造我國的鑒定制度。儘管專家證據制度自然、歷史地產生於純粹對抗制的普通法系，與我國的法系特徵、文化背景、制度銜接等難以融會貫通，全盤移植並不可取，但專家證據制度的優勢恰是彌補我國鑒定制度之良藥，特別是我國民事訴訟改革無法抗拒對抗制魅力的背景下。[3]

專家證人如果放在更大的範圍加以觀察，把專門知識看作是專家對其本身環境的認識和意義上的反映的話，那麼我們應該能夠因此看出訴訟現象如何塑造了個人的思想，以及思想如何決定人面對其環境。[4]

> 與其說跨境爭議是反映社會生活的鏡子，不如說它是開向社會生活的推土機，至少在這裏我們應當注意人的認識的能動性，爭議程序不僅是對社會生活的映照，它還是對社會生活的塑造。[5]

1　參見李道軍：《法的應然與實然》，山東人民出版社 2001 年第 1 版，第 288 頁。

2　參見陳寶亞：《論我國成文法形態的反思與變革》，載中國法院網，2006 年 12 月 13 日。

3　參見徐昕：《專家證據的擴張與限制》，載《法律科學》2001 年第 6 期。

4　參見李弘祺：《試論思想史的歷史研究》，載康樂、彭明輝主編：《史學方法與歷史解釋》，中國大百科全書出版社 2005 年版，第 134 頁。

5　徐國棟：《民法基本原則之解釋——成文法局限性之克服》，中國政法大學出版社 1992 年版，第 366 頁。

第五節　跨境商事爭議中的事實與事實證人

世界是事實而非物的總和。[1]為了查明糾紛的真相，應當看一切可以看的東西，聽一切可能了解爭議情況的人的陳述。「聽每個人的陳述，但最應當認真聽的，也是首先應當去聽的，是最可能了解案件事實的當事人所說的話。」[2]

在英美法系國家，證人證言和證人出庭可以說是民事案件或商事案件的「標配」，沒有證人證言和證人出庭則是例外。「法律人的才能主要不在認識制定法，而正是在於有能力能夠在法律的——規範的觀點之下分析生活事實。」[3]塞爾將事實分為兩類：一類是依賴於人們一致同意的事實，即「制度性事實」；一類是不依賴於任何人的意見和同意的「無情性」事實，這一類事實就相當於物理事實。無情性事實對於制度性事實具有邏輯上的優先性，不存在離開無情性事實的制度性事實。可以說，制度性事實存在於無情性物理事實之上。而制度性事實亦非孤立存在的，它只能在其他事實的一套系統中存在。例如，為了使全社會的任何一個人都有貨幣，這個社會就必須有一個用商品與服務交換貨幣的系統。沒有無情性事實就沒有制度性事實。這是制度性事實的邏輯結構產生的結果。[4]

以此角度，法律事實應歸屬於制度性事實的範疇。現階段，事實證人與國際商事仲裁密切關聯，其任務是提供事實，而無需就提供的事實自作主張地進行解釋、猜想或展開辯論。而專家證人不就爭議事實作證，而是依據其特有的實踐經驗或專門知識對案件事實提出判斷性意見。[5]我們對世界的認識本來就是有情有感的認識，認知因其覺感（sinn, sense）而充沛，

1　參見［奧地利］路德維希・維特根斯坦：《邏輯哲學論》，商務印書館 2013 年版，第 5 頁。

2　John Bowering ed., *The Works of Jeremy Bentham* VII, New York: Russell and Russell, 1962, p. 599.

3　［德］亞圖・考夫曼：《類推與「事物本質」——兼論類型理論》，吳從周譯，台灣學林文化事業有限公司 1999 年版，第 87 頁。

4　參見［美］約翰・塞爾：《社會實在的建構》，上海世紀出版集團 2008 年版，第 14、40 頁。

5　參見 Jonathan R. Vaitl, *Cross-Examination in International Arbitration*, 8 Y. B. Arb. & Mediation 315(2016), p. 321. Available at: http://elibrary. law. psu. edu/arbitrationlawreview.

而具有意義（sinn, sense），清洗覺感而唯理是認是一種特殊的認知形式。對人事有所評價，這並沒有什麼不對的地方，甚至我們也不一定總要抑制情緒用事的評價。我們只是需要區分有道理的評價和出於純粹偏好的評價、情緒化的評價、意氣用事的評價，不把後面這些冒充為或合理化為有道理的評價。[1]

　　跨境商事爭議中，在大陸法系國家日益倡導言詞原則、直接原則的背景下，不僅當事人的言詞辯論得到充分的重視，作為證據形式的證人證言也越來越具有重要性。英美法系對人證有着大陸法系國家不曾有過的重視，這不僅源自其對正當程序的追求與關注，同時在這些國家，如果離開了包括證人證言在內的言詞證據，其他證據形式均有可能成為死的證據，並因此喪失其意義。[2] 與大陸法系不同，英美法系和國際仲裁中的事實通常通過對於案件事實有切身了解的事實證人來確立，為此，在事實認定中，背景知識的作用通常以概括的形式，經過推理而得以體現的，通過這種知識，爭點與證據被連接起來。但推理本身是不確定和模糊的，取決於事實審理者的經驗，因此經驗（或者說是背景知識）比法律推理更為重要。[3] 因為事實本身不會自動生成與表達意義，不會自覺地分門別類，內涵和範圍均要受制於法條的構成要件，是規範層面上的具體法條給出了指向，並因此成為引發法律效果的工具，即法律賦予法律效力所必需的一切事實是法律要件，完備特定法律要件的事實是法律事實。[4]

　　證據法是由人們制定出來的多種證據規則所組成的，不同的國家以及同一個國家的不同歷史時期，人們制定出來的證據規則可能具有不同的內容，而不同的證據規則也可能具有不同的功能。但是，司法證明活動終究

1　參見［德］馬丁·海德格爾：《存在與時間》，陳嘉映、王慶節譯，生活·讀書·新知三聯書店 2012 年版，第 204 頁。
2　參見趙信會：《民事證人評價制度的技術建構》，載《現代法學》2010 年第 6 期。
3　參見［加］瑪里琳·T.邁克瑞蒙：《事實認定：常識、司法認知與社會科學證據》，許卉譯，載王敏遠主編《公法》（第四卷），法律出版社 2003 年版，第 277、284 頁。
4　參見史尚寬：《民法總論》，中國政法大學出版社 2000 年版，第 297-298 頁。轉引自常鵬翱：《民法中典型事實行為的規範關係》，載《法學》2012 年第 4 期。

有其內在的要求與客觀的規律，因此，就整體而言，證據法應該具有基本的和相對穩定的功能。[1]「法律和語言有密切的聯繫，語言是法律中至為決定性的智能力量。」[2]事實證人，作為釋解爭議特定語言形式，必須平衡他所具有的各種因素——他的哲學、他的邏輯、他的類推、他的歷史、他的習慣、他的權利意識等等，並且隨時予以增減，儘可能明智地確定何者應具有更重要的意義。[3]

　　跨境商事爭議不僅是發現真實的過程，而且也是一個價值選擇過程。「如果其中一項價值得到完全實現，難免在一定程度上犧牲或否定其他價值。」[4]

一、事實與證據

　　「將熟悉與必須相混淆」是人們常犯的錯誤。[5]「事」，指事情、事件；「實」，指真實、實際。「事」與「實」的組合，構成「事實」這個詞。[6]在人類心理中，「事實」總是與認知要素直接相關的：只有通過或感性或理性的認知行為，人們才能指認某個東西是不是存在；如果存在，其狀態（現象或本質）又是怎樣的。進一步看，所謂「描述」主要就是指人們在認知維度上指認各種東西的存在狀態的觀念或語句，因此可以說「事實」也首先構成了「認知性描述」的「對象（客體）」。[7]

　　生活事實不能應然引發民事權利或義務，其必須先上升為能夠涵攝到民事法律規範構成要件之下的民事法律事實。生活事實能否上升為民事法律事實，並非簡單的抽象化或者類型化的法律技術問題，而首先是一個價值判斷問題，通行的法學理論認為價值判斷問題是對涉案行為（如民事

1　參見何家弘：《證據法功能之探討》，載《法商研究》2008 年第 2 期。

2　［德］拉德布魯赫：《法學導論》，中國大百科全書出版社 2003 年第 1 版，第 35 頁。

3　參見［美］博登海默：《法理學法哲學與法律方法》，鄧正來譯，中國政法大學出版社 2001 年版，第 149 頁。

4　［英］羅傑·科特威爾：《法律社會學導論》，華夏出版社 1989 年版，第 94 頁。

5　參見 David Nelken, *Contrasting Criminal Justice*, England: Ashgate Publishing Ltd, 2002, p. 241.

6　參見高家偉：《事實與真實的語義之辯》，載《訴訟法學研究》第 12 卷，中國檢察出版社 2007 年版，第 9-10 頁。

7　參見劉清平：《怎樣從事實推出價值？》，載《倫理學研究》2016 年第 1 期。

法律事實）進行合法性的判斷，但是對某一生活事實能否構成民事法律事實這一前提性問題卻少有討論。[1]制度性事實不像關於物理對象那樣容易描述，我們根本無法用一種和發現物理對象及其屬性的關係相同的方式直接發現思想和行動的正確方式。制度性事實似乎並不是構成世界的一部分，至少它不像某種外在於我們並可以像遭遇桌、椅、他人和微觀物理對象一樣可以遭遇的東西。但是，制度性事實支配我們的不是某種因果關係，即服從物理法則的世界的直接因果關係，但制度性事實似乎同樣給予我們某些限制。[2]

　　認定事實是跨境商事爭議中證明過程的一部分，但在訴訟意義上，認定事實的主體是裁斷者，而證明的過程則需要多元主體參與。但無論是認定事實，還是證明，其行為內容都發生在仲裁階段。[3]不證自明的原則本質上是其意自現（nota），即人們在沒有任何中間術語的情況下，知曉該原則之內容。菲尼斯也澄清道，這並不意味着不證自明的原則僅僅是語言上的澄清，也不意味着它們是直覺的洞見。[4]

　　跨境商事爭議產生於當事人不同的事實敍述和訴訟主張，因此，確定案件事實並在此基礎上適用法律，是爭議解決的基本任務。在商事程序中，仲裁即為審判，當事人的一切訴訟活動圍繞仲裁庭的心證和法律適用的意見進行，因此，以審判為中心，是不言而喻的。[5]

　　證據本身也是事實在判斷者心中的投影。當事人一方提出證據並加以證明，以圖將自己對證據的認識投射在法官意識中，而另一方則提出反證，以圖消滅這種投射，建立新的投射。在這個過程中，法官的心證可能是處於搖擺狀態的，最終的判斷還是要依靠經驗法則和自身的司法

1　參見王雷：《案件事實形成與民法學方法論體系的完善》，載《光明日報》，2013 年 12 月 10 日 11 版。

2　參見 Hilary Kornblith, *On Refletion*, Oxford: Oxford University Press, 2012, p. 108.

3　參見韓陽：《訴訟中事實認定的確定性與認知的局限性》，載《人民司法》2012 年第 13 期。

4　參見 Germain Grisez, Joseph Boyle and John Finnis, "Practical Principles, Moral Truth, and Ultimate Ends", in *American Journal of Jurisprudence*, vol. 32, no. 1, Jan., 1987, p. 106.

5　參見龍宗智：《論建立以一審庭審為中心的事實認定機制》，載《中國法學》2010 年第 2 期。

經驗。[1]「一方面將生活事實與規範相拉近，另一方面將規範與生活事實拉近。二者是一種同時且連續發展的由事實自我開放向規範前進和規範向事實前進。只有在規範與生活事實、應然與實然，彼此相互對應時，才產生實際的法律；法律是應然與實然的對應。」[2]

　　證據規範下的事實認定，必須把「應當裁斷的、個別的具體的個案與組成實在法的法制的或多或少是抽象把握的各種規則聯繫起來。規則和案件是他的思維的兩個界限。他的考慮從案件到規則，又從規範到案件，對二者進行比較、分析、權衡。案件通過那些可能會等着拿來應用的、可能決定着判決的規則進行分析；反之，規則則是通過某些特定的個案或者案件類型進行解釋」。[3]證據來源於主體所擁有的經驗內容，它的作用在於為主體的信念提供證成，所以證據是相對於主體而言的。如果主體被證成的信念是由主體所擁有的證據確定的，那麼證據的差異將導致信念的差異。或許可以給出如下標準：通過信念識別證據，也就是說，從「兩個主體具有相同的被證成的信念」推導出「他們擁有相同的證據」。但是，這樣的標準是經不起推敲的，因為人們的信念總是處於變動和修正的過程中。[4]

　　　　在普通法系國家，民事案件僅要求佔優勢的蓋然性，刑事案件要求蓋然性超過合理懷疑。在大陸法系國家中，則要求排除合理懷疑的蓋然性。[5]

　　日本著名民事訴訟法學家竹下守夫對證明標準作的如下闡述較為全面和準確地揭示了大陸法系國家民事訴訟的「蓋然性」標準：

1　參見陳海平、何澄玉:《司法正義的實現:司法理性或抑司法經驗》，載《求索》2009 年第 4 期。

2　［德］亞圖・考夫曼:《法律哲學》，劉辛義等譯，法律出版社 2005 年版，第 62 頁。轉引自李林:《危險犯與風險社會刑事法治》，台北:元華文創 2015 年版，第 240 頁。

3　［德］H. 科殷:《法哲學》，林榮遠譯，華夏出版社 2003 年版，第 196 頁。

4　參見劉靖賢:《事實與證據的高階探究》，載《河南社會科學》2017 年第 10 期。

5　參見畢玉謙:《民事證據法及其程序功能》，法律出版社 1997 年版，第 118 頁。

　　要作出裁判，法官必須對認定為判決基礎的事項取得確信，這是一個原則。而達到這種確信狀態時，就叫做該事項已被證明。這種訴訟上的證明所必要的確信的程度不同於絲毫無疑義的自然科學的證明，而是只要通常人們在日常生活上不懷疑並且達到作為其行為基礎的程度就行。[1]

　　麻煩在於，我們的看法多半來自無數彌散細弱的線索，無論挑選出哪些作為理據，都顯得不夠有力。於是，在需要提供證據的時候，我們多半並不是從自己的經驗中析取事實，而是去蒐集、尋找、發現那些更鮮明地支持結論的事實。如果必要，我們還去設計實驗，專門生產事實。[2] 跨境商事證明責任規範主要規定相關要件事實如何在當事人之間分配，這就直接涉及對商事主體之間的利益安排，故商事證明責任規範本質上是一個商事實體法問題。商事證明責任規範包括商事證明責任一般標準和商事證明責任法定特別標準。[3]

　　為此，跨境商事爭議中，所謂證據之優勢，亦即蓋然性之優勢。所謂優勢，須使審理事實之人真正置信於事實之真實，亦即需要有高度的蓋然性。此依證據可信之價值而定，與舉證之數量無關。審理事實之人可置信於唯一之證人，而對於相反數十名證人不予置信；唯如有相等之憑信性，則數量亦可為決定優勢之因素。[4]「最佳證據規則」這個概念容易給人帶來一些不必要的誤解，使人以為律師必須在所有案件中提供最有分量、最有證明力的證據。其實，把「最佳證據規則」稱為「原始證據規則」更為妥當，因為它僅是一項規定原始文字材料可優先作為證據的原則。[5] 因此，跨境商事爭議中事實證明過程，就是學習證明的合法規則的過程，而這種證

1　[日]兼子一、竹下守夫：《民事訴訟法》，白綠鉉譯，法律出版社 1995 年版，第 101 頁。
2　參見陳嘉映：《雖然事實像苦藥，但我們需要》，https://m.sohu.com/a/363062905_790187/，2019 年 12 月 27 日。
3　參見王雷：《案件事實形成與民法學方法論體系的完善》，載《光明日報》，2013 年 12 月 10 日 11 版。
4　李學燈：《證據法比較研究》，台灣五南圖書出版公司 1992 年版，第 393 頁。
5　參見[美]喬恩·華爾茲：《刑事證據大全》，何家弘等譯，中國人民公安大學出版社 2004 年版，第 81 頁。

明是用來在訴訟的審判階段就事實問題說服法官的。[1]「事實的證明就是力圖促使仲裁員相信該事實的存在。」「司法證據就是法庭準備考慮或是讓陪審團在確定處於爭論的事實是否已經得到證明之前考慮的東西。」[2]

二、事實證人

我國《民事訴訟法》第 63 條規定證人證言作為證據形式之一；同時，第 72 條第一款規定：

> 凡是知道案件情況的單位和個人，都有義務出庭作證。有關單位的負責人應當支持證人作證。不能正確表達意思的人，不能作證。

《最高人民法院關於民事訴訟證據的若干規定》（2019 年修訂）第 67 條明確規定：

> 不能正確表達意思的人，不能作為證人。待證事實與其年齡、智力狀況或者精神健康狀況相適應的無民事行為能力人和限制民事行為能力人，可以作為證人。

第 68 條補充規定：

> 人民法院應當要求證人出庭作證，接受審判人員和當事人的詢問。證人在審理前的準備階段或者人民法院調查、詢問等雙方當事人在場時陳述證言的，視為出庭作證。雙方當事人同意證人以其他方式作證並經人民法院准許的，證人可以不出庭作證。無正當理由未出庭的證人以書面等方式提供的證言，不得作為認定案件事實的根據。

為此，證人就感知的客觀事物所作的如實陳述屬於事實，具有證據屬性。猜測性、評論性、推斷性的內容屬於意見，不具有事實屬性，不能作

1　參見 Paul F. Rothstein, *Evidence: State and Federal Rules*, West, 2003, p3.
2　Cross & Wilkins, *Outline of the Law of Evidence*, 5th ed, London Butterworths, 1980 p13.

為證據。[1] 證人是當事人以外的第三人（third party），證人證言是證人根據其了解的案件事實向司法機關所作的陳述。[2]

國際商事仲裁與內地民事訴訟程序中的證人根本不同，前者本質上是一個合意和協商的過程，其在一定程度上受適用的國家法律（通常是仲裁所在地的法律）、當事人達成的任何協議所選擇適用的法律以及仲裁庭下達的指令的管轄。這些約定通常會指引到一些仲裁機構的規則或準則，其中規定了將採取的行動或給予仲裁庭就爭議問題發出指令的自由裁量權。在跨境商事仲裁中，證人原則上應親自出庭作證，他／她需要做的將不僅僅是在仲裁庭上重述自己的書面證詞，而是要「呈現」證詞，並且接受來自對方當事人的交叉詢問，同時還要面對仲裁員的隨時發問。[3] 事實證人需要對所涉及的仲裁案件中的具體事實進行客觀陳述。事實證人在其證人證言中需要提供姓名、地址、與各當事人間的關係、個人背景介紹、對有關爭議事實的詳細說明及其信息來源，以及出具證言的日期和證人本人的簽名。事實證人原則上不能給出個人主觀意見和觀點，只能結合上述信息陳述其所得知的客觀事實，從而幫助仲裁庭了解其關心的問題。[4]

在跨境商事仲裁領域，除非案件僅涉及法律爭議而對案件事實無爭議，否則證人證言是國際仲裁程序中的主要部分。越是複雜的商事活動，通常事實證人越多，而且事實證人的證詞越長。國際律師協會（International Bar Association，簡稱 IBA）在 1999 年發佈了《國際律師協會國際仲裁取證規則》（IBA Rules of Taking Evidence in International Arbitration，以下簡稱「IBA 規則」），該規則自 1999 年首次發佈以來，特別是 2010 年修訂後，隨着國際仲裁的快速發展，在

1　參見王俊民：《論證據意義上的事實》，載《政治與法律》2011 年第 2 期。

2　參見王進喜：《刑事證人證言論》，中國人民公安大學出版社 2002 年版，第 3 頁。

3　International Bar Association, IBA Rules on the Taking of Evidence in International Arbitration, Article 8.3 (g)“ the Arbitral Tribunal may ask questions to a witness at any time”. (May 29, 2010)

4　參見金曦：《商事仲裁視角下的事實證人》，https://law.asia/zh-hans/china/，2020 年 7 月 2 日。

國際仲裁界獲得了廣泛的認可，並在大量案件中被採用作為證據規則。2020 年 12 月 17 日，IBA 又通過了新版的 IBA 規則，其第 4.2 條規定：

> 任何人均可以作為事實證人，包括當事人及其管理人員、員工或者其他代表。仲裁庭可以對關聯關係是否影響關聯方證言的證明力及其程度作出判斷。

但在規則項下並不能禁止關聯方作證。由於不同法系和國家對於律師能否在出庭前與證人討論案件、準備甚至培訓證人方面的規定差別非常之大，可能會導致同一案件的不同當事人由於其代理律師來自不同國家而在證人準備的程度方面存在很大差異，進而對案件結果造成重要影響。這一問題在國際仲裁界引起了長期而廣泛的討論，但目前基本已形成共識，即作為一般性原則，當事人及其代理人可以與事實證人和專家證人進行接觸和面談，以討論其證詞，只要律師能秉承證人證言應反映出證人自身對於相關事實和情況的描述或者專家證人自己的分析或觀點的原則。因此，規則 3.3 條允許當事人及代理人與證人進行面談和討論其證言。同時，為節省時間和費用，並不是所有證人均需要出庭作證，除非任何一方或仲裁庭根據第 8.1 條要求其出庭作證，則該證人應出庭，否則除非有特殊情況，該證人的證言將不被考慮；而未被要求出庭的證人則無需出庭。IBA 規則 2020 版第四條事實證人的修訂仍是細微調整：（1）新增 4.6（b）明確補充的證人證言還可以基於新的事實發展而提出；（2）對於第 3.10 條仲裁庭可能要求任何人作證的指示，原規定為被要求的一方當事人可以提出異議，2020 版本改為任何一方均可以提出異議。[1]

2018 年 12 月 14 日，由來自 30 多個國家的代表組成的工作組在捷克共和國首都布拉格通過了《關於高效進行國際仲裁程序的規則》（2018）（Rules on the Efficient Conduct of Proceedings in International Arbitration，

---

[1] 參見趙雪：《國際律師協會國際仲裁取證規則 2020 版評析》，https://baijiahao.baidu.com/s?id=1699637994152773224&wfr=spider&for=pc，2021 年 5 月 13 日。

以下簡稱「布拉格規則」）。布拉格規則第 5.2 條規定，完全由仲裁庭決定哪些證人需出庭接受詢問；第 5.5 條規定，仲裁庭可要求一方當事人提供某一證人的證言而不參加開庭；第 5.3 至 5.9 條規定，如果證人證言與其他證人重複、與案情不相關或者給程序造成不合理的負擔，則允許仲裁庭拒絕該等證人出庭，但對不出庭證人的證言，仲裁庭也可予以適當考慮加以採信。一方面，國際商業社會對跨境商事仲裁中適用 IBA 規則導致的耗時與費用高昂問題已提出批評，對此，布拉格規則工作組在起草條款時通過對證據開示、事實證人與專家證人等規則作出限制的方式，試圖改進 IBA 規則存在的兩個主要問題。[1]

跨境商事爭議司法實踐表明，事實證人一般與案件有直接或者間接的利益關係，與案件當事人或者訴訟代理人有這樣或者那樣的感情糾葛，不僅表明從利益關係方面界定證人資格、衡量證人證詞之做法的舉步維艱，同時也從另一方面昭示對證人證詞進行檢測的必要性。[2]事實證人可能與爭議案件結果有利益關係，朋友或者親屬可能被傳喚為證人以支持被告的不在場，職業生涯懸而未決的勞動者可能為老闆作證，心懷不滿的被辭退的勞動者熱衷於對前老闆的攻擊。

> 事實證人不僅要先提出問題，以支持自己的主張能夠成立，並且要求他預計問題的回答可能引起的新問題以及對新問題回答導致的後續問題，每一層問題的回答均伴隨準備答案數量的成倍增加，這種情況嚴重增加了人類思維的疲勞程度。[3]

在某種意義上說，所有的證人證言實際上都是意見證據，是從現象和心理印象形成的結論。[4]在大陸法系國家，實現制定法追求的目標和秩

1　參見王生長、費寧：《IBA 規則與布拉格規則的主要差異》，載匯仲律師事務所公眾號，2019
　　年 1 月 9 日。
2　參見趙信會：《民事證人評價制度的技術建構》，載《現代法學》2010 年第 6 期。
3　Chris William Sanchirico, "Evidence, Procedure, and the Upside of Cognitive Error", in *Stanford Law Review*, 2004（1），p. 323.
4　參見吳丹紅：《論英美法上的意見證據》，載《律師世界》2003 年第 3 期。

序，要求司法裁判者積極探求獨立於當事人雙方主張或者陳述以外的中立的、必然存在的客觀事實。[1] 在英美法系國家，「訴訟過程中當事人雙方案件事實的陳述並不具有獨立於必然存在的客觀案件事實之外的意義，法院的審判也旨在通過當事人的陳述、訴訟證據探明背後的案件事實。」[2] 為此，布拉格規則與 IBA 規則在跨境商事爭議中的價值和協調意義，非同尋常。

三、小結

證人證言依賴於證人記憶，且可能摻雜證人主觀意思。一個沒有價值的存在也就無所謂事實。[3] 因為事實陳述本身，以及我們賴以決定什麼是、什麼不是一個事實的科學探究慣例，就已經預設了種種價值。[4]

「世界的意義必定位於世界之外。在世界中一切東西皆是其所是，像它實際發生的那樣發生，其中不存在任何價值——假如存在的話也沒有價值。如果存在某種有價值的價值，它必定位於一切發生的和是其所是的東西之外。」[5] 從這一角度看，所謂純然的事實，則不過是一種人為的虛構。[6] 事實證人及事實證人規則本身所蘊含的價值意義，始為跨境商事爭議考量的關鍵。

如果事實概念遭遇一系列困境，那麼證據概念也面臨着類似的困境，更為嚴重的是，證據概念無法從根本上迴避懷疑論的挑戰。形而上學的事實概念至少具有三個優點：試圖解決傳統形而上學問題，嘗試取代本體論

1　參見湯維建：《英美證據法學的理性主義傳統》，http://www.civillaw.com.cn/weizhang/default.asp.id=17127，2010 年 3 月 27 日。

2　［日］高橋宏志：《民事訴訟法——制度與理論的深層分析》，林劍鋒譯，法律出版社 2003 年版，第 460-476 頁。

3　參見［美］希拉里·普特南：《理性、真理與歷史》，童世駿、李光程譯，上海譯文出版社 2005 年版，第 223 頁。

4　參見［美］希拉里·普特南：《理性、真理與歷史》，童世駿、李光程譯，上海譯文出版社 2005 年版，第 145 頁。

5　參見［英］維特根斯坦：《邏輯哲學論》，郭英譯，商務印書館 1962 年版，第 22、28、94-95 頁。

6　參見李文倩：《事實與價值——從新康德主義到維特根斯坦》，載《價值論與倫理學研究（2016 上半年卷）》，社會科學文獻出版社 2017 年版，第 148-163 頁。

承諾的量詞解釋，嘗試反駁現象主義和行為主義。[1] 為此，證據法的功能起始於認識論，後來隨着社會的發展而增加了價值論的考量。因此，跨境商事爭議證據法學的理論基礎不唯是認識論，而且還包括價值論，但認識論仍然是主要的。我們不能因為有了價值論的考量就否定認識論在證據法功能中的主導地位。[2]

第六節　印度尼西亞跨境投資土地規制若干問題

印度尼西亞（以下簡稱印尼）不僅是東南亞最大的經濟體，也是二十國集團成員方，係具重要影響力的發展中國家和新興市場經濟體代表。近年來，我國企業在印尼跨境投資增長顯著。

2018 年 5 月 7 日，著者在雅加達受邀出席「中國 - 印尼工商峰會」，國務院總理李克強發表主旨演講，「支持中國企業參與印尼區域綜合經濟走廊建設，願幫助印尼方改善基礎設施，在港口、臨海經濟、產業加工、海外倉建設等領域探討合作」，可以預見中國企業在印尼的跨境投資將進入全新發展階段。

一、印尼土地規制概述

印尼土地規制是跨境投資的重要一環，變動性是其重要特徵。徵用法一直被視為印尼實施基礎設施項目的主要障礙，2011 年 12 月，印尼國會批准第 2/2012 號《土地徵用法案》，涉及的項目有鐵路、港口、機場、道路、水壩和隧道等。該法案明確規定政府應通過給付被徵地人合理的補償，作為取得基礎設施建設用地的對價。眾議院通過法案後，總統仍須再頒行一後繼法令來明確有關補償和新法案適用的項目類別作為實施細則，

1　參見劉靖賢：《事實與證據的高階探究》，載《河南社會科學》2017 年第 10 期。
2　參見何家弘：《證據法功能之探討》，載《法商研究》2008 年第 2 期。

圖 2　楊榮寬律師出席「2018 年中國－印尼工商峰會」

同時財政部等部門將出台進一步的配套條例。應該指出的是，該法案僅適用於政府項目，私營項目的投資者須通過與國有企業合作的方式參與。除了設定土地徵用程序的完成期限為 583 日外，法案還為項目選址設定了兩年的最終決議期限（期滿可延長一年），該等時間限制在一定意義上賦予了項目進程的法律確定性。關於溯及力方面，新法案並不適用於以往項目，僅適用於尚未開始之土地徵用活動的項目。

　　基於土地法案，關於土地徵用，權利人有權直接向最高法院提出上訴，受理法院須在 74 日內完成相關法律糾紛之解決。獨立評審小組具體負責對土地進行估價，土地權利人之應得補償僅基於土地價格及因土地喪失而致的直接經濟損失。

二、跨境投資土地權屬之獲得

　　印尼土地規制的原則為「土地私有」，印尼土地分為兩種：一種是已經在當地國土部門（印尼文：Badan Pertahanan Nasional，以下簡稱 BPN）

進行註冊登記的土地，另一種是未在 BPN 登記的土地。

1. 業在 BPN 註冊登記之土地

業經登記之土地係由 BPN 頒發土地的權屬證書，相關管理規定由印尼憲法 1960 年第 5 號關於「基本土地法」（印尼文：Undang-Undang Pokok Agraria Nomor 5 Tahun 1960，即 UUPA）及其後續相關政府法規規制。土地的權屬包括：

（1）所有權（Hak Milik, 即 HM），係土地權屬是印尼公民，其有權利擁有和利用土地，土地所有權可以繼承（UUPA 第 21 章第一項）。

（2）耕作權（Hak Guna Usaha, 即 HGU），係土地權屬歸政府所有，但公民可在特定時間內享有使用權，發展農業、漁業或畜牧業（UUPA 第 28 章第一項）。

（3）建築權（Hak Guna Bangunan, 即 HGB），係指在特定期限內，個人或企業為建設或發展而使用土地。建築權可以轉讓，需要轉讓的應通過 BPN 申請報備（UUPA 第 35 — 40 章）。

（4）用益權（Hak Pakai，即 HP），係指無論政府或私人的土地上，其有權利使用並獲得相關使用收益（UUPA 第 40 章）。下列個人或機構可享有使用權：印尼國民、居住在印尼的外國人、在印尼合法的企業、公司、機關或單位、國家部門或非部門機構、省政府、社會組織和宗教組織、在印尼有代理權的外國法人、外國代表和外國機構代表。

2. 未在 BPN 登記之土地

未在 BPN 登記之土地，本質上屬世襲土地。世襲土地的印尼文為 Hak Ulayat，即一種特殊類型的土地，Hak Ulayat 一般屬於某個家族或部落集體所有，在印尼大部分省區，尤其在西巴布亞、巴布亞和亞齊等較為偏遠的省區普遍存在。構成世襲土地的權利要素在於：擁有明確成員的家族、明確的家族首領以及由家族控制的土地。世襲土地不僅是一個家族集體擁有的財產，更是家族存在和繁衍發展之基礎，係一家族的精神家園和情感依託。

根據印尼憲法 1960 年第五號關於基本土地法的規定，明確確認世襲

土地存在的形式，且印尼本地家族可以依據地方習慣法律管理和處置世襲土地。但世襲土地權利受國家法律的管轄，不能與國家利益構成衝突或出現矛盾。為提高社會之福利，國家有權利處置世襲土地，但基於法律上對「國家利益」的模糊解讀和理解，長期以來，地方家族與印尼政府、跨境投資者在世襲土地徵用問題上產生了一系列矛盾和爭議糾紛。

應該明確的是，跨境投資企業在印尼原則上無法獲得土地所有權，但可以獲得耕種權、興建權或使用權等形式的土地權利。外商直接投資企業可以獲得如下受限制之權利：其一，建築權，即在土地上建築並擁有該建築物 30 年，並可再延期 20 年；其二，使用權，即為特定目的使用土地 25 年，並可以再延期 20 年；其三，開發權，即為多種目的開發土地，諸如農業、漁業和畜牧業等，使用期為 35 年，並可再延長 25 年。實踐中，跨境企業可以在印尼設立一外國投資公司，該公司可 100% 外商獨資，然後在獲得土地開發權的條件下擁有 30 年的土地使用權，而且在 20 — 30 年間需要對土地交納 1.5% 的土地稅。

印尼為公共利益的發展之徵地，首先由國土局相關部門進行規劃，規劃文件提交至省長，省長收到相關規劃文件之日即為準備工作的開始日期。省長應於十個工作日內組織籌備工作小組，該籌備工作小組由市級、省級工作單位及其他相關部門人員組成。

土地徵用由 BPN 負責人統籌實施，BPN 負責人當然成為土地徵用辦公室主任，土地徵用關聯工作均應獲得主任的同意。

徵用主任在收到相關土地評估報告 30 日內要召集相關人員商討，確定相應補償金額。相關補償方案提交行政長官審批，並在 30 天之內實施。

三、跨境投資在印尼土地徵用相關法律建議

1. 標的土地之盡調

基於前述印尼土地權屬及徵用之存的特殊性。諸如，相關部落之土地權屬並非基於註冊和官方認可，而以土地所有權人出示持有聲明函或轉讓聲明函等材料確認存在，而同一土地標的通過轉讓聲明函多次轉讓或在不

同時期轉給不同的人的現象普遍存在，客觀上增加了土地權屬甄別之複雜性與難度，極易滋生土地權屬爭議糾紛。為此，跨境投資企業，開展徵用標的土地盡調工作，具有現實必要。

2. 印尼專業土地律師工作

對於跨境土地徵用而言，為避免不必要的程序延遲與實體糾紛，聘請印尼專業律師提供土地徵用法律顧問服務，協助合同擬訂工作，在時間成本和經濟成本考量方面，均具重要意義。實踐中，律師收費通常是標的土地交易價格的 1%～2.5%。

3. 土地公證／地契官員見證

公證人（Notaris）係指在印尼擁有公證資質的主體，一般而言，公證人擁有法律專業學歷和豐富的執業經驗。印尼公證人由印尼法律人權部任命，獨立從事各類合同／文件之法律公證服務，並獨立地開展工作。公證費通常為交易價值的 1%，所有交易都須在當地公證處繳費。公證人可以同時取得地契官員（PPAT）資格，正式之土地買賣契約必須由 PPAT 起草，並在其見證下簽署。PPAT 負責將標的土地在當地土地局進行登記、註冊，並具結新的土地權屬證書。在印尼任一土地交易，均須繳納 10% 的銷售稅，實踐中，賣方和買方各支付 5%。

4. 尊重當地風俗習慣

印尼係一多元文化國家，跨境投資企業在徵地過程中，應高度重視當地文化，尊重地方民眾之宗教信仰和風俗習慣，始最大限度保障投資利益。2017 年 10 月 13 日，中泛控股（00715.HK）公告，PT Mabar 與 KPN 訂立和解協議，據此，雙方確認就印尼蘇北省日里雪梨冷縣標的土地的法定及實益所有權歸屬達成協議，PT Mabar 為該土地的唯一法定實益擁有人。該案即為尊重印尼地方風俗習慣之實例。

綜上，正如李克強總理所指出的，我國將以更高水平的對外開放，推動實現更深層次的互利共贏。「一個更加繁榮、開放的中國，必將為包括印尼在內的世界各國發展帶來更大的機遇」，共同推進「區域綜合經濟走廊」建設，深化在旅遊、數字經濟、製造業、能源、環境、基礎設施等領

域的合作。「兩國政府將制定政策，為促進雙方投資和營商創造更好的環境」，重視印尼土地規制，開創我國在印尼投資新篇章。

第七節　跨境商事與後疫情隱私權保護

疫情（COVID-19）對於每一個人都是這樣的過程：「一個人的閱歷，全部寫在眼睛裏，我的眼神從清亮到沉濁」。[1] 戰勝疫情是必然的、可期的。在我們必定戰勝疫情的前提下，關鍵在於儘可能減少克服疫情過程中的代價。一個好的社會，好的社會秩序，在於在法律規制和民情狀態之間找到適當的平衡，只有在兩個方面達成協調的時候，我們才可以說它是一種好的治理。只有在權力的分配系統和人們情感和情緒的具體狀態達至平衡，我們才可以說它是一個好的秩序。病毒沒有祖國，恐懼也沒有邊界，現代世界的這層面向，才是危機的根源所在。[2]

一、問題的提出

冠狀病毒（COVID-19）的流行可能會成為監控歷史上的重要分水嶺——很多國家原本抗拒的大規模監控工具部署會變得合理和正常；監控也會發生從皮膚上到皮膚下的戲劇性轉變。原先，當你的手指劃過智能手機屏幕，並點擊鏈接時，企業和政府想知道你的手指到底在點擊什麼。但是疫情當前，關注重點已經轉移。現在，是想知道你手指的溫度及其皮膚下的血壓。這是歷史性的轉變。[3]

1　參見獨木舟：《深海裏的星星》，春風文藝出版社 2011 年 10 月版，第 27 頁。
2　參見渠敬東：《傳染的社會與恐懼的人》，載《北京大學人文社會科學研究院》，2020 年 3 月 18 日。
3　參見［以色列］赫拉利：《疫情中我們將創造怎樣的世界》，陳光宇譯，載《三聯生活周刊》2020 年第 13 期。

　　防疫最緊張的時候，每個地區每個場所都抱着「寧願殺錯，不能放過」的態度，進行個人信息登記。從超市到藥店，從社區到單位，從小區物業到公交地鐵，全部都要求登記詳細的個人信息，姓名、手機號和身份證號碼都是必填的。疫情期間，出於防疫需要，收集一些必要的個人信息和活動軌跡是完全沒有問題的，人們也願意讓渡部分隱私權來換取安全。但當疫情防控進入下半場，公眾關注疫情的餘光，就不由得瞥見那些不那麼成熟甚至過於粗糙的做法。[1] 疫情爆發以來，不少疑似或確診人員的個人信息遭到泄露——大肆在網絡例如朋友圈流傳的信息，不少內容已經涉及到個人隱私。[2] 因有涉疫地區旅居史，返鄉後配合登記、調查後個人信息遭到嚴重泄露。有的地方甚至將他們的個人信息製成表單在老鄉群、同學群之間傳播，裏面包含姓名、身份證號碼、手機號碼、家庭住址等信息。[3]

《中華人民共和國民法總則》（2017 年）第 111 條規定：

　　　　自然人的個人信息受法律保護。任何組織和個人需要獲取他人個人信息的，應當依法取得並確保信息安全，不得非法收集、使用、加工、傳輸他人個人信息，不得非法買賣、提供或者公開他人個人信息。

《中華人民共和國傳染病防治法》（以下簡稱《傳染病防治法》）（2013 修正）第 12 條同時規定：

　　　　在中華人民共和國領域內的一切單位和個人，必須接受疾病預防控制機構、醫療機構有關傳染病的調查、檢驗、採集樣本、隔離治療等預防、控制措施，如實提供有關情況。疾病預防控制機構、醫療機構不得泄露涉及個人隱私的有關信息、資料。衛生行政部門以及其他有關部門、疾病預防控制機構和醫療機構因違法實施行政管理或者預防、控制措施，侵犯單位和個人合法權益

1　參見李蕾：《疫情要防，個人信息泄露也要防》，載《南方都市報》，2020 年 3 月 22 日。
2　參見《疫情之下正確對待個人隱私》，載邯鄲廣電網，2020 年 2 月 12 日。
3　參見《疫情控制不能成為隱私泄露的理由，這些行為請停止》，載邠州在線，2020 年 1 月 30 日。

的，有關單位和個人可以依法申請行政復議或者提起訴訟。

同時第 68 條第（五）項、第 69 條第（七）項規定，疾病預防控制機構、醫療機構「故意泄露傳染病病人、病原攜帶者、疑似傳染病病人、密切接觸者涉及個人隱私的有關信息、資料的」，應受到責令改正、通報批評、警告等處罰，負有責任的主管人員和其他直接責任人員，會受到降級、撤職、開除的處分，構成犯罪的，還會被追究刑事責任。可見，我國《傳染病防治法》力求在公共衞生與個人信息保護之間尋求一種平衡。

但本次疫情（COVID-19）防控中，諸多交通實體、街道辦、居委會、村委會、物業等不同類型的組織，卻都實際享有了個人信息的收集權。按照前述規定，信息主體可以向最先收集該信息的單位追責，最先收集信息的單位除非能夠合理說明其已經盡了信息安全保護義務，且能夠說明其依法向誰披露了此信息，否則，就必須承擔泄露責任。若最先收集信息的單位能夠說明此兩項情況，那麼，信息主體則可以向被披露的單位或個人繼續追責。[1] 但法律的難題從來不是確定某種利益是否需要保護，而是還有與之衝突的利益亦需保護，該如何平衡衝突、糾結的利益保護。[2]

二、疫情、大數據下的隱私信息

法律是社會關係的調整器，其對社會關係的調整是通過設定各種權利和義務來進行的。法律應當按照一種能避免較為嚴重的損害的方式來配置權利，或者反過來說，這種權利配置能使產出最大化。[3] 從本質上來說，隱私是信息。信件、個人祕密、個人活動等本身並不是隱私，只是其中所記載並反映出來的信息才是隱私。私人信息是一切可以識別個人特徵的信息，具體包括生理特徵、健康狀況、財務情況、婚姻家庭情況、社會活動等足以識別個人特徵的資料。私人信息是代表一個人與另一個人相區別的

1　參見沈歸：《尋求疫情防控與個人信息保護的平衡》，載博雅公法，2020 年 3 月 18 日。

2　參見蘇力：《隱私侵權的法理思考》，載《清華法學》2019 年第 2 期。

3　參見蘇力：《法治及其本土資源（修訂版）》，中國政法大學出版社 2004 年版，第 95 頁。

基本標誌，是個人在社會中生存的最基本的符號性信息。因此，私人信息是隱私的主要外延。[1] 傳統隱私法（或保護隱私權的民法制度）將隱私權作為人格權之一種進行保護，所側重的是個人的人格利益尤其是人格尊嚴和人格自由方面的利益。人類進入信息社會後，與個人信息相關的利益主體及其利益關係變得多樣和複雜，對個人信息採取了保護與利用並重的基本立法政策，信息業者（即從事個人信息收集、處理、儲存、傳輸和利用等相關活動的自然人、法人和其他組織）作為獨立的利益相關者出現，國家不再是超然的法律規則制定者和執行者，同時也是個人信息最大的收集、處理、儲存和利用者。[2]

　　疫情（COVID-19）在高科技時代，帶來全新的變化，醞釀了新的形勢和新的需求，公權力，甚至以公權力為名的組織，在疫情期間已能運用微妙的、影響更為深遠的侵犯公民隱私的手段，科學發明和發現使得政府可以獲得密室裏低聲交談的內容，這比動用拷問架來獲取證據更富有成效。[3] 如果疫情的執法人員的這種監控行為愈演愈烈，如無合理邊界，最終要以犧牲公民的隱私安全為代價，那麼就只是用監控帶來的隱私威脅代替了犯罪所帶來的人身威脅，公民的人身安全所受到的威脅並未消除，只是從人身方面轉移到了隱私方面。[4]

　　互聯網已然改變了人們的表達方式和識別方式。在網絡世界裏，個人的任何行為都會留下「數據痕跡」。將數據挖掘、整合和分析技術應用於「數據痕跡」，聚合的數據痕跡帶來的「隱形」數據和隱私暴露問題，使得後信息時代個人隱私保護面臨更多的威脅，個人信息保護更為急迫。另

1　參見陳玉梅：《論隱私範圍之確定——以公、私法的劃分為視角》，載《湖北社會科學》2010年第 7 期。

2　參見張新寶：《從隱私到個人信息：利益再衡量的理論與制度安排》，載《中國法學》2015年第 3 期。

3　參見［美］托馬斯·K. 克蘭西：《〈美國聯邦憲法第四修正案〉所保護的對象：財產、隱私和安全》，李倩譯，載張民安主編《隱私合理期待總論》，中山大學出版社 2015 年版，第420 頁。

4　參見［美］馬科斯·吉爾吉斯：《電子視覺監控與公共場所的合理隱私期待》，楊雅卉譯，載張民安主編《公共場所隱私權研究》，中山大學出版社 2016 年版，第 352 頁。

一方面，在後信息時代，時刻都有大量數據產生、流動，數據已經是直接的財富和社會資源，藉助數據技術的應用，可以發現新的知識、創造新的價值，實現從數據到知識、從知識到行動的跨越，公私領域對於數據利用的需求也比以往任何一個時代更為迫切。數據隱私問題也成為數字經濟時代的頂層問題，[1] 在一個個人信息收集技術空前的時代，科技已經讓隱私無所遁形。[2]

大數據時代信息安全的威脅不僅來自大數據抓取、記錄的個人信息被泄露，事實上，大數據與雲計算、物聯網等技術的深度融合應用可以把機器、物件、人、服務等各種元素關聯起來，通過計算、分析、生成等方法，在看似無關的事物之間建立起聯繫，在此基礎上預測人們的生活狀態和行為方式。另外，大數據及相關技術發展也使侵犯隱私的手段更加多元和隱蔽，使侵犯隱私的責任人很難被確定。因為信息在網絡上不斷被下載、存儲、編排、傳播，經過種種共享與買賣，侵權責任人往往由個人變成模糊的群體，使得具體的侵權責任人難以被追查。[3] 疫情的特殊情景下，適當擴大公權力對社會生活各方面的干涉，是必要的。但在後疫情時代，法律必須嚴謹審視個人隱私的脆弱性、在隱私與社會安全秩序平衡之間的應然平衡。必須要對公權力予以一定的限制，而法律保護個人的隱私權，確定個人隱私的界限有助於防止公權力的濫用。特別是在我國，培養人們的隱私觀念，要求有權機關在依法行使職權時，充分尊重公民的隱私權，不得非法蒐集、公開他人的隱私，禁止對他人進行非法跟蹤、搜查等，這有助於區分公權力和私權之間的行為界限，為政府依法行政確定明確的標準。[4]

在肯定疫情艱難付出的同時，法學的使命不是讚賞科技發展帶來輝煌

1　參見何治樂、黃道麗：《歐盟一般數據保護條例的出台背景及影響》，載《信息安全與通信保密》2014 年第 10 期。

2　參見 Froomkin, A. Michael, "The Death of Privacy?", in *Standford Law Review*, vol. 52, no. 5, 2000, pp. 1461-1462.

3　參見孟威：《築起大數據時代隱私保護安全牆》，載《人民日報》，2017 年 10 月 10 日。

4　參見王利明：《沒有隱私就沒有真正的自由》，載《當代貴州》2015 年第 25 期。

的成就，而是要審視科技可能帶來非理性的後果，以及如何通過法治降低科技發展可能帶來的風險與非理性，如何通過法律控制科技對人類文明、尊嚴與未來的威脅。[1]我們必須看到，疫情的突發改變了人們的生活方式以及態度，人們活動的私人領域在不斷縮減，人們在行色匆匆中被迫停下來，但也因此，人們更渴望安寧的私人生活，包括在公共場所舒適地、自由地生活，而不必時刻擔心被他人侵擾。[2]

根據《傳染病防治法》（2013 修正）的規定，衛生行政部門及其他有關部門、疾病預防控制機構、醫療機構係隱情隱私信息的有權採集者。但有權採集者隨意傳播個人隱私信息，既會造成對個人隱私權的侵犯，也會侵犯個人信息權。所以，侵害個人信息也往往有可能構成對隱私的侵害。另一方面，從侵害個人信息的表現形式來看，侵權人多數也採用披露個人信息的方式，從而與隱私權的侵害非常類似。所以，在法律上並不能排除這兩種權利的保護對象之間的交叉。或許正是基於這一原因，在我國司法實踐中，法院經常採取隱私權的保護方法為個人信息的權利人提供救濟。[3]《網絡安全法》（2016 年）第 76 條對個人信息的界定如下：

> 以電子或者其他方式記錄的能夠單獨或者與其他信息結合識別自然人個人身份的各種信息，包括但不限於自然人的姓名、出生日期、身份證件號碼、個人生物識別信息、住址、電話號碼等。

但基於 2020 年年初抗擊疫情分秒必爭，各地均建有覆蓋地市衛健委、區縣衛健局、基層防控工作小組的「疫情信息採集系統」，[4]包括但不限於：肺炎隱情防控信息、密切接觸者信息、發熱門診信息、肺炎防控措施信

1　參見韓大元：《當代科技發展的憲法界限》，載《法治現代化研究》2018 年第 5 期。

2　參見李廷舜：《公共場所隱私權研究》，載《法學論壇》2018 年第 6 期。

3　參見最高人民法院中國應用法學研究所：《人民法院案例選：第 4 輯》，人民法院出版社 2011 年版，第 42 頁。

4　參見《抗擊疫情分秒必爭，浙江省衛健委聯合阿里搭建疫情信息採集系統》，載《錢江晚報》，2020 年 1 月 29 日。

息、確診和疑似病例信息、武漢流動人口健康篩查、確診和疑似病例來源信息等。具體為個人身體狀況、在崗情況、與疫情相關信息、在崗辦公、居家辦公、居家隔離、滯留外地、行蹤軌跡、住宿信息、健康生理信息等。[1]

在疫情（COVID-19）語境下，公民個體根本無法判斷，並喪失選擇權，即選擇將哪些信息對他人公佈。實際上，疫情信息已涉及個體所有信息，隱私邊界已嚴重壓縮。[2]在疫情秩序逐漸恢復後，如何避免個人信息為他人所濫用的惡症，重新劃分無限度蒐集和使用個人信息與合理使用的邊界，避免合理秩序演變為無限監控秩序風險，有權部門必須給與高度重視。相關部門所擁有的信息處理技術，已使疫情個人信息極有可能被迅速整合，並由此完整描摹出個人圖像和個人行蹤。但相比信息泄露和數據操縱在私法領域引發的熱議和關注，人們對於公權力對個人信息的無限度蒐集以及不當使用卻缺乏足夠的警醒。[3]

疫情（COVID-19）期間，個體自願接受被社會公眾進行公開審視，[4]而自願原則又是侵權法中的重要免責條款，在普通法系中，一個人不得就其同意之事項起訴，是為基本原則。[5]但在疫情信息採集下，幾乎所有的個人行為都會留有信息痕跡，這些信息痕跡關涉個人生活的方方面面，實現了對「個人從搖籃到墳墓」的全程記錄；現代化信息技術也可以實現對個人碎片化信息的整合，隨着信息質和量的累積，碎片化的個人信息逐漸形成個人的「人格剖面圖」。馬斯洛在其需要層次理論中指出，「人格標識

1　參見龔強、王鵬：《遼寧：疫情防控信息採集程序正式上線運行》，載《中國氣象報社》，2020 年 2 月 24 日。

2　參見［美］海倫·尼森鮑姆：《信息時代的公共場所隱私權》，凌玲譯，載張民安主編《公共場所隱私權研究》，中山大學出版社 2016 年版，第 78 頁。

3　參見趙宏：《從信息公開到信息保護》，載《比較法研究》2017 年第 2 輯。

4　參見［美］安德魯·傑·麥克拉格：《打開隱私侵權的閉塞空間：公共場所隱私侵權理論》，駱俊菲譯，載張民安主編：《隱私權的比較研究》，中山大學出版社 2013 年版，第 298 頁。

5　參見耿雲卿：《侵權行為之研究》，台灣地區商務印書館 1985 年版，第 20 頁。

的完整性與真實性是主體受到他人尊重的基本條件」。[1]

疫情（COVID-19）的無奈，一段時間來被迫成為私人生活的一部分，從而無法選擇。「隱私並不是一件商品，要麼全有要麼全無。而且，暗含在危險預測概念中的一個含義是選擇權。在早期的第三方監控案件中，被告還可以自行決定隱藏哪些個人信息，然而在疫情中，疫情數據已經成為人們生活的必需品，人們也就不得不接受信息監控所帶來的危險。」[2]

與他人共同生活在共同體之下，對他人和共同體都負有責任的個人。這一認知決定了在特殊情況下任何基本權利都並非絕對，也都因此具有內在的可限性。作為「與共同體相關的並受共同體約束的個人」，「為了迫切的公共利益（gemeinwohl），個人在原則上必須接受對其信息自決權的某種限制（beschränkung）」，[3] 但在疫情後，信息採集部門必須恢復應然平衡，逐步摒棄該種限制。

三、後疫情隱私保護

私法不僅給每個人提供了必要的發展其人格的可能性，而且由私法賦予的決策自由往往對主體而言更為有利。[4] 由於個人信息實際上涉及到公共利益，公權對個人信息的管理是必要的。但公權的管理畢竟不能代替權利人自身的保護。面對現代社會中的開放的海量信息，應對得好就會積聚正能量，應對不好則可能會形成負能量，畢竟公權的管理資源是有限的，對大量的侵害個人信息的行為仍然需要通過保護私權的方式來實現。保護也是一種管理的模式，是治理無序狀態的最佳選擇。從這個意義上說，保護好了也是管理好了。[5]

1　［美］亞伯拉罕·馬斯洛：《動機與人格》，許金聲譯，中國人民大學出版社 2007 年版，第 31 頁。

2　Smith v. Maryland, 442 U.S. 735 (1979): https://supreme.justia.com/cases/federal/us/442/735/.

3　參見 Peter Lerche, *Uebermass und Verfassungsrecht*, 2. Aufl, 1999, S. 153.

4　參見［德］迪特爾·梅迪庫斯：《德國民法總論》，邵建東譯，法律出版社 2001 年版，第 14 頁。

5　王利明：《個人信息權的法律保護》，載《現代法學》2013 年第 4 期。

為保護隱私不受來自公權力的侵害，美國聯邦最高法院認定隱私權是憲法上未列明的基本權利，逐漸形成憲法上自決性隱私和信息性隱私兩大領域；為應對個人信息保護與利用問題，美國還通過制定相關保護信息隱私的成文法來加以規範。總之，美國隱私權存在於憲法、侵權法和各類成文法。有美國學者甚至將隱私權比喻為變色龍，即其含義根據其所在背景和語境的不同而不斷變化。[1]

因此，在疫情後社會秩序中，與疫情大數據相關的行業組織必須加強行業自律建設，在網絡隱私認證規則、技術保護規範等方面形成行業自律規約，自覺接受監督。有權機關應推動形成全社會數據使用規範，從數據精度處理、數據人工加擾、數據周期保護、隱私數據特殊保護等方面入手，維護疫情個人信息安全。同時，還應提高公民依法保護個人信息安全的意識，規避大數據技術發展帶來的疫情信息安全風險。在必要的情況下，及時尋求法律救濟。[2]

在疫情（COVID-19）後時代，確保個人對於疫情隱私信息的自我決定和自我控制，防止第三方藉助數據處理技術無限度干預私人生活；而作為客觀價值的信息自決權，又賦予公民要求公權力積極作為，通過提供機構和程序支持，有效促進和實現其信息自決權的權能；此外，基於基本權利客觀價值屬性的認知，人們同樣可以合邏輯地推導出在公民信息自決權受到第三方侵犯時公權力的保護義務。[3]

隱私侵權，「比流感蔓延的速度更快，比流星所蘊含的能量更巨大，比流氓更具有惡意，比流產更能讓人心力憔悴。」[4]但「有一個未來的目標，總能讓我們歡欣鼓舞。就像飛向火光的灰蛾，甘願做烈焰的俘虜，擺動着的是你不停的腳步，飛旋着的是你不停的流蘇」。[5]後疫情秩序中，應貫徹

1　Deckle Mclean, *Privacy and Its Invasion*, Praeger Publishers, 1995, p3.

2　參見孟威：《築起大數據時代隱私保護安全牆》，載《人民日報》，2017 年 10 月 10 日。

3　參見 Bodo Pieroth & Bernhard Schlink, *Grundrechte Staatsrecht* Ⅱ, C. F. Mueller Verlag Heiderlberg, S. 22.

4　錢鍾書：《圍城》，人民文學出版社 2017 年 11 月版，第 201 頁。

5　汪國真：《嫁給幸福》，載《汪國真詩集》，鷺江出版社 2008 年版，第 208 頁。

「手段的適度」和「限制的妥當」，即堅持比例原則，其為衡量國家限制公民權利是否正當的核心法則，而其也同樣能夠用以對公權機關對信息權和隱私權予以限制是否正當適宜的衡量。比例原則要求公權機關在蒐集和使用個人信息時注意行為手段與目的的關聯性，且確保信息蒐集和使用都必須控制在對保護公益有所必要的限度內。反觀抗疫初期，很多地方政府為求地方自保，而無限度詳盡曝光武漢返鄉人員的個人信息，甚至是懸賞追查武漢返鄉人員信息，這種做法雖然有防禦疫情的正當目的，但手段已遠遠逾越了必要限度，應被認為是對個人信息權和隱私權的嚴重侵犯。[1]

第八節　跨境公共衛生事件應急機制管理法律分析及應對

公共衛生安全就是通過預見性和反應性行動最大限度地確保人群免受突發公共衛生事件的威脅。全球公共衛生安全進一步擴大了人群的範圍，即指儘可能減少突發公共衛生事件對全球範圍內人群健康的威脅而採取的行動。[2] 2020 年 1 月 31 日，世界衛生組織（WHO）將新型冠狀病毒宣佈為「國際關注的突發公共衛生事件」（Public Health Emergency of International Concern，簡稱 PHEIC）。PHEIC 係 WHO 可發出的最高級別的警報。

公共衛生是所有其他安全形式的基本信條，[3] 正如大衛·費德勒（David P. Fidler）所言，「衛生關切、利益和承諾，已深嵌於外交政策努力之中，

1　參見趙宏：《數據抗疫中患者的信息披露與隱私保護》，載《澎湃新聞》，2020 年 2 月 20 日。

2　參見 WHO：《2007 年世界衛生報告：構建安全未來 21 世紀全球公共衛生安全》，人民衛生出版社 2007 年版，第 1 頁。

3　參見 Randy Cheek, "Public Health as a Global Security Issue", in *Foreign Service Journal*, December 2004, p. 24.

全球衞生不可能在世界事務中回歸到低政治的外層邊緣」，[1]事實上，全球衞生問題越來越與美國的經濟、外交政策和戰略目標糾結在一起。[2]「在傳染病的語境下，世界上沒有一個地方我們距之遙遠，沒有一個人我們與之毫無瓜葛。」[3]2006 年 2 月 26 日，我國發佈了《國家突發公共衞生事件應急預案》（以下簡稱《預案》），該預案宏觀指導原則性明顯，細節規範不足，加之預案的實操性和時效性沒有迭代升級，特別是沒有充分考慮到交通網絡輻射性、季節 / 節慶高發易感性、地域人群流動特殊性、區域公共資源平衡性、社會動員力量主體性等諸多需要應對的複雜因素和時代變量，使本次危機未能及時地向社會公佈疫情，致使錯失控制疫情蔓延的最佳時機，並造成不必要的社會恐慌，擴大了危機的負面影響。區域地方衞生醫療資源有限且入院手續太過繁瑣，造成大量病人無法及時入住，公交車和大巴車負責組織轉運大批病人，缺乏專業人員組織、對接。[4]傳染病醫學從來就不是一般的醫學，它是公共政策醫學，它關係到公共治理的權利和規律。其取得進步的前提並非醫學取得進步，而是公共政策和公共管理取得進步。

一、應急機制管理存在問題

應急機制管理存在着以下幾個問題：

1. 衞生保健服務和衞生醫療資源條塊分割，應急聯動機制不健全，缺乏統一和完善的應急指揮平台。政府各部門、衞生系統之間不能整合有效資源，難以形成從中央到地方突發事件的衞生疫情共享機制、醫療救助和

1　參見 David P. Fidler, *The Challenges of Global Health Governance*, New York: The Council on Foreign Relations, 2010, p. 19.

2　參見 Harley Feldbaum, "Building U. S. Diplomatic Capacity for Global Health", in *Center for Strategic & International Studies*, 2010, p. 2.

3　參見 Lederberg, etal eds., *Emerging Infections: Microbial Threats to Heath in the United States*, Washington, D. C.: National Academy Press, 1992, p. v.

4　參見樊巍、楊誠、崔萌：《武漢副市長等 3 人被約談幕後：一車重症病人經歷了什麼？》，載《新華每日電訊》，2020 年 2 月 12 日。

衛生監控的信息傳達機制，不能及時有效採取先進性手段和醫療技術做出最佳衛生預案和最快應對措施。[1] 即使在同一個城市，不同醫院隸屬於不同的上級部門，致使衛生醫療政出多門，職能交叉，效率不高。顯而易見，PHEIC 處理和應對涉及眾多部門和領域，需要各級政府、衛生行政部門、醫療機構、疾控中心、交運部門、教育、宣傳、交警、監執等協作與配合，是一跨部門的社會系統工程。

2. 地方政府及各級衛生行政部門和醫療衛生機構對疫情的嚴重性認識不足，公共衛生系統存在着明顯的缺陷，應急決策在一定時間內處於被動狀態。公共衛生應急專業人員綜合素質亟待提高。社會信任有待加強。

公共衛生危機是一嚴重威脅社會系統基本機構和基本價值規範的事件，應急決策必須在很短的時間內、在極不確定的情況下做出。[2] 危機管理需要包括危機事件的全流程管理，具體體現在預備（readiness）、反應（response）與恢復（recovery），管理者對危機類型及影響的分析有利於更好地處理危機。[3] 危機管理覆蓋對危機的預警、防範、化解和善後的全過程。社會信任本質上是指公眾對他人善良所抱有的信念或健康的心理特質，高度的社會信任則意味着資源的轉移。[4]

3. 突發公共衛生事件監測預警平台亟待迭代。《預案》第 6.1.1 條規定：

> 國家建立突發公共衛生事件應急決策指揮系統的信息、技術平台，承擔突發公共衛生事件及相關信息收集、處理、分析、發佈和傳遞等工作，採取分級負責的方式進行實施。要在充分利用現有資源的基礎上建設醫療救治信息網絡，實現衛生行政部門、醫療救治機構與疾病預防控制機構之間的信息共享。

1　參見韓鋒：《淺談我國突發公共衛生事件應急管理的困境及對策》，載《中國集體經濟》2015 年第 34 期，第 152 頁。

2　參見薛瀾、張強、鍾開斌：《危機管理：轉型期中國面臨的挑戰》，載《中國軟科學雜誌》2003 年第 4 期。

3　參見［美］羅伯特·希斯：《危機管理》，王誠、宋炳輝、金瑛譯，中信出版社 2001 年版，第 59 頁。

4　參見翟天偉、薛天山：《社會信任：理論及其應用》，中國人民大學出版社 2014 年版，第 113 頁。

但本次疫情現實是，基層監測預警嚴重缺位、監測辨識能力和處理水平亟待提高，監測盲點和信息報告不準確等現象急需轉變。現行衛生網絡監測平台尚未覆蓋和輻射所有區縣基層，現行預警方法和監測手段無法保證應急信息傳遞的有效性，信息調研與收集、毒源深度監測，功能並不健全。

4. 突發公共衛生監督與評估機制不完善。忽視事前、事中環節的監督與評估，難以還原和恢復事件處理的全過程，找出事件問題的深層次原因和隱患，客觀性和及時性地進行事件總結和反饋。[1] PHEIC 通常具有突發和快速傳播的特點，會對公眾的社會心理產生衝擊，在信息透明度不夠的情況下，對社會公眾而言，其最大危害在於日常生活秩序遭到破壞而帶來社會心理的脆弱、創傷和心理疾病的發生。

5. 藥品、應急物資監測、調配平台有待提高。我國藥品不良反應監測體系和預警系統起步較晚，國內新藥研究投入較低，臨床上大量依賴進口藥品，很多新藥均是國外首先研製上市，很多年後國內才上市，在新藥研究領域缺少第一手材料和數據，根本無法判斷藥品不良反應機理，更遑論準確預知。循證醫學（evidence-based medicine）以證據為本，一種藥對某種疾病是否有效，理論、醫書、權威均非標準，唯以證據為準，即經過現代統計科學嚴格檢驗過的證據，諸如隨機對照試驗和雙盲實驗檢驗過的證據。

在不同的地區、不同的醫院，藥品不良反應監測體系的完善程度和工作的開展程度差異性明顯。藥害事件的信息發佈、責任追究、補償救濟、控制等方面均有欠缺，政府職能缺位；涌渦建立高效靈敏的指揮系統，完善稽查執法一體化體系，優化配置現有執法資源，實現藥品監管由靜態到動態的轉變、由單一到綜合的轉變、由被動到主動的轉變、由平面式到立體式的轉變，切實提升監管層次，增強監管力度。凡事預則立，不預則廢。[2]

1　參見韓鋒:《國外突發公共衛生事件應急管理經驗借鑒》，載《中國集體經濟》2014 年第 11 期。

2　參見張京華、李鋼、崔曉琳:《國內外對突發公共衛生事件（藥害事件）導致危機的預警模式和政策》，載《現代食品與藥品雜誌》2007 年第 17 卷第 3 期。

疫情應急物資調配應優先發揮已存在的生產商和供應渠道之力量，確保物資供應，無論口罩抑或防護服，醫療物資的採購和銷售渠道在平時均是存在的，疫情時期完全可以繼續利用，發揮更大優勢，而非加急新建一套統一接受、統一分配的體系。中石化、富士康、三槍內衣和水星家紡，原本與口罩和防護服不搭邊的企業，現在都變成了口罩和防護服的廠商。同時，一大批現成口罩和防護服生產企業，卻強制不許生產。物流方面，湖北紅十字會的低效，已經是全國有目共睹，而將其交給專業的醫療用品物流企業九州通之後，問題很快就得到了解決。原因在於現代物流是一高度複雜、專業的體系，數據統計、入庫流程、匹配運輸和環節管理都得由專業人士來做才能保障效率。專業的人做專業的事，效率才是最高的。

6. 公共衛生應急管理人才流失嚴重、隊伍建設滯後。PHEIC 需要包括組織制度、人才儲備、教育培養、資金投入、信息資源、社會動員等多方面的保障。世界各國都在不斷強化對於突發衛生事件的重視與預防，加大對公共衛生建設的投入已成為世界各國的共識。[1] 公共衛生管理本質上必須通過病人這一載體表現出來，而醫療的根本目的在於救人。

二、初步建議

針對目前存在的問題，有如下建議可供參考：

1. 建立應急統一指揮平台，將公共衛生上升到公共安全高度。從經濟學角度來看，公共衛生屬於公共產品。便捷的交通系統、頻繁的人口流動極大地增加了傳染性疾病傳播的機會。疫情可以輕易且迅速地越過主權國家的地理邊界，擴散到世界各地。不斷爆發的公共衛生安全危機將全球衛生這一非傳統安全問題推上國際社會和各個國家的主要議程，[2] 公共衛

---

[1] 參見韓鋒：《略論新媒體視角下的突發衛生事件應急人力資源困境分析》，載《中國集體經濟》2015 年第 33 期。

[2] 參見敖雙紅、孫嬋：《「一帶一路」背景下中國參與全球衛生治理機制研究》，載《法學論壇》2019 年第 3 期。

生問題已經變成國際社會的政治和安全問題。全球化浪潮下，任何地處偏遠鄉村的傳染病都可能在 36 小時之內入侵主要城市。[1] 美國國家安全委員會（NSC）是美國國家安全與危機管理的最高決策機構。其決策過程分為三個層次級，[2] 即最高級，由總統主持國家安全委員會會議，參加者為國家安全委員會的主要成員；總統是國家安全委員會主席和三軍統帥，有權處理掌握所有外交、國防軍事，對危機具有頂級處理權。部長級，由國家安全事務助理主持會議，主要負責審查協調和監督國家安全政策及其執行情況。副部長級，由國家安全事務副助理主持會議，負責審查和監督國家安全委員會部際間的協調工作，對危機管理提出對策建議。

應急管理應對機制，即採取一系列必要措施防範、化解危機，恢復社會秩序，保障人們正常生產和生活的活動，維護社會和諧健康發展。[3] 其必須由統一的指揮平台，根據疫情實際進行級別管理，從「民族安全」的角度，將「公共衛生」優先排序的防範思路，結合特殊國情，考量是否需要將 PHEIC 列入影響國家安全的最高排序，並加大應急投入。美國是向衛生投入資金最多的國家，其投入資金與其他所有 OECD 國家政府的總投入比重不相上下。[4]

2. 充分發揮社會力量的廣泛參與和支持，完成信任修復。由於公共危機通常具有社會屬性，危機事件中的信任違背行為所釋放的消極公眾情緒會被進一步放大，使社會信任受損，導致公共危機進一步發酵。社會性越高的危機對公眾心理的影響便越大，甚至會破壞原有的社會結構。[5] 疫情涉事責任方的危機回應質量對公眾情緒存在直接影響，若不以真誠和耐心的

1　參見徐形武：《當代全球衛生安全與中國的對策》，載《國際政治研究》2017 年第 3 期。

2　參見張海齊、譚德講：《美國的藥品安全性監察工作》，1994-2006 China Academic Journal Electronic Publishing House, 1990 4（2），p. 69-73.

3　參見張京華、李鋼、崔曉琳：《國內外對突發公共衛生事件（藥害事件）導致危機的預警模式和政策》，載《現代食品與藥品雜誌》2007 年第 17 卷第 3 期。

4　參見 IHME, *Financing Global Health 2016: Development Assistance, Public and Private Health Spending for the Pursuit of Universal Health Coverage*, Seattle: IHME, 2017, pp. 94-95.

5　參見許玉鎮、孫超群：《公共危機事件後的社會信任修復研究——以突發公共衛生事件為例》，載《上海行政學院學報》2019 年 11 月第 20 卷第 6 期。

解釋作為回應的前提，涉事責任方很難注意到公眾的道德關切，公眾一旦察覺出危機回應中的敷衍態度與責任推脫，就會對被信任方更加反感，進而加劇信任違背的消極影響。因此本次疫情應通過適當的回應行為以修復社會信任，積極推動相關政府部門培養專業的危機公關人才，從而具備實事求是且平和穩定的危機回應能力。[1]公共衛生應急管理體系的完善和健全需要不斷吸引社會資源的支持和配合，吸納社會資金和物資，共同應對衛生應急工作。

3. 加強公共衛生領域信息傳遞。由獨立的專業人士組成疾病防控中心自主發佈疫情消息，政府配合實施防控政策，已經成為發達國家疫情防控的慣例和共識機制。利用新聞發言人制度向外界提供權威信息，建立任務報告和評價系統，並保證在第一時間內將公共衛生突發事件通知媒體和公眾。[2]PHEIC 決策與管理，既需要衛生系統內部的信息，又需要從社會大系統的相互聯繫中發現和解決問題。處理突發公共衛生事件，必須建立及時、有效的衛生信息傳遞渠道和應急機制。PHEIC 由於涉及公眾的生命安全與身體健康，公眾對此類公共危機的關注度相對較高，即使網絡輿論在事件發生後得到了及時的過濾，但不同的信息經過不同人員的口述加工與傳遞，難免產生謠言，謠言具有故事性且更容易博人關注，會加劇公眾對危險和威脅的體驗。政府作為 PHEIC 中最完整信息的掌握者，有能力也有資格辨別危機事件相關信息的準確性，加強力度從源頭杜絕歪曲事實的信息。[3]

4. 加強教育和培訓。動員各相關領域專家廣泛參與到系統中來，開展應對公共衛生突發事件的相關培訓，同時將教育、培訓融入各領域中。指導救治，統一臨床診斷標準。防控與隔離、集中收治與定點醫院相結合，

1　參見許玉鎮、孫超群：《公共危機事件後的社會信任修復研究——以突發公共衛生事件為例》，載《上海行政學院學報》2019 年 11 月第 20 卷第 6 期。
2　參見張愛萍、華琳、劉學宗、張理：《北京地區醫務人員對應對突發公共衛生事件薄弱環節認知情況的調查分析》，載《中國醫院管理》第 25 卷第 10 期（總第四 1 期）2005 年 10 月。
3　參見許玉鎮、孫超群：《公共危機事件後的社會信任修復研究——以突發公共衛生事件為例》，載《上海行政學院學報》2019 年 11 月第 20 卷第 6 期。

在缺乏有效藥物和人群普遍易感的新的疫情暴發時，及時有效隔離病人和加強醫務人員的防護、控制醫院感染的發生，是切斷傳播的最佳手段。加強對醫務人員、學生、孕產婦等特殊人群的防護，加強交通工具、公共場所和食品、消毒產品生產經營單位的管理，充分重視廣大農村地區防控工作。保證疑似病人不流失、及時得到住院治療和觀察。

5. 資金以及應急物資之高效管理。要從資金、物資方面入手優化制定的應急保障體系，在合理細化保障體系內容過程中將其落實到不同工作崗位上，根據應急預案制定要求，在合理拓寬融資渠道的同時落實物資儲備工作。

三、結論

以商品、資本、技術、勞務和信息等在全球範圍內自由流動為主要特徵的經濟全球化進程使得整個世界變成了地球村，國家與國家之間，人與人之間的距離越來越小，其聯繫越來越緊密，相互依存度空前提高。[1]

法律是公共行政管理的最高準則。PHEIC 不是一系列事件按照線性的時間順序先後發生，一切行政行為必須遵守合法性原則，這是指行政行為實體和程序均須依據法律、符合法律。及時完善有關法律法規，依法管理，是及時控制疫情擴散和蔓延的基本保障。人類社會是一個不斷認識自然、改造自然的歷史過程，各種法律法規及制度是在不斷適時應運而生的，其深遠意義更在於今後，其使我們對可能出現的重大問題做出充分的估計，同時也為建立一整套較為有效的防範和干預系統奠定了基礎、積累了經驗。[2]

1　參見羅豔華：《全球公共衛生安全的緣起及其對國家安全的影響——從「甲流」防治談起》，載《中國國際戰略評論》2010 年，第 310 頁。
2　參見雷萬軍、陳玲娣、董薇、李克偉：《從抗非典時期主要相關衛生法律法規看我國突發公共衛生事件的應急防控對策》，載《中國醫院管理》第 23 卷第 9 期（總第 266 期）2003 年 9 月。

第九節　環境產品協定的價值考量與跨境投資

　　世貿組織《環境產品協定》（EGA）由 46 個 WTO 成員方提出倡議，旨在通過消除環境產品的關稅障礙，營造出貿易、環境、發展的三贏局面，推動環境產品的自由貿易。各方確信環境產品協議談判將加強以規則為基礎的多邊貿易體制，以此來促進環境、能源相關產品和技術的貿易普及，並以此解決世界環境問題。

　　近日，「EGA 助力環境與商業雙贏」研討會在北京舉行，該研討會由日本經濟產業省主辦，中國機電產品進出口商會、Coalition for Green Trade、美國全國對外貿易委員會（NFTC）、美中貿易全國委員會、United States Council for International Business（USCIB）、駐中華人民共和國日本國大使館、國際貿易與可持續發展研究中心、Japanese Coalition for Environmental Goods Agreement（JCEGA）、日本貿易振興機構、日本機械輸出組合、中國日本商會、日本電機工業會等機構協辦，會議旨在為繼續推動環境產品協定談判做出努力。著者的法律團隊受邀出席，對此會思考良多。

一、EGA 價值考量

　　EGA 以包含 54 項低能耗、低碳綠色產品的亞太經合組織（APEC）環境產品清單為基礎，在世貿組織框架下進一步探討實現環境產品自由貿易的各種機會，其最終成果將通過最惠國待遇方式惠及所有世貿組織成員。貿易談判雖然屬於貿易自由化進程，但其明確以環境產品為標的，充分體現出人類社會保護環境、應對氣候變化、着眼子孫福祉的精神。

　　其中，所謂「環境產品」是指跨境銷售，用於抗擊空氣污染、製造可再生能源、管理廢棄物、刺激可持續發展的必需產品。例如綠色產品包括廢品分類裝置、太陽能電池板、化學加藥設備、燃氣和風力輪機、空氣質量監視器、製瓶用植物基 PET 塑料、運輸用製冷機組等。在世貿組織框架內，發達國家與發展中國家、歐盟國家與 APEC 經濟體對於環境產品的

理解以及由此提出的環境產品清單存在着根本差異。

因此，儘管各方的談判在不斷推進，但 EGA 談判的曲折與阻力卻始終存在着。歐盟的化石能源儲量在上世紀 90 年代已近枯竭，為了解決化石能源危機，歐盟最早實施了徵收碳稅政策，也是世界上最早開始進行低碳技術開發與使用的地區，但在 EGA 談判中歐盟卻並不佔據有利地位——「歐盟」並不屬於 APEC 經濟體，其在 APEC 環境產品清單中相對來說沒有基礎，在此背景下，歐盟必須要重新與其他國家進行談判，建立屬於自己的新增綠色產品清單。

與此同時，其他部分參與談判方對將歐盟低碳產品納入清單則持擔憂態度，因為 EGA 一旦達成，歐盟先進的低碳產品勢必會對談判方的低碳行業形成衝擊。同時，EGA 在談判之初，各方均希望於美國當時的總統奧巴馬任期內完成談判，而後來奉行貿易保護主義宗旨的特朗普就任後，EGA 談判已直接面臨美國退出協定的衝擊。美國退出《巴黎協定》，且對 EGA 堅決排斥，使 EGA 談判進程需要面對來自美國的新阻力。

另外，有分析指出，談判國各方還需要解決一系列棘手問題，即隨着時間的推移和科技的日新月異，環保產品清單中會出現「不太綠色」的產品，該等產品必須要移出。但移出相關環保產品卻與 EGA 應儘可能囊括更多綠色產品的基本理念相抵觸，且會遭到被移出環保產品獲利國的強烈反對。

但我們有理由相信，「以尊重自然、順應自然、保護自然為內心指引和行為準則，為妥善處理人與自然以及與自然相關的人與人之間的關係，實現人類社會的可持續發展和維護環境正義」的 EGA，雖然在微觀層面存在曲折與變數，但其最終路徑終將達成。

「相對於貿易協定這種涉及國家及產品較多的談判，EGA 只涉及到了環保產品，談判難度相對較低。」環保產品屬於高新技術領域，專業性較

1　參見楊朝霞：《環境權在環保法修訂中的價值考量》，https://www.llgarden.com/forum.php?mod=viewthread&tid=548216&extra=page%3D1，2022 年 12 月 14 日。

強，從而使各國在環保產品上的互補性較高，合作意向比較大。「求同存異，分步推進，相互信賴」，在堅持環境保護的初衷下，不同利益主體間終將尋找到某種平衡點。[1]

「循環經濟」「綠色發展」「低碳經濟」乃至「可持續發展」是我國經濟發展的原則，也是世界大同發展的本根，EGA 始終從人類文明的高度與廣度來認識、處理人與自然、環境與發展的問題，具有極其豐富的思想及深奧的內涵。

二、跨境貿易與投資

資料表明，我國環境產品的關稅水平偏高，在 EGA 談判中面臨壓力，處於守勢；中國的環境產品競爭力偏弱，具明顯優勢的環境產品僅有一個，有相對優勢的 21 個，但中國環境產品的出口潛力卻很大。

從環境產品協定所涉及的關稅來看，第一梯隊是新加坡、日本、中國香港，其適應用稅率為零，而美國則處於第二梯隊。環境產品清單中的產品涉及到了大氣污染控制、固廢及危廢處置、可再生能源、廢水及飲用水處理、自然風險管理、環境監測及分析設備、環境友好產品等領域，通過對比可以發現，環境監測及分析設備、可再生能源、固廢及危廢處置是環境產品清單產品佔比為前三的環境領域，三類佔比之和達 78%。

應該肯定的是，EGA 項下的環境產品所帶來的綜合效益，尤其是環境及社會效益，應受到我國眾多的跨境貿易與投資者的重視。

環境產品協定對跨境貿易、投資具有本根的促進作用，和我國倡導「一帶一路」的方向是一致的。

EGA 的理念，將為跨境貿易、投資開創全新局面，創造就業與增長的機遇。有關環境產品貿易自由化的研究已成為各國廣泛關注的現實課題，該問題的理論研究及相關實證研究的結論不僅會對各國的貿易政策取

---

1 《環境產品協定的價值考量與跨境投資》，https://www.sohu.com/a/193479563_99932064，2022 年 12 月 14 日。

向產生影響，也會對各國實施的可持續發展宏觀政策提供積極的啟示。研究國內外的研究文獻，努力探索環境產品貿易自由化問題的淵源，歸納分析相關的研究成果，將為探討我國企業「走出去」的對策奠定良好基礎。

跨境投資對於環境保護的影響已人所共知，目前國外對境外投資項目的環境評估越來越嚴格。在有些國家，即使從政府拿到了項目批文開始建設，當地政府環保部門仍然會隨時監督，甚至會把項目所在地的草皮進行取樣，檢測重金屬是否超標；有的甚至會把附近的魚類進行解剖觀察其是否受到了污染。

因此，重視 EGA 研究，包括但不限於空氣污染控制、固體和有害廢棄物管理與可循環系統、土壤和水的清潔與整治、可再生能源成套設備、熱能和能源管理、污水管理和直接飲用水處理、自然風險管理、自然資源保護、噪聲和振動減緩設備，對於跨境貿易、投資將大有裨益。

環境保護問題如得不到妥善處理，會引發跨境投資者與當地居民關係的緊張和衝突，並可能迫使東道國政府採取環境規制措施。當地居民的抗議往往是東道國採取規制措施的前奏。實踐表明，跨境投資者的投資不僅僅要取得東道國政府的行政許可，還應獲得最重要的利益攸關方，即投資地居民的社會許可。由於民眾的壓力，東道國政府可能不會頒發行政許可證，而且，即使東道國政府已經頒發了行政許可證，但迫於民眾的壓力，其也可能會停止續發或撤銷行政許可證。無論東道國的規制措施是否正當，都將使投資者面臨營業上的困難。

三、EGA 基本價值

我國對 EGA 的研究起步相當晚，且研究的深度也不夠。這一方面是由於我國的經濟發展和對外開放的水平還不高，對環境產品貿易自由化的重視程度還不夠；另一方面是由於我國的數據收集手段相對落後，給我們在實證方法、變量選取及數據處理等方面的進一步研究帶來了困難。但由於我國的進出口規模越來越大，再加上我國的環境問題越來越嚴重，重視環境產品貿易及對外貿易與環境的關係問題已成為當務之急。

我國環境產品的貿易總額基本上呈現出穩步增長的趨勢，環境產品的市場佔有率在不斷增大，但與其他發達國家相比，環境產品的整體競爭力仍較弱，只有 854140 的 IMR、CA、TCI 指數為正，而其他產品的國際競爭力都不同程度地呈現出了劣勢。我們通過價格—品質競爭力指標可以得出結論，我國環境產品的品質優勢產品數量一直都很少，我國的環境產品主要是價格優勢類產品，優勢體現在生產成本上，而在產品品質方面則存在較大劣勢，而美國、歐盟以及日本等的環境產品主要是品質優勢產品，這表明在環境產品技術方面我國與發達國家仍存在較大差距。

我們有理由相信，就 EGA 對經濟、環境、產業界的影響和貢獻進行探討，並通過多種方式及渠道廣泛研究，可以突出「環境信譽」的理念，兼顧不同國家和地區的發展水平、產業特點與產品類別，制定合理的產品清單及協定內容；通過技術革新、淘汰落後設備並逐步完善現有先進技術裝備，走節能減排和循環經濟發展之路，實現企業生產效益與環境保護的協調發展。

發展循環經濟和建立「資源節約型」「環境友好型」跨境貿易與投資，將成為 EGA 的基本價值取向，亦是「一帶一路」的基本方向。

第三章
跨境商事仲裁的邏輯

跨境仲裁是一種自治的法律秩序。

第一節　跨境商事仲裁協議有效性分析

仲裁協議的有效性問題，關涉仲裁機構能否取得對特定案件的管轄權，亦關涉到依照仲裁協議作出的仲裁裁決能否得到裁決執行地國家的承認與執行，因此，仲裁協議的有效性問題始終是跨境商事仲裁實踐當事人極為關注的一個重要問題。[1]

仲裁協議的獨立性是廣泛認可的一項基本法律原則，即仲裁協議與主合同是可分的，互相獨立，仲裁協議的存在、效力以及適用它的準據法都是可分的。[2] 仲裁協議屬於契約中的一種，而契約本身就是雙方當事人共同的意思表示，而不是一方當事人的意思。如果在訂立仲裁協議的過程中，一方採用欺詐的手段，迫使對方訂立將爭議提交某個仲裁機關仲裁的協議，該協議實質上反映的只是一方當事人的意思，這樣的協議有悖於合同法的一般原則，因而是無效的。合同法上的這一原則，同樣適用於仲裁協議。[3]

仲裁協議的有效與否，直接決定當事人可否通過仲裁形式解決爭議，也是仲裁機構進行仲裁活動的必需依據。仲裁協議既可以是獨立於合同簽訂的一份協議書，也可以是包含在商事交易合同中的仲裁條款，且仲裁協議既可以訂立於合同簽訂的當時，也可以在交易爭議產生後根據雙方當事人的合意而訂立。

1　參見趙秀文：《國際商事仲裁法》，中國人民大學出版社 2012 年 10 月版，第 65 頁。
2　參見中國國際經濟貿易仲裁委員會主編：《中國國際商事仲裁年度報告 2019 — 2020》，法律出版社 2020 年 9 月版，第 186 頁。
3　參見趙秀文：《論國際商事仲載協議的有效性及其適用法律》，載《法學家》1993 年第 5/6 期。

一、仲裁協議之解釋

　　契約可以分為商事契約及民事消費契約，任意規定對於商事契約幫助雖然有限，但對於一般消費者而言，仍然有很大的功效。而應特別指出的是，契約解釋過程本身涉及法律規定，因其解釋完成後即進入法律適用階段。法律的適用仍然與法律解釋相連，故往往在契約解釋同時便有法律解釋，法律解釋則亦為契約解釋服務，兩者間互有交織關係。這樣的交織在某些情況下，某具體法律條文的解釋可能因某具體契約條款的解釋而或多或少修正了以往對該法律條文的解釋，另亦有可能因某法律條文修正導致了其後此類契約條款解釋發生變化。[1]

　　「解釋的重頭戲自然是體系解釋。它涉及通過將有待解釋的特定法條與法律理由相協調來查明其意義，即涉及對目的論體系的引入。」[2] 規則「是逐漸發生的，並且是通過緩慢的進程，通過一再經驗到破壞這個規則而產生的不便，才獲得效力。」[3]

　　　　目的論的解釋意指：依可得認識的規整目的及根本思想而為之解釋。在個別規定可能的字義，並且與法律之意義脈絡一致範圍內，應以最能配合法律規整之目的及其階層關係的方式，解釋個別規定。[4]

　　　　立法目的還必須說明，應當以哪種方式，在哪個範圍內（效力範圍內）實現該規範目的。只有在例外的情況下，才可以做出與法律條文字面含義相左的目的解釋。[5]

　　在跨境商事仲裁領域，仲裁協議被稱為仲裁的基石和靈魂。無論是仲裁程序的開始還是仲裁裁決的執行，均以仲裁協議為前提條件。國際社會的普遍實踐是仲裁協議只需具備明確的爭議事項和雙方達成的仲裁意思表

1　參見崔健遠：《合同解釋與法律解釋的交織》，載《吉林大學社會科學學報》2013 年第 1 期。
2　［德］烏爾里希·克盧格：《法律邏輯》，雷磊譯，法律出版社 2016 年版，第 207 頁。
3　［英］休謨：《人性論》（下），關文運譯，商務印書館 1980 年版，第 531 頁，
4　［德］卡爾·拉倫茨：《法學方法論》，陳愛娥譯，商務印書館 2003 年版，第 210 頁。
5　［德］N. 霍恩：《法律科學與法哲學導論》，羅莉譯，法律出版社 2004 年版，第 137 頁。

示。雖然在《最高人民法院關於適用〈中華人民共和國仲裁法〉若干問題
的解釋》（2006 年）[1] 中，從支持仲裁的角度，對仲裁協議必須約定仲裁機
構的硬性規定作了一定程度的「軟化」處理，但由於仲裁法的規定非常明
確，適用仲裁法的解釋對此不能完全突破和超越，司法解釋難以克服立法
缺陷。[2]

　　蓋典型契約及任意規定之主要功能在於：當契約被定位為某種類型
時，法院可引用該有名契約下之任意規定以填補契約漏洞，以確保交易公
平性並就契約上的危險做合理分配，以補當事人意思之不備。[3] 商事契約
往往具有特殊風險管控或分配機制，究應定性為何種典型契約，實為一大
問題。如該認為契約兼具多種典型契約之特性，究應援引何種典型契約以
填補契約漏洞，誠屬有疑。此外，商事契約之交易參與者具有較強談判能
力，締約雙方地位平等，典型契約所認定之交易公平性是否符合交易雙方
之交易本旨，亦有可議之處。[4]

　　《中華人民共和國仲裁法》（以下簡稱《仲裁法》）（2017 年修訂）第
19 條明確規定：

> 　　仲裁協議獨立存在，合同的變更、解除、終止或者無效，不
> 影響仲裁協議的效力。仲裁庭有權確認合同的效力。

　　基於仲裁協議的獨立性原則，對於仲裁協議是否成立的裁判思路最高
法院已發生重大變化，不再拘泥於傳統的先審查主合同成立與否，再審查
合同中的仲裁條款成立與否，而是直接依據當事人訂立仲裁條款的事實，
依照要約承諾的合同法基本原理進行審查，如果能夠確定仲裁協議成立，
則無需審查主合同成立，只有在必要情況下，始對主合同成立與否的事實

1　最高人民法院，法釋〔2006〕7 號。

2　參見邵玉婷、楊尚君：《國際商事仲裁的司法審查》，載《法制與社會》2013 年 4 月。

3　參見王澤鑒：《債法原理（一）：基本理論、債之發生》，自刊 2006 年版，第 244-247 頁；崔
　　建遠：《合同法》，法律出版社 2010 年版，第 77-79 頁。

4　參見 Claus-Wilhelm Canaris, Hans Christoph Grigoleit, *Interpretation of Contracts*, in *SSRN Electronic
　　Journal*, Jan. 2010, available at SSRN: http://papers. ssrn. com/sol3/papers. cfm? ab_stract_id=1537169.

進行審查。2019 年最高法院國際商事法庭審結的三宗申請確認仲裁協議效力案，即申請人運裕有限公司與被申請人深圳市中苑城商業投資控股有限公司申請確認仲裁協議效力案，即最高人民法院（2019）最高法民特 1 號民事裁定書；申請人新勁企業公司與被申請人深圳市中苑城商業投資控股有限公司申請確認仲裁協議效力案，即最高人民法院（2019）最高法民特 2 號民事裁定書；申請人北京港中旅維景國際酒店管理有限公司、深圳維景京華酒店有限公司與被申請人深圳市中苑城商業投資控股有限公司申請確認仲裁協議效力案，即最高人民法院（2019）最高法民特 3 號民事裁定書，對於在跨境當事人沒有簽署最後合同文本並對主合同成立與否存在爭議的情況下，如何確定仲裁協議的效力作出了清晰的指引。[1]

由此，仲裁協議的成立需要一定的形式來證明，因而形式在某種意義上也是其成立要件，可由當事人選擇的準據法來決定形式的有效性。[2]《中華人民共和國涉外民事關係法律適用法》（2010 年）第 18 條規定：

> 當事人可以協議選擇仲裁協議適用的法律。當事人沒有選擇的，適用仲裁機構所在地法律或者仲裁地法律。

仲裁協議獨立性是廣泛認可的一項基本法律原則，是指仲裁協議與主合同是可分的，互相獨立，它們的存在與效力，以及適用於它們的準據法都是可分的。仲裁條款是否成立，主要是指當事人雙方是否有將爭議提交仲裁的合意，即是否達成了仲裁協議。仲裁協議是一種合同，判斷雙方是否就仲裁達成合意，應適用合同法律關於要約、承諾的規定。

> 維景酒店公司、維景京華酒店公司在中苑城公司申請仲裁後，以仲裁條款未成立為由，向人民法院申請確認雙方之間不存在有效的仲裁條款。雖然這不同於要求確認仲裁協議無效，但是

1　中國國際經濟貿易仲裁委員會主編：《中國國際商事仲裁年度報告 2019 — 2020》，法律出版社 2020 年 9 月版，第 185-188 頁。

2　參見 Economy Forms Corp. v. Islamic Republic of Iran, Award No. 55-165-1(14 June 1983), 3 Iran-US C. T. R. 42, 1983, pp. 47-48.

仲裁協議是否存在與是否有效同樣直接影響到糾紛解決方式，同樣屬於需要解決的先決問題，因而要求確認當事人之間不存在仲裁協議也屬於廣義的對仲裁協議效力的異議。鑒於《債權清償協議》中的仲裁條款已能約束維景酒店公司、維景京華酒店公司，其與中苑城公司之間的糾紛應通過仲裁解決，且運裕公司等為同一仲裁案件的共同被申請人，無需本院在本案中對《產權交易合同》中的仲裁條款能否約束維景酒店公司、維景京華酒店公司進行判斷。[1]

二、仲裁協議有效性審查

《仲裁法》（2017 年）第 16 條規定：

> 仲裁協議包括合同中訂立的仲裁條款和以其他書面方式在糾紛發生前或者糾紛發生後達成的請求仲裁的協議。仲裁協議應當具有以下內容：（一）請求仲裁的意思表示；（二）仲裁事項；（三）選定的仲裁委員會。

第 18 條規定：

> 仲裁協議對仲裁事項或者仲裁委員會沒有約定或者約定不明確的，當事人可以補充協議；達不成補充協議的，仲裁協議無效。[2]

國際商事仲裁受一定法律體系支配並不意味着國際商事仲裁必須受單一法律體系的控制。在一些特殊情形下，支配國際商事仲裁的程序法可能由國內法與國際法共同構築，這就是國際商事仲裁程序法適用中的並存法。並存法的概念來源於國際投資爭端的解決，由於以國際法作為合同準據法存在弊端，特別是發展中國家認為，在與西方投資者訂立合同時選擇國際法或一般法律原則會束縛作為東道國之發展中國家的立法主權，有損

1　最高人民法院（2019）最高法民特 3 號，北京港中旅維景國際酒店管理有限公司、深圳維景京華酒店有限公司申請確認仲裁協議效力民事裁定書。（2019）最高法民特 2 號，新勁企業公司、深圳市中苑城商業投資控股有限公司申請確認仲裁協議效力民事裁定書。
2　王曉川、夏興宇：《海峽兩岸商事仲裁制度對比研究》，載《河北法學》2013 年第 8 期。

於其利益，所以將國際法或一般法律原則與國內法結合起來，創立一個可適用的並存法律體系的做法呈發展趨勢。[1]

出於對實體正義的追求和區分適用法律的目的，現代商事交易法不再注重買賣合同、租賃合同、借貸合同等交易標的上的差異，而是關注於締約當事人社會關係的性質，並據此對交易種類進行劃分。[2]營利性內涵的擴張與商主體外延的擴張，是內容與形式的關係，內容決定形式，形式影響內容。傳統商事營利性理論因自身構造的局限性，限制甚至妨礙了現代商主體的發展。[3]跨境商事仲裁為營利性內涵與擴張的集中體現。較之主體與形式方面，仲裁協議的成立與內容則屬於實體性事項。通常意義上，仲裁協議的準據法是指協議實體性事項應適用的法律，有關仲裁協議的成立、撤銷、合法性、可仲裁性、履行、落空以及強制力等問題，應受仲裁協議的準據法調整。[4]有關爭議的範圍或仲裁員的審理範圍等，因涉及仲裁協議的解釋，亦應受制於準據法，另外，鑒於仲裁裁決的國籍代表着與特定國家的法律聯繫和裁決的法律效力來源，而這正是仲裁協議履行的結果，所以仲裁裁決的國籍事項與仲裁協議的其他實體性事項一樣，亦由仲裁協議的準據法來調整。[5]

在浙江逸盛石化有限公司與盧森堡英威達技術有限公司申請確認仲裁條款效力案[6]中，逸盛公司與英威達公司於 2003 年 4 月 28 日及 6 月 15 日分別簽署了兩份技術許可協議，約定：「有關爭議、糾紛或訴求應當提交仲裁解決；仲裁應在中國北京中國國際經濟貿易仲裁中心（CIETAC）進

1　參見韓健：《現代國際商事仲裁法的理論與實踐》，法律出版社 2000 年版，第 309 頁。

2　參見 Jan H. Dalhuisen, *Dalhuisen on International Commercial, Financial and Trade Law*, Oregon: Hart Publishing Oxford and Portaland, 2007, p. 245.

3　參見鄭景元：《商事營利性理論的新發展——從傳統到現代》，載《比較法研究》2013 年第 1 期。

4　參見于喜富：《仲裁協議的法律適用問題——涉外民事關係法律適用法第十八條的理解與適用》，載《人民司法》2017 年第 21 期。

5　參見 Jp Van Niekerk, "Aspects of Proper Law, Curial Law and International Commercial Arbitration", in *SA Mercantile Law Journal*, vol. 2, 1990, pp. 121-122.

6　《最高人民法院公佈「一帶一路」相關八個典型案例》，https://www.sohu.com/a/129015568_626138，2017 年 3 月 20 日。

行，並適用現行有效的《聯合國國際貿易法委員會仲裁規則》。」〔以上約定的原文為英文：The arbitration shall take place at China International Economic Trade Arbitration Centre（CIETAC）, Beijing, P. R. China and shall be settled according to the UNCITRAL Arbitration Rules as at present in force.〕2012 年 7 月 11 日，英威達公司向中國國際經濟貿易仲裁委員會提出仲裁申請。2012 年 10 月 29 日，逸盛公司以雙方約定的仲裁本質上屬於我國仲裁法不允許的臨時仲裁為由，向寧波市中級人民法院申請確認仲裁條款無效。寧波市中級人民法院經逐級報請最高人民法院審查後，於 2014 年 3 月 17 日作出終審裁定，認為：當事人在仲裁條款中雖然使用了「take place at」的表述，此後的詞組一般被理解為地點，然而按照有利於實現當事人仲裁意願目的解釋的方法，可以理解為也包括了對仲裁機構的約定。雖然當事人約定的仲裁機構中文名稱不準確，但從英文簡稱 CIETAC 可以推定當事人選定的仲裁機構是在北京的中國國際經濟貿易仲裁委員會。本案所涉仲裁條款不違反我國仲裁法的規定，裁定駁回逸盛公司請求確認仲裁條款無效的訴請。該案首次認可當事人約定由中國的常設仲裁機構依據《聯合國國際貿易法委員會仲裁規則》管理仲裁程序的條款效力，並明確該條款約定的是機構仲裁，而非臨時仲裁。該案對當事人理解存在分歧的合同用詞，採取了有利於實現當事人仲裁意願的目的解釋方法，在仲裁條款未明確限定仲裁機構特定職能的情形下，認定當事人關於常設機構適用另一仲裁規則的約定應理解為該機構依仲裁規則管理整個仲裁程序。本案對於推動多元化糾紛解決機制建設、支持仲裁國際化、提升仲裁公信力，具有典型示範意義。

　　跨境特殊交易主體之間的仲裁協議，在法律適用上應區分於其他仲裁協議，對於前者，應遵循信賴利益特殊性保護機制，在效力認定上不得漠視相關法域的保護性規定。[1]

1　參見王克玉：《國際商事仲裁協議法律選擇的邏輯透視》，載《法學》（滬）2015 年第 6 期，第 73-82 頁。

三、結論

仲裁協議本質為一項「合同安排」,[1] 依照我國《仲裁法》(2017 年修訂)的規定,當事人對仲裁協議效力有異議的,可以請求仲裁機構作出決定或者請求法院作出裁定。一方請求仲裁機構作出決定,另一方請求法院作出裁定的,由人民法院裁定。當事人對仲裁協議的效力有異議,應當在仲裁庭首次開庭前提出。[2]

> 仲裁協議準據法首先應依意思自治原則,允許當事人自主選擇仲裁協議適用的法律;在當事人無明示選擇時,則直接適用或推定適用仲裁地法或裁決作出地法;在仲裁地無法確定時,則適用受理案件的法院地國的衝突規則決定仲裁協議適用的法律。[3]

法院在判斷某一商事仲裁協議的效力時,應按《紐約公約》的規定進行,即當事人選擇了仲裁協議準據法的,以當事人的選擇為準;當事人未選擇的,則依裁決作出地國家的法律。[4]

第二節　跨境商事網上仲裁

自成文法產生之日起,人們便希望通過法律這種書寫的理性,使行為的預期與行為的結果之間達成某種法律上的一致性,從而為社會提供一整套行為規範,為人們的行為提供穩定安全的可預測標準,而法律這種可供預測的確定性正是法治得以實現的邏輯前提。但是,法定權利間的衝突卻從根本上摧毀了這個邏輯前提,因為多個具有同樣法律上依據

1　參見〔英〕施米托夫:《國際貿易法文選》,趙秀文譯,中國大百科全書出版社 1993 年版,第 674 頁。

2　參見我國《仲裁法》第 20 條。

3　朱克鵬:《國際商事仲裁的法律適用》,法律出版社 1999 年版,第 52 頁。

4　1961 年《關於國際商事仲裁的歐洲公約》及 1975 年《美洲國家間關於國際商事仲裁的公約》做了同樣的規定。

的權利卻無法得到正常的如權利人所預期那樣的實現，這不僅會泯滅人們對法律權威性的信仰，更會破壞法律的確定性，最終迫使法律退出權利舞台，讓社會重新步入無序。[1] 跨境商事的重疊法律體系更會加重該種不確定性。

與民事法律不同，商事法律在我國並不存在被普遍認可的邏輯嚴密的法律體系，學界對其內涵與外延亦未形成統一認識。這是民法學者不主張商法獨立於民法存在的主要原因。王利明教授的觀點頗具代表性：「商事特別法缺乏獨特的原則、價值、方法和規則體系，難以真正實現與民法的分立。」[2]

但從社會整體利益來說，每一筆商事交易效率提高、成本降低，會使得社會整體成本降低，提高社會的整體效率。因此，構建合理、完備的商事交易制度對商事活動乃至整個社會至關重要。正如 20 世紀美國「法與社會」學術運動的領袖弗里德曼所言，商業是浮在信用的海洋上。在很大程度上，商法是關於信用的法律。[3] 在跨境商事交易而言，如何提高交易安全性與效率，更具重要意義。

為此，網上仲裁是選擇性爭議解決方法（Alternative Dispute Resolution，簡稱 ADR）的一種新形式。當今世界，電信手段的迅速發展與廣泛應用，促進了電子商務（e-commerce）的日益勃興，這為網上仲裁夯實了某種物質基礎。[4] 從狹義上來說，網上仲裁是指整個仲裁程序都在互聯網上進行的仲裁，從仲裁協議的達成至仲裁裁決的作出；而廣義的網上仲裁泛指採用了網絡信息交流方式的仲裁。[5]

1　參見王克金：《權利衝突論——一個法律實證主義的分析》，載《法制與社會發展》2004 年第 2 期。

2　王利明：《民商合一體例下我國民法典總則的制定》，載《法商研究》2015 年第 4 期。

3　參見［美］勞倫斯·弗里德曼：《二十世紀美國法律史》，周大偉譯，北京大學出版社 2016 年版，第 58 頁。

4　參見張瀟劍：《跨國網上仲裁若干法律問題研究》，載《河北法學》2006 年第 4 期。

5　參見湯媚林：《網上國際商事仲裁的仲裁地分析》，載《現代商貿工業》2020 年第 12 期。

一、網上仲裁

2019 年，香港特區政府宣佈正在創建一個與電子商務相關的網絡仲裁與調解系統（簡稱 eBRAM）。特區政府提供近 2000 萬美元用於支持 eBRAM 的開發和初步運作，希望 eBRAM 能夠提供易於獲取且價格合理的爭議解決服務，亦希望該系統能夠在「一國兩制」的原則下，體現香港在為不同法律傳統的司法管轄區提供所需要服務方面的獨特競爭力。[1]

將現代法律意義上的仲裁裁決地作為仲裁裁決籍屬的識別原則已經被國際社會所廣泛接受。《聯合國國際商事仲裁示範法》第 20 條明確規定了仲裁地：

> （1）當事人可以自由約定仲裁的地點。未達成此種約定的，由仲裁庭考慮到案件的情況，包括當事人的便利，確定仲裁地點。（2）雖有本條第（1）款的規定，為在仲裁庭成員之間進行磋商，為聽取證人、專家或當事人的意見，或者為檢查貨物、其他財產或文件，除非當事人另有約定，仲裁庭可以在其認為適當的任何地點會晤。

在司法實踐中，「仲裁地」概念也不再陌生。2006 年《最高人民法院關於適用〈中華人民共和國仲裁法〉若干問題的解釋》第一次使用了「仲裁地」這一概念，第 16 條明確規定：

> 對涉外仲裁協議的效力審查，適用當事人約定的法律；當事人沒有約定適用的法律但約定了仲裁地的，適用仲裁地法律；沒有約定適用的法律也沒有約定仲裁地或者仲裁地約定不明的，適用法院地法律。[2]

網絡技術、通信技術的發展使得更方便、更高效的仲裁成為可能，當

1　參見龍曼：《香港特區政府提供近 2000 萬美元助力創建網上仲裁與調解系統》，載中國新聞網，2019 年 4 月 18 日。
2　毛曉飛：《「一帶一路」倡議背景下我國商事仲裁制度的革新》，載《人民法治》2018 年第 2 期。

事人可通過在線仲裁等方式高效解決糾紛，同時，合作聯盟及其各分支機構需要在網絡服務、技術保障等方面提供支持。[1]

網上仲裁，在一定意義上構成對仲裁地的本質衝突。網上國際商事仲裁最為顯著的一個特徵就是「仲裁地」不明，仲裁地是指以仲裁方式解決涉外民事爭議時的仲裁進行地，而網上仲裁是在一個虛擬空間進行，無法明確仲裁地。但在現有的國際規則中，仲裁地佔據着十分重要的地位。[2] 衝突能夠打破穩定的秩序，影響法律的穩定性和確定性。但同時，衝突也意味着一種正向性功能：其「經常充當社會關係的整合器，通過互相發泄敵意和發表不同意見，維護多元利益關係；其還是一個激發器，激發新的規範、規則和制度的建立，從而充當利益雙方社會化的代理者」。[3]

二、網上仲裁與網絡技術

「運用電子法院雲會議系統開庭，與平常的開庭一樣，在庭審舉證、質證和法庭辯論上法官與當事人、當事人與當事人的交流非常順暢。電子法院具有強大的生命力，應該深度推進電子法院的應用與推廣，並呼籲廣大市民多了解電子法院，方便訴訟。」[4] 而涉外民商事審判中普遍存在域外法查明難、域外當事人身份認證複雜、境外形成的授權委託材料和域外形成的交易證據認定難，以及承認和執行域外判決難等亟待解決的問題，需要由當事人和法官共同信任的技術來支持和解決，而區塊鏈技術的特性使其能夠在涉外民商事審判工作中得到廣泛應用。[5]

網絡以其獨有的特點如虛擬性、超時空性、匿名性等，造成了現實主體對以往經驗的質疑。以往經驗無法為網絡空間出現的新問題，如虛擬自

1　參見初北平：《「一帶一路」國際商事仲裁合作聯盟的構建》，載《現代法學》2019 年第 3 期。

2　參見湯媚林：《網上國際商事仲裁的仲裁地分析》，載《現代商貿工業》2020 年第 12 期。

3　［美］科塞：《社會衝突的功能》，華夏出版社 1989 年版，第 144 頁。

4　周源：《長春一法院運用現代化網絡技術「雲會議」解決案件》，載《長春日報》，2016 年 6 月 8 日。

5　參見李寧：《區塊鏈在涉外民商事審判中的應用》，載《中國社會科學報》，2020 年 10 月 28 日。

我、新的人際互動方式、時空阻隔的突然消失等等，提供現成的答案，[1] 區塊鏈是近年來比較熱門的新興技術概念，是科技金融創新的底層技術支持方式，是利用塊鏈式數據結構來核驗和保存數據、運用分散式節點共識算法得出和更迭數據、利用暗碼學的方法保障數據傳送安全、運用自動基礎代碼構成的智能合同來編輯數據的分佈式基礎結構與計算手段。區塊鏈技術的去中心化、無法修改、全程留痕、能夠追查、全員保障、公開等特徵確保了參與人員的誠實與信用，解決了多主體間信息無法共享等問題，實現了多個參與人的合作信賴。[2]

　　區塊鏈技術可以有效確保當事人提交的交易等相關證據的真實性，尤其是境外交易形成證據的真實性。這是區塊鏈技術與跨境商事仲裁最有效的結合。區塊鏈技術只需三個流程即可完成一般的正常商事交易：首先，將交易憑證編輯成可自動履行的智能合同；其次，將合同內容以數據的形式存儲於區塊鏈社區；最後，為交易各個環節的所有權變動「蓋上」不可更改的時間戳，以供全體跨境商事交易參與人員核查。該三個基本流程保證了整個交易過程的不可篡改性，雖然所有參與交易的人員均能各自上傳或保存數據，以及均能實時同步查詢鏈上數據，但是所有數據的再次上傳與變更則需要得到全部參與人員的確認，該流程可以充分確保發生爭議時，當事人提交的交易證據的真實性和有效性。實現案件當事人實時查詢其參與案件的審理進度，並根據案件審理情況，在線上自主完成數據查詢、提交、撤回、變更、修改。當事人可以自主參與案件審理全流程，增強了信息對稱和信賴感，也確保了案件審理的公開、公正與透明。總之，區塊鏈技術憑藉其保存數據的穩定性、不可更改性、全程留痕和去中心化等優勢，自然地融入了跨境商事仲裁，最大程度上簡化了跨境商事仲裁案件審理。[3]

1　參見徐琳琳、王前：《網絡技術引發的虛擬自我認同危機與倫理建構》，載《科學技術哲學研究》2009 年第 6 期。

2　參見李寧：《區塊鏈在涉外民商事審判中的應用》，載《中國社會科學報》，2020 年 10 月 28 日。

3　參見李寧：《區塊鏈在涉外民商事審判中的應用》，載《中國社會科學報》，2020 年 10 月 28 日。

我國已經成為世界互聯網蓬勃發展的沃土，伴隨着互聯網的幾何式增長，網絡糾紛也呈現出爆棚的趨勢，互聯網法院已經率先開啟了網絡糾紛解決的先河。仲裁作為提供專業社會糾紛解決服務的產業端，也已悄然踏上了這條「網絡之路」，2018 年全國 255 家仲裁機構中，已有 22 家仲裁機構採用網上仲裁方式處理了 357,008 件仲裁案件。2019 年採用網上仲裁方式處理案件的仲裁機構增長到 30 餘家，網絡案件數量佔總案件量的四成以上。無論是商業領域還是社會治理領域，仲裁服務對象的網絡化速度和廣度都在激增，仲裁機構如果不能與服務對象的網絡化程度相匹配，勢必陷入發展危機，甚至淪落到被淘汰的境地。[1]2020 年 5 月 9 日，北京國際仲裁中心發佈了《北京仲裁委員會／北京國際仲裁中心關於網上開庭的工作指引（試行）》，並說明該指引不是其仲裁規則的一部分，僅僅在疫情期間適用。指引的第二條規定了仲裁庭可以決定採取網上開庭的三種情形：各方當事人均申請網上開庭；一方申請網上開庭，其他方當事人不反對；仲裁庭提議網上開庭，各方當事人均無異議。[2]

2020 年 4 月 9 日 ICC 發佈的《國際商會關於減輕新冠肺炎疫情影響的若干可參考措施的指引》（以下簡稱「ICC 指引」）[3]第 22 條說明：如在各方當事人未同意或有當事人表示反對的情形下，仲裁庭仍決定進行在線庭審的，則應當根據該指引第 18 條的內容，並參考 ICC 仲裁規則的第 42 條的內容進行。[4]網絡技術將最大程度實現跨境爭議解決方式從「面對面」

1　參見董事：《網絡仲裁　前方高能》，載《中國貿易報》，2020 年 6 月 18 日。

2　參見《北京仲裁委員會／北京國際仲裁中心關於網上開庭的工作指引（試行）》（2020 年 5 月 9 日）第二條。

3　ICC, ICC Guidance Note on Possible Measures Aimed at Mitigating the Effects of the COVID-19 Pandemic, https://iccwbo. org/publication/icc-guidance-note-on-possible-measures-aimed-at-mitigating-the-effects-of-the-covid-19-pandemic/.

4　ICC, "ICC Guidance Note on Possible Measures Aimed at Mitigating the Effects of the COVID-19 Pandemic", paragraph 22; Article 42 of ICC Rules of Arbitration provides that "In all matters not expressly provided for in the Rules, the Court and the arbitral tribunal shall act in the spirit of the Rules and shall make every effort to make sure that the award is enforceable at law". 參見 https://iccwbo. org/publication/icc-guidance-note-on-possible-measures-aimed-at-mitigating-the-effects-of-the-covid-19-pandemic/。

到「鍵對鍵」的轉變，包括但不限於網上立案、網上舉證質證、雲會議調解、開庭審理等程序流程的全覆蓋。

三、小結

德國學者賓丁（Binding）早在 100 多年前就指出：「日常生活的浪潮（wellen）將新的犯罪現象沖刷到了立法者腳前。」在此角度，網絡技術的發展，將網上仲裁沖刷到跨境商事爭議解決當事人面前。電影《動物方城市》片尾曲大意說：「我們不是聖人，我們過去會犯一些錯，今天會犯錯，明天還是會繼續犯錯。但是，我們依然會勇敢地去嘗試 ……」網絡技術的迅猛發展，依然打開了商事仲裁的封閉性、一慣性，需要商事仲裁重新審視仲裁建築結構，把不涉及「安全的牆面、屋頂都拿掉」。

網上仲裁，其實是網絡技術與跨境商事爭議解決重複博弈的結果。重複博弈是一種特殊的動態博弈，相同結構的「階段博弈」重複多次，甚至無限次。在每個階段的博弈中，參與人同時行動。因為其他參與人過去的行動的歷史是可以觀測的，每個參與人就可能參考他們對手過去的博弈行為來行動，這樣博弈導致的均衡結果在只進行一次的博弈之中沒有出現過。[1]

關於跨境商事網絡仲裁在由糾紛解決向糾紛預防的發展中，應堅持不能突破仲裁的保密性原則。糾紛預防的大數據收集和運用需要公平對待和各方利益相關者之間的關係，保護個人隱私權，遵守法律對網絡仲裁用戶信息的限制性規定。網絡仲裁在審理電子數據時，證據收集、固定和防篡改的技術手段是否可以直接認定電子數據類證據為原件，仍需持懷疑態度。[2] 同時，還要強化網絡安全，謹防收集來的信息遭受黑客攻擊。[3] 確實捍衛網上跨境商事仲裁的公信力和可信賴性。

1　參見［美］朱·費登博格，［法］讓　梯若爾：《博弈論》，黃濤等譯，中國人民大學出版社 2002 年版，第 127 頁。

2　參見董事：《網絡仲裁　前方高能》，載《中國貿易報》，2020 年 6 月 18 日。

3　參見王悠然：《網絡技術助力刑事司法工作》，載《中國社會科學報》，2015 年 8 月 20 日，第 799 期。

第三節　跨境商事仲裁透明度走向及保密性弱化

——分析及應對

商法是一種自然法，一種客觀秩序，是商人在市場交易實踐中理性的發現，是商人發現法。[1]商事主體脫胎於民事主體，具有民事主體的共性，更為重要的是具有不同於一般民事主體的獨特自治的品性。商事主體是作為營業而存在的，要求具有穩定性、長期性與專業性，並且注重權利的外觀，以保護信賴利益，商事主體的這些特性也更加要求自主性、自治性的商事主體支撐。實際上，商事主體發展自主性很大程度上演化出商事主體的獨特性。[2]

《聯合國國際商事仲裁示範法》對「商事」的註釋是：

「商事」一詞應給予廣義的解釋，以便包括產生於所有具有商業性質的關係的事項，不論這種關係是否為契約關係。具有商事關係的關係包括但不限於下列交易：任何提供或交換商品或勞務的貿易交易；銷售協議；商事代表或代理；保付代理；租賃；諮詢；設計；許可；投資；融資；銀行業；保險；開採協議或特許權；合營企業或其他形式的工業或商業合作；客貨的航空、海洋、鐵路或公路運輸。[3]

在一種公平理念的追求下，我們今天的社會過於重視社會性的司法裁決，作為糾紛解決主要方式的私人裁決則有意或無意在制度層面被忽視。越來越多的觀點甚至病態地以為，只有交給公眾或其權威機構評判才可能帶來公平。[4]

現代商人習慣法，是伴隨着新商法產生的，即在全球化發展中，由國

1　參見徐學鹿：《商法的軌跡——從傳統到現代》，法律出版社 2013 年版，第 62 頁。
2　參見許中緣：《論商事習慣與我國民法典》，載《交大法學》2017 年第 3 期。
3　謝新勝：《國際法在國際商事仲裁中的適用路徑分析》，載《中國國際法年刊》2012 年。
4　蔣大興：《團結情感、私人裁決與法院行動——公司內解決糾紛之規範結構》，載《法制與社會發展》，2010 年第 3 期。

際性官方或民間制定機構制定的國際公約、示範法以及國際商會等組織公佈的文件資料等。[1] 國際商事仲裁的保密性原則，長期以來與私密性緊密關聯，是商事仲裁彰顯之特性，亦是其區別商事訴訟，並優於商事訴訟的典型性特徵之一。然近年來，由於國際商事司法實踐的發展，及全球法治進程之要求，國際商事仲裁開始表現出程序透明、公眾參與之走向。保密性在國際商事仲裁領域開始受到明顯衝擊與弱化。

一、國際商事仲裁保密性之弱化

現代國際商事仲裁機制建立在西方國家商事仲裁的傳統和實踐之上，根植於西方文化和法律的價值理念：不僅國際商事仲裁規則和法律具有西方傳統，而且與仲裁法律和規則相配套的其他規則、指導原則或指南也大都承襲西方經驗，進而造成國際商事仲裁的核心制度基本都由西方國家的實踐發展而來。[2] 國際商事仲裁在全球範圍內的發展以及仲裁規則的趨同之勢並不能掩蓋其背後的文化及法律理念差異，該種差異已經成為非西方主體參與國際商事仲裁不可忽視的障礙。[3]

國際商事仲裁領域雲湧的透明度改革的浪潮，本根在於當事人協商一致將爭議提交國際商事仲裁機構，並信賴能夠得到公正裁決，如何保證仲裁程序以及裁決的公平公正尤為重要。透明度之增加可以增強國際商事仲裁之可預見性，使得當事人更加信守該爭議解決方式，並進一步增進社會公眾對仲裁的洞悉度。國際商事仲裁領域的透明度異於公眾參與、披露義務，透明度改革並非完全摒棄或者推翻保密性。同時，全球化經濟的發展，使得商事交易中，當事人之間約定適用的商事習慣不再局限於一國國內的慣例規範，而是將超越國家邊界的現代商事習慣也作為解決糾紛，特

1　參見［英］施米托夫：《國際貿易法文選》，趙秀文譯，中國大百科全書出版社 1993 年版，第 247 頁。
2　參見嚴紅：《國際商事仲裁軟法探究》，載《社會科學戰線》2016 年第 10 期。
3　參見初北平：《「一帶一路」國際商事仲裁合作聯盟的構建》，載《現代法學》2019 年第 3 期。

別是跨國商事貿易糾紛的重要法律淵源。[1]

　　現階段國際商事仲裁實踐中，各國際商事仲裁機構亦紛紛修改其仲裁規則以彰顯增進透明度的決心。英國、法國的仲裁法從承認默示保密規則到強調「保密需要明示」；澳大利亞、瑞典、美國的仲裁法在初始即不承認默示保密規則的存在，認為保密性的來源是仲裁雙方的合同約定；而我國香港地區、新西蘭的立法實踐亦表明，儘管保密原則屹立存在，例外卻日益增加。種種跡象充分印證國際商事仲裁領域保密性的弱化趨勢。

　　2009 年《美國仲裁協會國際仲裁規則》（簡稱《AAA 國際仲裁規則》）明確規定：仲裁機構可以公開仲裁裁決。英國仲裁界在理論與實踐中均認為：即便是因為仲裁的保密性，雙方當事人選擇進行仲裁，仲裁也並非絕對保密，保密性取決於仲裁過程所適用之法律，尤其是仲裁機構之仲裁規則。2012 年《中國國際經濟貿易仲裁委員會仲裁規則》（簡稱《CIETAC 仲裁規則》）亦明確規定仲裁員有披露的義務，以及案例合併審理等內容。保密性的弱化與透明度的增強，存在於一體兩面，具有辯證統一性。

二、國際商事仲裁透明度價值取向

　　近年來，由於跨國公司腐敗問題日益突顯，公眾利益受到極大侵害，國際社會要求增加國際商事仲裁透明度的呼聲愈加激烈。國際商事仲裁處理的是從事國際商事交易的當事人（不包括政府機關）之間的私法性爭議，「國際商事仲裁領域的透明度是為利害關係人及時提供一個監督仲裁決策過程的法律規則。正如公眾參與一樣，透明度的主要目的是促進對仲裁員的監督。」[2] 透明度價值取向即在於為利害關係人提供適當合理決策程序的相關信息。利害關係人對國際仲裁過程合法性的接受，特別是涉及國家和公共利益的問題上，依賴於公開性及公眾對程序運行知識的增強。

1　參見鄭曙光、胡新建：《現代商法：理論起點與規範體系》，中國人民大學出版社 2013 年版，第 366-368 頁。

2　林其敏：《國際商事仲裁的透明度問題研究》，https://www.ourlunwen.com/show-85-56498-1.html，2022 年 12 月 16 日。

　　透明度在關注公共利益問題的過程中，可能會使一些原本在祕密仲裁下被保護的利益受到影響，諸如商業祕密、國家安全等保密信息被披露，非當事第三方之介入行為可能導致仲裁程序的效率降低，以及增加爭議雙方的負擔及成本等。如何妥善解決該等問題，直接關係着透明度規制調整的向度和規模。

　　透明度規則與保密性原則的辯證關係，係由東道國與投資者投資仲裁的特殊性所決定，國際投資法律關係調整的對象為不平等主體之間的國際商事法律關係，即投資者與東道國間的關係固本為一種私法人與公法主體間的關係，而政府行為則須遵守透明度和公共介入的基本要求和規則；另外，國家的公法主體身份亦使仲裁與東道國的公共利益具有天然間的關聯，這也是仲裁程序需要公開透明的基礎之一。東道國的某些有利於國民的公共政策損害到外國投資者的利益，如果因為仲裁裁決迫使東道國改變政策，則勢必會損害國民利益。全球經濟之快速發展使得國際投資日益廣泛和普遍，國際投資爭端亦層出不窮，在不斷探索中，仲裁日益成為了最受青睞的解決爭端方式。增強國際投資仲裁透明度有助於提高仲裁的質量。雖然東道國手中掌握着豐富的經濟政治資源，但是國家不可能掌握關於具體糾紛的仲裁所有方面的事項，諸如環境保護、人權和公共福利等方面，即很難調取到相關證據。且東道國政府通常缺乏進行投資仲裁所需要的專業知識。儘管在選任仲裁員時，投資仲裁規則對其資格的認定有着嚴格的規定，但這並不能保證每一位仲裁員均具把控個案全部要點的能力和進行仲裁所需要的完備之技術和水準。

　　　這些都決不是偶然的。這並不僅僅是因為制定法無法規定生活中的一切，或文字無法描述一切，而更多的是因為，無論你承認與否，習慣都將存在，都在生成，都在發展，都在對法律發生着某種影響。習慣將永遠是法學家或立法者在分析設計制定法之運作和效果時不能忘記的一個基本背景。[1]

1　蘇力：《中國當代法律中的習慣——從司法個案透視》，載《中國社會科學》2000 年第 3 期。

　　針對出現的各種新型商事公司、商事合同、商事保險、支付工具等，應分別制定特別法規範進行確認並加以調整。商事特別立法的出現體現了「功能主義」導向的立法思維，商事立法不再純粹追求體系的完善、規範的統一，而是強調商事創新的有效規範、商事爭議的及時調整。同時，傳統大陸法系國家也加強了對商事法領域判例法、習慣法的研究，使得判例、習慣、學說等在商事法法源體系中佔據了越來越重要的地位。無論商事爭議的解決，還是商事法律的完善，上述成文立法之外的法源形式均起到了至關重要的作用。此外，隨着全球化的推進，國際商事交易日益發展並且需要相應法律規範對之加以調整，傳統以國別法為核心的商事法體系建構無法有效規範上述跨國商事交易活動，因而面臨嚴峻的理論挑戰。在此背景下，基於習慣法規則形成的「新商人法」就成為了調整上述交易、處理相應爭議的重要依據，其中，以《國際商事合同通則》《歐洲合同法通則》為代表的新商人習慣法已經成為規範國際商事交易的「主要法源」。[1] 為此，必須重新思考跨境商事仲裁保密性的意義，以及這種意義如何在私法結構（尤其是權利結構）中得到體現。團體法的制度設計要尊重和維護團體自解糾紛的能力，貫徹內部裁判優先原則，不能僅僅寄望於以外部機制解決內部問題——外部解紛程序只是迫不得已的最後選擇。特別是，由於商事審判柔性化之特質。[2]

三、保密性弱化之應對

　　跨境商事交易瞬息萬變，商事交易往往充斥着難以預料之風險，如何藉由事前機制之設計來降低甚至規避風險，乃商事交易當事人亟欲解決之問題。在此情形下，「風險」遂成為交易之客體，而「風險分擔」則不再是附屬的功能，而成為契約之主要功能。[3] 在理論上，向來契約理論填補契約漏洞的方式主要有二：一為以契約法上的典型契約與任意規定加以套

1　參見羅季奧諾夫·安德烈：《新商人習慣法初論》，載《中外法學》2007 年第 1 期。
2　參見蔣大興：《審判何須對抗——商事審判柔性的一面》，載《中國法學》2007 年第 4 期。
3　參見王文宇：《商事契約的解釋》，載《中外法學》2014 年第 5 期。

用；另一為以「假設的當事人意思」，考慮交易過程與商業習慣等來做補充的契約解釋。[1]

國際商事仲裁中，自願公佈仲裁裁決之頻率越來越高，已成為透明度改革與走向的重要成果和標杆。但在具體商事仲裁個案中，一方當事人基於經營策略考量，堅決不同意公開仲裁裁決，而另一方當事人則可能出於策略原因堅決要求公開仲裁裁決。無論事前是否訂立保密條款，任何一方當事人均可能進行策略性的披露和公示。另外，世界貿易組織監督其成員活動的要求，亦可能導致公開與披露，可能的原因在於自證清白或彰顯自身市場優勢，也有可能係為了獲得國內法院之支持，或其他出於自身利益的考量。種種信息披露不斷向公眾展示國際商事仲裁制度的不同方面，最終使得這一制度透明化不斷加強。

過分強調仲裁之保密性，迴避透明度日益強化的趨勢，可能成為國際商事仲裁發展的一種阻卻或障礙。實際上，對保密性的研究與批判，一定程度上反而使利害公眾意識到增加國際商事仲裁透明度之應然重要性，真正意識到透明度之增加已經成為一不可阻擋的趨勢，必須加以應對。

具體應對措施主要有：遵循「比例原則」，即在執行透明度規定時，應以不干涉爭端當事方的正當程序權利和最大程度減少對仲裁程序正常進行的妨礙為原則；創建統一的仲裁員信息數據平台等；譬如，現階段各國公司法及證券法強制要求披露財務信息已成為國際商事仲裁案件的重要信息來源，如一公司僅鼓吹其已經承擔了社會責任卻未披露負面信息，則應被視為證券欺詐；同時，國內司法協助程序要求如今越來越多的當事人求助於國內法院請求獲得證據、臨時救濟以及執行裁決，在一定意義上，與仲裁案件相關的國內司法訴訟程序也有利於信息披露；仲裁程序中文件公開的目的在於讓公眾及時獲取相關仲裁信息和進展情況。信息披露會涉及一些實際問題，如公開主體、公開成本的分擔、公開方式和時間為保障公

1　參見王澤鑑：《債法原理（一）：基本理論、債之發生》，自刊 2006 年版，第 244-247 頁；崔建遠：《合同法》，法律出版社 2010 年版，第 372-373 頁。

眾獲取程序相關信息的權利，文件公開的規定應該具體詳細並具有可操作性，至於公開範圍，在確保透明度的同時，亦應注意保密信息的要求，主動公開仲裁裁決是透明度改革的突破性進展，無論是當事人自己公開裁決還是仲裁機構公開裁決，對於學術研究以及仲裁實務都會有較大利益。

最終裁決結果的公開亦為仲裁透明度改革的重要環節。各層面規定的不同主要體現在公開主體上，與啟動信息的公開一樣，最終裁決結果的公開主體以限於仲裁庭為宜。如裁決應國內公司法證券法、司法協助程序或者司法訴訟程序的要求必須公開的，仲裁機構則應公佈其裁決內容。一般情況下，透明度義務服從於保密信息保護條款。

透明度改革所承載的價值取向也反映了國際法治和文明的發展方向。在全球趨勢下，我國應更積極地投入這場透明度改革中，不僅應積極參與規則之制定，還應考慮如何利用規則更好地維護本國利益。

四、餘論

選擇某一仲裁規則，其根本出發點在於利用法治來解決國際商事爭議，透明度是法治的固有特徵，國際社會致力於關注國際商事仲裁的合法性和公正性，而增加透明度除着眼於增加仲裁程序和結果之合法性外，亦關注於促進國際商事仲裁制度之完善。我國應該積極應對國際商事仲裁之變革，進行透明度規則設計和研究，考量透明度增強所帶來的法律價值和現實意義，積極推進跨境商事交易和我國「一帶一路」倡議，以及踐行我國經濟走廊理論、經濟帶理論、創新經濟發展理論、區域合作理論、全球化理論等。

第四節　國際商事仲裁透明性
——平衡及變革

跨境商事仲裁作為一民事爭議解決路徑，保密性（confidentiality）是其重要的制度優勢。仲裁的保密性，即指仲裁案件不公開審理，仲裁程序

的內容、仲裁過程中展示的證據、仲裁裁決等仲裁關聯信息不應對當事人以外的人披示。即在一般情況下，與案件無關的人在未得到仲裁當事人和仲裁庭確認之前，不得參與仲裁審理程序。當事人自治原則是仲裁制度存在的基礎，任何案外人知悉糾紛的相關信息或者進入仲裁審理程序須經當事人的同意。正如一位法官的表述：「仲裁保密性的概念簡單地源於雙方同意將他們之間且僅在他們之間發生的特殊糾紛提交仲裁。」[1]

在國際範圍內，仲裁保密性問題儘管並未取得立法與實踐上的一致認識，成為各國仲裁機構普遍奉行之準則，但其重要性及其平衡和突破，理應引起高度重視。

一、商事仲裁的保密性

國際商法的發展離不開國際商事仲裁的實踐，仲裁的保密性，在一定意義上，被視為仲裁的本質屬性，亦被視為仲裁與訴訟的一重要分野。商事仲裁保密性規則，契合了當事人保守商業祕密、維護商業信譽和避免訴累之需求。保密義務通常來源於三個方面：當事人雙方在仲裁協議中訂立保密條款；適用的仲裁規則要求對仲裁保密；仲裁地的國內仲裁法對仲裁保密之規定。

我國《仲裁法》第40條規定：

> 仲裁不公開進行。當事人協議公開的，可以公開進行，但涉
> 及國家祕密的除外。

這遵循的是「以不公開審理為原則，公開審理為例外」之原則，期間關注的平衡在於：仲裁資源的配置及效率，公共利益與私人利益之衝突。原因在於：法律保護不同的利益，在利益發生衝突且不可能滿足所有利益之時，須要進行比較和衡量。公眾利益優先於私人利益是一基本原則。當公

---

1 參見《淺談國際商事仲裁保密性與公共利益的平衡》，https://www.wenmi.com/article/ppt74805ivkq.html，2023 年 12 月 16 日。

眾利益與保護仲裁的祕密性發生衝突的時候，公眾利益優先，即存在仲裁保密性突破的傾向：當事人出於保護商業祕密、重要信息、維護自身形象而期將仲裁置於祕密的狀態，但如利用仲裁的保密性損害公共利益、第三人利益以及存在欺詐等，則仲裁的保密性應當被突破。當事人合意是仲裁的基石。如果當事人同意公開仲裁的相關內容，則應作為仲裁保密性的限制條件。畢竟，同時，建立合理的保密例外規則界限之必要性在於，只有對保密性的例外規則進行清楚的界定，才能使當事人更加信任仲裁的保密性，也才會有更多人選用仲裁方式解決紛爭。

除當事人另有約定外，仲裁程序原則上不對非仲裁程序參與人進行公開，是國際商事仲裁最為重要的程序性特徵。仲裁中只允許仲裁協議中所涉及的雙方當事人及其他被邀請參加仲裁程序的主體參與。仲裁裁決作出後不能向公眾發佈，包括裁決中認定的仲裁案件的事實情況，以及仲裁裁決中對相關法律的解釋適用，即所謂「法律發展的推理意見」。[1] WIPO（World Intellectual Property Organization），即世界知識產權組織仲裁中心仲裁規則，對保密性的規定最為詳細。其第 75 條具體規定了仲裁當事人的保密義務。原則上，當事人不得披露任何有關於仲裁的情況，除非符合例外的情形。接下來，在第 76 條中進一步對於當事人的披露行為提出了極為具體的要求。第 77 條主要是針對仲裁裁決的保密規定。第 78 條規定了仲裁中心和仲裁院的保密義務原則。鑒於 WIPO 仲裁規則是目前對保密性規定得最詳細的規則，有學者主張其他仲裁規則在制定時可以其為參考的範本。[2] 國際商會國際仲裁院（International Court of Arbitration, ICC）仲裁規則第 26 條第三款中明確規定，未經仲裁庭或者商事爭議雙方當事人的批准，其他任何與仲裁程序無關的人員都不得參加出庭。第 34 條第二款規定，不得向仲裁當事人以外的其他人提供仲裁裁決副本。在仲裁規則的附

---

1 參見 Stephen J. Ware, "Default Rules from Mandatory Rules: Pnvatizing Law through Arbitration", in *Minnesota Law Review*, vol. 83, no. 703, 1999, p. 703, pp.

2 參見胡玉凌：《商事仲裁的保密性研究》，載《北京仲裁》2005 年第 4 期。

件中規定了仲裁員應當承擔的保密義務，其中的第六條特別明確指出，仲裁院的工作是具有保密性質的，仲裁院其相關工作人員會制定有關保密性的規則。

二、商事仲裁保密性之完善

我國長期以來的仲裁理論與實踐都固守「訴訟中心主義」之理念，傾向於認為仲裁立法應向訴訟立法靠攏和看齊，仲裁制度須主動配合訴訟制度，而鮮有提及訴訟規制為仲裁制度提供司法支持和制度銜接的問題。現代商事仲裁實踐的發展及商事仲裁保密性，要求訴訟規制應為仲裁保密性提供相應的制度安排與設計。諸如，仲裁法和相關仲裁規則將仲裁「法定不公開審理」僅僅限於「涉及國家祕密」的案件，其例外規定對於涉及個人隱私的案件並未提及。各地仲裁機構諸多仲裁規則均規定了仲裁文書的公告送達方式，但顯而易見，仲裁文書的公告送達方式和商事仲裁之保密性原則存在背離。仲裁案件不公開審理後，仲裁文書卻採用公告送達的方式，仲裁案件的當事人及部分案件信息存在被公示的現實，商事仲裁的保密性根本無從談起。

為此，加強商事仲裁保密性可做如下考量：其一，將保密性確定為商事仲裁的一項基本原則，《仲裁法》業已確定的基本原則有：自願仲裁原則、或裁或審原則、根據事實和法律仲裁原則、仲裁獨立原則等。應當將仲裁保密性納入基本原則之範疇進行規制。

其二，保密義務的主體和客體。保密義務的主體應包括仲裁當事人及其代理人、仲裁員及仲裁委員會相關人員、證人、專家鑒定人、文書送達人等。保密義務的客體包括，當事人不願意為外界所知的商事信息、資訊，及當事人及其與糾紛相關的商業祕密和糾紛解決過程等相關信息等。

其三，商事仲裁不公開審理的適用範圍。如上所述，應將涉及個人隱私的案件列入不公開審理的範圍，將《仲裁法》第 40 條作相應性修改：「仲裁不公開進行。當事人協議公開的，可以公開進行，但涉及國家祕密和個人隱私的除外。」

其四，嚴格限定公告送達的適用。《仲裁法》及其各機構仲裁規則中應當摒棄公告送達之適用，除非當事人約定適用公開開庭審理的案件，或者一方當事人申請且仲裁委認為確有必要，或者仲裁庭在依次採用了郵寄、傳真、電報、委託、留置等方式皆無法送達時，在對送達公告做相應保密技術處理後始可採用公告送達方式。

其五，違反保密性規則的法律後果。一方當事人違反了保密性規則，則應當承擔損害賠償責任，對於具體賠償的數額，有約定的從約定，無約定的依具體損失數額來確定，無法估量損失數額的由仲裁員來自由裁量。對於當事人已經擅自披露的具有保密義務的仲裁案件信息，對方當事人有權申請仲裁機構作出禁止進一步披露的禁令。

仲裁的保密性有其存在的價值和現實意義，誠如有觀點主張，「仲裁案件保密應當被看作當事人可以期待的一種利益，在仲裁中，保密應當是常態，而公開應該是例外。」[1]

三、跨境商事仲裁保密性之突破

現階段，伴隨跨境商事仲裁的發展，商事仲裁之保密性面臨挑戰，主要認為仲裁保密性是仲裁制度的傳統優勢，堅持信守的同時，應當考慮仲裁透明化，保密性作為一項默示義務並非絕對，而是存在例外。

跨境商事仲裁作為國家制定法設置的一種民商事糾紛解決方式，其存在的正當性和權威性的基礎是當事人的合意。商事仲裁保密性突破，主要基於如下考量：其一，仲裁保密性可能會造成類似的爭端得到不同的處理結果，不利於仲裁裁決的統一性維持。在國際商事交易中不同當事人均訴諸於同樣的仲裁條款，數個仲裁可能基於同樣的事實，在每宗仲裁案件程序祕密的情況下，同樣的商事爭端可能面臨不同的處理裁決。其二，仲裁保密性可能導致仲裁效率低下。眾多國際商事仲裁可能基於相同或類似

1　郭玉軍、梅秋玲：《仲裁的保密性問題研究》，載《法學評論》2004 年第 2 期。

的法律事實和法律邏輯，保密性會對後繼仲裁庭學習、借鑒提出挑戰。其三，保密性通常為法院的執行程序所破壞。「保密性從來不是絕對的：一個小圈子的人將知道裁決，如果裁決導致訴訟，這個圈子將擴大並最終導致公開。」[1]法律規則的價值就在於其可預見性。保密性與商事仲裁的相對確定性和可預見性，存在一定不兼容性。法院對仲裁裁決的實體性審查和干預會侵害當事人選擇仲裁解決糾紛的處分權，保密性作為商事仲裁所獨有的制度優勢，在司法對其進行監督和審查時，由於採取實體審查制，諸如仲裁協議是否有效、仲裁審理的證據問題、仲裁事項是否違背公共利益及仲裁庭是否「超裁」等問題，法院裁定的過程和結果依法向社會大眾公示，此時仲裁的保密性和司法監督之間的現實存在衝突。

　　針對跨境商事仲裁實踐發展的要求，商事仲裁可以探索的突破設計在於：其一，仲裁的保密主體、保密義務、不公開範圍、送達程序等皆應在仲裁規則中作出更為詳盡的規定和衡量。在保證仲裁保密性前提下，平衡個人利益和公共利益的矛盾和衝突。其二，適當增加仲裁的透明度。可以通過對公佈仲裁內容設定明確的底線來控制透明度，還可以考慮為仲裁結束後何時公佈裁決設定時限。公開部分仲裁裁決，有利於公眾更多地了解仲裁評判，提高仲裁公信力。其三，允許仲裁保密性的例外。協調保密性與透明度的合理路徑是堅持保密性的基礎價值，並允許某些條件成為保密性的例外，如當事人同意等。

　　當保密義務涉及公共政策，或當事人的個人利益和公共利益產生衝突時，應當由法官自由裁量保密義務是否要讓位於公共政策。[2]為了仲裁程序能夠順利進行，「將相關文件披露給專家或者協助仲裁進行的人，也被視為仲裁保密義務的一種例外」。[3]

---

[1] 參見王勇：《論仲裁的保密性原則及其應對策略》，http://www.procedurallaw.cn/info/1021/2663.htm，2022 年 12 月 16 日。

[2] 參見李昕：《論國際商事仲裁的保密性問題》，蘇州大學 2009 年博士學位論文，第 21 頁。

[3] Michael Hwang S. C., Chung K., "Defining the Indefinable: Practical Problems of Confidentiality in Arbitration", in *Journal of International Arbitration*, vol. 26, 2009, p. 627.

四、餘論

綜上所述，跨境商事仲裁應為一原則性和靈活性高度統一的設置，能夠充分適應社會交易需求的變化及紛繁複雜的環境。我們有理由相信，跨境商事仲裁能夠成功直面保密性和公共利益之間的矛盾和衝突，最終在兩者之間找到平衡。

第五節　新加坡國際仲裁中心仲裁規則之考量與借鑒

商事仲裁作為一種社會衝突的解決機制，是司法外解決爭議的一種最為制度化的形式。公法的規範不得由個人之間協議而變更，而私法的原則是「協議就是法律」。意思自治是國際仲裁的基礎，市民社會的基本結構是以契約性關係為網絡組合而成的社會系統，而聯結契約當事人的紐帶就是意思自治，意思自治理念構成了市民社會發展的原動力，並給市民社會注入了新鮮的活力。市民社會觀念強調應充分關注個體利益和最大限度發揮個體的主觀能動性和積極性，以實現社會效益的最大化和社會的公平正義。權利神聖是市民成為法律主體的最基礎的條件，身份平等則是市民社會中真正能夠確立私權神聖的路徑，而意思自治作為以上兩個理念共同作用的對象，也便成為了市民社會的最高理念。

商事仲裁意思自治原則的相對性是仲裁作為一種有效地解決當事人爭議之機制的前提，是仲裁體系得以建立的基礎，是仲裁區別於其他解決非訴訟爭議方式（ADR）而成為除法院訴訟之外最重要的糾紛解決方式的根源。國際商事仲裁的價值目標是程序公平和程序主體性，而程序的主體性是仲裁的特有價值目標。

國際商事交易的複雜化往往導致國際商事仲裁的複雜化，現代國際爭議中，多方仲裁業已大量出現。由於現行仲裁體制大多是建立在雙方仲裁的基礎之上，因此多方仲裁的出現給傳統仲裁體制帶來了極大衝擊，「今

天的法律未必明天仍是法律」，[1] 如何適應越來越複雜的商事交易模式，如何提高爭議解決效率，是擺在各國際仲裁中心面前的現實課題。

　　新加坡國際仲裁中心（SIAC）成立於 1991 年，迄今已三十餘年。自成立以來，SIAC 受到來自世界多地，尤其是諸多包括中國在內的亞洲地區用戶的歡迎。近年來，SIAC 無論是在受案數量、金額方面，還是在國際仲裁界的影響力方面，均節節攀升。倫敦大學瑪麗皇后學院國際仲裁學院發佈的《2015 年國際仲裁調查報告：國際仲裁的改進與創新》表明，SIAC 已成為世界範圍內最受歡迎和最廣泛使用的五大國際仲裁機構之一。SIAC 管理仲裁案件的涉案合同相當大一部分都簽訂於最近幾年，這在一定程度上顯示了 SIAC 的影響力——國際商事合同中越來越頻繁地約定 SIAC 仲裁。

　　2016 年 8 月 1 日，SIAC 最新《仲裁規則》（以下簡稱「SIAC 規則」）正式施行。該規則係自 SIAC 成立以來的第六次修訂。其修訂在於切實適應社會經濟的發展變化，最大限度符合快速、經濟、高效解決糾紛的目標，加強了 SIAC 作為國際仲裁中心的國際化色彩及國際仲裁的前沿地位。SIAC 規則不僅對原有的部分條文進行了調整和修訂，更新增了「多份合同仲裁」「追加當事人」以及「合併仲裁」等全新條款。該等規制，具有突出的借鑒價值與考量意義。「沒有永恆的法律，適用於這一時期的法律決不適用於另一時期，我們只能力求為每種文明提供相應的法律制度。」[2]

一、關於多份合同仲裁

　　　　法的理念作為真正的正義的最終的和永恆的形態，人在這個世界上既未徹底認識也未充分實現，但是，人的一切立法的行為都以這個理念為取向，法的理念的宏偉景象從未拋棄人們。[3]

1　［英］羅伯特·伯頓：《憂鬱的解剖·德謨克利特二世致讀者》，馮環譯，金城出版社 2012 年版。
2　［美］博登海默：《法理學——法律哲學和方法》，鄧正來、姬敬武譯，華夏出版社 1987 年版，第 133-134 頁。
3　［德］H. 科殷：《法哲學》，林榮遠譯，華夏出版社 2003 年版，第 10 頁。

　　涉及多份合同爭議的申請人在申請仲裁時可以有兩種選擇：1. 根據每份合同所載的仲裁協議分別提交一份「仲裁通知書」，並同時申請合併這些仲裁案件；2. 根據所有仲裁協議僅提交一份「仲裁通知書」並在通知書中說明每份合同及其仲裁協議的情況，該「仲裁通知書」被視為將所有這些仲裁進行合併審理的申請。無論採取上述哪種形式，實際上申請人都是將多份合同合併，申請一個仲裁。

　　根據 SIAC 規則第六條規定，申請人無需提起三個獨立的仲裁，而是在提起仲裁時申請將這三個合同合併審理。此舉有助於將當事人相同但涉及多個合同爭議的案件進行合併審理，提高仲裁解決糾紛的效率。

　　多份合同仲裁的目的係避免爭議解決的資源重複配置，但與合併仲裁所不同的是，多份合同仲裁中申請人就多份合同項下的爭議在同一仲裁案件中合併提出仲裁申請的情形，在此情況下，如果符合上述條件，仲裁庭可以將申請人的仲裁申請立為一個仲裁案件（也即只有一個案號）；而合併仲裁的前提則是，已經存在兩個以上的案件（實踐中表現為存在兩個案號）。我們注意到 2017 年斯德哥爾摩商會仲裁院（SCC）《仲裁規則》第 14 條亦提出了「多合同仲裁」的規定，即允許一方當事人在一個單獨的仲裁程序中基於一份以上的仲裁協議提出仲裁請求，當事人不需要根據每一份仲裁協議分別提起不同的仲裁，也不需要繳納多筆註冊費。如果對方當事人沒有提出異議，則申請人的仲裁請求可以在一個單獨的仲裁程序中予以審理。如果對方當事人提出異議，在符合下列條件的情況下，仍然可以在一個仲裁程序中審理該等仲裁請求：1. SCC 認定其對爭議享有初步管轄權；以及，2. 如果所尋求的救濟基於同一項或同一系列交易，仲裁庭在考慮到仲裁程序進行的高效性和快捷性以及其他相關情況後，SCC 理事會認為多份仲裁協議是相互兼容的。

二、關於合併仲裁

　　對於涉及多個相互關聯的合同且當事人不完全相同的糾紛，SIAC 規則第八條規定仲裁程序開始後，當事人可以向仲裁院（尚未有任何仲裁庭

組成之前）或任何一個已經組成的仲裁庭申請將所有相關仲裁在滿足一定條件的情況下合併審理。概括來說這些條件主要包括：1. 所有當事人同意合併仲裁；或者 2. 各仲裁案件的所有請求是依據同一份仲裁協議提出；或者 3. 有多份仲裁協議，但各仲裁協議相容，並且爭議由相同法律關係或由同一系列交易產生等。

據此，如這兩個仲裁案件都還未組庭，則申請人可以向主簿申請將這兩個仲裁案件合併為一個仲裁案件審理。仲裁院在考慮了案件情況和所有當事人意見後，如認為應予合併，則第二個仲裁案件將合併於第一個仲裁案件進行審理。

如果這兩個仲裁案件中已有一個仲裁案件組庭，則申請人向仲裁庭申請，要求將兩個仲裁案件合併。仲裁庭考慮案件情況以及所有當事人意見後決定合併審理。

增加合併仲裁的規定，是 SIAC 意識到當今跨境商業交易日趨複雜化的結果。現在一個商業交易往往與多個關聯交易交織在一起，而交易主體也不再局限於一對一的模式。大型項目通常包含多個主體且相互之間權利義務盤根錯節，如果將這些複雜關聯交易產生的糾紛合併仲裁，力圖通過一個仲裁程序解決所有相關交易，不僅可以為當事人節約經濟成本和時間成本，更可以保證爭議最終得到統一的有效解決，避免不同仲裁庭作出相互矛盾的裁決。

香港國際仲裁中心、國際商會仲裁院均已採納了合併仲裁制度。理論上，關於合併仲裁制度損害當事人意思自治原則以及仲裁保密性的主張仍然存在，但無可辯駁的是，在建設工程、船舶租賃、國際貿易等鏈式交易、並列式交易極為頻繁的領域，合併仲裁制度對於提高爭議解決效率、保證裁決結果的一致性、澄清案件事實有着至關重要的作用。

根據新的 SCC《仲裁規則》第 15 條規定，SCC 同樣允許合併仲裁，只要所請求的救濟措施基於同一項或同一系列交易，且理事會認為多份仲裁協議相互兼容。此外，在決定是否合併仲裁時，理事會將考慮仲裁所進行的階段、仲裁程序進行的高效性和快捷性以及其他相關的情況。

三、關於追加當事人

對於一仲裁案件在申請時未能包括所有相關方的情況，SIAC 規則第七條規定，案件當事人和非當事人均可以在仲裁庭組成前或組成後，申請追加一個或多個新增當事人作為申請人之一或被申請人之一加入正在進行的待決仲裁案件中，只要從形式上看，1. 被追加的新增當事人受仲裁協議的約束，或者 2. 包括被追加的當事人在內的所有當事人均同意被追加的當事人加入該仲裁程序。

根據該條，如果此時尚未組成仲裁庭，當事人可以向主簿提交申請，要求追加第三方為共同被申請人。SIAC 在考慮了案件情況和所有當事人意見後，決定追加該第三方為共同被申請人。如果已經組成仲裁庭，則當事人向仲裁庭提交追加第三方為共同被申請人的申請。仲裁庭在考慮案件情況和各方當事人意見後，可以決定追加該第三方為共同被申請人。

該條規定亦旨在適應跨境商業交易日趨複雜化和主體多元化的趨勢，力圖通過在待決案件中追加當事人的方式，讓那些在申請仲裁時因各種原因未能參加到仲裁中來的當事人以經濟、高效的方式加入正在進行的待決仲裁中，避免因另起新的仲裁案件而增加當事人糾紛解決的時間和經濟成本，並減少不同仲裁裁決之間衝突的風險。

四、關於早期駁回仲裁申請和答辯

對於那些明顯超出仲裁協議範圍或者明顯缺乏法律依據的仲裁申請或答辯，SIAC 規則第 29 條規定當事人可以基於仲裁申請或答辯明顯缺乏法律依據或者明顯超出仲裁庭管轄權的理由，申請仲裁庭早期駁回仲裁申請或答辯。該項規定同時要求當事人提出請求時，要詳細說明支持其申請的事實和法律依據。仲裁庭有權自主決定是否允許當事人提出申請。如允許提出申請，仲裁庭聽取各方當事人意見後，對是否支持該申請自主作出決定。

SIAC 是主要國際仲裁機構中第一個引入早期駁回制度的機構。該制

度的價值取向是在仲裁程序的早期階段就賦予當事人機會，申請駁回那些明顯缺乏法律依據或明顯超出仲裁庭管轄範圍的申請或答辯，使得當事人免受滋擾，並節約時間和花費，提高爭議解決效率。

五、關於加速緊急仲裁程序

為了進一步加快緊急仲裁程序的速度，SIAC 規則第 30 條要求主簿收到當事人的申請及繳付的管理費和保證金之日起 24 小時內，院長應當指定緊急仲裁員，而修訂前規則規定為「一個工作日」內。顯然，在 SIAC 規則下，無論主簿是在工作日還是非工作日收到申請和相應費用，仲裁院院長都應當在 24 小時內指定緊急仲裁員，因此增加了時限的確定性，避免了因為非工作日而可能帶來的延誤。

SIAC 規則還規定緊急仲裁員應當在被指定後 14 日內做出臨時命令或者裁決，只有在特殊情況下，主簿可以決定延長期限。20 多年來，SCC 一直為適合快速程序的小型爭議設置了一套單獨的仲裁規則，即《快速仲裁規則》，其通常是由一名仲裁員審理案件；仲裁裁決必須在案件提交仲裁後三個月內作出；書面意見的數量以及交換期限均有限制；裁決不必附帶理由；以及適用更低的費用表。

對爭議金額較大的案件而言，為了避免緊急仲裁程序的費用成為當事人的負擔，SIAC 規則規定除非主簿另有決定，所有案件（無論爭議金額大小）的緊急仲裁員的報酬固定為 25000 新幣。SIAC 規則第五條同時規定一旦案件進入快速程序，除院長另行決定，案件由獨任仲裁員審理，並且主簿可以縮短任何期限。除非主簿延長期限，仲裁庭應當在組成之日起六個月內作出決定。

為了讓更多案件都能採用快速程序，SIAC 規則現修訂將爭議金額（包括由仲裁請求、反請求以及任何抵銷抗辯所構成的總金額）從不超過 500 萬元新幣提升到不超過 600 萬元新幣，使得更多案件能夠適用快速程序。

此外，為了保證快速解決爭議，規定仲裁庭在徵詢當事人意見後，可以決定是否對案件僅依據書面證據進行審理。同時規定，如果快速程序的

規定與當事人的約定不符，但既然當事人選擇了 SIAC 規則，在此情形下仍然應當適用規則中的快速程序。這樣可以避免那些符合適用快速程序的案件由於當事人的另行約定與快速程序的規定產生矛盾，從而使快速程序「變味」。

六、餘論

近年來，為適應仲裁理論與實務發展的需要，一些國際商事仲裁規則相繼被修訂。UNCITRAL, ICC, SIAC 的仲裁規則的最新修訂，在一定意義上體現了國際商事仲裁規則的趨同化和投資仲裁透明化、多元化的變化趨勢。

國際商事仲裁的發展趨勢主要表現在：案件數量呈幾何增長速度，仲裁機構由傳統歐洲型向亞太型轉變，法律選擇適應由傳統大陸法系向英美法系轉變，呈現出多元化法律適應和選擇發展趨勢，仲裁立法由分散式立法向統一實體法立法轉變，國際社會制定了全球性國際公約及法律文件。國際商事仲裁發展趨勢主要是由國際商事仲裁的特徵所決定的，即由廣泛的國際性、高度意思自治性、執行的強制性和仲裁裁決的權威性決定的。「一切善良的人們的確都熱愛公平本身和正義本身。」[1]如何直面跨境交易當事人需求和國際仲裁實踐發展，直面與其他國際仲裁機構在國際層面上的協調和同步發展，亦將是我國國際仲裁機構和「一帶一路」國家戰略持續關注的重要課題。

> 商事習慣具有堅韌的生命力，會在司法過程中頑強地表現自己，這並不等於說習慣就不受制定法的影響……現代社會的習慣或民間法已完全不可能保持其在近代民族國家形成之前的那種所謂的「原生狀態」，它已必定是在同國家法的互動過程中，不斷地重新塑造自己。[2]

1 ［古羅馬］西塞羅：《法律篇》，商務印書館 1999 年 8 月版，第 133 頁。
2 蘇力：《中國當代法律中的習慣──從司法個案透視》，載《中國社會科學》2000 年第 3 期。

習慣總是在流變的，實際是生動的。在當代社會經濟巨大轉型的歷史條件下，往日的許多習慣已經被人們自覺廢除了，而一些新的、適應現代市場經濟和現代國家的習慣或行業習慣已經或正在形成。[1]

「只要人類生生不息，只要社會的各種其他條件還會發生變化，就將不斷地產生新的習慣，並將作為國家制定法以及其他政令運作的一個永遠無法掙脫的背景性制約因素而對制定法的效果產生各種影響。」[2] 商事習慣是也應當是「商法重要淵源，不僅歷史上如此，而且還繼續為商法適應經濟的發展而提供便利條件」。[3]

第六節　香港仲裁地的選擇

跨境商事仲裁中仲裁地的選擇，至為關鍵。其直接關涉仲裁規則的選擇以及仲裁裁決的執行。仲裁地（seat of arbitration）為一個法律概念，而非單純的地理概念。當事人選擇了某地為商事仲裁地，並不意味着仲裁程序實際要在該地開展，而是意味着相關仲裁程序需要遵守該地的仲裁法規；如作出的跨境仲裁裁決的地區是中國香港，則當事人擬撤銷該裁決，需要到香港地區相關法院申請；在仲裁過程中，當事人可以向香港地區相關法院申請其在仲裁庭的管轄權、仲裁員的選任和免除、臨時措施和證據蒐集等方面提供司法協助或者監督。在司法實踐中，開庭地可以與仲裁地

1　蘇力：《中國當代法律中的習慣———一個制定法案透視》，載《法學評論》2001 年第 3 期；孫光寧：《民間法源的權威：基於判決的可接受性》，載《寧夏社會科學》2011 年第 1 期。

2　蘇力文、方文霖：《民事習慣司法運用研究》，博士學位論文，中央民族大學法學院 2012 年，第 46 頁。

3　［法］伊夫・居榮：《法國商法》（第一卷），羅傑珍、趙海峰譯，法律出版社 2004 年版，第 25 頁；陳本寒、艾圍利：《習慣在我國民法體系中應有的地位》，載《南京社會科學》2011 年第 3 期。

不一樣，例如香港國際仲裁中心 [1]2013《機構仲裁規則》第 14.2 條規定：

> 除非當事人另有約定，仲裁庭可在仲裁地之外的其認為適當的任何地點進行仲裁庭內部討論，聽取證人證言、專家證言或當事人意見，或檢查貨物、其他財產或文件，而仲裁應依然在任何意義上被視為在仲裁地進行。[2]

倫敦大學瑪麗皇后學院公佈的 2021 年《國際仲裁調查報告》顯示香港再次獲評為全球最受歡迎仲裁地點的第三位。香港特區律政司司長鄭若驊表示：

> 香港在爭議解決方面的優勢建立於基礎設施、商機與人才之上。香港的司法機構獨立和公正無私，實行的普通法制度為投資者和國際商界提供一定程度的確定性和可預測性。國際仲裁調查報告的結果肯定了我們一直以來致力推展仲裁服務的決心。儘管如此，我們不應對現有的競爭優勢感到自滿，我們會繼續探討新措施，以進一步鞏固香港作為法律、促成交易及爭議解決服務的國際法律樞紐的地位。[3]

香港國際仲裁中心（HKIAC）數據顯示，2014 — 2017 年中國內地當事人，無論在所涉案件數量還是當事人數量上，均呈現穩步上升趨勢。在 2017 年受理的仲裁案件中，一半以上的案件中至少有一方當事人來自中國內地。具體而言，2017 年在 HKIAC 的 156 個適用《機構仲裁規則》管理

---

1 香港國際仲裁中心（HKIAC）成立於 1985 年，是亞洲領先的爭議解決中心，專注於仲裁、調解、審裁和域名爭議解決。HKIAC 的仲裁包括機構仲裁和臨時仲裁。其中機構仲裁由 HKIAC 管理並按照現行有效的《香港國際仲裁中心機構仲裁規則》（「HKIAC 規則」）進行。HKIAC 規則規定了仲裁程序的具體步驟，涵蓋從提交仲裁通知至作出裁決的整個過程。臨時仲裁完全由當事人及其指定的仲裁庭來安排。根據 HKIAC 規則，當事人可以僅選擇 HKIAC 為指定機構或提供部分管理服務，而不強制適用 HKIAC 規則。

2 《如何理解國際商事仲裁的法律適用？》https://zhuanlan.zhihu.com/p/267871634，2016 年 2 月 25 日。

3 《香港獲評全球最受歡迎仲裁地點第三位》，載人民網官方帳號，2021 年 5 月 8 日。https://baijiahao.baidu.com/s?id=1699159921643831534&wfr=spider&for=pc，香港不單在法律及爭議解決服務業，還在金融服務、會計、工程、航運及資訊科技等領域均擁有經驗豐富以及具國際視野的專業人才。

的仲裁案件中，有 85 個案件共計 152 位中國內地當事人。在 2014 年，這
三個數據分別是 110、62 和 81。HKIAC 的數據顯示，中國內地當事人也
大量參與香港作為仲裁地的臨時仲裁。[1] 內地和香港的貿易、資本、合作密
切，也相應地產生了一系列的跨境商事糾紛，且不少內地裁決中被判令賠
付的一方在香港這一重要的國際金融、貿易中心或存有可供執行的財產，
對於跨境爭議解決的中外仲裁當事人而言為不可忽視的「執行地」選項。[2]

　　伴隨《最高人民法院關於內地與香港特別行政區相互執行仲裁裁決
的補充安排》（2020 年 11 月 9 日）以及《香港仲裁條例》（Arbitration
Ordiance，2021 年 2 月 17 日修訂）的實施，香港作為跨境仲裁關鍵選擇
地，開始突顯進一步優勢，包括但不限於保護仲裁程序中的保密性，以及
與該等程序有關的法庭聽訊，在維護跨境仲裁保密和保護當事人的其他實
質性法律權利之間取得更準確的平衡。[3]

一、關於跨境商事仲裁地選擇

　　在跨境商事仲裁中，仲裁各方對仲裁程序相對具有很大的自主決定
權，可以根據自己的需要對程序進行調整。在跨多個司法管轄區商業關
係所產生的爭議中，國內涉外訴訟意味着在其中一方所在國家對爭議進
行裁斷。與訴訟相比，跨境仲裁使各方能夠確保仲裁地的獨立性和公正
性，同時限制相關地方法院在仲裁中的參與，因此是更有吸引力的爭議
解決方案。[4] 法律基礎設施和法定框架是跨境商事仲裁地點選擇的最根本
決定性因素。

1　參見楊玲：《香港國際仲裁中心（HKIAC）與中國內地：趨勢與機遇》，載《中國法律》2018
　　年第 4 期。
2　參見齊元、韓偉哲、汪帥：《2021 年新修訂香港仲裁條例背景下在港申請執行內地裁決，您
　　準備好了嗎》，http://www.cqlsw.net/news/overseas/2021050636940.html，2021 年 5 月 6 日。
3　參見《政府建議就〈關於內地與香港特別行政區相互執行仲裁裁決的補充安排〉修訂〈仲裁條
　　例〉》，https://www.doj.gov.hk/sc/community_engagement/press/20210217_pr1.html，2021 年 6 月 30 日。
4　參見《案例研究：一帶一路爭議 ── 選擇香港作為仲裁地》，https://www.kwm.com/zh/
　　knowledge/insights/belt-and-road-disputes-choosing-hong-kong-as-the-seat-of-arbitration-20161118，2016
　　年 11 月 18 日。

企業在選擇爭端解決方式時，根據不同情況有不同的考量因素。企業會根據這些因素選擇是否仲裁，再進一步考慮仲裁規則和仲裁機構。[1]

維權成本、保密性、時效性、爭議結果的跨境執行、境外合作方認可度等因素都在考慮之列。跨境電子商務爭議解決，主要的考量因素是保密性和時效性；而普通跨境商事爭議，則側重考慮爭議結果能否跨境執行、可信賴性等，「促進公平和迅速地通過仲裁解決爭議，而不需要不必要的開支。」[2]除了訴訟等傳統的爭議解決途徑外，目前世界上主要適用的跨境電子商務爭議解決規則一般有以下四種：聯合國貿法會（UNCITRAL）《關於網上爭議解決的技術指引》、歐盟出台的相關條例及 ODR 平台（線上爭議解決機制）、各國網上法院的相應規則（中國、加拿大、英國等）、國際仲裁機構的相關規則。[3]（參見圖 3）

從當前境外仲裁機構的司法實踐分析，中國內地當事人仍非主要使用者，可能存在的原因在於：中國內地當事人對國際仲裁的使用遠沒到精通的程度；英語為主的仲裁程序給內地客戶帶來了一定困難和挑戰；基於談判實力和法律適用等方面的原因，中國內地當事人在國際仲裁中總體不佔優勢，[4]存在感偏弱。與此同時，境外仲裁機構不能在中國內地進行仲裁，主要理由是國際商事仲裁是商事性的法律服務而非公共服務，因此境外仲裁機構在中國內地進行仲裁屬於國際服務貿易活動，在國際法層面應當受到《服務貿易總協定》等的調整，而我國並未承諾開放境外仲裁機構在中國內地從事商事仲裁服務貿易。[5]實際上，國際仲裁機構在中國內地仲裁既可以節省我國當事人出境的時間和費用，也可使更多中國籍仲裁員參與知名國際

1　https://www.sohu.com/a/211983238_100020617，2022 年 12 月 19 日。

2　https://www.lawyers.org.cn/info/958d94f906f446d798249a9120fd0c43，2023 年 2 月 23 日。

3　參見《解決跨境電子商務糾紛 仲裁抑或訴訟》，載《中國貿易報》，2017 年 12 月 19 日。

4　參見楊玲：《香港國際仲裁中心（HKIAC）與中國內地：趨勢與機遇》，載《中國法律》2018 年第 4 期。

5　參見李健：《外國仲裁機構在中國內地仲裁不可行》，載《法學》2008 年第 12 期。

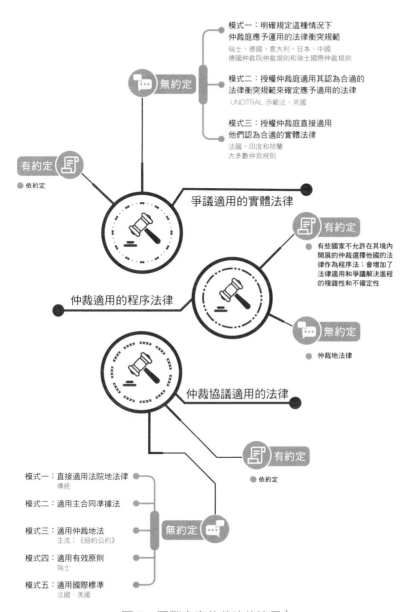

圖 3　國際商事仲裁法律適用 [1]

---

1 《如何理解國際商事仲裁的法律適用？》，https://zhuanlan.zhihu.com/p/267871634，2016 年 2 月 25 日。

仲裁機構的仲裁活動。[1] 在內地未開放境外仲裁機構在中國內地從事商事仲裁服務貿易的前提下，近年來香港國際仲裁中心（HKIAC）、中國國際經濟貿易仲裁委員會（貿仲委）、新加坡國際仲裁中心（SIAC）和國際商會（ICC）均對其在亞洲的仲裁規則進行了修訂。修訂的主要目的是令跨境商事仲裁規則更加適用於不斷增加的跨境商業爭議解決需求。

二、關於香港仲裁地

世界經濟重心毫無疑問地正移向亞太地區，跨境交易增加無可避免會帶來更多爭端，基於成本和效率的考慮，更重要是了解該地區的文化，最理想的做法是在進行交易的地區內解決爭端。香港作為跨境商事仲裁重要仲裁地選擇的優勢建立於基礎設施、商機與人才方面，香港實行的普通法制度為投資者和國際商界提供一定程度的確定性和可預測性。穩健的司法和法律制度有助於鞏固香港作為國際法律樞紐的實力。

首先，香港法院對仲裁持支持態度，這令香港成為了具有吸引力的全球潛在爭議仲裁地。2011 年 6 月 1 日生效的《香港仲裁條例》係亞洲首部基於 2006 年版《聯合國國際商事仲裁示範法》的仲裁法律，鞏固了香港作為便利的該《示範法》法域的地位。《香港仲裁條例》在 2013 年進行了重要修訂。修訂內容包括明確允許法院執行緊急仲裁員在香港境內或境外作出的緊急救濟。香港法院高度支持仲裁，對仲裁採取「不干預」的態度。與仲裁相關的案件由仲裁專職法官進行初審。《香港仲裁條例》第 35 條規定，仲裁庭有權批准臨時措施；第 61 條規定：

> 仲裁庭就仲裁程序而作出的命令或指示，不論是在香港或香港以外地方作出的，均可猶如具有同等效力的原訟法庭命令或指示般，以同樣方式強制執行，但只有在原訟法庭許可下方可如此強制執行。

1　參見宋連斌、王珺：《國際商會在中國內地仲裁：准入、裁決國籍及執行——由寧波中院的一份裁定談起》，載《西北大學學報（哲學社會科學版）》2011 年第 3 期。

　　《香港仲裁條例》第 45（2）規定，不論仲裁庭是否批准，法庭本身可以依據一方當事人的申請批准臨時措施，具體應當按照《高等法院條例》第 73 號令第四條和第 29 號令進行，在內地仲裁保全程序中，一般法院需要仲裁委的批准。香港法院長期保持執行仲裁裁決的卓越記錄，從 2011 年到 2014 年，香港法院未拒絕執行任何一例仲裁裁決。[1]

　　其次，香港法院建立了一套防止當事人無理阻撓仲裁程序或裁決的以彌償基準判給訟費的制度。該項制度規定，若一方當事人未能成功申請拒絕執行或撤銷一項仲裁裁決，或未能成功說服法庭重新審理已通過仲裁處理的問題，該當事人應按彌償基準支付訟費，若有特殊情況除外。香港法院擁有超過 1100 名大律師，其中有 94 名為資深大律師；超過 6700 名本地執業律師，以及超過 1500 名註冊外國律師。[2]

　　其三，香港具有獨特的地位。作為「一國兩制」體制下的特別行政區，香港享有除「國防與外交事務」外的完全自治權。香港通過普通法制度維護其法治傳統，由中立、專業和高效的本地與外籍法官組成其獨立的司法系統。根據世界經濟論壇發佈的《2015 — 2016 年全球競爭力報告》，香港的司法獨立指數在全球位居第四、亞洲第一。當事人可從世界各地自由選擇律師與仲裁員，無任何限制。同時，香港在「一國兩制」基本法項下享有獨特地位，這容許香港與中國內地簽訂具突破性的跨境仲裁保全措施安排，而是否可以申請及執行保全措施，對跨境商事仲裁選擇仲裁地起着重要的作用。

　　其四，由於選擇了香港作為仲裁地，仲裁裁決可以在 150 多個《承認及執行外國仲裁裁決公約》即《紐約公約》簽約國強制執行。但如果跨境當事雙方沒有約定以香港作為仲裁地，中國內地當事人就必須選擇實際仲裁地當地的法院，而這類法院強制執行難度較大。《紐約公約》規定簽字國本國法院只有在很有限的情況下才能拒絕認可和強制執行仲裁裁決，但

1　參見 HKIAC 官網，https://www.hkiac.org/zh-hans/arbitration/why-hong-kong。

2　參見 HKIAC 官網，https://www.hkiac.org/zh-hans/arbitration/why-hong-kong。

不同的本國法院採用的標準也不盡相同。外國判決是否能得到執行通常取決於該國是否有相互執行仲裁裁決的相關立法。香港是少數幾個明確規定，1. 仲裁程序必須保密，及 2. 如果各方之後就仲裁向法院提出任何申請，法院程序不得公開進行（除非法院另行決定）的司法管轄區之一。法院未經各方同意亦不得允許公開相關信息，除非法院確保不披露任何保密資料。[1]

其五，香港為傳統東西方文化交匯中心，為普通法律、大陸法系法律邏輯溝通通信，當地專業人士通曉普通話、粵語和英語。世界上超過 50% 的人口可乘坐飛機在五個小時內到達香港。世界上大多數主要城市均與香港有直達航班。香港擁有開放的簽證制度，超過 170 個國家的國民無需簽證即可到訪香港。香港擁有經驗豐富以及具國際視野的專業人才，不單在法律及爭議解決服務業，還涉及金融服務、會計、工程、航運及資訊科技等領域。[2]

其六，香港國際仲裁中心（HKIAC）機構仲裁規則具有特殊優勢。選擇 HKIAC 機構仲裁的合同仲裁條款通常為：

> 凡因本合同所引起的或與之相關的任何爭議、糾紛、分歧或索賠，包括合同的存在、效力、解釋、履行、違反或終止，或因本合同引起的或與之相關的任何非合同性爭議，均應提交由香港國際仲裁中心管理的機構仲裁，並按照提交仲裁通知時有效的《香港國際仲裁中心機構仲裁規則》最終解決。本仲裁條款適用的法律為 ＿＿＿（香港法），仲裁地應為 ＿＿＿（香港），仲裁員人數為 ＿＿＿ 名（一名或三名），仲裁程序應按照（選擇語言）來進行。[3]

對比 HKIAC 之前的仲裁規則，HKIAC 2018 年《機構仲裁規則》（以

---

1   參見《案例研究：一帶一路爭議——選擇香港作為仲裁地》，https：//www.kwm.com/zh/knowledge/insights/belt-and-road-disputes-choosing-hong-kong-as-the-seat-of-arbitration-20161118，2016 年 11 月 18 日。

2   參見 HKIAC 官網，https://www.hkiac.org/zh-hans/arbitration/why-hong-kong。大約 29000 名工程師，37000 名會計師，超過 8500 名香港地區測量師協會成員以及超過 4000 名建築師。

3   https://www.hkiac.org/zh-hant/arbitration/model-clauses，2023 年 2 月 23 日。

下簡稱《HKIAC 規則 2018》）的新增內容[1]主要包括：1. 在線文件送達。
當事人各方可約定使用安全的在線儲存系統遞送文件〔第 3.1（e）條〕，
此為《HKIAC 規則 2018》新增的文件送達方式；當文件被上傳至在線系
統時，收件日期應按上傳通知接收地的當地時間確定（第 3.3 條）。2. 第
三方資助的披露、費用和保密〔第 34.3、44 及 45.3（e）條〕。3. 擴展多
份合同下提起單一仲裁條款的使用情況（第 29 條）。對在多份合同下提
起單一仲裁條款的適用範圍進行了擴展，允許當事人在多份仲裁協議下啟
動一個仲裁程序，即便仲裁中的當事人不受所有仲裁協議的約束。4. 平行
程序。經徵求當事人意見後，仲裁庭可在以下條件滿足時，依本規則同時
進行兩個或兩個以上仲裁，或一個緊接着另一個地進行仲裁，或暫停任何
仲裁直至任何其他仲裁作出決定：各仲裁中的仲裁庭組成相同，且所有仲
裁均涉及共同的法律或事實問題（第 30.1 條）。5. 初期決定程序。仲裁庭
有權在案件初期決定明顯缺乏依據或明顯不在仲裁庭管轄範圍內的法律或
事實問題（第 43 條）。6. 替代性爭議解決的使用（第 13.8 條）。7. 緊急
仲裁員程序。一方當事人可在仲裁程序啟動前申請指定緊急仲裁員（第
23.1 條）。8. 裁決作出的時限。預計作出裁決的日期須在仲裁庭宣佈整個
案件審理終結或案件相關階段審理終結之日起三個月內（第 31.2 條）。上
述修訂，旨在全方位適應現代跨境商事仲裁安排與訴求。另外，HKIAC
的機構仲裁費用相對合理，崇尚效率，包括以下三部分的費用：第一，
受理費。申請人依《HKIAC 規則 2018》第 4.4 款及附錄 1 提交仲裁通知
時，應繳付 8000 港幣受理費。如申請人多於一人，除非他們另有約定，
應由他們平均分擔。受理費一般不予退還（除非 HKIAC 在例外情形下根
據其完全自由裁量權另作決定）。[2]第二，HKIAC 管理費。管理費金額依爭

1　參見 HKIAC 官網，http://www.hkiac.org/zh-hans/news/2018-administered-arbitration-rules-1-november。

2　HKIAC's Registration Fee. When submitting a Notice of Arbitration, Claimant shall pay a registration fee of HKD 8000 pursuant to Article 4. 4 and Schedule 1 of the 2018 Rules. Where there is more than one Claimant, the registration fee shall be shared equally between Claimants, unless Claimants agree otherwise. The registration fee is generally non-refundable (except in exceptional circumstances as determined by HKIAC in its sole discretion).

議金額而定，且除《HKIAC 規則 2018》第 18.2、27.15、28.10 或 30.2 款及 HKIAC 認定的特殊情況外，管理費上限為 400,000 港幣。若爭議金額不能確定，則 HKIAC 將依《HKIAC 規則 2018》附錄 1 第 2.6 節參酌案件情況確定其管理費。[1] 第三，仲裁庭的收費。《HKIAC 規則 2018》延續了 HKIAC 一貫的雙軌制，即當事人可選擇按爭議金額或按小時費率支付仲裁庭的收費。這也是 HKIAC 的特色機制之一，旨在賦予當事人更多的自主權，按需選擇適合其的收費方式。若當事方無法於被申請人收到仲裁通知之日起 30 日內就仲裁庭的收費方式達成一致，則仲裁庭應適用小時費率的收費方式。仲裁員的小時費率原則上不得超過 6500 港幣，除各方另行同意或 HKIAC 在特殊情形下另作決定。

三、小結

　　香港得天獨厚的地理位置優勢、獨特法域基本方略、穩定和獨立的法律體系和環境使其成為處理「一帶一路」跨境商事仲裁的關鍵理想仲裁地。香港的仲裁裁決可在《紐約公約》簽署國 157 個國家內執行，這其中包含了大多數的「一帶一路」國家。香港擁有諳熟於跨境投資以及與中方合作的多語種法律和商業界的專業人士，以其多元的法律、文化背景和專業知識卓著於國際仲裁界。對於內地跨境商事爭議當事人而言，既為中方提供文化背景類似的場所來解決爭議，又為非中方投資者提供一個獨立和中立的法律環境以解決爭議。《互相承認和執行仲裁裁決協議》及《最高人民法院關於內地與香港特別行政區相互執行仲裁裁決的補充安排》（以下簡稱《補充安排》），使得香港的裁決可以在中國大陸有效獲得執行。[2]

1　HKIAC's Administrative Fees. HKIAC's Administrative Fees are determined based on the amount in dispute. Apart from Articles 18.2, 27.15, 28.10 or 30.2 of the 2018 Rules or in exceptional circumstances, the Administrative Fees are capped at HKD 400, 000. Where the amount in dispute is not quantified, pursuant to paragraph 2.6 of Schedule 1 of the 2018 Rules, HKIAC's Administrative Fees shall be fixed by HKIAC, taking into account the circumstances of the case.

2　參見許卓傑、梁子謙、凌梓軒、丁逸維：《「一帶一路」中的爭議解決，為什麼仲裁要選香港？》，http://www.zhonglun.com/Content/2017/11-17/1629066115.html，2017 年 11 月 17 日。

應當指出的是，《最高人民法院關於內地與香港特別行政區相互執行仲裁裁決的安排》（以下簡稱《安排》）與《補充安排》標誌着兩地法院將就跨境商事仲裁中當事方提出的保全申請給予相互協助——支持香港仲裁程序的當事人向內地有管轄權的人民法院申請保全；同時，內地仲裁程序的當事人亦可向香港特區法院申請保全。《安排》與《補充安排》的重要實踐意義還在於，其實際的適用範圍遠大於僅涉及內地與香港當事人之間的跨境商事糾紛。以相關跨境商事仲裁程序符合《安排》所界定的「香港仲裁程序」或「內地仲裁機構管理的仲裁程序」為前提，無論一方當事人係屬哪個國家或地區，只要其在香港或內地持有財產（例如銀行賬戶、內地或香港公司的股權、內地或香港的不動產等），則相對方均有可能充分利用《安排》規定，成功保全該方在港或內地的財產，作為確保執行或者加速和解的一大有效救濟路徑。根據 HKIAC 近期公佈的官方數據，自《安排》於 2019 年 10 月 1 日生效以來，其已收到 13 份申請，涉及內地九個不同的轄區法院，其中 12 份為財產保全申請，一份為證據保全申請。據 HKIAC 披露，前述 12 份財產保全申請中，至少有五份申請已獲得內地法院批准，總價值近 17 億人民幣。[1] 2021 年 5 月 24 日，香港高等法院在 CvD[2021]HKCFI1474 一案中作出判決，認為仲裁前置談判屬於可受理性問題，並非管轄權問題，並駁回原告關於撤銷仲裁庭裁決的申請。[2] 該判決「即尊重當事人選擇仲裁作為解決其糾紛手段的自主權，以及其附帶的速度、最終性和隱私」。[3] 正如法院明確指出的：「一個條件被視為涉及可受

1　參見劉炯、湯旻利：《解決跨境糾紛新思路：巧用香港仲裁程序提前保全可執行財產》，https://www.allbrightlaw.com/CN/10475/8a5bd8241eb1d991.aspx，2020 年 4 月 20 日。

2　參見 Emirates Trading Agency LLC v Prime Mineral Exports Pte Ltd [2014] EWHC 2104（Comm）以及 HZ Capital International Ltd v China Vocational Education Co Ltd [2019] HKCFI 2705 兩個判例。前一案中，英國高等法院認為，在仲裁前善意進行友好協商的前置要求屬於涉及管轄權的問題。香港法院指出，在這兩個案件中，從來沒有爭論過可受理性問題和管轄權問題之間的區別，因此，這兩個判例都不能為原告的案件提供有效支撐。但法院也承認，仲裁前置條件不影響仲裁庭的管轄權這一一般規則可能存在有限的例外，即當事人明確規定不遵守仲裁前要求將排除仲裁庭的管轄權。然而，在本案中，沒有跡象表明當事人有意將遵守相關規定作為管轄權的問題。

3　https://baijiahao.baidu.com/s?id=1714010426729632377&wfr=spider&for=pc，2023 年 2 月 23 日。

理性而非管轄權的事實並不意味着它不重要。它確實意味着仲裁庭有管轄權，並可按其認為合適的方式處理該問題」。這再次彰顯了香港法院支持國際商事仲裁的立場和原則。

第七節　跨境商事仲裁裁決撤銷

　　跨境商事仲裁，作為一種爭議解決方式，與訴訟、協商、調解等其他糾紛解決方式在一般層面上有相似之處，但仲裁更注重當事人的意思自治因素，且具備強烈的民間性特徵，兼具專業性、快速性、便捷性、保密性、和諧性等優點，使其在爭議解決途徑中佔有舉足輕重的地位。[1] 商事仲裁的隱私性和獨立性強調維護當事人的聲譽和商譽。在商業糾紛中，往往涉及違反合同、資金匱乏、甚至是違反誠信原則的惡意行為等等，這些很可能會給當事人個人的聲譽和企業的商譽帶來不良影響，給企業帶來重大的經濟損失。如能夠保障仲裁的保密性，就能夠起到限制不利信息擴散的作用。[2] 仲裁案件保密應當被看作當事人可以期待的一種利益，在商事仲裁中保密應當是常態，而公開應該是例外。[3]

　　商事仲裁作為市場經濟的產物，是為市場經濟服務的工具。商事仲裁受案的範圍為平等商主體的公民、法人和其他組織之間發生的合同糾紛和其他財產權益糾紛。該類糾紛直接源於經濟交往，純粹是一種財產性糾紛。[4] 對商事仲裁裁決進行司法審查，為商事主體在仲裁裁決存在特定情形的情況下，尋求司法救濟的路徑。根據仲裁標的之性質和內容，仲裁之訴也有給付之訴與確認之訴的分野。仲裁標的性質和內容反映或決定了仲裁申請人請求仲裁庭給予保護的具體形式，具體來說，申請人提起給付之訴

1　參見王曉川、夏興宇：《海峽兩岸商事仲裁制度對比研究》，載《河北法學》2013 年第 8 期。
2　參見辛柏春：《國際商事仲裁保密性問題探析》，載《當代法學》2016 年第 2 期。
3　參見郭玉軍、梅秋玲：《仲裁的保密性問題研究》，載《法學評論》2004 年第 2 期。
4　參見藍壽榮：《論和諧社會與仲裁制度》，載《大連海事大學學報（社會科學版）》2009 年第 5 期。

旨在獲得給付裁決，提起確認之訴旨在獲得確認裁決。但在確認之訴中，國際商事仲裁裁決的履行並不需要依靠法院的承認與執行，只要仲裁庭確認了勝訴方的請求，勝訴方則可以私力實現裁決結果，無需提起執行仲裁裁決的申請。法院對仲裁裁決的司法審查存在兩種情形：要麼是通過仲裁裁決的承認與執行程序，要麼是通過仲裁裁決的撤銷程序。[1]

一、關於跨境商事仲裁撤銷

我國商事仲裁司法審查實際採取雙軌制，即以是否存在涉外因素為標準適用不同法定事由。《仲裁法》（2017 修正）第 58 條明確規定：

> 當事人提出證據證明裁決有下列情形之一的，可以向仲裁委員會所在地的中級人民法院申請撤銷裁決：（一）沒有仲裁協議的；（二）裁決的事項不屬於仲裁協議的範圍或者仲裁委員會無權仲裁的；（三）仲裁庭的組成或者仲裁的程序違反法定程序的；（四）裁決所根據的證據是偽造的；（五）對方當事人隱瞞了足以影響公正裁決的證據的；（六）仲裁員在仲裁該案時有索賄受賄，徇私舞弊，枉法裁決行為的。人民法院經組成合議庭審查核實裁決有前款規定情形之一的，應當裁定撤銷。人民法院認定該裁決違背社會公共利益的，應當裁定撤銷。

該條規定，係不具有涉外因素之商事仲裁裁決司法審查的法定事由。[2] 而在具有涉外因素的情形下，《仲裁法》第 70 條明確規定：

> 人民法院對涉外仲裁案件進行司法審查，應當以《民事訴訟法》第 274 條規定的事項作為撤銷仲裁裁決的法定事由。

1　參見謝新勝：《國際商事仲裁裁決撤銷制度「廢棄論」之批判》，載《法商研究》2010 年第 5 期。

2　北京市第四中級人民法院惠州市中洲城房地產投資開發有限公司與惠州市新世家地產營銷顧問有限公司中請撤銷仲裁裁決民事裁定書（2019）京 04 民特 2 號，2019 年 2 月 25 日；北京市第四中級人民法院北京紅林製藥有限公司與上海高聖醫藥科技有限公司申請撤銷仲裁裁決民事裁定書（2019）京 04 民特 98 號，2019 年 3 月 28 日；北京市第四中級人民法院北京家捷送電子商務有限公司等與內蒙古蒙牛乳業（集團）股份有限公司申請撤銷仲裁裁決民事裁定書（2020）京 04 民特 78 號，2020 年 3 月 25 日。

即法院對涉外仲裁案件進行司法審查，應當以《民事訴訟法》第 274 條規定的事項作為撤銷仲裁裁決的法定事由——

> 　　對中華人民共和國涉外仲裁機構作出的裁決，被申請人提出證據證明仲裁裁決有下列情形之一的，經人民法院組成合議庭審查核實，裁定不予執行：（一）當事人在合同中沒有訂有仲裁條款或者事後沒有達成書面仲裁協議的；（二）被申請人沒有得到指定仲裁員或者進行仲裁程序的通知，或者由於其他不屬於被申請人負責的原因未能陳述意見的；（三）仲裁庭的組成或者仲裁的程序與仲裁規則不符的；（四）裁決的事項不屬於仲裁協議的範圍或者仲裁機構無權仲裁的。人民法院認定執行該裁決違背社會公共利益的，裁定不予執行。[1]

　　跨境商事仲裁普遍存在信息不對稱問題。所謂信息不對稱（asymmetric information），是指當事人一方較他方握有更詳細與交易有關的信息。在此情況下，處於信息劣勢的一方擔心他方憑藉信息優勢損害其利益；而擁有信息優勢一方又不願降低出售價格時，交易便不會成立。長此以往，市場留下的僅剩願意苦撐的業者，而非提供質量優良的商品的供應者，甚將導致整個市場消失，此即學理上所謂之「逆選擇」（adverse selection）問題。[2] 同時，在契約成立之後，由於當事人利益的分歧，其中一方可能會因為自己利益而有傷害他方利益的風險，此情形便是所謂的「道德危險」

1　北京市第四中級人民法院常熟市新能矽膠製品有限公司與 COOKINAINC 申請撤銷仲裁裁決《民事裁定書》（2019）京 04 民特 94 號，2019 年 3 月 22 日。對於當事人提出的不符合上述規定的申請理由，不能作為撤銷仲裁裁決的依據。本案中，新能矽膠公司提出了兩項申請理由：一是仲裁錯誤適用法律，二是裁決依據事實不清，裁決錯誤地支持了 COOKINAINC. 的第二項、第三項仲裁請求，上述兩項申請理由均不屬於《中華人民共和國民事訴訟法》第二百七十四條規定的事項，故本院對新能矽膠公司的主張不予支持；北京市第四中級人民法院創凱（香港）有限公司與中國石化集團中原石油勘探局有限公司申請撤銷仲裁裁決民事裁定書（2019）京 04 民特 38 號，2019 年 5 月 30 日；北京市第四中級人民法院深圳市盈溢達進出口有限公司與重慶市宏立摩托車製造有限公司申請撤銷仲裁裁決民事裁定書（2020）京 04 民特 3 號，2020 年 3 月 24 日；北京市第四中級人民法院內蒙古豐匯化工有限公司與中國崑崙工程有限公司申請撤銷仲裁裁決民事裁定書（2020）京 04 民特 13 號，2020 年 3 月 24 日。

2　參見 George A., Akerlof, "The Market for 'Lemons': Quality Uncertainty and the Market Mechanism", in *The Quarterly Journal of Economics*, vol. 84, no. 3, 1970, pp. 490-491.

（moral harzard）。[1]跨境商事仲裁的撤銷，在一定意義上，亦必須直面以上兩個問題。

同時，解釋合同條款，應當儘可能賦予其有效性，而不應使其成為冗餘或毫無意義的條款。仲裁庭的權力來源於當事人的合意授權，仲裁程序的契約性特徵決定了這種爭端解決方式最為核心的內容是各方的意願能夠儘可能體現在仲裁的整個程序中，當然也包括仲裁庭的組成程序。

> 如果沒有其他更強有力的理由，案涉仲裁條款不應理解為是對 2012 貿仲仲裁規則第 27 條的簡單重複，否則仲裁條款的約定將變得毫無意義。根據案涉仲裁條款的表述，該條款應理解為，雙方當事人根據約定分別獲得了選擇一名仲裁員的權利。當仲裁一方當事人因某種原因無法行使該權利時，不能因此影響另一方當事人的權利。在當事人約定各方均有選定一名仲裁員權利的前提下，仲裁機構僅在一方當事人無法選定仲裁員時即剝奪另一方當事人選定仲裁員的權利，將違反當事人意思自治原則。[2]

二、關於跨境商事仲裁撤銷事由

司法實踐中，關於當事人提出的仲裁機關無權仲裁的主張，法院通常基於仲裁法第二條之規定，平等主體的公民、法人和其他組織之間發生的合同糾紛和其他財產權益糾紛，可以仲裁。根據《最高人民法院關於適用〈中華人民共和國仲裁法〉若干問題的解釋》（2005 年）第 20 條之規定，《仲裁法》第 58 條規定的「違反法定程序」，是指違反仲裁法規定的仲裁程序和當事人選擇的仲裁規則可能影響案件正確裁決的情形。例如關於趙剛提出的國家開發銀行隱瞞了足以影響公正裁決的證據和有關事實的主張，《最高人民法院關於人民法院辦理仲裁裁決執行案件若干問題的規定》

1　參見 Holmström, Bengt, "Moral Hazard and Observability", in *The Bell Journal of Economics*, vol. 10, no. 1, 1979, pp. 74-91.
2　最高人民法院（2019）最高法民特 5 號：張蘭、盛蘭控股集團（BVI）有限公司與甜蜜生活美食集團控股有限公司申請撤銷仲裁裁決一案民事裁定書。

第 16 條規定：

> 符合下列條件的，人民法院應當認定為《民事訴訟法》第
> 237 條第二款第五項規定的對方當事人向仲裁機構隱瞞了足以影
> 響公正裁決的證據的情形：（一）該證據屬於認定案件基本事實
> 的主要證據；（二）該證據僅為對方當事人掌握，但未向仲裁庭
> 提交；（三）仲裁過程中知悉存在該證據，且要求對方當事人出
> 示或者請求仲裁庭責令其提交，但對方當事人無正當理由未予出
> 示或者提交。當事人一方在仲裁過程中隱瞞己方掌握的證據，仲
> 裁裁決作出後以己方所隱瞞的證據足以影響公正裁決為由申請不
> 予執行仲裁裁決的，人民法院不予支持。

雖然本案係撤銷仲裁裁決審查程序而並非不予執行仲裁裁決審查程序，但
《民事訴訟法》第 237 條第二款關於不予執行國內仲裁裁決的規定與《仲
裁法》第 58 條關於撤銷國內仲裁裁決的規定基本一致，故最高人民法院
前述司法解釋在撤銷國內仲裁裁決案件中應予適用。[1]

　　關於涉案仲裁裁決所依據的證據是偽造的以及涉案仲裁裁決超出了
《中國國際經濟貿易仲裁委員會仲裁規則》，違反了法定程序。法院通常
認為，根據《最高人民法院關於人民法院辦理仲裁裁決執行案件若干問題
的規定》（2018 年）第 15 條的規定：

> 符合下列條件的，人民法院應當認定為《民事訴訟法》第
> 237 條第二款第四項規定的「裁決所根據的證據是偽造的」情形：
> （一）該證據已被仲裁裁決採信；（二）該證據屬於認定案件基本
> 事實的主要證據；（三）該證據經查明確屬通過捏造、變造、提
> 供虛假證明等非法方式形成或者獲取，違反證據的客觀性、關聯
> 性、合法性要求。

雖然本案係撤銷仲裁裁決審查程序而並非不予執行仲裁裁決審查程序，但

---

[1]　北京市第四中級人民法院趙剛與國家開發銀行申請撤銷仲裁裁決民事裁定書（2019）京 04 民
特 4 號，2019 年 2 月 22 日。

《民事訴訟法》第 237 條第二款關於不予執行國內仲裁裁決的規定與《仲裁法》第 58 條關於撤銷國內仲裁裁決的規定基本一致，故最高人民法院前述司法解釋亦可以在撤銷國內仲裁裁決案件中參照適用。[1] 證據是偽造的，申請人還要證明該證據是裁決該案件的法律事實的基本證據；對案件沒有重大影響的證據，即使是偽造的，也不能成為法院撤銷仲裁裁決的依據；對於以隱藏的證據為由主張申請撤銷仲裁裁決，申請人第一要證明證據有隱藏，第二要證明該隱藏的證據足以影響了裁決的公正性，該審查已經具有了一定的實體審查。對於符合上述情形，法院擬撤銷仲裁裁決的，一般仍然要先回到仲裁庭重新審理的程序上去，而不是法院直接裁定撤銷仲裁裁決。例如申請人崔德強認為設備評估報告、資產評估報告的證據是偽造的，但並未舉證證明上述證據符合上述法定「裁決所根據的證據是偽造的」要件，因此對崔德強的該項理由不予支持。[2]

　　關於貿仲上海分會沒有追加必要的訴訟當事人，違反法律程序的問題。法院認為，是否追加當事人，屬於仲裁機構在仲裁案件中根據案件具體情況決定的事宜，仲裁程序沒有違反法定程序，故申請人的該項理由不成立。關於未追加訴訟當事人造成申請人無法舉證，同時被申請人故意隱瞞重要事實，造成事實認定錯誤的問題，該項理由不屬於《仲裁法》第 58 條規定的可以撤銷仲裁的情形，故不成立，關於貿仲上海分會的錯誤裁決，將造成嚴重的司法資源浪費的問題，該項理由亦不屬於《仲裁法》第 58 條規定的可以撤銷仲裁的情形，故不成立。[3]

　　關於仲裁員是否有枉法裁決的行為，申請人鑫冠公司並未提供生效刑事法律文書或紀律處分決定，證明仲裁員有貪污受賄、徇私舞弊、枉法裁決的行為，該項申請理由不符合《最高人民法院關於人民法院審理仲裁司

1　北京市第四中級人民法院中國再生資源開發有限公司深圳分公司申請撤銷仲裁裁決民事裁定書（2019）京 04 民特 63 號，2019 年 3 月 20 日。

2　北京市第四中級人民法院崔德強與張鳳戈等申請撤銷仲裁裁決民事裁定書（2020）京 04 民特 93 號，2020 年 3 月 11 日。

3　北京市第四中級人民法院南京金美泉百貨貿易有限公司與常州歐可斯貿易有限公司申請撤銷仲裁裁決民事裁定書（2019）京 04 民特 74 號，2019 年 3 月 19 日。

法審查案件若干問題的規定》第 18 條中關於有貪污受賄，徇私舞弊，枉法裁決行為的情形，故該項申請理由不能成立。[1]《仲裁法》第 58 條第一款第六項和《民事訴訟法》第 237 條第二款第六項規定的仲裁員在仲裁該案時有索賄受賄，徇私舞弊、枉法裁判的行為，是指已經由生效刑事法律文書或者紀律處分決定所確認的行為。本案中，北吉公司、郭太平主張仲裁員有枉法裁判的行為，並未提供生效的刑事法律文書或者紀律處分決定予以證明。對於北吉公司、郭太平同時主張本案不符合「一事不再理」的要求，本案仲裁結果與法院審理結果存在衝突，其主張的實質是對仲裁庭認定事實和適用法律存在異議。本案在仲裁審理階段，仲裁庭已經針對北吉公司、郭太平請求撤銷雙方《合作終止協議》並賠償損失所依據的事由進行了審查，並結合（2017）中國貿仲京裁字第 1279 號仲裁裁決結果作出認定，仲裁庭認定事實和適用法律問題屬於仲裁庭實體審查權限範圍，不屬於人民法院仲裁司法審查的範圍。[2]

關於「在仲裁過程中隱瞞了足以影響公正裁決的證據」，根據《最高人民法院關於人民法院辦理仲裁裁決執行案件若干問題的規定》第 16 條對認定「對方當事人向仲裁機構隱瞞了足以影響公正裁決的證據的」情形有明確規定：該證據屬於認定案件基本事實的主要證據；該證據僅為對方當事人掌握，但未向仲裁庭提交；仲裁過程中知悉存在該證據，且要求對方當事人出示或者請求仲裁庭責令其提交，但對方當事人無正當理由未予出示或者提交。東北亞公司所述事由是其對綠地公司所提仲裁請求的抗辯主張，為仲裁庭對案件實體問題的審理權限，不屬本院司法審查案件的審查範疇。故其該項主張不符合上述法律規定的情形，對其撤銷仲裁裁決的理由不予支持。[3]

1　北京市第四中級人民法院蘇州市鑫冠精密模具有限公司與空氣化工產品氣體生產（上海）有限公司申請撤銷仲裁裁決民事裁定書（2019）京 04 民特 22 號，2019 年 2 月 13 日。

2　北京市第四中級人民法院郭太平等與鼎成電力設備銷售（天津）有限公司申請撤銷仲裁裁決民事裁定書（2020）京 04 民特 85 號，2020 年 3 月 25 日；北京市第四中級人民法院孫國忠與王振華申請撤銷仲裁裁決民事裁定書（2020）京 04 民特 90 號，2020 年 3 月 25 日。

3　北京市第四中級人民法院大連東北亞機械製造有限公司與大連綠地置業有限公司申請撤銷仲裁裁決民事裁定書（2020）京 04 民特 92 號，2020 年 3 月 11 日。

具體個案中，有當事人提出「仲裁庭漏裁」以及「應鑒定未鑒定」事由，法院認為：此不屬於撤銷國內仲裁裁決的法定事由，爭議仲裁案適用簡易程序由獨任仲裁員仲裁符合仲裁規則的規定；仲裁案是否有鑒定必要，是否有釋明必要性，屬於仲裁庭的裁量權範圍，不屬於撤銷仲裁裁決的法定事由，亦未違反法定程序。[1]

關於社會公共利益，依據《仲裁法》第 58 條第三款規定的違背社會公共利益，主要指向仲裁裁決違反我國法律的基本原則，違反社會善良風俗、危害國家及社會公共安全等情形，應涉及不特定多數人的共同利益，為社會公眾所享有，不同於合同當事人的利益。本案所涉合同是平等民事主體間的合同爭議，處理結果僅影響合同當事人，不涉及社會公共利益。工程質量是否存在問題已經仲裁庭實體審理，不屬於法院審查範圍。[2]

三、餘論

對於當事人不服仲裁裁決提供的救濟路徑是存在限制的，除越權仲裁、仲裁程序、證據瑕疵、公共利益等，其他情形一概不予救濟，尤其是法律適用問題，《最高人民法院關於審理仲裁司法審查案件若干問題的規定》（2018 年）第 20 條明確規定：

> 人民法院在仲裁司法審查案件中作出的裁定，除不予受理、駁回申請、管轄權異議的裁定外，一經送達即發生法律效力。當事人申請復議、提出上訴或者申請再審的，人民法院不予受理，但法律和司法解釋另有規定的除外。

公正是商事仲裁永恆的生命。從過程和結果兩個方面分別考察，公正大概有兩個標準，一是通過一定的過程，每個人得到了他應當得到的或同等情況下的人們都得到了同等對待的結果。這一般被稱為「實體的正義」

---

1 北京市第四中級人民法院蘇州錦美川自動化科技有限公司與江西金格銳新材有限公司申請撤銷仲裁裁決民事裁定書（2020）京 04 民特 16 號，2020 年 2 月 19 日。

2 北京市第四中級人民法院常熟萬達商業廣場有限公司與深圳市華劍建設集團股份有限公司申請撤銷仲裁裁決民事裁定書（2020）京 04 民特 109 號，2020 年 3 月 13 日。

或「實質的正義」（substantive justice）。二是從考慮程序自身的存在理由以及區分合乎正義與不合乎正義的程序角度，把糾紛的解決過程置於優先評價的視野，是為「程序的正義」，或稱為「程序的公正」（procedural justice）。[1] 程序公正的實質是排除任意因素，保證決定的客觀正確。它總是與結果公正聯繫在一起的，為實現實質正義，需要程序正義來保障。通過公正程序得到的結果也因此獲得了正當性。[2] 商事司法審查，從樣本分析，最大程度尊重了商事仲裁機構的實體與程序正義。《最高人民法院關於適用〈中華人民共和國仲裁法〉若干問題的解釋》（2005 年）第 27 條規定：

> 當事人在仲裁程序中未對仲裁協議的效力提出異議，在仲裁裁決作出後以仲裁協議無效為由主張撤銷仲裁裁決或者提出不予執行抗辯的，人民法院不予支持。

第 26 條則規定：

> 當事人向人民法院申請撤銷仲裁裁決被駁回後，又在執行程序中以相同理由提出不予執行抗辯的，人民法院不予支持。

這一規定一方面禁止當事人以未在仲裁程序中提出的理由作為撤銷仲裁裁決的訴由，另一方面則將仲裁裁決的雙重監督程序予以簡化，如果仲裁裁決撤銷程序敗訴，則不得以相同理由進行不予承認與執行的抗辯，在一定程度上防止了當事人濫用仲裁裁決撤銷程序拖延仲裁裁決的執行。還有立法則允許當事人通過意思自治的方式在不違反仲裁地強制性規則的情況下，排出仲裁裁決的撤銷程序，反而擴大了當事人意思自治的範圍，也是完善仲裁裁決撤銷程序的有益嘗試。[3]

國內商事仲裁與涉外商事仲裁不同司法審查法律適用，亦在一定意義

1　參見［美］羅爾斯：《正義論》，何懷宏等譯，中國社會科學出版社 1988 年版，第 79 頁。

2　參見季衛東：《法律程序的意義》，載《中國社會科學》1993 年第 1 期。

3　參見謝新勝：《國際商事仲裁裁決撤銷制度「廢棄論」之批判》，載《法商研究》2010 年第 5 期。

上表明，跨境當事人在選擇仲裁員時會更加謹慎，對仲裁員的資格也會提出更高的要求。他們更傾向於選擇那些熟悉商業規則、慣例，能夠精確把握相關法律問題的專家作為仲裁員。該等專家相較於法官更能作出符合行業實踐的認定和判斷。在當今國際商業糾紛日益複雜，全球產業鏈不斷延伸、跨國交易日趨頻繁的大環境下，賦予國際仲裁裁決既判力效力對於快速解決糾紛、穩定交易關係至關重要。[1]

第八節　國際商事仲裁中第三方資助分析

在跨境商事交易中，法律並不能調整所有事情。[2] 文化和法律理念差異在國際商事仲裁中突出存在，西方法律傳統和背景的仲裁員對非西方傳統和背景的當事人、代理律師及證人所說、所寫、所反應缺乏理解，構成國際商事仲裁中文化和法律理念差異帶來的最大困境。在此基礎上，文化和法律理念差異可能導致西方仲裁員對案件事實，甚至當事人、證人產生誤解和偏見。例如，西方仲裁員對於中國當事人提出的稅務要求可能帶來付款拖延的問題常常無法理解，不僅不給予特殊考慮，甚至會產生當事人不可信的偏見。正如學者所言，文化差異本身可能並不是爭議的產生原因，卻可能在爭端解決中具有重要的影響。[3]

商事關係領域原則上強調商人自治，商事主體之間通過契約、習慣等形成的「自我立法」是調整商事法律關係的根本準則。只有在商人之間的「自我立法」存在漏洞之時，才有必要援引國家立法提供的「默認規則」。當然，如果商人之間的「自我立法」出現了外部性或者存在違反法律法

---

[1] 參見肖建華、楊恩乾：《論仲裁裁決的既判力》，載《北方法學》2008 年第 6 期。

[2] 參見 Christopher Tahbaz, "Cross-Cultural Perspectives on Effective Advocacy in International Arbitration-or, How to Avoid Losing in Translation", in Asian Dispute Review, 2012, 14(2), p. 52.

[3] 參見 Donna M. Stringer, "Lonnie Lusardo, Bridging Cultural Gaps in Mediation", in Dispute Resolution Journal, 2001, 56(3), pp. 29-39.

規、違背公序良俗、侵害公共利益等情形，國家立法也有必要通過強制性規範對之加以干預。在此背景下，國家干預、政府管制通常限制在較小範圍之內，而且需要遵循目的正當、手段合理、程序正當等條件。換言之，商事法領域應當充分貫徹私法自治為主、國家管制為輔的治理邏輯，這是商事法體系建構的理想狀態。[1]

　　第三方資助（third party funding，簡稱 TPF），係由與案件爭議不存利益關係的第三方對一方當事人參加訴訟或仲裁提供資助的程序安排。狹義的國際商事仲裁中的第三方資助，即由仲裁雙方以外的第三人出資支付申請仲裁活動所需費用，且共享勝訴利益的行為，不包括勝訴取酬等廣義的資助。[2] 隨着國際商事仲裁司法實踐的發展，第三方資助已獲得國際商事仲裁規制的普遍關注。在一些西方國家，諸如澳大利亞、德國等，第三方資助業已形成產業。TPF 中的第三方出資人承擔了仲裁申請人仲裁請求的相關訴訟成本，同時也取得了按比例分享勝訴利益的權利。從一定意義上，TPF 實質上作為風險基金的形式介入到了仲裁程序，以承擔與仲裁請求相關的一切法律費用為對價，而在有利仲裁裁決執行後可獲得比例性利益分成。其基本內涵為：有關的仲裁，是由在該仲裁中並無任何獲法律承認的利害關係的人士所資助（根據資助協議提供資助的除外）；所資助的是某一仲裁方（或準仲裁方）的仲裁費用及開支；並意圖藉助此等資助，分享相關仲裁在獲得勝訴時所取得的利益（例如資助協議所界定的）。

一、TPF 國際立法考量

　　第三方資助的獨特性在於：其一，第三方資助從本質上來說是一種融資方式；其二，在一般情況下，第三方資助人所得收益由最後的裁決結果

1　參見戴建波：《論商人自治：緣起、內涵和實效》，載《廈門大學學報（社會科學版）》2014年第 3 期；張春玲：《公權力干預下的商人自治——也談商法公法化現象》，載《哈爾濱商業大學學報》2011 年第 4 期。
2　參見張旭：《國際商事仲裁中的第三方資助法律問題研究》，北方工業大學法學系 2019 碩士論文。

決定，如受資助人勝訴，第三方資助人可以從仲裁裁決中獲得一定比例的收益；其三，向一方當事人提供資助的第三方應與仲裁案件無直接利害關係。而第三方資助人與受資助人之間的關係，可通過雙方簽訂的資助協議來確定，且在國際仲裁實踐中並無專門的法律、公約、協議或者國際習慣對國際仲裁中的第三方資助人設定適格條件。

1990 年英國承認了律師風險代理協議的合法性，2013 年允許律師與客戶簽訂從賠償金中分利的風險代理協議（Damage-based Agreements），認為這些協議都是有利於擴大司法正義的途徑（access to justice）。Essar 訴 Norscot 案中法院依據 2012 年《國際商會仲裁規則》，認定被申請人 Essar 對申請人 Norscot 於經營管理協議構成根本性違約，裁決被申請人支付包括 400 萬美元外加賠償費用——包括允許申請人索取第三方資助的收費。第三方資助金額為 64.7 萬英鎊，實際獲得金額 194 萬英鎊。

自 2017 年 1 月 1 日開始生效的《新加坡國際仲裁中心投資仲裁規則》，首次從仲裁規則的層面對第三方資助進行了專項規定。該規則第 24 條第一款規定，仲裁庭有權命令一方當事人對其所受到的第三方資助情況及有關細節予以披露，有關細節包括資助人的身份、資助人的獲利安排、資助人是否保證敗訴後承擔對方當事人的仲裁費用等。該規則第 33.1 條規定，仲裁庭在裁決仲裁費用分擔時可以考慮任何第三方資助的安排。第 35 條規定，仲裁庭裁決一方當事人應承擔另一方當事人的所有或部分仲裁法律費用或其他費用時，可以考慮任何第三方資助的安排。從通常意義上講，該等規定構成仲裁庭在第三方資助問題上對於仲裁案件當事人所具有的自由裁量權進行了確認。

2017 年 6 月 14 日，香港立法會通過《2016 年仲裁及調解法例（第三者資助）（修訂）條例草案》，正式確認了第三方資助香港仲裁及調解。指明在符合適當的財務與專業操守保障規定的情況下，香港的法律准許由第三方資助在仲裁條例下的仲裁及相關法律程序。2017 年 9 月 1 日，中國國際經濟貿易仲裁委員會香港仲裁中心發佈了其組織制定的《第三方資助仲裁指引》，第三方資助在內地也開始獲得相關仲裁機構和仲裁從業者的重視。

　　新加坡與香港均要求第三方出資人滿足一定的最低標準。比如資本充足要求，以便確保受資方不會因出資方在仲裁過程中無法履行其義務而陷入「孤立無援」的境地。此外，在新加坡，第三方資助只能由其主要業務涉及提供此類資助的組織提供，如有不符合規定的情況（例如不符合資本充足要求），出資人將不再具有資格，其在第三方資助合同項下或產生的權利將不具有強制力，這包括那些對出資人來說至關重要的權利，比如在案件取得成功後分享收益權利。新加坡司法部有權就第三方資助者的定義、允許資助的爭議的性質以及提供資助的方式等方面實施進一步的監管標準。而在香港，香港律政司作為香港仲裁條例第 609 章下的或授權機構，根據仲裁條例第 98P 條規定制定了第三方資助仲裁實務守則，明確了出資第三方在香港進行第三方資助仲裁相關活動時需要遵守的常規和標準。除了滿足資本充足要求和資本充足程度披露義務外，還要求第三方出資人發佈的任何宣傳材料都必須是清晰和準確的，以及出資人必須確保被資助方在簽署資助協議之前就其條款獲得獨立的法律諮詢等等。[1]

二、TPF 實證分析

　　在國際商事仲裁實踐中，許多案件的標的金額都很大，往往仲裁費用也很高昂。此外，收集證據、專家證人出庭的費用也不低，而且案件處理的時間跨度較大。對於仲裁當事人來說，其無疑是資金耗費相當大的高風險活動。而 TPF 對於國際商事仲裁的當事人而言，則具有當然必要性。商事仲裁實踐中，在資助協議中未約定轉讓訴訟權利時，仲裁庭不能對資助方行使管轄權。資助方向另一方當事人和仲裁庭發出信號僅僅是表明第三人支持被資助方的目的是增加被資助方獲得其仲裁請求的機會，資助方並未表明其意圖成為仲裁的當事人。就此情形而言，資助方的角色與律師

1　參見 Huayan Liu & Jianming Wang：《淺論國際商事仲裁中的第三方資助制度》，https://www. mondaq. com/china/litigation-mediation-arbitration/860312/ 279733577022269384692183020107202103500920013303403153219977260413614211612104624230，2019 年 11 月 5 日。

的角色類似，他們都未與當事人之間的爭端有關聯，都是基於私法自治的原則依據協議支持自己的客戶，以及都對案件的結果有經濟利益。不僅如此，被資助方在受到資助的情況下提起仲裁並不能推定資助方同意加入仲裁。就此類推，資助方類似銀行向陷入貧困的被資助方發放貸款，關注的是仲裁的結果，因為資助方的目的是從仲裁結果獲得收益，其控制仲裁的行為都在為其利益保障。所以說，向仲裁當事方提供資助並不等同於同意加入仲裁。[1]

　　國際商事仲裁中的第三方資助有利於實現公平正義。國際商事仲裁中缺乏資本支持的申請人根本就負擔不起如此高昂的仲裁費用、律師費用等。受資助人通過與第三方資助人簽訂資助協議，約定將勝訴利益同第三方資助人分享，第三方資助人需先支付仲裁費用、律師費用等。受資助人即使是在國際仲裁中敗訴也無需返還第三方資助人全程資助的費用。第三方資助人代替受資助人支付了高成本的仲裁費用、保全費、評估費、鑒定費、擔保費、保險費、差旅費等，並承擔敗訴費用的損失風險，有力地解決了受資助人無法提起仲裁的難題。

　　通過第三方資助人對案件的專業評估，可在相當程度上避免當事人濫用仲裁權利。尋求第三方資助的當事人普遍有規避風險的需求，涉及的案件同時具有案情複雜、周期長、成本高等特點，投資風險也會相應提高。在這種狀態下，單純憑藉雄厚的資金實力而不對擬投項目進行篩選是不可取的，必須要依賴於第三方資助者的專業判斷。除了投資決策外，第三方資助還提供另一類案件管理服務，即選取更好的仲裁策略指導律師和當事人，在仲裁請求被支持的前提下獲取更高額的收益或減少損失。以上特徵共同決定了絕大多數第三方資助者由法律專業人士設立和運營，同時具備豐厚的資本實力，從而可以在這一市場中長期保持精明投資者的形象。第三方資助機構，基於風險管理考慮，通過專業風險防範和內控部門的專業人員對擬資助的案件進行盡職調查、分析和評估，如評估認為敗訴的概率

1　參見劉雲江：《國際仲裁中第三方資助方管轄權問題分析及應對》，載《學術前沿》2020 年 7 月。

較高，資助機構會拒絕資助。因此，對於證據缺乏的案件當事人而言，可以避免造成濫用仲裁權利。第三方資助人的案件分析，可使案件當事人對案件有更進一步的了解，從而尋找到更有利的爭議解決方式。

即便是對於有資金能力的當事人公司而言，第三方資助也能將其從高額的仲裁費用負擔中解放出來。從理論上來說，第三方資助既可以資助仲裁申請人也可以資助被申請人。對被申請人的資助可能發生的情況包括被申請人希望提起高額的反訴，或者有的被申請人在計算自己通過勝訴會減少的損失數額之後願意提前支付一定數額的金錢給資助人。但在實踐中，卻很少有第三方資助機構資助被申請人的情況發生。

TPF 考慮的因素通常包括但不限於：一個如權利要求的值和複雜性、所需要的資金量、權利要求的成功的可能性、是否有其他各方的要求及興趣、在仲裁發生地管轄權等等。第三方資助從本質上來說是一種投資行為，也就是基於現有的資源和信息做出決策，最終實現風險控制下收益的最大化。對於第三方資助者來說，投資仲裁案件與投資其他的企業融資項目並沒有本質性不同，僅僅是投資對象不同，而最終的目的都是獲取投資收益。雖然相對於股權投資來說，案件的平均投資周期要短得多，但也有很多國際商事仲裁和國際投資仲裁案件歷時較久。尤科斯訴俄羅斯政府投資仲裁案，從 2004 年申請人向海牙仲裁法院申請仲裁到做出最終裁決，整個流程持續了十餘年之久，第三方資助提供者必然會考慮其應對長期複雜案件的資金實力和風險控制能力，並且基於目前掌握的信息和資源做出投資決策。同時，投資決策的做出及風險控制也更多地依賴於先前的經驗和對案例數據的分析。

因此，現階段國際商事仲裁實踐中的第三方資助已普遍存在，世界範圍內的主要仲裁機構和仲裁規則均歡迎第三方資助參與仲裁，並為其量身定做了相應的規則規範。我們有理由相信，正如對待臨時仲裁的態度一樣，TPF 在不遠的將來也會得到認可。通過對第三方資助的鼓勵和支持，並借鑒國際仲裁規則對其加以規範化的規制，第三方資助活動將會進一步開放尋求司法正義的途徑，尤其對於中國的中小企業而言，第三方資助能

夠從一定程度上提高它們通過仲裁的方式保護自身的合法權益的信心與積極性。然而我國仲裁委員會仲裁規則中的保密義務構成了對第三方資助的限制，主要體現為受資助方不得向資助方披露有關仲裁的實體或程序信息。但是受資助方向資助方披露信息是第三方資助的制度基礎，為了平衡仲裁其他參與方和資助者之間的利益，應當將第三方資助作為仲裁保密規定的例外，同時為了保障仲裁其他參與方的利益，應當要求資助方對披露信息承擔保密義務。資助協議中的保密規定可能導致潛在的利益衝突無法被排除，因此應當通過立法規定受資助方應向仲裁庭披露有關第三方資助的信息。雖然資助方和受資助方之間的基本利益是相同的，但在雙方無法就和解達成一致時，資助方可能會妨礙受資助方進行和解。這可能使得仲裁產生不必要的延長，因此應當限制資助方對案件的控制權。[1]

三、餘論

　　TPF 的「成本」雖然對被資助方而言是一種「成本」，但並不是仲裁的程序性「成本」。它是獨立於仲裁的單獨合同的價格，根據合同，受資助方支付商定的或有未來價格，以避免費用風險。一個當事人如果面臨承擔資助成本的風險，就會有充分理由認為有權至少獲知存在資助和資助條款。在因費用責任風險而命令資助人披露資助條款的情況下，資助人很難有理由拒絕披露，畢竟這樣的安排對支付費用的當事人極具懲罰性。

　　TPF 在國際商事仲裁中有兩點已引起了特別關注：第一，係關於該等資助對仲裁員獨立性的可能影響；第二，關於一方知道另一方由第三方資助，從而可能希望利用這一信息來採取措施尋求對其仲裁費用的擔保。如在一起仲裁案件中，一名律師的律師費是通過第三方資助者支付，而在該律師擔任仲裁員的另一起仲裁案件中，假若其中的一方當事人收到同一資助者款項的話，就會發生仲裁員的潛在利益衝突。知悉仲裁庭的一名成

1　參見陳家旺：《國際商事仲裁中第三方資助法律問題研究》，載《商情》2017 年第 63 期。

員與涉及資助同一起仲裁一方當事人的第三方有單獨的商業關係，這會對該仲裁員被提名到仲裁庭產生重大影響。若申請人成為接受第三方資助受益人，那麼其應對該等資助安排可能會被披露這一風險有所準備。一旦披露，申請人還需要就被申請的國家可能提出的費用擔保申請進行抗辯（或滿足費用擔保申請）。第三方資助者的業務形式、逐利天性和仲裁員身份的特殊性可能造成二者的利益衝突，這種利益衝突將影響仲裁的公正性、增加仲裁的時間和金錢成本並可能導致仲裁裁決被拒絕承認與執行。[1]

在實踐中，某些資助機構還會做出某些特殊的安排，刻意淡化其與被資助人之間的關係。例如，某些金融機構創造性地設計了其他的協議結構，如資助人經常會為了資助協議而專門設立獨立於資助人本身的「特殊目的機構」（special purpose vehicles）以方便資助協議的簽訂和履行。有的資助人還會直接將資金提供給代理案件的律師事務所而不是被資助的當事人，這又增加了第三方資助關係的隱蔽性。也正是因為第三方資助關係的隱祕性及仲裁當事人、仲裁員對其進行披露的義務缺失，第三方資助機構和仲裁員之間的關係往往不能為外界甚至仲裁員自己所知悉。第三方資助者與仲裁員之間的間接利益衝突往往是因為彼此或者彼此的利益團體之間存在事實上的利益關係，可能影響仲裁公正裁決，一般不容易發現。相同仲裁員被反覆聘任的情況下就有可能隱藏着不為人知的利益衝突，如第三方資助者在多個案件中多次代受資助者指定同一仲裁員審理案件。在這種情況下，仲裁員可以從多個案件中收取可觀的仲裁費用，這種多次、長期的合作關係使得仲裁員與第三方資助者之間存有利益衝突。而且，隨着被指定次數的增加，利益衝突的可能性便愈發增大。[2]

基於 TPF 的投資行業本根屬性，提供資助的第三方除了專門的第三方資助機構外，也包括傳統投資行業領域的主體如保險公司、投資銀行、

1　參見趙勇、方祖鵬：《國際商事仲裁中第三方資助者與仲裁員的利益衝突與防範》，載《西部學刊》2020 年第 12 期。

2　參見 Steinitz, "Whose Claim Is This Anyway? Third-Party Litigation Funding", in *Minnesota Law Review*, 2011（4）.

對沖基金等；尤其是由於風險基金的介入，投資仲裁請求開始被「商品化」，第三方資助機構可以對任何投資仲裁請求進行估價並「選購」其認為有利可圖的潛在或已有的仲裁請求。正因為如此，有風險基金的代表人士認為投資仲裁的第三方資助已成為一項高速發展的產業。

　　「法律＋資本」是一個宏大概念，第三方資助只是其中的一環。同時，法律資本也是一個新興領域，在此領域中行業先驅已經在嘗試進行開拓。正如近些年熱門的互聯網打車市場和共享單車市場，都經歷了一個從起步到發展壯大再到監管銜接配套的過程。我們可以預見的是，等國內第三方資助機構的數量達到一定規模、影響力達到一定水平時，相應的國家層面的監管和規範自然會接踵而至。

　　基於我國「一帶一路」國際戰略，TPF 對我國國際商事仲裁提出了新的挑戰。如我國境內對 TPF 規制欠缺，則存在相應需求的境內外當事人在協商選擇仲裁地或採取跨國訴訟時會被迫選擇新加坡或中國香港，而司法權也就因此放棄了對整個爭議解決程序的掌控和規範。從長遠來看，一個公正、運行良好的國際商事爭端解決機制的存在才真正符合投資者的利益。同時，隨着「一帶一路」戰略帶來巨大的海外投資需求，中國企業對於國際仲裁的依賴度和認可度將會有本質的躍升。在吸收學習境外機構的先進經驗的同時，境內的第三方資助機構也要積極立足於本土司法實踐，讓自身的投資模式更符合市場需求及商業邏輯的雙重考驗。

第九節　跨境商事仲裁保密性覺察

　　在僅涉及私人主體的國際商事仲裁中，支配仲裁的法律一般通過當事人選擇仲裁地加以確定，這種方法一方面兼顧仲裁程序法律適用的穩定性與仲裁地對其領域內法律行為的屬地管轄，使國際商事仲裁本身能較為便利地受到仲裁地法院的司法協助與監督；另一方面也體現了當事人以自己意思確定仲裁程序法的要求，有效平衡了仲裁私人民間性與國家強制保障

力之間的矛盾。[1] 作為一種擁有悠久歷史和成熟實踐的糾紛解決機制，國際商事仲裁在全球範圍內無論如何都不能算作一種新生機制，而且在全球化的整體背景下，國際商事仲裁規則及其法律在各國呈現趨同化現象，包括普遍趨向友好和支持的司法監督政策。[2] 國際商事仲裁作為一民事爭議解決路徑，保密性係其重要之制度優勢。《布萊克法律詞典》中有關於對保密性的闡釋：

> 祕密性，指特定信息被限制擴散的狀態；在特定的關係中，如律師和顧客或夫妻關係中，一方給予另一方的信任關係。[3]

商事仲裁的保密性，是指仲裁案件不公開審理，仲裁程序的內容、仲裁過程中展示的證據、仲裁裁決等仲裁關聯信息不應對當事人以外的人披示。即在一般情況下，與案件無關的人在未得到仲裁當事人和仲裁庭確認之前，不得參與仲裁的審理程序。

當事人自治原則是仲裁制度存在的基礎，任何案外人知悉糾紛的相關信息或者進入仲裁審理程序均須經當事人的同意。仲裁保密性的概念簡單地源於雙方同意將他們之間且僅在他們之間發生的特殊糾紛提交仲裁。

在國際範圍內，仲裁保密性問題儘管並未取得立法與實踐上的一致認識，成為各國仲裁機構普遍奉行的準則，但其重要性及其平衡與突破理應引起業內的高度重視。「圍繞國際商事仲裁的保密義務的相關問題，諸如定義與性質、適用主體與範圍、責任與救濟措施等基本問題，各國的立法、仲裁規則、司法實踐存在着諸多差異與不同作法，至今這些基本問題仍未達成共識。但不可否認的是在國際商事仲裁當中，各國均承認仲裁的保密性特徵以及仲裁保密義務的存在，並且逐步達成共識認為仲裁的保密性並不是絕對的，而是存在着一些例外的情形，要受到某些因素

1　參見謝新勝：《國際法在國際商事仲裁中的適用路徑分析》，載《中國國際法年刊》2012 年。

2　參見初北平：《「一帶一路」國際商事仲裁合作聯盟的構建》，載《現代法學》2019 年第 3 期。

3　St. Paul, *Black's Law Dictionary*, 2nd ed., WestGroup, 2001, p. 127.

和條件的制約。」[1]

一、跨境商事仲裁的保密性

以馬恩教授為代表的學者認為，無論仲裁另一方主體為何，只要有一方當事人為私人主體，則仲裁完全由國內仲裁法支配。[2]仲裁的保密性（confidentiality），又稱私人性（privacy），其最基本的含義是指仲裁案件不公開審理，即在一般情況下，與案件無關的人在未得到所有仲裁當事人和仲裁庭的允許之前，不得參與仲裁審理程序。這是仲裁的傳統做法，在各個國家以及有關法律文件和實踐中得到了廣泛的尊重。保密性被認為是仲裁最主要的優點。[3]國際商法的發展離不開國際商事仲裁的實踐，仲裁的保密性從一定意義上被視為仲裁的本質屬性，亦被視為仲裁與訴訟的一個重要分野。商事仲裁保密性規則，契合了當事人保守商業祕密、維護商業信譽和避免訴累的需求。保密義務通常來源於三個方面：當事雙方在仲裁協議中訂立保密條款；適用的仲裁規則所要求對仲裁保密；仲裁地的國內仲裁法對仲裁保密的規定。

我國《仲裁法》第 40 條規定：仲裁不公開進行。當事人協議公開的，可以公開進行，但涉及國家祕密的除外。其遵循的是「以不公開審理為原則，公開審理為例外」的原則，其間關注的平衡在於：仲裁資源的配置及效率，公共利益與私人利益的衝突。原因在於，法律保護不同的利益，在利益發生衝突且不可能滿足所有利益時應進行比較與衡量；而公眾利益優先於私人利益則是一大基本原則；當公眾利益與保護仲裁的祕密性發生衝突的時候，公眾利益優先，即存在仲裁保密性突破的傾向，當事人出於保護商業祕密、重要信息、維護自身形象的考慮期望將仲裁置於祕密的狀

1　參見辛柏春：《國際商事仲裁保密性問題探析》，載《當代法學》2016 年第 2 期。

2　參見 Georgios Petrochios, *Procedure Law in International Arbitration*, Oxford University Press, 2003, p. 257.

3　參見 Philip Harris, "Law Society's Guardian Gazette-Arbitration and Confidentiality", in *The Law Society*, vol. 85, no. 43, 23 November 1988, p. 25.

態，但如利用仲裁的保密性損害公共利益、第三人利益以及存在欺詐等，則仲裁的保密性應當被突破。

由於法官在社會中所代表的公正角色，以公開為原則的訴訟常常難以滿足商業主體維護商業祕密和商業聲譽的需要。而仲裁基於意思自治的本質，在私人性和保密性的維護上卻大有作為。基於當事人意思自治的本質，保密性始終是國際商事仲裁的重要特徵。傳統觀點認為，由私人化延伸出的保密性理應是國際商事仲裁中的一項默示規定。但隨着仲裁默示保密暴露出的種種問題，加之近年來對仲裁透明度改革的呼聲越來越高，國際商事仲裁保密性正不斷從默示向明示轉變。對仲裁員保密義務的規制也成為滿足當事人保密需要的必備條件。在保密走向明示化的當下，無論是通過當事人與仲裁員間的合同約定還是仲裁機構基於用戶需要對仲裁員施加相應義務，仲裁員的保密責任都必須隨之明示化。[1]

二、跨境商事仲裁保密性的完善

我國長期以來的仲裁理論與實踐都固守着訴訟中心主義的理念，傾向於認為仲裁立法應向訴訟立法靠攏與看齊，仲裁制度須主動配合訴訟制度，而鮮有提及訴訟規制為仲裁制度提供司法支持及制度銜接的問題。國際商事仲裁的保密性已越來越受到各方面的挑戰與質疑，特別是保密性與公共利益之間無法避免卻又難以調和的矛盾。[2]

現代商事仲裁實踐的發展及商事仲裁保密性，要求訴訟規制應為仲裁保密性提供相應的制度安排與設計。例如，仲裁法和相關仲裁規則將仲裁「法定不公開審理」僅僅限於「涉及國家祕密」的案件，其例外規定對於涉及個人隱私的案件並未提及，而各地仲裁機構的諸多仲裁規則均規定了仲裁文書的公告送達方式，但顯而易見，仲裁文書的公告送達方式和商事

1　參見袁銘蔚、馮碩：《從默示到明示：國際商事仲裁保密性的理念轉型與制度變革》，載《北京仲裁》2019 年第 3 輯，總第 109 輯。

2　參見儲楚：《淺析國際商事仲裁保密性與公共利益的平衡》，載《法制與社會》2013 年第 5 期。

仲裁的保密性原則存在着背離。仲裁案件不公開審理，但仲裁文書卻採用公告送達的方式，仲裁案件的當事人及部分案件信息存在被公示的現實，使商事仲裁的保密性根本就無從談起。商事仲裁可被視為一種涉及法律的商業，仲裁員的法律服務即是這種商業的商品。對於商品，個性與特色就是其生命力。如果仲裁不再具有保密性，它會喪失了一部分傳統特色，喪失補充訴訟制度不足的功能。從作為法律服務消費者的當事人來看，提供更多的選擇才是他們的利益所在。因此，保留仲裁的保密性特點將有利於仲裁業更好地發展。而對於當事人來說，如果當事人在仲裁程序中希望更強的保密性，就最好在起草仲裁條款時明確訂入特別的條款。選擇對仲裁保密性的保護更強的仲裁規則和國內法也是很好的選擇。[1]

三、商事仲裁保密性的強化與突破

　　國際商事仲裁在透明度上是對案件事實、當事雙方的資格信息嚴格保密，因此，這也是當事方選擇商事仲裁而不選擇法院訴訟的原因。而國際投資仲裁中，從各大主流仲裁規則的角度上看，都未對透明度要求作出明文規定或是僅僅一筆帶過。ICSID（國際投資爭端解決中心）公約及仲裁規則並沒有規定當事人和仲裁員有對仲裁程序中提交的文件、信息保密的一般性義務。不過，ICSID 仲裁規則要求仲裁員就任時在提交祕書處的文件中要宣誓，對所知悉的與仲裁有關的信息以及仲裁裁決的內容保守祕密（ICSID 仲裁規則第六條第二款）。儘管未經當事人同意仲裁裁決不得被公開，但是仲裁庭作出的法律判斷的理由應當以內容提要的方式在 ICSID 公開出版物上登載（ICSID 仲裁規則第 48 條第四款）。此外，ICSID 登記的案件的仲裁程序會通過網站公開其進行狀況。此外，ICSID 通常會勸說當事人同意將裁決或決定公開。因此，實際上，不僅是很多已經終結的案件的仲裁裁決在網站公開，正在進行中的案件的程序命令以及管轄有

1　參見郭玉軍、梅秋玲：《仲裁的保密性問題研究》，載《法學評論》2004 年第 2 期。

關的決定等也有很多在網站公開。[1]

　　仲裁保密代表着仲裁當事人的利益，有時保密原則甚至會被認為是仲裁的一種公共政策，但它與其他的公共利益發生衝突時，它不是絕對不能減損的。[2] 仲裁法業已確定的基本原則有自願仲裁原則、或裁或審原則、根據事實和法律仲裁原則、仲裁獨立原則等，應當將仲裁保密性納入基本原則的範疇進行規制。而關於保密義務的主體和客體，保密義務的主體應包括仲裁當事人及其代理人、仲裁員及其仲裁委員會相關人員、證人、專家鑒定人、文書送達人等；而保密義務的客體則包括，當事人不願意為外界所知的商事信息、資訊和當事人及其與糾紛相關的商業祕密與糾紛解決過程等相關信息等。另外，如上所述，應將涉及個人隱私的案件列入不公開審理的範圍，將《仲裁法》第 40 條相應地修改如下：

　　　　仲裁不公開進行。當事人協議公開的，可以公開進行，但涉及國家祕密和個人隱私的除外。

　　在現階段，隨着國際商事仲裁的發展，商事仲裁的保密性也面臨挑戰，業內主要認為仲裁保密性是仲裁制度的傳統優勢，在堅持信守的同時應當考慮仲裁透明化，保密性作為一項默示義務並非絕對的，而是存在例外的可能。商事仲裁作為國家設置的一種民商事糾紛解決方式，其存在的正當性與權威性的基礎是當事人的合意。商事仲裁保密性的突破，主要基於如下考量：其一，仲裁保密性可能會造成類似爭端得到不同的處理結果，不利於仲裁裁決的統一性維持。其二，仲裁保密性可能會導致仲裁效率低下。眾多國際商事仲裁可能基於相同或類似的法律事實及法律邏輯，保密性會對後續的仲裁庭學習、借鑒提出挑戰。其三，保密性通常為法院的執行程序所破壞。

　　針對商事仲裁實踐發展的要求，商事仲裁可以探索的突破設計在於：

1　參見林皓然：《淺談國際商事仲裁與國際投資仲裁的區別》，載《法制與社會》2019 年第 8 期。

2　參見楊良宜：《國際商務仲裁》，中國政法大學出版社 1997 年版，第 39 頁。

仲裁的保密主體、保密義務、不公開範圍、送達程序等皆應在仲裁規則中做出更為詳盡的規定與衡量。在保證仲裁保密性的前提下，平衡個人利益與公共利益的矛盾及衝突。

四、餘論

　　商事仲裁雖然根植於市民社會並且以意思自治為前提，但其自身發展也體現出逐步規則化的過程。隨着近現代商業社會的建立和基於促進商業社會穩定發展的需要，商事主體由單純的自由解決糾紛、排除司法管轄逐步發展為通過建立一套完整、自治的法律秩序來解決商事糾紛，這一變化促使仲裁向着機構化及規則化的方向轉變；而在這一變化中，商事仲裁傳統的意思自治在現代商業社會中得到了更廣的延伸，不僅體現在以意思自治為基礎的仲裁協議制度中，也體現在仲裁庭對仲裁程序的管轄和控制中，同樣還體現在法院對仲裁司法介入的轉變上。這一過程也意味着源於意思自治的保密性規則同樣在現代商業社會中面臨着新的轉變，這一轉變主要體現在仲裁保密性與仲裁效率價值和公平價值的平衡之中。[1] 商事仲裁的保密性有其存在的價值和現實意義，誠如有學者主張，「仲裁案件保密應當被看作當事人可以期待的一種利益，在仲裁中，保密應當是常態，而公開應該是例外。」[2] 保密性是國際商事仲裁的一個顯著的特徵，各國仲裁法（包括判例法和制定法）和國際商事仲裁機構的仲裁規則無不涉及仲裁的保密性問題，但對保密性的規定各不相同；另外由於合理例外的存在，保密性具有了不確定性，而國際商事仲裁的這種不確定的保密性給國際商事仲裁本身、商業、國際商法等方面帶來了負面影響。而使保密性具體化將會減少甚至消除保密性帶來的負面影響，從而促進國際商事仲裁和國際商法等方面的發展。[3] 跨境商事仲裁應為一個原則性和靈活性高度統一的設

1　參見袁銘蔚、馮碩：《從默示到明示：國際商事仲裁保密性的理念轉型與制度變革》，載《北京仲裁》2019 年第 3 輯，總第 109 輯。
2　郭玉軍、梅秋玲：《仲裁的保密性問題研究》，載《法學評論》2004 年第 2 期，第 33 頁。
3　參見郭倩：《國際商事仲裁保密性的負面影響》，載《遼寧教育行政學院學報》2008 年第 5 期。

置，能夠充分適應社會交易需求的變化及紛繁複雜的環境。我們有理由相信，商事仲裁能夠成功直面保密性和公共利益之間的矛盾與衝突，並最終在兩者之間找到平衡。

第十節　內港兩地商事仲裁裁決執行的實證基礎

跨境商事仲裁是國際通行的當事人自治糾紛解決方式，是我國多元化糾紛解決機制和社會治理體系的重要組成部分，亦是我國法治化、國際化、便利化營商環境的關鍵要素組成部分。隨着大灣區的各項發展計劃逐步落實，以及大灣區對於爭議解決服務的推廣，跨境商事仲裁及相關安排將會被更廣泛地應用在有關大灣區的爭議事宜中。為此，釐清和進一步完善香港特區和內地之間仲裁裁決的執行安排，亦令通過仲裁解決爭議的仲裁當事人的權益得到更充分的保障。[1]內港兩地商事仲裁裁決之執行與安排，本質為司法審查的重要組成部分。

我國正積極建設面向全球的亞太仲裁中心和國際海事司法中心，而這離不開內港兩地商事仲裁的協助、借鑒與國際化的推進。不斷提升和擴大內港兩地仲裁品牌的公信力和影響力，不僅需要仲裁機構吸納優秀人才、完善仲裁規則、創新服務能力，還需要人民法院依法履行支持和監督仲裁的司法職能，繼續完善仲裁司法審查制度，保障和促進中國仲裁業的發展，共同為糾紛的多元解決營造良好法治環境。[2]《補充安排》（2020 年 11 月 9 日）[3] 係內地首次與其他法域建立完備的仲裁保全協助，協助力度、深度、廣度遠超國際公約和國家間條約，實現了一國之內更緊密的合作和更

1　參見《香港律政司司長：內地與香港相互執行仲裁裁決的補充安排　有助深化大灣區合作》，載中國新聞網，https://baijiahao.baidu.com/s?id=1684506355183496219&wfr=spider&for=pc，2020 年 11 月 27 日。

2　參見沈紅雨：《賀榮在 2015 年「中國仲裁高峰論壇」上強調繼續完善仲裁司法審查制度促進仲裁公信力提升》，載《人民法院報》，2015 年 9 月 26 日，第 1 版。

3　中國香港特別行政區政府在 2020 年 11 月 27 日通過了《補充安排》。

廣泛的互信，亦為修改、完善不同法域之間的司法協助文件提供了探索路經和參考樣本。

一、仲裁法與香港仲裁條例

香港的仲裁制度同其他程序法、實體法體系一樣，均源於英國法，另其法律淵源，還包括《紐約公約》《聯合國國際商事仲裁示範法》。《香港仲裁條例》（2011 年 6 月 1 日生效，香港法例第 609 章）[1] 不區分本地仲裁、涉外仲裁和國際仲裁，採納了《聯合國國際商事仲裁示範法》的最新版本，同時又融合了國際仲裁的最近發展，諸如引入第三方資助、明確知識產權可仲裁性等。另外，香港是少有的司法管轄區可以支持仲裁地不在香港本地臨時措施。仲裁保密的全面性不僅包括在仲裁機構範圍之內保密，在仲裁程序進入法院後如確認仲裁協議無效、仲裁裁決的撤銷等問題也都是保密的。香港緊跟時代發展，在仲裁條例中引入了緊急仲裁員制度和第三方資助，明確知識產權爭議可以提交仲裁。從司法上看，香港法院的司法獨立保證了全球用戶對香港仲裁的信心。在香港高等法院任職的英美法系的法官們，一方面使普通法傳統在香港得以傳承和牢固，同時客觀上也幫助香港獲得西方商業社會的信任。[2] 香港立法賦予了民間機構 HKIAC 一定的公權力。這顯然離不開香港立法機關對 HKIAC 業務素質及其公信力的充分肯定。不過，另一方面，HKIAC 對臨時仲裁提供協助的默認事項僅限於指定仲裁員與決定仲裁庭人數兩個方面。在其他方面，諸如仲裁員的公正性或獨立性遭受質疑而面臨應否迴避等情況，在沒有外部機構協助的情況下，最終仍須由香港原訟法庭協助解決。[3]《香港仲裁條例》

1　中國香港特別行政區政府 2021 年 2 月 17 日宣佈，將會建議修訂《仲裁條例》，以全面實施特區政府與內地 2020 年簽署的《最高人民法院關於內地與香港特別行政區相互執行仲裁裁決的補充安排》。

2　參見《「區域仲裁中心建設研討會」之二成功召開》，http://iolaw.cssn.cn/xshy/202008/t20200826_5174827.shtml，2020 年 8 月 26 日。

3　參見《香港仲裁條例》第 26 條。

授權 HKIAC 行使兩項與仲裁相關的重要職能：其一，在當事人未能選定仲裁員或未約定指定機構或指定機構未能履行其職能時，HKIAC 可為案件指定仲裁員；其二，在當事人無法就仲裁庭人數達成一致之時，HKIAC 可決定爭議應交付一人仲裁庭或三人仲裁庭。[1]

在《香港仲裁條例》之下，HKIAC 還是《香港仲裁條例》下的法定委任機構，承擔着香港法賦予的特定職能，在臨時仲裁當中扮演委任仲裁員、確定仲裁員人數的角色。[2] HKIAC 同時是臨時仲裁的默認仲裁員指定機構。HKIAC 自身實際上也為臨時仲裁的開展特別制定了《仲裁（指定仲裁員和調解員及決定仲裁員人數）規則》。[3]

現行《仲裁法》（2017 年修訂）第二條明確規定：

> 平等主體的公民、法人和其他組織之間發生的合同糾紛和其他財產權益糾紛，可以仲裁。

當事人採用仲裁方式解決糾紛，應當雙方自願，達成仲裁協議。沒有仲裁協議，一方申請仲裁的，仲裁委員會不予受理。第 58 條規定：

> 當事人提出證據證明裁決有下列情形之一的，可以向仲裁委員會所在地的中級人民法院申請撤銷裁決：（一）沒有仲裁協議的；（二）裁決的事項不屬於仲裁協議的範圍或者仲裁委員會無權仲裁的；（三）仲裁庭的組成或者仲裁的程序違反法定程序的；（四）裁決所根據的證據是偽造的；（五）對方當事人隱瞞了足以影響公正裁決的證據的；（六）仲裁員在仲裁該案時有索賄受賄，

1　參見《香港仲裁條例》第 23、24 條。

2　香港國際仲裁中心在 2021 年 2 月 9 日發佈了 2020 年的相關數據：在 2020 年，其共接收了 318 宗仲裁案件，受案量是過去 10 年來的最高。在這 318 宗仲裁案件中，203 宗是由其管理，較 2019 年增長近 20%。爭議總金額為 688 億港元（約 88 億美元），創下其自 2011 年開始公佈此類信息以來的新高。2020 年提交的仲裁案件涉及來自 45 個司法管轄區的當事方。72% 的仲裁案件以及 86% 的 HKIAC 管理仲裁案件是國際性仲裁案件。絕大多數仲裁案件的仲裁地為中國香港，所涉準據法數量多達 12 個。在 2020 年，HKIAC 舉行了 117 次聆訊，其中 80 次全部或部分以遠距聆訊方式進行，37 次是在香港地區進行的實體線下聆訊。

3　傅攀峰：《司法如何協助臨時仲裁？——法國「助仲法官」制度及其啟示》，載《北京仲裁》2019 年第 3 期。

徇私舞弊，枉法裁決行為的。人民法院經組成合議庭審查核實裁決有前款規定情形之一的，應當裁定撤銷。人民法院認定該裁決違背社會公共利益的，應當裁定撤銷。

為了更好地促進中國仲裁的國際化、提升中國仲裁的公信力，必須儘量減少與國際仲裁普遍實踐不一致的、限制我國仲裁事業發展的機制，進一步開放我國仲裁市場，允許境外仲裁機構在中國內地提供仲裁服務，允許全球各種仲裁規則在中國適用。《仲裁法》的進一步修訂工作正在進行中。

二、內港仲裁裁決互認

《安排》（2000 年）並不存在內港兩地仲裁裁決互認程序規定，即並未明確規定「認可」程序，實踐中各人民法院對香港仲裁裁決是否需經認可才具有執行力把握不一。《補充安排》立足內地與香港分屬兩個法域的法理基礎，同時考慮部分仲裁裁決僅需認可的現實需求，明確規定「認可」程序，統一法律適用標準。《紐約公約》第五條規定了承認和執行地法院得拒絕承認與執行外國仲裁裁決的情形，並且區分了法院得依申請進行審查和依職權進行審查的情形，唯有在當事人提出申請時，法院才能進行審查，而第五條第二款規定的情形，法院可以依職權主動進行審查。在「一帶一路」建設的大背景下，《補充安排》中支持跨境仲裁的包容性司法態度得以貫徹、落實。[1]《補充安排》第一條明確規定：

> 《安排》所指執行內地或者香港特別行政區仲裁裁決的程序，應解釋為包括認可和執行內地或者香港特別行政區仲裁裁決的程序。

在內地和香港行政區發生的互認程序所需要的材料，包括：1. 執行申請書；2. 仲裁裁決書；3. 仲裁協議。[2] 也就是說只要當事人提供了上述材料，

1　劉敬東：《「一帶一路」倡議下我國對外國仲裁裁決承認與執行的實證研究》，載《法律適用》2018 年 3 月第 8 期。

2　《安排》第三條。

法院即視為具備了執行該仲裁裁決的初步證據，如果對方當事人持有異議，則應由對方當事人提出相反的證據證明。[1]

《補充安排》的簽署，意味着內地與香港在仲裁領域保全協助的全覆蓋。其關切於考慮兩地制度差異及未來立法趨勢，並注意吸收司法實踐經驗來確定相互認可和執行的範圍。對申請認可和執行的香港仲裁裁決，規定按《香港仲裁條例》作出的仲裁裁決均可向內地人民法院申請認可和執行，既包括香港仲裁機構作出的仲裁裁決，也包括臨時仲裁裁決和香港以外仲裁機構作出的仲裁裁決。對申請認可和執行的內地仲裁裁決，刪除了「由內地仲裁機構作出」的限制。在兩地仲裁裁決相互認可和執行機制與內地法律之間建立「超級鏈接」，規定按《仲裁法》作出的仲裁裁決可向香港法院申請認可和執行，提高了原《安排》和《補充安排》的適應性、靈活性。境外仲裁機構在中國內地仲裁主要有兩種形式：第一，境外仲裁機構在中國內地設立分支機構，以商業存在的形式提供仲裁服務；第二，境外仲裁機構未在中國內地設立分支機構，但將仲裁地設定為中國內地。《最高人民法院關於香港仲裁裁決在內地執行的有關問題的通知》（2009年）首次明確以仲裁地來確認仲裁裁決的國籍，規定當事人向人民法院申請執行在香港特別行政區作出的臨時仲裁裁決、國際商會仲裁院等國外仲裁機構在香港特別行政區作出的仲裁裁決的，人民法院應當按照《安排》（2000年）的規定進行審查。但《最高人民法院關於香港仲裁裁決在內地執行的有關問題的通知》只是就涉及在香港作出的裁決的性質的一個通知，最高人民法院並未明確聲明將仲裁地作為認定裁決的性質的標準，亦未明確無論是由境內仲裁機構還是由境外仲裁機構作出的，只要是在中國內地作出的仲裁裁決，均構成中國仲裁裁決，而在外國作出的仲裁裁決，均構成外國仲裁裁決。[2]

1　參見徐宏：《國際民事司法協助》，武漢大學出版社 2006 年版，第 341 頁。
2　參見李慶明：《境外仲裁機構在中國內地仲裁的法律問題》，載《環球法律評論》2016 年第 3 期。

三、內港跨境商事仲裁裁決執行與保全

中國作為貿易大國、港口大國、航運大國和造船大國，經過了多年的發展，目前已成為全球第一大貨物貿易國，中國港口集裝箱吞吐量超過全球的 1/4，海運量超過全球的 1/3，全球貨物、集裝箱吞吐量排名前十的港口中我國均佔七個（含香港），擁有船隊的規模位居全球第三，中國的世界造船大國地位進一步鞏固，海洋工程裝備總裝建造進入世界第一方陣。相關數據充分說明，海事仲裁「中國元素」優勢明顯。[1]內港跨境商事仲裁是「中國元素」的有機組成部分。

《安排》第二條規定：

> 被申請人的住所地或者財產所在地，既在內地又在香港特區的，申請人不得同時分別向兩地有關法院提出申請。只有一地法院執行不足以償還其債務時，才可就不足部分向另一地法院申請執行。兩地法院先後執行仲裁裁決的總額，不得超過裁決數額。

《補充安排》將該款修訂如下，有效提高了內港商事仲裁裁決執行效率和質量：

> 被申請人在內地和香港特區均有住所地或者可供執行財產的，申請人可以分別向兩地法院申請執行。應對方法院要求，兩地法院應當相互提供本方執行仲裁裁決的情況。兩地法院執行財產的總額，不得超過裁決確定的數額。

《安排》第七條規定：

> 在內地或者香港特區申請執行的仲裁裁決，被申請人接到通知後，提出證據證明有下列情形之一的，經審查核實，有關法院可裁定不予執行：（一）仲裁協議當事人依對其適用的法律屬於某種無行為能力的情形；或者該項仲裁協議依約定的準據法無效；

1　參見張文廣：《接受人民周刊採訪　談海事仲裁發展》，http://iolaw.cssn.cn/jyxc/201912/t20191206_5054592.shtml，2019 年 12 月 6 日。

或者未指明以何種法律為準時，依仲裁裁決地的法律是無效的；
（二）被申請人未接到指派仲裁員的適當通知，或者因他故未能
陳述意見的；（三）裁決所處理的爭議不是交付仲裁的標的或者
不在仲裁協議條款之內，或者裁決載有關於交付仲裁範圍以外事
項的決定的；但交付仲裁事項的決定可與未交付仲裁的事項劃分
時，裁決中關於交付仲裁事項的決定部分應當予以執行；（四）
仲裁庭的組成或者仲裁庭程序與當事人之間的協議不符，或者在
有關當事人沒有這種協議時與仲裁地的法律不符的；（五）裁決
對當事人尚無約束力，或者業經仲裁地的法院或者按仲裁地的法
律撤銷或者停止執行的。有關法院認定依執行地法律，爭議事項
不能以仲裁解決的，則可不予執行該裁決。內地法院認定在內地
執行該仲裁裁決違反內地社會公共利益，或者香港特區法院決定
在香港特區執行該仲裁裁決違反香港特區的公共政策，則可不予
執行該裁決。

《仲裁法》（2017 年修訂）第 68 條明確規定：

> 涉外仲裁的當事人申請證據保全的，涉外仲裁委員會應當將
> 當事人的申請提交證據所在地的中級人民法院。

《關於內地與香港特別行政區法院就仲裁程序相互協助保全的安排》
（2019 年 10 月 1 日起實施）（以下簡稱《仲裁保全安排》）[1] 規定，內港跨
境保全，在內地包括財產保全、證據保全、行為保全；在香港特別行政區
包括強制令以及其他臨時措施，以在爭議得以裁決之前維持現狀或者恢復
原狀、採取行動防止目前或者即將對仲裁程序發生的危害或者損害，或
者不採取可能造成這種危害或者損害的行動、保全資產或者保全對解決
爭議可能具有相關性和重要性的證據。內地仲裁機構管理的仲裁程序的

1　《仲裁保全安排》，允許香港仲裁程序的當事人向內地人民法院申請保全，內地仲裁程序的當
　　事人亦可向香港特區法院申請強制令以及其他臨時措施。《仲裁保全安排》的生效標誌着內
　　地首次向其他法域的仲裁程序提供保全協助，兩地的仲裁程序在保全措施上將相互享有本地
　　同等待遇，加強了對當事人合法權益的平等保護。

當事人，在仲裁裁決作出前，可以依據《香港仲裁條例》《高等法院條例》，向香港特別行政區高等法院申請保全。向香港特別行政區法院申請保全的，應當依據香港特別行政區相關法律規定，提交申請、支持申請的誓章、附同的證物、論點綱要以及法庭命令的草擬本。內地人民法院可以要求申請人提供擔保等，香港特別行政區法院可以要求申請人作出承諾、就費用提供保證等。

　　基於此，《安排》的相關規定已無法表達相關跨境商事仲裁安排需要，《補充安排》第四條中，將《安排》第六條增加一款作為第二款：「有關法院在受理執行仲裁裁決申請之前或者之後，可以依申請並按照執行地法律規定採取保全或者強制措施」，對內港商事仲裁執行中的關鍵環節即保全或者強制措施進行了彌補和完善。截至 2020 年 10 月 30 日，香港仲裁機構向內地人民法院合共提交了 32 宗《仲裁保全安排》下的保全措施申請。申請分別向內地共 16 間內地人民法院提出，內地法院共就 21 宗保全申請發佈了裁決，其中 20 宗申請獲批。獲批的保全申請所涉及的財產總值達 97 億元人民幣。[1] 截至 2021 年 2 月 9 日，HKIAC 一共處理了 37 個向內地法院提出的仲裁保全申請。在這 37 個申請中，34 個申請是財產保全，兩個申請是證據保全，一個是行為保全。所有財產保全申請所涉及的資產總額為 125 億人民幣（約 19 億美元）。HKIAC 就前述每個申請皆根據《仲裁保全安排》下的要求出具受理函，並一般在收到申請的 24 小時內出具。[2]

四、小結

　　《補充安排》對內港跨境商事仲裁裁決執行範圍限定於內地人民法院執行按《香港仲裁條例》作出的仲裁裁決，以及香港特區法院執行按《仲

1　參見《兩地正探討在大灣區實施「港資港法港仲裁」政策》，載紫荊網，2021 年 1 月 8 日。
2　參見《香港國際仲裁中心發佈了 2020 年數據統計》，https://www.sw-hk.com/zh/news-20210210-2/，2021 年 2 月 10 日。

裁法》作出的仲裁裁決。實際上構成對《安排》的適用範圍進行了擴張，使得作為執行對象的內地仲裁裁決不再僅僅局限於內地仲裁機構在內地所作的裁決，今後可以擴展至境外仲裁機構在內地所作裁決。在底層邏輯上，使國際上普遍採用的《紐約公約》「仲裁地」定義方式獲得統一與一致。

《補充安排》修訂了《安排》不得分別向兩地法院申請執行裁決的限制，增加了當事人可在執行程序前或者執行程序中申請財產保全和臨時措施的規定，充分彰顯了兩地司法部門支持仲裁的司法理念。[1] 嚴格貫徹了尊重當事人的仲裁意願，秉持有利於認定仲裁協議有效的原則，審慎審查當事人提出的撤銷和不予執行仲裁裁決的申請，保護跨境商事仲裁當事人之合法權益。嚴格適用社會公共利益條款，避免濫用。優化便利仲裁領域的區際司法協助，有效拓展區際司法合作的廣度與深度。

第十一節　跨境商事仲裁司法審查的實證邏輯

商事仲裁，作為國際公認的解決商事糾紛的重要方式，在國際經貿投資領域發揮着極為獨特的作用，諸多國際機構甚至將一國對仲裁的態度作為評價該國投資環境是否良好的核心指標。司法是仲裁的監督者和仲裁裁決的執行者，司法對仲裁奉行的立場很大程度上決定了仲裁業的生存環境和發展前途。[2] 現階段，對於跨境商事仲裁裁決，即涉外仲裁裁決，我國法院在承認與執行程序中唯能進行程序審查，不得進行實體審查。相反，對於國內仲裁裁決，《民事訴訟法》第 237 條授權法院對仲裁裁決的程序

---

1 上海國際經濟貿易仲裁委員會（上海國際仲裁中心）《內地與香港相互執行仲裁裁決機制的重大發展》，https://xw.qq.com/cmsid/20201128A047WL00，2020 年 11 月 28 日。
2 參見劉敬東：《司法支持仲裁的重大舉措——透視最高院系列支持仲裁司法文件的價值取向》，載《法制日報》，2018 年 1 月 8 日。

和實體都進行審查。[1] 由此，對於外國仲裁機構在中國所作裁決的性質認定存在不同觀點。「國外的仲裁機構在中國內地裁決的案件，是屬於國外裁決還是國內裁決，目前還沒有明確規定，這將必然導致裁決執行時的麻煩。」[2]

　　跨境商事仲裁，即不同國家的公民、法人將其在對外經濟貿易及海事中所發生的爭議，以書面的形式，自願提交由第三方機構進行評斷和裁決。其主要適用於如下爭議領域：國際貨物買賣合同中的爭議，國際貨物運輸中的爭議，國際保險中的爭議，國際貿易、支付結算中的爭議，國際投資、技術貿易以及合資、合作經營、補償貿易、來料加工、國際租賃、國際合作開發自然資源、國際工程承包等方面爭議，國際知識產權保護爭議，海上碰撞、救助和共同海損中爭議，國際環境污染、涉外侵權行為爭議等。跨境商事爭議價值取向在於公平、效率處理相關當事人糾紛，以當事人之協議為基礎，自由選擇仲裁機構、仲裁程序及適用實體法，一裁終局，即時生效。

一、跨境商事仲裁司法審查

　　跨境商事仲裁，是解決跨國性商事爭議的一種仲裁方法，即如果仲裁審理的爭議雙方當事人具有不同國籍，或其營業地分處不同國家或地區，或爭議標的、法律關係具有國際性，即為跨境商事仲裁。國家法院對仲裁的司法審查，是指法院對仲裁的支持與協助，實質上是如何處理仲裁裁決的終局性和司法審查權之間的關係，以及如何維護仲裁制度在效益與公平

1　《民事訴訟法》（2017 年修訂）第 237 條：「對依法設立的仲裁機構的裁決，一方當事人不履行的，對方當事人可以向有管轄權的人民法院申請執行。受申請的人民法院應當執行。被申請人提出證據證明仲裁裁決有下列情形之一的，經人民法院組成合議庭審查核實，裁定不予執行：（一）當事人在合同中沒有訂有仲裁條款或者事後沒有達成書面仲裁協議的；（二）裁決的事項不屬於仲裁協議的範圍或者仲裁機構無權仲裁的；（三）仲裁庭的組成或者仲裁的程序違反法定程序的；（四）裁決所根據的證據是偽造的；（五）對方當事人向仲裁機構隱瞞了足以影響公正裁決的證據的；（六）仲裁員在仲裁該案時有貪污受賄，徇私舞弊，枉法裁決行為的。人民法院認定執行該裁決違背社會公共利益的，裁定不予執行。裁定書應送達雙方當事人和仲裁機構。仲裁裁決被人民法院裁定不予執行的，當事人可以根據雙方達成的書面仲裁協議重新申請仲裁，也可以向人民法院起訴。」

2　萬鄂湘：《紐約公約在中國的司法實踐》，載《法律適用》2009 年第 3 期。

之間的平衡問題。[1]

　　關於跨境商事法律關係，只要具如下情形之一，即認定為該關係成立：（一）當事人一方或雙方是外國公民、外國法人或者其他組織、無國籍人；（二）當事人一方或雙方的經常居所地在中華人民共和國領域外；（三）標的物在中華人民共和國領域外；（四）產生、變更或者消滅民事關係的法律事實發生在中華人民共和國領域外；（五）可以認定為涉外民事關係的其他情形。跨境商事仲裁當事人沒有選擇涉外仲裁協議適用的法律，也沒有約定仲裁機構或者仲裁地，或者約定不明的，人民法院可以適用中華人民共和國法律認定該仲裁協議的效力。2015 年 6 月 2 日，最高人民法院公佈了《最高人民法院關於認可和執行台灣地區仲裁裁決的規定》，規定當事人可以向人民法院申請認可和執行台灣地區仲裁裁決。該規定在區分認可和執行程序、認可和執行程序中的保全措施、內部報告制度的期限、明確台灣地區法院撤銷台灣地區仲裁裁決的法律效果等方面有諸多亮點，進一步完善了區際仲裁裁決的認可和執行機制。

　　跨境商事爭議大多體現為個體利益間的衝突，在契約自由和意思自治的法律原則下，法院對個案中利益衝突的處理不僅要尊重法律規定和當事人約定，亦要堅守一國的根本利益。在國際民商事活動中，這一底線通常稱為「公共政策」或「公共秩序」。在國際民商事爭議的解決中，公共政策的適用主要存在於法律選擇、域外送達、域外取證、外國法院判決的承認與執行、國際商事仲裁的司法審查等領域。[2]從內容方面來看，仲裁程序司法審查本質涉及所有當事人在仲裁程序中接近仲裁庭的平等待遇及陳述機會等，其核心內容是要確保仲裁庭組建後的仲裁程序符合當代正義的仲裁正當程序要求。[3]仲裁不同於其他由當事人基於政治

1　參見邵玉婷、楊尚君：《國際商事仲裁的司法審查》，載《法制與社會》2013 年 4 月。

2　參見何其生：《國際商事仲裁司法審查中的公共政策合作利益》，載《中國社會科學》2016 年 3 月 15 日。

3　參見 Mantilla-Serrano F., "Towards a Transnational Procedural Public Policy", in *Arbitration International*, no. 4, 2004, p. 342.

或現實等因素考慮而對結果自我作主的和解方式，當事人選擇仲裁的目的即是選擇客觀的仲裁員通過正式的裁判程序對相關的事實合理地適用既定的規則解決爭議。[1]

關於跨境商事仲裁司法審查，最高人民法院先後頒佈《最高人民法院關於仲裁司法審查案件報核問題的有關規定》（2017 年 12 月 26 日）、《最高人民法院關於審理仲裁司法審查案件若干問題的規定》（2018 年 1 月 1 日）、《最高人民法院關於人民法院辦理仲裁裁決執行案件若干問題的規定》（2018 年 3 月 1 日），基本建立了跨境商事仲裁司法審查初步法律規則體系。

整體考量我國仲裁司法審查體系，實際上存在多重規則，分別針對我國內地仲裁機構審理的非涉外涉港澳台仲裁案件和涉外涉港澳台仲裁案件、港澳台仲裁案件、以及外國仲裁案件。就我國內地仲裁機構審理的非涉外涉港澳台仲裁案件和涉外涉港澳台仲裁案件，對其的司法審查包括仲裁協議效力確認、仲裁裁決撤銷和仲裁裁決執行。就港澳台仲裁案件和外國仲裁案件，對其的司法審查主要是仲裁裁決的認可 / 承認和執行。多重仲裁司法審查規則一方面容易引發當事人的規則選購，另一方面也增加法院適用規則的難度。[2]

二、司法審查內容

商事仲裁已經成為國際範圍內解決商事爭議的最優方式，其具有的專業性、快速性、便捷性、保密性、和諧性等優點，使其在眾多的國際爭議解決途徑尤其是在商事領域中佔有舉足輕重的地位。[3]商事仲裁區別於訴訟的一個根本性特點就是當事人在仲裁程序中具有高度的自治性，當事人

1　參見 Rogers C. A., "The Vocation of the International Arbitrator", in *American University International Law Review*, 2005, pp. 984-989.

2　參見薛源：《仲裁法修改背景下國際商事仲裁司法審查機制的完善》，http://iolaw.cssn.cn/xszl/gjfl0/jzlt/201909/t20190916_4972635.shtml，2019 年 9 月 16 日。

3　參見王曉川、夏興宇：《海峽兩岸商事仲裁制度對比研究》，載《河北法學》2013 年第 8 期。

可以約定仲裁地、仲裁規則、仲裁員人數、仲裁語言等仲裁程序問題，即理論上有權約定仲裁程序法，換句話說，他們有權約定仲裁地之外的法律規制仲裁程序。[1] 雖然跨境商事仲裁制度是以當事人意思自治為核心的一種爭議解決方式，但有關國家的司法干預是仲裁裁決能夠得到履行的後盾，畢竟不可能所有敗訴方當事人均能自覺履行仲裁裁決，而且仲裁「一裁終局」，當事人難免會有對裁決不服的情況存在，期望尋求司法救濟途徑，從這個意義上說，對國際商事仲裁裁決的司法監督不可或缺。國際商事仲裁裁決的承認與執行制度和撤銷制度是法院對仲裁裁決進行司法審查的兩種基本方式，主張廢棄裁決撤銷制度觀點的核心理由之一在於承認與執行制度可以完全取代裁決撤銷制度的功能，所以裁決撤銷制度沒有必要存在。[2]

對於商事仲裁的司法審查，很多國家或地區提供了制定法的規範依據，其基本內容一般都是：在不違背強制性規定的情況下，境外的仲裁制定法普遍地規定當事人有約定仲裁庭進行仲裁時所應當遵循程序的自由，如 1985 年版和 2006 年版《聯合國國際商事仲裁示範法》第 19 條和第 34 條第二款第一項第一目、瑞士 1987 年《聯邦國際私法法規》第 182 條、英國 1996 年《仲裁法》第 34 條、韓國 1999 年《仲裁法》第 20 條、德國 1998 年《民事程序法典》第 1042 條和第 1059 條第二款第一項第一目、瑞典 1999 年《仲裁法》第 21 條、日本 2003 年《仲裁法》第 44 條第一款第一項和第二項、挪威 2004 年《仲裁法》第 43 條第一款第一項、丹麥 2005 年《仲裁法》第 19 條和第 37 條第二款第一項、奧地利 2006 年《民事程序法典》第 594 條和第 611 條第二款第一項、香港 2010 年《仲裁條例》第 47 條和第 81 條第一款第二項第一目、法國 2011 年《民事程序法典》第 1464 條、葡萄牙 2011 年《自願仲裁法》第 30 條、荷蘭 2015 年《民

1　參見覃華平：《國際商事仲裁中仲裁地的確定及其法律意義——從 BNA v. BNB and another 案談起》，載《商事仲裁與調解》2020 年第 2 期。

2　參見謝新勝：《國際商事仲裁裁決撤銷制度「廢棄論」之批判》，載《法商研究》2010 年第 5 期。

事程序法典》第 1036 條等。[1]

　　跨境商事仲裁司法審查，包括如下方面：（一）申請確認仲裁協議效力案件；（二）申請執行我國內地仲裁機構的仲裁裁決案件；（三）申請撤銷我國內地仲裁機構的仲裁裁決案件；（四）申請認可和執行香港特別行政區、澳門特別行政區、台灣地區仲裁裁決案件；（五）申請承認和執行外國仲裁裁決案件；（六）其他仲裁司法審查案件。[2] 當事人可以請求仲裁地法院撤銷商事仲裁庭作出的裁決。從仲裁實踐角度，仲裁地法院在事實上是唯一有權決定仲裁裁決撤銷與否的機構。各國在審查是否撤銷裁決時通常會對仲裁程序的正當性進行審查，也就是所謂的程序審，一般不會對案件的實體問題進行審查，比如審查仲裁庭對事實的認定是否清楚，法律適用是否正確等，也就是不進行實體審。但法院在什麼情況下可以撤銷裁決，或者說撤銷裁決的法定事由有哪些，各個國家規定存在差異。一般說來對仲裁持友好支持態度的國家，法院在撤銷仲裁裁決時僅進行程序審查，也就是審查仲裁庭是否滿足了程序正義（due process）；但是有的國家規定法院在決定是否撤銷裁決時不僅可以進行程序審查，亦可以進行實體審查，也就是對仲裁庭確定的案件事實和適用法律進行審查，這從某種程度來說相當於對仲裁裁決提供了「上訴」機制。該種做法顯然有違仲裁「一裁終局」的原則。[3]

　　跨境商事仲裁作為一種私人爭議解決機制，具有民間性，依據當事人的指定而組成的仲裁庭以及作為民間組織的仲裁機構均沒有強制性權力。這和法院代表國家行使公權力，其作出的裁定與判決有國家機器作為執行保障明顯不同。同時，還會出現當控制證據的第三人因無切身利益關係不積極配合提供證據，或者當事人不遵守仲裁庭披露證據的命

1　張聖翠：《仲裁程序爭議司法審查制度比較與借鑒》，載《上海財經大學學報（哲學社會科學版）》2017 年第 2 期。
2　《最高人民法院關於審理仲裁司法審查案件若干問題的規定》（法釋〔2017〕22 號）第一條。
3　參見覃華平：《國際商事仲裁中仲裁地的確定及其法律意義——從 BNA v. BNB and another 案談起》，載《商事仲裁與調解》2020 年第 2 期。

令，[1]申請確認涉及香港特別行政區、澳門特別行政區 …… 參照適用涉外仲裁司法審查案件的規定審查，[2]該類案件通常涉及公共政策審查，最高人民法院列舉的公共政策內容包括：法律基本原則、社會根本利益和善良風俗。[3]在 2012 年韋斯頓瓦克公司申請承認與執行英國仲裁裁決案（韋斯頓瓦克案）中，最高人民法院認為，「只有在承認和執行外國商事仲裁裁決將導致違反我國法律基本原則、侵犯我國國家主權、危害國家及社會公共安全、違反善良風俗等危及我國根本社會公共利益情形的」，才能援引公共政策的理由。[4]

> 人民法院對不予執行仲裁裁決案件應當組成合議庭圍繞被執行人申請的事由、案外人的申請進行審查；對被執行人沒有申請的事由不予審查，但仲裁裁決可能違背社會公共利益的除外。[5]

撤銷仲裁裁決的法律效果是徹底否認整個仲裁程序和仲裁結果，它可以說是法院對仲裁實施的最嚴厲的審查方式之一。根據現有的法律法規和法律文件，法院認為可由仲裁庭重新仲裁的，應通知仲裁庭在一定期限內重新仲裁。[6]為了逐步消除雙軌制對仲裁司法審查的不利影響，《最高人民法院關於仲裁司法審查案件報核問題的有關規定》（2017 年）明確規定凡中級法院認為要撤銷或不予執行國內仲裁裁決應當報請本轄區所屬的高級人民法院進行審查。高級人民法院認為有必要將否定性裁決意見上報給最高人民法院。通過這樣一種報核制度使得國內仲裁裁決的司法審核權也得到了提升。不過，最高人民法院並沒有將審核權直接收歸到自己手中，而是賦予各地高級人民法院以較大權力決定是否向最高人民法院報核。這種以「高級法院把關為主、最高人民法院把關為例外」的做法是考慮到當下

1　參見崔起凡：《論國際商事仲裁中取證的法院協助》，載《國際商法論叢》2013 年第 1 期。
2　《最高人民法院關於審理仲裁司法審查案件若干問題的規定》（法釋〔2017〕22 號）第 21 條。
3　參見萬鄂湘：《涉外商事海事審判指導》，人民法院出版社 2013 年第 25 輯，第 154 頁。
4　參見萬鄂湘：《涉外商事海事審判指導》，人民法院出版社 2012 年第 24 輯，第 116 頁。
5　《最高人民法院關於人民法院辦理仲裁裁決執行案件若干問題的規定》第 11 條。
6　參見邵玉婷、楊尚君：《國際商事仲裁的司法審查》，載《法制與社會》2013 年 4 月。

申請撤銷或不予執行的國內仲裁裁決的案件數量較多的實際情況。無論如何，司法解釋緩解了雙軌制產生的消極影響，但最終問題的解決還是要對立法進行修改。[1]

三、餘論

跨境商事仲裁有效地突破了一國法律地域性局限，在雙方仲裁及多方仲裁領域有效維護當事人合法權益。可以預見的是，跨境商事仲裁在國際商事活動中已經成為一種不可或缺的爭端解決機制，而且其自身也已經形成了一個具有相對獨立性和競爭性的國際服務市場。其必將在世界多極化、經濟全球化、文化多樣化、社會信息化深入發展，掃清不合理的體制機制障礙，激發市場和社會活力，實現更高質量、更具韌性、更可持續的增長等方面起到不可替代的積極作用。跨境商事仲裁是解決國際商事爭議最普遍採用的方式，而法院對國際商事仲裁進行司法審查，是世界各國普遍堅持的一項基本原則，它通過對仲裁監督違法、匡正錯誤、協助採取臨時措施和執行仲裁裁決等，來維護仲裁裁決的正當性，增強人們對仲裁公平解決爭議的信心，保障和促進仲裁健康。[2]

商事仲裁司法審查制度直接關乎跨境當事人對仲裁的信心，境外不少國家或地區的仲裁程序糾紛的司法審查制度具有較大的競爭力，對這些國家或地區成為仲裁強國或強區來說功不可沒，該種制度的要點是一方面承認當事人有約定仲裁程序的自由，另一方面對各種仲裁參與主體施加強行的正當程序要求。[3]

隨着「一帶一路」建設的穩步推進，商業活動的繁榮、商業交易的

---

1 參見毛曉飛：《「一帶一路」倡議背景下我國商事仲裁制度的革新》，載《人民法治》2018 年第 2 期。

2 參見劉敬東：《法官視角下的中國國際商事仲裁司法審查》，載朱科：《中國國際商事仲裁司法審查制度完善研究·序》，法律出版社 2018 年版。

3 參見張聖翠：《仲裁程序爭議司法審查制度比較與借鑒》，載《上海財經大學學報（哲學社會科學版）》2017 年第 2 期。

進一步拓展一定會有更為廣闊的空間，跨境貿易、投資、工程承包等商業活動的蓬勃發展將是必然的趨勢，中國仲裁的進一步國際化將是把握時代機遇的必然要求。最高法院還將建立健全仲裁司法審查案件的數據信息集中管理平台。從仲裁司法審查的公開性、透明度、規範性和對當事人權利的程序保障角度，[1]諸如，內地仲裁機構審理的非涉外涉港澳台仲裁案件和涉外涉港澳台仲裁案件仲裁裁決撤銷和執行標準如何進行統一，以及是否通過撤銷與執行事由的有限制任意擴張或縮減實現，即允許當事人在法律規定的撤銷與執行事由基礎之上，通過合意增加或減少撤銷與執行的事由等，[2]對我國跨境商事仲裁司法審查進行訴訟化改造和升級。

第十二節　跨境商事爭議中的證據排除

　　包容性、效率性是跨境商事爭議解決的基礎邏輯。基於跨境商事爭議所涉的國家和法域眾多，很難形成統一、強制適用的證據規則；諸如在國際商事仲裁中，仲裁庭、案件雙方當事人以及代理人經常來自多個法域。取證是當事人維護自身合法權益，幫助仲裁庭查明案件事實的必經之路，因此為解決證據規則缺失的問題，一套能夠被廣泛接受的證據規則必然需要將不同法域的法律傳統納入考量範圍，必須遵循高效、經濟和公平的基本原則。[3]

　　顯然，「要發現無誤的證據規則和確保正確判決的規則，是絕對不可能的；但人類的頭腦傾向於創建這種只能增加錯誤判決概率的證據規則。一個公正的真相發現者在這方面所要做的全部事情，就是要使立法者和裁

1　參見《最高法：將「訴訟化改造」仲裁司法審查　建信息平台》，載法制日報－法制網，2017年9月21日。

2　參見薛源：《仲裁法修改背景下國際商事仲裁司法審查機制的完善》，但法律對當事人可以增加或減少的撤銷與執行事由採用明確列舉的形式對當事人合意加以限制，http://iolaw.cssn.cn/xszl/gjf10/jzlt/201909/t20190916_4972635.shtml，2019年9月16日。

3　參見袁培皓、林草原：《四維解讀國際律師協會（IBA）取證規則修改》，http://www.zhonglun.com/Content/2021/06-15/1523545162.html，2021年6月15日。

判者警惕和抵制這種草率的規則。」[1]

一、證據出示

　　依照《民事訴訟法》第 64、65 條的規定，商事爭議中當事人對自己提出的主張，有責任提供證據。當事人及其訴訟代理人因客觀原因不能自行收集的證據，或者人民法院認為審理案件需要的證據，人民法院應當調查收集。人民法院應當按照法定程序，全面地、客觀地審查核實證據。

　　商事爭議當事人對自己提出的主張應當及時提供證據。人民法院根據當事人的主張和案件審理情況，確定當事人應當提供的證據及其期限。當事人在該期限內提供證據確有困難的，可以向人民法院申請延長期限，人民法院根據當事人的申請適當延長。當事人逾期提供證據的，人民法院應當責令其說明理由；拒不說明理由或者理由不成立的，人民法院根據不同情形可以不予採納該證據，或者採納該證據但予以訓誡、罰款。[2] 從以上規定，可以看出，程序法的直接目的是決定的正確性，即將有效的法律（被認為是符合功用的法律）正確運用於真正的事實；程序法的間接目標是將訴訟焦慮、訴訟成本以及訴訟遲延降到最低限度；在直接目的和間接目的發生衝突時，應當根據功利主義的原則予以決定。對事實主張真實性的判斷必須考慮到所有相關證據，司法證據的主要目標就是發現真相，這種對事實的判斷是建立在對蓋然性評估基礎之上的，而這種評估反過來又以經驗為基礎。[3]

　　《最高人民法院關於民事訴訟證據的若干規定》（2019 年修訂）第一條明確規定：

1　Jeremy Betham, *A Treatise on Judicial Evidence: Extracted from the Manuscripts of Jeremy Bentham, Esq. / by M. Dumont*, London（1825）, p. 180.

2　《民事訴訟法》（2017 年修正）第 67 條補充規定，人民法院有權向有關單位和個人調查取證，有關單位和個人不得拒絕。人民法院對有關單位和個人提出的證明文書，應當辨別真偽，審查確定其效力。

3　參見 Jeremy Bentham, *Rationale of Judicial Evidence: Specially Applied to English Practice*, Five Volumes, London: Hunt and Clarke, 1827, v. 304.

人民法院應當向當事人說明舉證的要求及法律後果，促使當
事人在合理期限內積極、全面、正確、誠實地完成舉證。當事人
因客觀原因不能自行收集的證據，可申請人民法院調查收集。

在訴訟過程中，一方當事人陳述的於己不利的事實，或者對於己不
利的事實明確表示承認的，另一方當事人無需舉證證明。在證據交換、詢
問、調查過程中，或者在起訴狀、答辯狀、代理詞等書面材料中，當事人
明確承認於己不利的事實的，適用前款規定。一方當事人對於另一方當事
人主張的於己不利的事實既不承認也不否認，經審判人員說明並詢問後，
其仍然不明確表示肯定或者否定的，視為對該事實的承認。前陳述證據規
則的內在邏輯在於，大陸法系由於存在任何人不必出示對自己不利證據的
文化傳統，原則上僅要求當事人就自己的主張舉證。目前國內仲裁界普遍
接受的仍然是「書證」的地位具有唯一性和重要性，所謂「打官司就是打
證據」，這裏的「證據」並不包括證人證言。[1]

普通法項下的法律制度與我國法律制度在諸多問題上原則不同，甚
至是邏輯完全相左。若簡單機械地以內地法律的理解套用普通法，甚至在
普通法仲裁／訴訟中仍然執念地使用我國法律的邏輯，即可能出現嚴重錯
誤，最終很可能導致敗訴。[2] 諸如，英美法系的證據出示規則（produce），
其與我國上述民事訴訟程序與證據規則中所熟悉的「誰主張，誰舉證」本
質不同，其允許一方當事人要求對方當事人提供對己方有利的證據，對方
或其代理人如存在拒絕或不合理（inappropriate）的配合，則可能構成藐
視法庭罪，而並非簡單「視為對該事實的承認」。

跨境商事爭議中，當事人雖然可以對適用的證據規則進行約定，但
若對方當事人來自英美法系國家，所約定的證據規則將或多或少涉及證
據出示規則。該文件出示規則過於繁瑣，即要求案件當事方完全地、毫

1　參見葉淲、孫亞翔：《IBA 國際仲裁取證規則介紹》，https://www.lexology.com/library/detail.
aspx?g=874731cf-9dd9-45eb-af3c-7981afb28f57，2019 年 4 月 17 日。

2　參見董璱、王悅：《文件披露程序——（1）基本概念及實務建議》，http://www.glo.com.cn/
Content/2020/06-22/1502026432.html，2020 年 6 月 19 日。

不遺漏地披露全部文件，特別是包括披露不利於披露方利益的文件。「證據出示」的主要機制包括但不限於：向對方當事人發出書面問題單，要求對方回答（interrogatories）；法庭外記錄證人的證言，以備庭審時使用（depositions）；一方當事人作出書面的事實陳述，要求對方承認、或否認或反對陳述的內容。經對方承認的事實或未被對方否認或反對的事實即成為免證事實（requests for admissions）；一方當事人書面請求對方提供具體的文件或其他有形的物以供檢查和複製，簡稱「文件提交請求」（requests for production）。

2020 年 12 月 17 日，IBA 在與 160 多個仲裁機構和工作組磋商後，確定並發佈了新版本的《國際律師協會取證規則》（以下簡稱《取證規則》）。新規則於 2021 年 2 月 17 日正式施行。該規則第三條、第四條、第七條分別對文件提交、事實證人、勘驗進行了規定。IBA 證據規則第三條規定，在仲裁庭（Arbitral Tribunal）規定的期限內，每一方當事人均應向仲裁庭和其他當事人提供其可獲得並依賴的所有文件材料（all Documents available to it on which it relies），包括公開的文件材料和在公知領域的文件材料，但另一方當事人已呈交的文件材料除外。[1] 在仲裁庭規定的期限內，任何一方當事人都可以向仲裁庭提交出示請求。出示請求應當包括如下內容：（a）（i）足以界定所請求出示文件材料的說明；或者（ii）如果合理地認為存在某類文件，則對請求出示的該類文件進行詳細、具體地描述（包括主題）；（b）被請求出示的文件材料對案件結果具有關聯性和重要性的說明（relevant to the case and material to its outcome）；以及（c）被請求出示的文件材料並不處於請求方的佔有、保管或控制下的聲明，以及請求方認為被請求文件材料處於另一方當事人的佔有、保管或控制下（possession, custody or control of）的理由。在仲裁庭規定的期限內，

1　Article 3 Documents 1. Within the time ordered by the Arbitral Tribunal, each Party shall submit to the Arbitral Tribunal and to the other Parties all Documents available to it on which it relies, including public Documents and those in the public domain, except for any Documents that have already been submitted by another Party.

如果被請求出示特定材料的當事人對該請求沒有異議，則其應當將處於其佔有、保管或控制下的被請求文件材料提交給仲裁庭和其他當事人。

二、證據排除規則

所謂證據排除規則，就是指法院／爭議處理機構認為接受某些證據對整個社會所產生的負面作用遠遠高於其在個案當中的證明作用，從而將這些類型的證據排除在審判程序之外。受到證據排除規則調整的證據材料也被稱為特權證據。依照英國法的規定，原則上當事人必須向法庭出示所有的證據材料，不得做出保留；只有當證據屬於特權證據時，當事人才有權不將該證據向法庭披露。[1] 非法證據排除作為「訴訟中的訴訟」抑或「審判中的審判」，需要構建起一套完整的法律規則體系作為處理程序性爭議的依據。[2] 一方面，非法證據排除規則是以一系列與取證行為有關的規則存在為前提的，可以說有多少這種取證規則，就有多少條潛在的非法證據排除規則。[3] 另一方面，證據合法與否與證據是否排除本身是兩個不同的問題，其考量標準也不可能相同。[4]

而我國關於非法證據排除概念主要關切於刑事程序，主要見之於2017 年 6 月 27 日，由最高人民法院、最高人民檢察院、公安部、國家安全部、司法部聯合發佈的《關於辦理刑事案件嚴格排除非法證據若干問題的規定》，其原則在於「為準確懲罰犯罪，切實保障人權，規範司法行為，促進司法公正」。我國《刑事訴訟法》（2018 年修訂）第 50 條亦明確規定：

1　參見何雨亭：《英國法中的證據排除規則》，http://bjgy.chinacourt.gov.cn/article/detail/2014/07/id/1351252.shtml，2014 年 7 月 23 日。
2　參見熊秋紅：《非法證據排除規則的體系性建構》，載中國法院網，2017 年 6 月 27 日。
3　參見［美］約翰·W. 斯特龍：《麥考密克論證據》，湯維建等譯，中國政法大學出版社 2004 年版，第 315 頁。
4　參見林鈺雄：《刑事訴訟法（上冊）》，元照出版有限公司（台北）2013 年版，第 605 頁。

審判人員、檢察人員、偵查人員必須依照法定程序，收集能夠證實犯罪嫌疑人、被告人有罪或者無罪、犯罪情節輕重的各種證據。嚴禁刑訊逼供和以其他非法方法收集證據，不得強迫任何人證實自己有罪。

第 56 條規定：

採用刑訊逼供等非法方法收集的犯罪嫌疑人、被告人供述和採用暴力、威脅等非法方法收集的證人證言、被害人陳述，應當予以排除。收集物證、書證不符合法定程序，可能嚴重影響司法公正的，應當予以補正或者作出合理解釋；不能補正或者作出合理解釋的，對該證據應當予以排除。在偵查、審查起訴、審判時發現有應當排除的證據的，應當依法予以排除，不得作為起訴意見、起訴決定和判決的依據。

立法者對實物證據的排除程序設置了較言詞證據更為嚴格的條件，這主要是考慮到物證書證本身的客觀性與不可替代性。[1]

英國《警察與刑事證據法》（1984 年）第 76 條第（2）款（b）項亦規定，相關人員的言行導致某次供述不具有可採性，就意味着後續通過法定程序收集的供述可能因此受到「污染」，進而應當根據該條規定予以排除。同時，法官也可以基於公平審判的裁量權排除後續供述。

在跨境商事爭議領域，非法證據排除程序主要關聯於證據出示義務，主要呈現為 IBA 規則 2020 年版在第 9.3 條新增了仲裁庭可以依據當事人請求，或者其自身的決定，排除非法獲取的證據（evidence obtained illegally）。[2] 就非法證據的排除，《取證規則》第 9.1 條規定了仲裁庭應決定證據的可採性（admissibility）、關聯性（relevance）、重要性（materiality）和證明力（weight）。[3]IBA 規則淵源於英美法系的證人制度，

1　參見郎勝主編：《中華人民共和國刑事訴訟法修改與適用》，新華出版社 2012 年版，第 6 頁。

2　Article 9.3, in IBA Rules on the Taking of Evidence in International Arbitration.

3　Article 9.3, in IBA Rules on the Taking of Evidence in International Arbitration.

對來自不同法律背景的專業人士從事國際仲裁活動提供指引，在國際仲裁界具有廣泛的影響力。IBA 規則中規定了書證、事實證人、專家證人與檢驗鑒定等整套取證機制。[1]

　　跨境商事爭議程序中，仲裁庭將屬於以下情況的文件資料、陳述、口頭證言或勘驗排除在證據或出示範圍之外：(a) 缺乏足夠關聯性和重要性；(b) 根據仲裁庭決定適用的法律或道德規則，造成法律障礙或形成法律特權；(c) 出示被要求的證據會造成不合理負擔；(d) 文件資料的丟失或毀損已被合理證明；(e) 仲裁庭認定商業保密或技術保密理由具有說服力；(f) 仲裁庭認定特殊的政治或機構敏感性（包括被政府或國際公共機構歸類為機密的證據）理由具有說服力；或 (g) 仲裁庭認定基於公平的考慮或平等對待當事人的考慮具有說服力。[2] 由此可見，關涉跨境商事爭議解決程序中的非法證據排除，主要考量並非基於國內法規定的程序非法性，而是充分關聯性（sufficient relevance）、重要性（materiality to its outcome）、不合理性負擔（unreasonable burden）、毀損（loss or destruction of the Document）、技術保密（technical confidentiality）、特殊政治要求（special political or institutional sensitivity）、公平與平等（fairness or equality）。

　　仲裁庭可依據一方當事人請求或仲裁庭自行決定（on its own motion），如果一方當事人對某出示請求未及時提出異議，但未出示該出示請求中請求出示的任何文件資料，且不能作出合理解釋，或者未出示仲裁庭要求出示的任何文件資料，則仲裁庭可以推斷此文件資料與該方當事人的利益相悖。[3]

　　關於第 9.2 條項下的「法律或道德規則，造成法律障礙或形成法律特權」，主要為：1. 基於證據誠信下的法律建議。（Any need to protect the

1　參見隋淑靜：《關於國際商事仲裁中「IBA 規則與布拉格規則」的比較與思考》，http://www.dhl.com.cn/CN/tansuocontent/0008/017134/7.aspx，2019 年 11 月 12 日。

2　Article 9 Admissibility and Assessment of Evidence, in IBA Rules on the Taking of Evidence in International Arbitration.

3　Article 9 Admissibility and Assessment of Evidence, in IBA Rules on the Taking of Evidence in International Arbitration.

confidentiality of a Document created or statement or oral communication made in connection with and for the purpose of providing or obtaining legal advice.）2. 基於誠信下的協商。（Any need to protect the confidentiality of a Document created or statement or oral communication made in connection with and for the purpose of settlement negotiations.）3. 法律障礙或法律特權下的期待。（The expectations of the Parties and their advisors at the time the legal impediment or privilege is said to have arisen.）4. 特權的放棄。（Any possible waiver of any applicable legal impediment or privilege by virtue of consent, earlier disclosure, affirmative use of the Document, statement, oral communication or advice contained therein, or otherwise; and）5. 不同法院下當事人的公平與平等。（The need to maintain fairness and equality as between the Parties, particularly if they are subject to different legal or ethical rules.）應該指出，現階段，我國主要仲裁機構的仲裁規則未對仲裁程序中的非法證據排除作出專門的規定，而是只有一般性的規定。跨境商事仲裁既是服務，亦是法律產品。可以預見的是，伴隨跨境商事爭議的進一步發展，非法證據的認定與重視，進而排除，將會成為我國仲裁機構仲裁規則的組成部分。

三、餘論

　　成本與收益分析是非法證據排除規則爭論的重心，這就決定了在排除非法證據問題上，有必要採取絕對排除與相對排除相結合的做法，相對排除需要裁判者在個案中通過綜合考慮各種因素、權衡各種利益後作出是否排除證據的決定。[1] 使用親情、家庭關係進行威脅、引誘與欺騙的取證做法，已經觸動了人類良知的底線，超出了公眾倫理道德的可接納邊界，應當通過適用非法證據排除的方式堅守人類良知的底線，捍衛親情倫理關係

---

[1]　參見熊秋紅：《美國非法證據排除規則的實踐及對我國的啟示》，載《政法論壇》2015 年第 3 期。

這一社會存在的基本運轉條件。[1] 而跨境商事爭議中關聯性、重要性、不合理性負擔、毀損、技術保密、特殊政治要求、公平與平等因素的考察，具有基礎邏輯性價值。

法官所遇到的難題，至少在目前來看，並不是證據的可採性問題，而是證據的可靠性問題。前者是證據法的核心問題，而後者卻只是經驗性的操作規則。他們不關心證據是否合法取得，也不關心雙方當事人對於證據調查過程的參與權，甚至都不關心保障程序公正的一些基本制度，他們關注的主要是證據的真實性問題，不同證據的證明力問題，以及對於證據的結論是否能被推翻的問題。[2] 法官們普遍認為，為確保審判的公平性，對於採用侵犯人權方式獲得的供述，以及影響公平審判的證據，應當排除。非法證據排除規則使得審判程序變得更加精細化。[3]

證據開示與非法證據排除，對於跨境企業而言，非常重要和關鍵。在跨境商事爭議司法實踐中，不少內地企業在走出國門的時候，難免會按照習慣的思維方式在國外行事，在面對國際仲裁庭的證據出示命令時，隱瞞不利證據，給仲裁庭留下不誠信的印象，因而受到不利推定的後果。隨着我國民事訴訟制度的發展與完善，愈來愈多的當事人應當認識到，即便在國內訴訟程序中，也已經出現了書證提出命令制度，而且這一制度會進一步發展和完善，因此，更多地了解國際仲裁中出示證據和非法證據排除方面的規則與原則，也許會更具有前瞻性。[4]

1　參見程雷：《非法證據排除規則規範分析》，載《政法論壇》2014 年第 6 期。

2　參見吳丹紅：《證據法的批判與建構》，載《環球法律評論》2006 年第 6 期。

3　參見劉靜坤：《英國刑事司法中的非法證據排除制度》，載《人民法院報》，2014 年 12 月 19 日。

4　參見《IBA 國際仲裁取證規則介紹》，https://www. lexology. com/library/detail. aspx?g=874731cf-9dd9-45eb-af3c-7981afb28f57，2019 年 4 月 17 日。

第四章
跨境商事訴訟的邏輯

　　對時代必然性的感知，流行的道德和政治理論，公共政策的直覺，不管你承認與否，甚至法官與他的同胞所共有偏見對人們決定是否遵守規則所起的作用都遠遠大於三段論。法律包含了一個民族許多世紀的發展歷史。它不能被當作由公理與推論組成的數學教科書。

第一節　跨境商事訴訟管轄與法律適用

　　隨着全球化的推進，愈來愈多的商事主體關涉跨境商事爭議中。跨境訴訟當事人，包括外國人、香港特別行政區、澳門特別行政區和台灣地區居民、經常居所地位於國外或者港澳台地區的我國內地公民以及在國外或者港澳台地區登記註冊的企業和組織。[1] 安全的交易秩序是跨境商事良性運行與協調發展的前提，任何社會都要運用社會控制體系來維繫現存的社會秩序。

　　　　在近代社會，法律成了社會控制的主要手段 …… 我們力圖通過有秩序的和系統的適應能力，來調整關係和安排行為。[2]
　　　　制度是一個社會中的遊戲規則，透過其安排的日常生活的結構而減少不確定性，界定並且限制了個人選擇的範疇。制度決定着人們的行為方式，制度變遷決定着社會變遷的路徑。[3]

　　不同司法管轄區之間的法律差異，是一應然直面的客觀法律現象。

　　跨境訴訟，歸屬於商事主體個體選擇的範疇。從國家角度而言，因各國存在不同的商事爭議管轄權規則，加之當前一些國家不斷擴大本國對國際民商事案件管轄權的實踐，不可避免地引發國際管轄權的積極衝突。從當事人角度而言，為積極尋求對自身有利的裁判結果或達到促使對方當事人和解等目的，在訴訟策略上也會選擇發起國際（平行）訴訟。國際（平

1　《最高人民法院關於為跨境訴訟當事人提供網上立案服務的若干規定》，2021 年 2 月 3 日。
2　〔美〕R. 龐德:《通過法律的社會控制》，沈宗靈、董世忠譯，商務印書館 1984 年版，第 10 頁。
3　〔美〕道格拉斯·諾斯:《制度、制度變遷與經濟成就》，劉守英譯，上海三聯書店 1994 年版，第 79 頁。

行）訴訟既是尊重各國司法主權的內在要求，又是尊重當事人對糾紛處分權的外在體現。[1]

一、跨境商事訴訟管轄

各國有關立法的差異是跨境民事管轄權產生的最主要原因。隨着跨境商事交易的蓬勃發展，國際商事交往日益增多，國際民商事糾紛亦日顯頻繁化和複雜化的趨勢，而各國出於維護本國司法權和本國利益的考慮，均競相擴大自身的民商事管轄權，最典型的有英國「有效管轄」原則和美國的「長臂管轄」原則。這些都必然造成國際平行管轄權衝突的日益激烈。[2]跨境商事管轄權是指一國依國際條約和國內法規定所確定的受理涉外商事案件的權限範圍和對特定民事案件行使審判權的資格。這裏所指的國際條約包括專門規定國際商事管轄權的雙邊條約或多邊國際條約以及其他國際條約中的商事管轄條款；國內立法是指各國國內立法中對涉外商事管轄權的規定。[3]

在一起中國公民因購買海外商品訴亞馬遜公司的案件，消費者以網絡購物合同糾紛為由在其住所地所在法院杭州互聯網法院起訴亞馬遜公司，但亞馬遜公司以用戶註冊使用條款中約定的管轄條款為由進行抗辯，認為本案應當由盧森堡市區法院管轄。[4]

通常意義上，一國／法域法院行使管轄權時主要考慮如下因素：當事人的意思表示；案件與法院地的聯繫；當事人權利救濟的必要性；當事人行使訴訟權利的便利；判決承認與執行的可能性。為此，跨境商事管轄權制度由專屬管轄、平行管轄（parallel proceedings）和排除管轄三種基本類型組成。通常在有關國家本身的實體法制度支配下的案件和私人權利

1　參見王淑君：《國際平行訴訟中外國禁訴令簽發的主要事由》，載《人民法院報》，2021 年 1 月 29 日。當相同的訴訟當事人就同一或類似國際民商事爭議同時或先後向有管轄權的不同國家法院提起訴訟時，就產生了國際平行訴訟問題。

2　參見丁正鳳：《試析國際平行訴訟管轄權衝突的協調》，載《人民法院報》，2003 年 11 月 24 日。

3　參見丁正鳳：《試析國際平行訴訟管轄權衝突的協調》，載《人民法院報》，2003 年 11 月 24 日。

4　參見（2019）浙 0192 民初 8526 號民事裁定書。

的主張會影響到國家的政治利益以及國家機構的利益大於當事人利益的案件中採用專屬管轄；而在那些依國際法與內國國家的管轄權無關的案件和與內國國家的領土或公民或它的實體法不存在任何屬地聯繫或屬人聯繫的案件中採用排除管轄；凡不屬於專屬管轄範圍但又沒有被排除出內國法院管轄的案件，都處於各國的平行管轄之下。所謂跨境平行訴訟（parallel proceedings）主要指對某類涉外民事案件有兩個或兩個以上國家／法域主張自己的法院享有審判管轄權時，也不否認外國法院／法域法院的管轄權，當事人可選擇其中一國法院／法域法院起訴；或一國／法域法院主張對該案有管轄權時也不否認外國法院／法域法院的管轄權[1]（參見圖 4）。[2]

　　為避免跨境平行訴訟造成的重複訴訟、拖延、不便、判決競賽和裁決不一致等風險，英美國家一些法院認為，為解決這種嚴重的不便性可以簽發國際禁訴令。基於便利性而簽發的禁訴令，尤其是進攻性否定他國司法管轄權的行為，在一定程度上無疑將干涉主權國家的司法主權。因此，此類外國禁訴令在國際社會上受到一定非議。此外，當外國／法域訴訟行為將違反本國的公共政策時，本國／法域法院對即將進行的外國／法域訴訟或正在發生的外國／法域訴訟可能簽發國際禁訴令。對於跨境平行訴訟而言，真正使本國／法域法院不安的，實際上是認為外國／法域訴訟的目的以及可能產生的訴訟效果將干擾本國／法域法院已然確立的司法管轄權。[3]

1　參見丁正鳳：《試析國際平行訴訟管轄權衝突的協調》，載《人民法院報》，2003 年 11 月 24 日。

2　參見冼一帆：《中國內地與香港之間的跨境婚姻訴訟經典案例》，http://www.gdlianyue.com/news_view.php?id=74，2019 年 5 月 6 日。

根據香港《婚姻訴訟條例》第三條，滿足以下任何一項的，香港法院便對離婚案件具有司法管轄權：（a）婚姻的任何一方以香港為居籍（domiciled in Hong Kong）。（b）任何一方在緊接呈請或申請提出當日之前的整段三年期間內慣常居於香港（habitually resident in Hong Kong）。（c）任何一方在呈請或申請提出當日與香港有密切聯繫（had a substantial connection with Hong Kong）。深圳法院與香港法院都對雙方的離婚案件有管轄權，出現了兩地同時審理一個法律關係的平行訴訟。在尊重歷史和現實的基礎上，兩地相關機構一直致力於推動兩地包括婚姻家事案件在內的民商事判決承認與執行，在一國兩制框架下為區際司法協助作出了示範。

3　參見王淑君：《國際平行訴訟中外國禁訴令簽發的主要事由》，載《人民法院報》，2021 年 1 月 29 日。

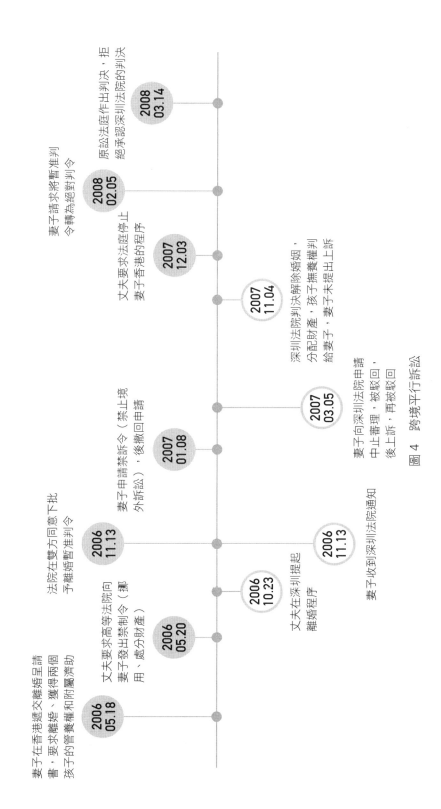

圖 4　跨境平行訴訟

2021 年 3 月 23 日，「Ever Given」（「長賜號」）偏離航線並擱淺，直接堵塞了世界上最重要的國際海運航道之一蘇伊士運河，根據《勞埃德船舶日報》（*Lloyd's List*）的估計數字，「Ever Given」堵塞蘇伊士運河六天的時間裏，阻止了超過 500 億美元的全球貿易，[1] 為此引發諸多跨境商事訴訟。「Ever Given」輪的船東 Shoei Kisen 及其保險公司與埃及蘇伊士運河管理局（SCA）著名國際賠償糾紛案，受理法院為埃及伊斯梅利亞法庭。該案中「Ever Given」所有權屬於兩家日本公司 Luster Maritime 和 Higaki Sangyo Kaisha，它們同為日本正榮汽船（Shoei Kisen Kaisha）的子公司，而日本正榮汽船本身又是日本今治船廠（Imabari）的子公司。租賃「Ever Given」的是長榮海運，而該艘貨輪上的技術管理方是德國的貝仕船舶管理（Bernhard Schulte Shipmanagement），由其負責僱傭印度籍船員。現階段，相關訴訟暫未涉入貨輪所有方和運營方，但在其他相關官司中其卻難免不被牽涉。Shoei Kisen 及其保險公司根據法院命令對 SCA 的索賠和船舶扣留提出異議。[2]2021 年 4 月 1 日，「Ever Given」的船東日本正榮汽船公司起訴「Ever Given」租賃運營方長榮海運公司，該訴訟案已提交給位於英國倫敦的高等法院。

2021 年 3 月，孟買高等法院裁定凍結字節跳動在花旗銀行和滙豐銀行的四個印度銀行賬戶，稱該公司在印度的子公司與其新加坡母公司 TikTok Pte. Ltd. 之間的在線廣告交易涉嫌逃稅。字節跳動在法庭上對此提出質疑，稱凍結行為構成騷擾（harassment）。[3] 該案為另一近年來具有影響力的

1　《堵塞蘇伊士運河或被索賠超 10 億美元，「長賜號」日本船東起訴台灣長榮海運》，載騰訊網，2021 年 4 月 4 日。

2　蘇伊士運河管理局（SCA）曾要求 9.16 億美元的賠償，以彌補救助費用、聲譽受損和收入損失，然後又公開將賠款降至 5.5 億美元。2021 年 3 月 29 日，「Ever Given」輪被拖帶至大苦湖，現今一直錨泊於此。這艘巨型集裝箱船已經在運河當中擱淺了六天，阻塞了數百艘船舶通航，並進而擾亂了全球貿易。司法消息人士稱，為了達成「和解」，此案被推遲到 7 月 4 日。上周，該船的保險公司之一英國保賠協會表示，「希望在不久的將來，談判能達成積極的解決方案」。Reporting by Yusri Mohamed, writing by Aidan Lewis, editing by Emelia Sithole-Matarise and Louise Heavens, https://www.usnews.com/news/world/articles/2021-06-20/new-compensation-offer-made-over-suez-canal-blockage-lawyer, June 20, 2021.

3　參見《印度法院駁回字節跳動解凍銀行賬戶請求》，載觀察者網，2021 年 4 月 7 日。

跨境商事訴訟。

　　美國依據不方便法院原則限制外國訴訟的典型案件是「Cargill」案。在該案中，原告嘉吉公司根據保險單中的賠償條款向美國明尼蘇達州聯邦法院提起訴訟，訴請兩家獨立的保險公司各賠償 500 萬美元，其中涵蓋了原告英國子公司某些僱員的不誠信行為造成的損失。在拒絕了其中一家保險公司基於不方便法院理由提出的駁回訴訟動議後，聯邦法院受理了嘉吉公司的初步禁令動議，特別是禁止保險公司繼續在英國法院對嘉吉公司的訴訟。聯邦法院最終簽發了禁訴令。法院認為，雖然簽發國際禁訴令應該非常謹慎，但法院既有針對外國訴訟程序頒佈禁訴令的一般權力，也有在本案情形下發出禁訴令的正當理由。法院認為，本案中的外國訴訟將是如此不方便，以致有理由限制這些外國訴訟程序。[1]

　　應該指出，較於傳統非跨境案件，跨境電商合同糾紛具有數量、標的、證據電子化等諸多方面的突出差異，如採用普通訴訟模式，當事人必須提供經過公證認證等程序確認之證據材料，對於批量案件而言，一方面，訴訟成本嚴重增加，另一方面，訴訟效率嚴重降低。如何統一處理跨境電商合同糾紛爭議，將大量案件集中處理，並採取對接電商平台接口等方式，便於確認合同真實性、合同履行過程等事實問題，方便當事人的舉證，提高審判仲裁效率，[2]是跨境訴訟的重要課題。

　　司法實踐中，新加坡用戶起訴天貓網絡服務合同糾紛案中，集中審理跨境數字貿易糾紛案件的人民法庭——杭州互聯網法院通過集中管轄跨境貿易糾紛，形成與輸出相關案件國際管轄規則和裁判規則，平等保護不同國家、地區各類市場主體合法權益，構建公正透明的國際營商環境，為打造「數字絲綢之路」，建設「一帶一路」提供強有力的司法保障和服務。[3]

1　參見王淑君：《國際平行訴訟中外國禁訴令簽發的主要事由》，載《人民法院報》，2021 年 1 月 29 日。
2　參見王紅燕、金萍霞、徐琳、王宇飛：《跨境電商合同糾紛案件管轄條款效力研究與在線爭議解決機制探索》，http://www.zhonglun.com/Content/2020/12-10/1544384831.html，2020 年 12 月 10 日。
3　參見《天貓成全國首個跨境貿易法庭第一案被告新加坡買家起訴欺詐》，載《UN 財經》，2020 年 7 月 16 日。

表 5　最高人民法院跨境股權訴訟案[1]

序號	裁判時間	案件名稱	案號	案由／基本案情
1	2020-06-18	雲南澄江澄陽商務有限公司、駿豪控股股份有限公司股權轉讓糾紛	（2020）最高法民終1815號	法院認為，駿豪公司、永昌公司為在英屬維爾京群島註冊成立的公司，本案為涉外股權轉讓糾紛。各方當事人均同意本案適用中華人民共和國法並予援引，故本案以中華人民共和國法律為審理本案爭議的準據法。
2	2019-12-30	霍海鋒、般軼股權轉讓糾紛	（2019）最高法民終992號	法院認為，張世元系美利堅合眾國國籍，本案為涉外民事案件。《中華人民共和國涉外民事關係法律適用法》第41條規定：「當事人可以協議選擇合同適用的法律。當事人沒有選擇的，適用履行義務最能體現該合同特徵的一方當事人經常居所地法律或者其他與該合同有最密切聯繫的法律。」霍海鋒與張世元未協議選擇涉案股權轉讓協議適用的法律。因股權轉讓協議的簽訂地、履行地，以及案涉標的公司美中公司住所地均在中華人民共和國內地，中華人民共和國與該合同與該合同有最密切聯繫，本案應適用中華人民共和國的法律。
3	2019-08-27	龍翔投資控股集團有限公司、長春漢森恰電房地產開發有限公司股權轉讓糾紛	（2019）最高法民轄終223號	法院認為，童東東係美國公民，本案為具有涉外因素的股權轉讓糾紛。根據《民事訴訟法》第259條的規定，應依據有關涉外民事商事案件管轄的規定本案確定本案管轄權。根據《最高人民法院關於確定第一審涉外民商事案件標準以及歸口辦理有關問題的通知》第一條的規定：「吉林、黑龍江、江西、雲南、陝西、新疆高級人民法院和新疆生產建設兵團分院管轄訴訟標的額為人民幣4000萬元以上的第一審涉外民商事案件」，載明股權轉讓價款為人民幣266,344,348.66元，該金額即為本案訴訟標的額，超過了4000萬元，屬於原審法院吉林省高院的級別管轄範圍。

1　根據檢索標準：2018年1月至2021年5月最高人民法院跨境股權訴訟案。

（續上表）

序號	裁判時間	案件名稱	案號	案由／基本案情
4	2019-04-26	廈門凌凱礦業有限公司、福建安港投資有限公司股權轉讓糾紛	（2019）最高法民申319號	法院認為，案涉《協議書》第八條明權約定：本協議訂立、效力、解釋、履行及爭議均受中華人民共和國法律的保護和管理。因此，一審法院適用中國法律審理本案，符合意思自治原則。關於股名股東、隱名股東的認定等問題與協議約定的適用中國法律適用的範圍，且《涉外民事關係法律適用法》第14條有明權規定：法人及其分支機構的民事權利能力、民事行為能力、組織機構、股東權利義務等事項，適用登記地法律。依據此規定，案涉金鼎公司的股權結構適用公司登記地，即菲律賓法律。因此，一二審法院認為應適用菲律賓法律實踐適用不違反當事人的意思自治原則。在我國的法律實踐中，當事人提出也是外國法適用的一種途徑。《涉外民事法律關係適用法》第十條規定：涉外民事關係適用的外國法律，由人民法院、仲裁機構或者行政機關查明。此規定並未明確排除當事人提出的查明途徑。一二審法院適用菲律賓法律，並引用當事人提供的《法律意見書》，而是從舉證角度否定當事人的主張，並無不當。
5	2018-10-22	北京神通文化俱樂部有限公司、周松楷股權轉讓糾紛	（2018）最高法民轄終261號	本院認為，周松楷、致富集團住所地所在地均為香港特別行政區。本案為涉港民商事案件。周松楷、致富集團依據《股權質押保押協議》以股權轉讓糾紛為由對住所有住所在的神通文化公司提起本案訴訟，一審法院依據《民事訴訟法》第23條以及《最高人民法院關於明確第一審涉外民事案件級別管轄標準以及歸口辦理有關問題的通知》的規定確定本案地域管轄及級別管轄後有管轄權。一審法院作為被告所住所地法院對本案具有管轄權。《最高人民法院關於適用〈中華人民共和國民事訴訟法〉的解釋》第532條規定：「涉外民事案件同時符合下列情形的，人民法院可以裁定駁回原告的起訴，告知向更方便外國法院提起訴訟：（一）被告提出案件由更方便外國法院管轄的請求，或者提出管轄異議；（二）當事人之間不存在選擇中華人民共和國法院管轄的協議；（三）案件不屬於中華人民共和國法院專屬管轄；（四）案件不涉及中華人民共和國國家、公民、法人或者其他組織的利益；（五）案件主要事實不是發生在中華人民共和國境內，且案件不適用中華人民共和國法律，人民法院審理該案件在認定事實和適用法律方面存在重大困難；（六）外國法院對案件享有管轄權，且審理該案件更加方便。」本案為涉港民商事案件，根據《最高人民法院關於適用〈中華人民共和國民事訴訟法〉的解釋》第551條的規定，人民法院審理涉及香港、澳門特別行政區和台灣地區的民事訴訟案件，可以參照適用涉外民事訴訟程序的特別規定。因此，判斷本案是否可以適用「不方便法院原則」應當同時滿足《最高人民法院關於適用〈中華人民共和國民事訴訟法〉的解釋》第532條規定的條件。神通文化公司係在中國內地註冊成立的企業法人、致富集團、周松楷的訴訟結果涉及中國內地企業法人神通文化公司的利益，故本案情形不符合「不方便法院原則」適用的條件。

二、跨境商事訴訟適用法律

跨境商事訴訟的關鍵問題為法律適用問題，前述新加坡用戶起訴天貓網絡服務合同跨境貿易糾紛案中，杭州互聯網法院認為，該案係跨境電商案件，涉及涉外民事關係法律適用法、電子商務法、消費者權益保護法的適用問題。[1]《中華人民共和國涉外民事關係法律適用法》（2010 年）第十條第一款規定：

> 涉外民事關係適用的外國法律，由人民法院、仲裁機構或者行政機關查明。當事人選擇適用外國法律的，應當提供該外國法律。

因此，我國立法者是將外國法看作法律，人民法院有義務依職權查明外國法。這與普通法普遍將域外法視為「事實」，由當事人證明的做法是不同的。[2]

在儲良成與南京海和精密設備有限公司、海和投資有限公司民間借貸跨境商事糾紛中，法院認為：

> 海和投資公司、海和石油公司係香港特別行政區公司，李金康係香港特別行政區永久性居民，本案為涉港借款合同糾紛。本案當事人未對適用的法律作出約定，故應當適用與本案借款糾紛有最密切聯繫的法律。出借人儲良成的住所地在我國內地，參照《中華人民共和國涉外民事關係法律適用法》第 41 條的規定，一審法院適用我國內地法律審理本案借款合同糾紛是正確的。本案中還涉及到海和投資公司民事行為能力的認定問題，根據《中華人民共和國涉外民事關係法律適用法》第 14 條規定，應當適用海和投資公司的登記地法律即香港特別行政區法律對該

---

1 參見《天貓成全國首個跨境貿易法庭第一案被告新加坡買家起訴欺詐》，載《UN 財經》，2020 年 7 月 16 日。

2 參見沈紅雨：《「一帶一路」背景下國際商事訴訟與域外法查明制度的新發展國際商事法庭》，http://cicc.court.gov.cn/html/1/224/228/1098.html，2018 年 11 月 3 日。

問題進行審查。[1]

在最高法院（2019）最高法商初 1 號，即原告廣東本草藥業集團有限公司與被告貝斯迪大藥廠 Bruschettini S. R. L. 產品責任跨境商事糾紛一案中，法院依據《中華人民共和國涉外民事關係法律適用法》第三條的規定：「當事人依照法律規定可以明示選擇涉外民事關係適用的法律」，以及《最高人民法院關於適用〈中華人民共和國涉外民事關係法律適用法〉若干問題的解釋（一）》第八條第一款的規定：「當事人在一審法庭辯論終結前協議選擇或者變更選擇適用的法律的，人民法院應予准許」進行了法律適用。

跨境商事訴訟法律適用，直接關聯外國法律查明。根據本院向中國政法大學外國法查明研究中心的諮詢，依照法國法律的相關規定，原產地證明文件一經作出不得塗改或變更。[2] 在北京泛亞利華國際投資諮詢有限公司與萬享供應鏈管理（上海）有限公司海事海商糾紛中，二審法院委託華東政法大學外國法查明中心就本案所涉的周某 3 2002 年遺囑所出具的《法律意見書》，已確定周某 3 2002 年遺囑形式上符合紐約州法律的規定。二審法院根據該《法律意見書》的意見，結合本案在卷的證據認定周某 3 2002 年遺囑有效成立並無不妥。[3] 在周益新（YI XIN ZHOU）與周益華等遺囑繼承跨境商事糾紛申訴案中，法院委託深圳市藍海現代法律服務發展中心進行香港法查明。該中心於 2019 年 6 月 6 日出具《法律查明報告》，其中記載，《公司條例》第 115 條第（1）款說：

公司具有成年自然人的身份、權利、權力及特權。

1　最高人民法院（2015）民四終字第 42 號，儲良成與南京海和精密設備有限公司、海和投資有限公司民間借貸糾紛二審民事判決書。

2　天津海事法院（2017）津 72 民初 501 號，北京泛亞利華國際投資諮詢有限公司與萬享供應鏈管理（上海）有限公司海事海商糾紛一審民事判決書。

3　上海市第一中級人民法院（2019）滬 01 民申 429 號，周益新（YI XIN ZHOU）與周益華等遺囑繼承糾紛申訴案件申訴民事裁定書。

但《公司條例》並無條文說公司解散後會喪失這個身份、權利、權力及特權。《公司條例》第 752 條第（1）款：

> 在緊接解散前歸屬該公司或以信託形式為該公司持有的所有財產及權利，即屬無主財物並歸屬政府。[1]

何沛亨、田曉玲合同糾紛跨境商事再審案中，法院認定：

> 一審中何沛亨、田曉玲雖主張適用香港法律審理本案，但均未提交香港法律對合同規定的具體內容，故一審法院委託深圳市藍海現代法律服務發展中心（以下簡稱藍海中心）查明香港法律的相關規定。藍海中心接受一審法院委託查明香港法律對合同效力的規定，及香港法律對案涉《策略投資協議》是否有特別規定。香港大律師麥業成就相關問題出具法律意見，該法律意見載明一審法院要求查明的香港法律內容，主要包括對合同效力認定的具體規定，策略性投資協議是否有特殊規定等。[2]

從上述判例不難看出特定外國法查明及外國法查明機構在跨境訴訟中的重要意義。為此，有觀點指出，定期梳理同一國別和地區的常規化法律問題查明情況，對於跨境商事審判實踐中重複出現的同一國別或地區的常規性問題意義重大，例如香港公司被剔除商業登記後的法律地位、股東及董事權利義務、仲裁協議效力、合同效力要素等，應當通過「一帶一路」典型案例、指導性案件等方式予以歸納提煉，並加以固定，為類案類查類判提供方便[3]。

---

1 廣東省廣州市中級人民法院（2018）粵 01 民終 21204 號，廣州市鑫宇服飾有限公司、陳園香承攬合同糾紛二審民事判決書。

2 最高人民法院（2019）最高法民申 1730 號，何沛亨、田曉玲合同糾紛再審審查與審判監督民事裁定書。

3 沈紅雨：《「一帶一路」背景下國際商事訴訟與域外法查明制度的新發展國際商事法庭》，http://cicc.court.gov.cn/html/1/224/228/1098.html，2018 年 11 月 3 日。

表 6　最高人民法院受理的關涉跨境合同訴訟適用法律一覽表[1]

序號	裁判時間	案件名稱	案號	案由／基本案情
1	2020-08-28	楊光、楊明合資、合作開發房地產合同糾紛	（2020）最高法民終70號	法院認為，本案為合資合作開發房地產合同糾紛。《最高人民法院適用〈中華人民共和國涉外民事關係法律適用法〉若干問題的解釋（一）》第一條規定：「民事關係具有下列情形之一的，人民法院可以認定為涉外民事關係：（一）當事人一方或雙方是外國公民、外國法人或者其他組織、無國籍人；……」本案上訴人陳姫為加拿大公民，本案為涉外民事案件。《中華人民共和國涉外民事關係法律適用法》第四十一條規定：「當事人可以協議選擇合同適用的法律或者其他當事人沒有選擇的，適用履行義務最能體現該合同特徵的一方當事人經常居所地法律或者其他與該合同有最密切聯繫的法律。」本案當事人沒有在中華人民共和國境內《終止協議》各方當事人除陳姫以外經常居住地均在中華人民共和國境內，履行地亦為中華人民共和國法律。而且協議簽訂地，因此，本案應適用中華人民共和國法律。
2	2020-04-14	金迪國際投資有限公司、昆明國際花卉拍賣交易中心有限公司合同糾紛	（2019）最高法民終602號	法院認為，金迪公司是香港特別行政區註冊登記的企業法人，本案為涉港商事糾紛案件。案涉《協議書》簽訂於2005年2月28日，實際履行期間為2005年4月20日至2010年4月19日，據此涉外民事關係發生時的有關涉外民事關係法律規定來確定應當適用的法律。《中華人民共和國民法通則》第145條第一款規定：「涉外合同的當事人可以選擇處理合同爭議所適用的法律，法律另有規定的除外。」本案係因金迪公司與花拍公司簽訂《協議書》，由金迪公司託管經營花拍公司，雙方因金迪公司是否有權取得託管經營報酬和年度收益以及是否有權分配花拍公司有形和無形資產增值部分而產生的糾紛。案涉《協議書》第11條約定：「本協議的簽訂、效力、履行、變更、解釋等，均適用中華人民共和國《合同法》《公司法》《民法通則》等相關的法律、法規和司法解釋。」因此，本案應適用我國內地法律。

（續上表）

序號	裁判時間	案件名稱	案號	案由／基本案情
3	2019-12-25	黃金龍、莆田市東南香米業發展有限公司民間借貸糾紛	（2017）最高法民終382號	法院認為，案涉《借條》發生在中華人民和國，依照《中華人民共和國涉外民事關係法律適用法》第41條的規定，本案應適用與合同具有最密切聯繫的中華人民共和國法律作為準據法。本案一審被告淑琴是加拿大永久居民，其經常居所地在中華人民共和國境外，一審法院將本案認定為涉外合同糾紛案件並適用中華人民共和國法律審理本案正確。
4	2019-12-06	高銀地產（天津）有限公司、天津海泰控股集團有限公司合同糾紛	（2019）最高法民終1733號	法院認為，高銀控股公司係在香港特別行政區註冊的公司，本案為港合同糾紛案件。原審庭審中，到庭的各方當事人均選擇適用中華人民共和國法律，未到庭答辯的高銀控股公司提交書面答辯意見引用了中華人民共和國法律。因此，原審法院參照《中華人民共和國涉外民事關係法律適用法》第三條規定，本案適用中華人民共和國法律正確，本院予以確認。
5	2019-12-06	大同股份有限公司、中華映管股份有限公司合同糾紛	（2019）最高法民轄終467號	法院認為，因華映科技公司是在中國大陸設立的企業，大同公司、中華映管公司是在台灣地區設立的企業、中華映管司募大公司是在日株大設立的企業，故本案為涉外涉合同糾紛，案件的審理結果直接關係到作為中華人民和國企業的中華映科技公司的利益。故《最高人民法院關於適用〈中華人民和國民事訴訟法〉的解釋》第532條的規定不適用於本案。鑒於本案客各方當事人之間不存在管轄協議，不具備《最高人民法院關於適用〈中華人民和國民事訴訟法〉的解釋》第531條關於涉外合同當事人協議的適用情形。在此情況下，華映科技公司有權根據《民事訴訟法》第23條的規定，就本案合同糾紛向被告住所地或者合同履行地人民法院提起訴訟。由於本案當事人未就合同履行地、符合《最高人民法院關於適用〈中華人民和國民事訴訟法〉的解釋》第18條關於「合同對履行地為合同履行地」的規定，本案立案當時施行的《最高人民法院關於地方所在地為合同案件級別管轄標準以及歸口辦理有關問題的通知》規定：「⋯⋯福建⋯⋯高級人民法院作為涉外民商事案件級別訴訟標的額人民幣8000萬元以上的第一審涉外民商事案件。」故原審法院訴作為合同履行地的法院，依照本案訴爭標的的額受理本案，並無不當。

三、餘論

　　《中華人民共和國外商投資法》亦於 2020 年 1 月 1 日生效實施，其對外商投資的准入、促進、保護、管理等作出了全新的安排和規定，是我國外商投資領域具有時代特徵的基礎性法律，旨在建立高標準的投資貿易自由化、便利化的制度體系，保障跨境投資的合法權益。我國《中外合資經營企業法》《外資企業法》《中外合作經營企業法》業已完成歷史使命，退出歷史舞台，外商投資企業的組織形式、組織機構及其活動準則，將適用我國《公司法》《合夥企業法》等法律的規定，眾多中外合資企業、中外合作企業應着手對公司章程中的相關條款進行修訂，相關跨境爭議可能不斷產生。

　　在經濟全球化格局下，世界各法域商事法律從程序到實體均呈現出極大的趨同性，即所謂「法律全球化」，跨境商事訴訟必須關注跨境商事思維與跨境商事爭議解決的全新邏輯。我國商事訴訟法律並不禁止當事人主動向國外法院去提供證據，亦不禁止律師為境外當事人在國內收集、提供證據。2021 年 6 月 10 日，第十三屆全國人民代表大會常務委員會第二十九次會議通過了《中華人民共和國數據安全法》（以下簡稱《數據安全法》），該部數據領域的基礎性法律，於 2021 年 9 月 1 日起施行。跨境企業在海外頻繁遇到外國法院沒有通過司法協助途徑就要求其直接提交數據的情況，也就是數據出境問題。隨着《數據安全法》的頒佈，跨境的數據提供，包括跨境訴訟之中向外國法院提交證據等等訴訟活動，均可能受到很大的影響。對於當事人而言，可能面臨兩難的選擇。[1] 為此，對跨境訴訟的研究具有現實的必要性和緊迫性。

1　參見彭先偉：《數據安全法第三十六條對跨境訴訟的影響簡析》，http://www.dehenglaw.com/CN/tansuocontent/0008/021839/7.aspx，2021 年 6 月 23 日。

第二節　跨境訴訟網絡立案制度供給

為了使司法適應新的道德現象和變化了的社會與政治條件，[1]改變不同時空的體驗者對其的感受和理解是必要的。[2]傳統跨境民事登記立案制的實施旨在保障民眾裁判請求權中訴諸司法的權利，而裁判請求權作為一種程序基本權，屬於司法受益權的範疇，國家應當保障人人享有通過法院解決糾紛的權利。[3]提出一個問題比解決一個問題更重要。面對互聯網、大數據、人工智能等現代科技在司法中的運用，需要在諸多的問題中凝練出關鍵性的新問題，這需要有創造性的想像力，這標誌着相關領域科學研究的不斷進步。司法活動是國家核心公共權力的運行，涉及司法活動主體最基本的權利，因此必須慎之又慎。就全球來看，法治發達國家在將新興技術引入司法的核心領域時往往持十分審慎的態度。[4]

2021 年 2 月 3 日，為全面推進人民法院一站式多元解紛和訴訟服務體系建設，增強人民法院服務跨境訴訟當事人的能力，支持營造國際一流營商環境，最高人民法院發佈《關於為跨境訴訟當事人提供網上立案服務的若干規定》（以下簡稱《規定》），依託通過中國移動微法院為跨境訴訟當事人提供網上立案服務。[5]為跨境訴訟當事人提供網上立案服務，係將新興技術引入司法的核心領域的突出呈現。

跨境立案服務對象主要包括：外國人、香港特別行政區、澳門特別行政區和台灣地區居民、經常居所地位於國外或者港澳台地區的我國內地公民以及在國外或者港澳台地區登記註冊的企業和組織。跨境訴訟當事人可以通過手機微信小程序登錄「中國移動微法院」，向管轄法院提交立案

1　［美］龐德：《依法審判》，載《哥倫比亞法律評論》第 13 期，第 691 頁。轉引自汪進元：《司法能動與中國司法改革走向》，載《法學評論》2013 年第 2 期。

2　萬志強：《「非規則型法」：貢獻、反思與追問》，載《華東政法大學學報》2018 年第 2 期。

3　劉敏：《論裁判請求權》，載《中國法學》2002 年第 6 期。

4　參見胡銘、王凌皞：《現代科技引入司法的十大核心問題》，http://news.cssn.cn/zx/bwyc/201910/t20191016_5014924.shtml，2019 年 10 月 16 日。

5　《最高人民法院發佈關於為跨境訴訟當事人提供網上立案服務的若干規定推進跨境網上立案工作》，載澎湃新聞·澎湃號·政務，2021 年 2 月 4 日。

申請及相關材料，法院審核材料後認為符合登記立案條件的，則依法予以受理。跨境網上立案的一個重要功能是：當事人可以申請委託代理視頻見證，視頻見證由法官在線發起，法官、跨境訴訟當事人和受委託律師三方同時視頻在線，在法官視頻見證下，跨境訴訟當事人、受委託律師簽署有關委託代理文件，無需再辦理公證、認證、轉遞手續。[1] 從立案實踐分析，各地法院起訴審查逐漸向形式化審查轉向，開始要求對要件進行一般性核對，符合法律規定的起訴，一律接受訴狀，當場登記立案。[2] 網絡跨境訴訟立案，存在兩大突出特徵，即網絡與跨境，如何準確把握新技術新形勢下涉外民商事立案，需要全新的制度供給。

一、跨境訴訟

跨境訴訟以民事主體為認定標準，即當事人存在跨境情形，當事人包括外國人、香港特別行政區、澳門特別行政區和台灣地區居民、經常居所地位於國外或者港澳台地區的我國內地公民以及在國外或者港澳台地區登記註冊的民事主體。跨境訴訟網絡立案服務案件範圍，僅為第一審民事、商事起訴。[3] 現階段並不包括二審及再審案件，以及其他刑事、行政訴訟案件。跨境網上立案實際關涉區塊鏈技術，該技術可以有效確認域外自然人、公司、組織等身份證明文件和域外當事人提交的委託書的真實性。根據我國現行法律及司法解釋的規定，域外的公司、組織在我國法院提起民事訴訟，向法院提交的證明其身份的材料必須經過其國家公證機構的公證，同時必須經過我國駐該國使領館的認證；在我國境內沒有居住地、住所地的外籍當事人、無國籍人在我國法院提起民事訴訟，必須授權我國律師等作為其委託訴訟代理人，其從境外郵寄的委託書，也必須經過其所在國公證機構的公證，亦必須經我國駐該國使領館的認證。當事人提交的上

---

1 參見呂佼：《中院完成全國首例跨境網上立案》，載青島中級人民法院官網，2021 年 2 月 5 日。
2 參見李娜：《立案登記制深遠影響司法改革法學專家稱須正確理解防誤讀》，載《法制日報》，2021 年 4 月 17 日第 5 版。
3 參見《關於為跨境訴訟當事人提供網上立案服務的若干規定》第二條。

述「公證＋認證」的身份證明文件和授權委託書，法官無法核實其真實和有效性，但如果當事人將該部分材料上鏈全程留痕予以保存，由於上鏈後難以修改，極大地減少了法院在程序審查環節的工作量，也能防止虛假訴訟或者當事人主體資格發生變更或者滅失時導致實體審理出錯，並且能防止惡意的委託代理人假冒案件當事人進行虛假訴訟或者損害當事人合法權利等行為。[1] 跨境訴訟當事人由於其身份特殊，法律對其起訴規定了更多的條件和要求。依照傳統方式，辦理立案手續往往較為複雜，一般的網上立案渠道也難以高效解決核對委託代理人身份和權限難的問題。如今，跨境立案服務的開通，讓跨境立案當事人同樣可以足不出戶實現網上立案。[2] 跨境訴訟當事人首次申請網上立案的，應當由受訴法院先行開展身份驗證。身份驗證主要依託國家移民管理局出入境證件身份認證平台等進行線上驗證；無法線上驗證的，由受訴法院在線對當事人身份證件以及公證、認證、轉遞、寄送核驗等身份證明材料進行人工驗證。身份驗證結果應當在三個工作日內在線告知跨境訴訟當事人。[3]

　　《規定》堅持從需求出發，除了在移動微法院跨境立案界面顯示英語、簡體中文、繁體中文外，還對委託代理視頻見證作出規定。視頻見證充分體現了科技在司法領域的適用和便利原則，通過身份驗證的跨境訴訟當事人委託我國內地律師代理訴訟，可以向受訴法院申請線上視頻見證。法官通過視頻確認委託行為的真實性，無需再辦理公證、認證、轉遞等手續，極大減少了公證、認證、轉遞手續時間成本、經濟成本。對於符合法律規定的，人民法院將及時登記立案；無法即時判定是否符合法律規定的，人民法院將在七個工作日內決定是否立案。《規定》依據不同的跨境訴訟當事人，規定了不同的身份驗證材料提交類別：（一）外國人應當提交護照等用以證明自己身份的證件；企業和組織應當提交身份證明文件和

1　參見李寧：《區塊鏈在涉外民商事審判中的應用》，載《中國社會科學報》，2020 年 10 月 28 日。
2　參見李姝徵：《上海法院受理跨境訴訟當事人網上立案》，載中國新聞網，2021 年 2 月 3 日。
3　參見《關於為跨境訴訟當事人提供網上立案服務的若干規定》第四條。

代表該企業和組織參加訴訟的人有權作為代表人參加訴訟的證明文件，證明文件應當經所在國公證機關公證，並經我國駐該國使領館認證。外國人、外國企業和組織所在國與我國沒有建立外交關係的，可以經過該國公證機關公證，經與我國有外交關係的第三國駐該國使領館認證，再轉由我國駐第三國使領館認證。如我國與外國人、外國企業和組織所在國訂立、締結或者參加的國際條約、公約中對證明手續有具體規定，從其規定，但我國聲明保留的條款除外；（二）港澳特區居民應當提交港澳特區身份證件或者港澳居民居住證、港澳居民來往內地通行證等用以證明自己身份的證件；企業和組織應當提交身份證明文件和代表該企業和組織參加訴訟的人有權作為代表人參加訴訟的證明文件，證明文件應當經過內地認可的公證人公證，並經中國法律服務（香港）有限公司或者中國法律服務（澳門）有限公司加章轉遞；（三）台灣地區居民應當提交台灣地區身份證件或者台灣居民居住證、台灣居民來往大陸通行證等用以證明自己身份的證件；企業和組織應當提交身份證明文件和代表該企業和組織參加訴訟的人有權作為代表人參加訴訟的證明。證明文件應當通過兩岸公證書使用查證渠道辦理；（四）經常居所地位於國外或者港澳台地區的我國內地公民應當提交我國公安機關製發的居民身份證、戶口簿或者普通護照等用以證明自己身份的證件，並提供工作簽證、常居證等證明其在國外或者港澳台地區合法連續居住超過一年的證明材料。[1] 跨境訴訟當事人申請網上立案應當在線提交以下材料：（一）民事起訴狀；（二）跨境當事人的身份證明及相應的公證、認證、轉遞、寄送核驗等材料；（三）相關證據材料。上述材料應當使用中華人民共和國通用文字或者有相應資質翻譯公司翻譯的譯本。

二、訴訟委託

　　跨境訴訟網上立案的委託，可以向受訴法院申請線上視頻見證。但其前提為，相關跨境訴訟當事人必須先行通過身份驗證，且受託律師為我國

1　參見《關於為跨境訴訟當事人提供網上立案服務的若干規定》第五條。

內地律師。

　　線上視頻委託的基本程序為，視頻見證由法官在線發起，法官、跨境訴訟當事人和受委託律師三方同時視頻在線。跨境訴訟當事人應當使用中華人民共和國通用語言或者配備翻譯人員，法官應當確認受委託律師和其所在律師事務所以及委託行為是否確為跨境訴訟當事人真實意思表示。在法官視頻見證下，跨境訴訟當事人、受委託律師簽署有關委託代理文件，無需再辦理公證、認證、轉遞等手續。線上視頻見證後，受委託律師可以代為開展網上立案、網上交費等事項。線上視頻見證的過程將由系統自動保存。[1]

　　跨境訴訟當事人地域不同，其委託代理人進行訴訟的授權委託材料存在差異：（一）外國人、外國企業和組織的代表人在我國境外簽署授權委託書，應當經所在國公證機關公證，並經我國駐該國使領館認證；所在國與我國沒有建立外交關係的，可以經過該國公證機關公證，經與我國有外交關係的第三國駐該國使領館認證，再轉由我國駐第三國使領館認證；在我國境內簽署授權委託書，應當在法官見證下簽署或者經內地公證機構公證；如我國與外國人、外國企業和組織所在國訂立、締結或者參加的國際條約、公約中對證明手續有具體規定，從其規定，但我國聲明保留的條款除外；（二）港澳特區居民、港澳特區企業和組織的代表人在我國內地以外簽署授權委託書，應當經過內地認可的公證人公證，並經中國法律服務（香港）有限公司或者中國法律服務（澳門）有限公司加章轉遞；在我國內地簽署授權委託書，應當在法官見證下簽署或者經內地公證機構公證；（三）台灣地區居民在我國大陸以外簽署授權委託書，應當通過兩岸公證書使用查證渠道辦理；在我國大陸簽署授權委託書，應當在法官見證下簽署或者經大陸公證機構公證；（四）經常居所地位於國外的我國內地公民從國外寄交或者託交授權委託書，必須經我國駐該國的使領館證明；我國在該國沒有使領館的，由與我國有外交關係的第三國駐該國的使領館證明，再轉由我國駐該第三國使領館證明，或

1　參見《關於為跨境訴訟當事人提供網上立案服務的若干規定》第六條。

者由當地愛國華僑團體證明。

該規定與《民事訴訟法》第 276、264 條規定存在一致性：

第 276 條：

> 國際民事司法協助的內容和原則，根據中華人民共和國締結或者參加的國際條約，或者按照互惠原則，人民法院和外國法院可以相互請求，代為送達文書、調查取證以及進行其他訴訟行為。外國法院請求協助的事項有損於中華人民共和國的主權、安全或者社會公共利益的，人民法院不予執行。

第 264 條：

> 在中華人民共和國領域內沒有住所的外國人、無國籍人、外國企業和組織委託中華人民共和國律師或者其他人代理訴訟，從中華人民共和國領域外寄交或者託交的授權委託書，應當經所在國公證機關證明，並經中華人民共和國駐該國使領館認證，或者履行中華人民共和國與該所在國訂立的有關條約中規定的證明手續後，才具有效力。

三、跨境網絡立案原則

《民事訴訟法》第 119 條明確規定：

> 起訴必須符合下列條件：（一）原告是與本案有直接利害關係的公民、法人和其他組織；（二）有明確的被告；（三）有具體的訴訟請求和事實、理由；（四）屬於人民法院受理民事訴訟的範圍和受訴人民法院管轄。

即我國民事立案以形式審查為原則，但在非網絡立案司法實踐中，由於法院內部績效考核的「重壓」和地方政府維穩的「剛性要求」，再加上案多人少矛盾的不斷升級，人為控制立案屢見不鮮，「立案難」逐漸發展成嚴重影響司法公信力的社會問題，以立案登記替代立案審查正是基於這樣的社會動因。自前述規範性文件出台後，各地法院除了提升立案登記效率、

規範立案行為、豐富立案服務外，對如何把握「登記立案」與原來的「審查立案」之間的差別其實頗有疑惑，登記立案文本的困境在實踐中表現得更為真切。問題在於，關於立案的司法政策缺少作為規範應該具有的明確的行為界限、預定的法律後果和責任追究程序，以至於出現了司法政策背離法律規定的情形。而我國法院實際上以社會管理主體的身份參與社會治理，太多的權力牽絆和裁判困難，決定了法院在案件受理問題上會本能地「排斥」和「自保」。因此消解法院適格及訴的利益方面的立案難，必須強化在法律的範圍內適度運用司法政策，通過政策明晰新的案件類型或標準，但法院自身則不得發佈不予立案的司法政策規定。[1]

　　受訴法院收到跨境訴訟當事人網上立案申請後，仍以形式審查為原則，內容審查為例外。形式審查主要依據《最高人民法院關於為跨境訴訟當事人提供網上立案服務的若干規定》，受訴法院收到網上立案申請後，應當作出以下處理：（一）符合法律規定的，及時登記立案；（二）提交訴狀和材料不符合要求的，應當一次性告知當事人在 15 日內補正。當事人難以在 15 日內補正材料，可以向受訴法院申請延長補正期限至 30日。當事人未在指定期限內按照要求補正，又未申請延長補正期限的，立案材料作退回處理；（三）不符合法律規定的，可在線退回材料並釋明具體理由；（四）無法即時判定是否符合法律規定的，應當在七個工作日內決定是否立案。跨境訴訟當事人可以在線查詢處理進展以及立案結果。[2]《規定》第十條為內容審查原則，即跨境訴訟當事人提交的立案材料中包含以下內容的，受訴法院不予登記立案：（一）危害國家主權、領土完整和安全；（二）破壞國家統一、民族團結和宗教政策；（三）違反法律法規，泄露國家祕密，損害國家利益；（四）侮辱誹謗他人，進行人身攻擊、謾罵、詆毀，經法院告知仍拒不修改；（五）所訴事項不屬於人民法院管轄範圍；

1　參見曲昇霞：《論民事訴訟登記立案的文本之「困」與實踐之「繁」》，載《法律科學》2016年第 3 期。

2　參見《關於為跨境訴訟當事人提供網上立案服務的若干規定》第九條。

（六）其他不符合法律規定的起訴。

四、餘論

　　跨境網上立案是我國法院順應互聯網時代發展潮流，充分運用信息技術手段便利跨境訴訟當事人立案所作出的一項創新舉措，充分體現了中國法院平等保護中外當事人立案權利的態度和決心，為統籌推進疫情防控和經濟社會發展提供有力服務和保障。人類社會總是在向前發展，特別是基於科技革命而進入工業文明之後形成迭代發展態勢，到今天則呈現加速迭代發展之勢。在這種情況下，法律本身也出現不斷發展、迭代發展和加速迭代發展的特點。但是，值得注意的是，法律的每個階段發展，或者是每個方面的發展，始終以一種維護法律穩定性的方式進行並遵循自身的體系軌跡，不到萬不得已，通常不會也不該完全打破既有體系進行重構。舊法與新法的關係，就好比維特根斯坦所提出的「繩索論」，每一截新的繩索與前一截可能並不相同，但卻相互聯繫着，構成一種「家族相似」性。[1]

　　如果中國僅僅重視技術模仿，而忽視制度建設，後發優勢就可能轉化為後發劣勢。[2] 在科技發展的背景下，我們當然要充分肯定科技發展給人類文明帶來的積極作用，但法學的使命不是讚賞科技發展帶來的輝煌的成就。人類之所以需要法治，就是要思考科技可能帶來什麼樣的非理性的後果，如何通過法治降低科技發展可能帶來的風險與非理性，如何通過法律控制科技對人類文明、尊嚴與未來的威脅。任何一個時代，只要人類存在，法學就是必不可少的，沒有法學，其他知識也失去了價值基礎、規範基礎、知識基礎。[3] 跨境網上立案，仍然需要司法實踐的檢驗，期間存在的新課題新挑戰，需要系統研究，深入思考。

1　參見龍衛球：《科技法迭代視角下的人工智能立法》，載《法商研究》2020 年第 1 期。
2　參見涂子沛：《數據之巔》，中信出版社 2014 年版，第 337 頁。
3　參見韓大元：《當代科技發展的憲法界限》，載《法治現代化研究》2018 年第 5 期。

第三節　跨境商事訴訟訴權保障與級別管轄權基礎分析

——兼論《最高人民法院關於調整高級人民法院和中級人民法院管轄第一審民事案件標準的通知》（法發 [2019]14 號）價值指向

商事訴訟級別管轄是指縱向法院受理第一審商事案件的分工和權限，涉及不同級別法院的職能分配，其並不涉及人民法院內部同一級別法院管轄的分工和權限。獲得有管轄權法院的審判是訴權的應有之意，確定管轄權的規制是訴權保障的重要制度構成，不容規避和違反。[1] 我國劃分級別管轄的主要依據包括案件性質、繁簡程度、影響範圍和訴訟標的額，該劃分標準具體體現於《民事訴訟法》第 18、19、20、21 條，形成了我國民事訴訟級別管轄制度的基本框架。

基於地方保護和部門保護客觀存在的情況，民事訴訟中的管轄問題經常會成為法院和當事人爭議的關鍵，其不僅關乎管轄秩序，亦關聯於當事人的合法權益。設置科學合理的級別管轄制度，對於合理地配置審判權資源、保證商事訴訟程序正義均具重要意義。

2019 年 4 月 30 日，最高人民法院頒佈的《關於調整高級人民法院和中級人民法院管轄第一審民事案件標準的通知》（法發 [2019]14 號）明確規定：中級人民法院管轄第一審民事案件的訴訟標的額上限原則上為 50 億元人民幣，高級人民法院管轄訴訟標的額為 50 億元人民幣以上（包含本數）或者其他在本轄區有重大影響的第一審民事案件。該《通知》實質上構成我國四級法院商事案件級別管轄的重大調整。本節結合最高人民法院 2019 年涉級別管轄權案件樣本統計，及 2018 年 6 月 25 日頒佈的《關於設立國際商事法庭若干問題的規定》，對我國商事訴訟級別管轄進行系統研究，期待對複雜、重大跨境商事爭議提供踐行性參考。

---

[1] 參見葉楊平：《訴權保障與級別管轄權異議——最高人民法院關於審理民事級別管轄異議案件若干問題的規定解讀》，載《華中科技大學學報（社會科學版）》2010 年 24（6）期。

一、最高人民法院級別管轄權案件統計觀察（2019 年 1－3 月）

表 7 案例統計表（1）

序號	裁判時間	案件名稱	案號	案由／基本案情	裁判結果
1	2019-02-27	北訊電信股份有限公司、興鐵資本投資管理有限公司借款合同糾紛二審民事裁定書	（2019）最高法民轄終 62 號	訴訟標的額二億餘元，北訊電信主張應將本案移送至北京市第二中級人民法院審理的上訴理由，與合同約定不符，本院不予支持。	駁回上訴，維持原裁定。
2	2019-01-28	中麥控股有限公司、高霞合同糾紛二審民事裁定書	（2019）最高法民轄終 15 號	結合本案訴訟的額高達八億餘元的情況，江西省高級人民院與上海市高級人民法院對本案均有管轄權，在巴士線上公司已經選擇向上海市高級人民法院起訴的情況下，上海市高級人民法院關於其對本案有管轄權的事實認定清楚，法律依據充分。	駁回上訴，維持原裁定。
3	2019-02-28	西安市臥龍大廈業主委員會、華夏證券股份有限公司確認合同無效糾紛再審審查與審判監督民事裁定書	（2019）最高法民申 127 號	本案係臥龍委員會提起的確認合同無效之訴，一、二審法院依據《北京市高級人民法院關於規範合同糾紛級別管轄及案件受理費用的意見》收取訴訟費用，有明確依據。臥龍委員會關於本案訴訟費用為 100 元的申請再審理由主張，缺乏依據，本院不予支持。	駁回西安市臥龍大廈業主委員會的再審申請。

（續上表）

序號	裁判時間	案件名稱	案號	案由／基本案情	裁判結果
4	2019-03-18	范曉紅、山西名聯裝飾設計工程有限公司因申請訴中財產保全損害責任糾紛二審民事裁定書	（2019）最高法民轄終 80 號	本案訴訟的額未到 2000 萬元，應由山西省太原市小店區人民法院管轄。原審裁定事實認定事實和適用法律錯誤，請求本院撤銷原審民事裁定，將本案移送至山西省太原市小店區人民法院管轄。按照《最高人民法院關於因申請訴中財產保全損害責任糾紛問題的批覆》（法釋〔2017〕14 號）精神，為便於當事人訴訟，利害關係人依照《民事訴訟法》第一百零五條規定提起的因申請訴中財產保全損害責任糾紛之訴，由作出訴中財產保全裁定的人民法院管轄。山西省高院是作出上述訴中財產保全裁定的法院，故山西省高院員有對本案的管轄權。	駁回上訴，維持原裁定。
5	2019-01-30	重慶中實實業（集團）有限公司、重慶豪江建設開發有限公司合同糾紛二審民事裁定書	（2019）最高法民轄終 39 號	本案雙方當事人都處於重慶市高級人民院轄區內，對於此類民商事案件，重慶市高級人民法院和中級人民法院管轄第一審民商事案件標準的通知》（法發〔2015〕7 號）規定，案件訴訟標的額三億元以上的，屬於重慶市高級人民法院管轄範圍。豪江開發公司請求中實實業公司交付限價房安置房面積約 307,457.53 平方米、單價每平方米 1600 元，加上豪江開發公司請求的損失賠償金額，本案訴訟標的額在三億元以上，重慶市高級人民法院管轄本案符合法律規定。	駁回上訴，維持原裁定。
6	2019-02-28	吉林瀚星集團有限公司、翟立焰建設工程施工合同糾紛二審民事裁定書	（2019）最高法民轄終 58 號	吉林省高級人民法院對當事人一方住所地不在該省轄區的第一審商事案件訴訟標的額為 5000 萬元以上。翟立焰、翟屬訴請瀚星集團與其他被告共同承擔全部案涉工程欠款及相應利息合計 102,676,104.17 元，而共同被告之一的泰建公司住所地又不在吉林省轄區，故吉林省高級人民法院對本案依法享有管轄權。	駁回上訴，維持原裁定。

（續上表）

序號	裁判時間	案件名稱	案號	案由／基本案情	裁判結果
7	2019-03-25	湖北鹽光能源科技有限公司、湖北比克置業有限公司合同糾紛二審民事裁定書	（2019）最高法民終338號	本案屬於重大、複雜的民事案件，應根據《民事訴訟法》第19條規定，由湖北省高級人民法院管轄。兩上訴人曾以葛店開發區管委會、葛店國土分局為被告向鄂州市中級人民法院提起訴訟，請求判令葛店國土開發區管委會、葛店國土分局收回鹽光公司工業用地258.203畝、並撤銷該具體行政行為。該行政訴訟與本案訴訟屬當事人相同，案件基本事實相同。湖北省高級人民法院就該案作出（2018）鄂行終1148號終審裁定，該裁定亦有關於案涉爭議屬於行政訴訟的受案範圍的認定。因此，鹽光公司、比克公司的起訴屬於行政訴訟的管轄的受案範圍。至於上訴人提出級別管轄的上訴理由，不在本案審查範圍。	駁回上訴，維持原裁定。
8	2019-01-30	重慶正典汽車銷售有限責任公司、重慶恆邁投資有限公司借款合同糾紛二審民事裁定書	（2019）最高法民轄終24號	根據《民事訴訟法》第38條「上級人民法院有權審理下級人民法院管轄的第一審民事案件」的規定，即便本案應由重慶市第一中級人民法院管轄，重慶市高級人民法院亦有權審理本案。正典公司向本院遞交的是《管轄權異議上訴書》，但在上訴狀中卻稱對重慶市高級人民法院裁定駁回上訴、維持原裁定。經查，重慶市高級人民法院（2017）渝民初181號民事裁定係對（2017）渝民初181號民事裁定不服而提起上訴。人民法院（2017）渝民初181號裁定可以提起上訴的裁定類型，不屬於《民事訴訟法》第一百五十四條規定的可以提起上訴的裁定就（2017）渝民初181號裁定提起的上訴不予審理。	駁回上訴，維持原裁定。

（續上表）

序號	裁判時間	案件名稱	案號	案由／基本案情	裁判結果
9	2019-01-31	交通銀行股份有限公司攀枝花分行、美的集團股份有限公司民事信託糾紛二審民事裁定書	（2019）最高法民轄終 21 號	根據《最高人民法院關於調整高級人民法院和中級人民法院管轄第一審民商事案件標準的通知》（法發 [2015]7 號）的規定，當事人一方住所地不在受理法院所處省級行政轄區內，廣東省高級人民法院管轄訴訟標的額在三億元以上的一審民商事案件。本案訴訟標的額在三億元以上且當事人一方交行住所地在四川省攀枝花市，因此，一審法院對本案有管轄權。交行攀枝花分行在所轄地在四川，一審法院對本案有管轄權。交行攀枝花分行上訴主張將本案移送四川省高級人民法院管轄，缺乏依據，本院不予支持。一審法院裁定駁回交行攀枝花分行提出的管轄權異議並無不當，應予維持。	駁回上訴，維持原裁定。
10	2019-01-28	李勇鴻、黃紅雲合同糾紛二審民事裁定書	（2019）最高法民轄終 41 號	黃紅雲撤回其部分訴訟請求後，本案訴訟標的額尚未達到《最高人民法院關於調整高級人民法院和中級人民法院管轄第一審民商事案件標準的通知》（法發 [2008]10 號）第一條規定的重慶市高級人民法院受理涉港第一審民商事案件訴訟的額人民幣 5000 萬元的標準，結合黃紅雲住所地位於重慶市江北區的情況，一審法院認定重慶市第一中級人民法院對本案有管轄權，並將本案移送至重慶市第一中級人民法院審理，並無不當。	駁回上訴，維持原裁定。
11	2019-03-08	東方電氣集團東方鍋爐股份有限公司、山西國錦煤電有限公司承攬合同糾紛二審民事裁定書	（2019）最高法民轄終 82 號	根據《最高人民法院關於調整高級人民法院和中級人民法院管轄第一審民商事案件標準的通知》（法發 [2015]7 號）確定員體的管轄法院。本案中，原審原告東方鍋爐公司起訴金額超過一億元，根據《最高人民法院關於調整高級人民法院和中級人民法院管轄第一審民商事案件標準的通知》第二條第二款規定，山西省高級人民法院管轄第一審民商事案件訴訟標的為 2000 萬元以上、山西省高級人民法院轄區當事人一方住所地不在該省轄區內、一億元以上。山西國錦煤電公司一審被告住所地在該省轄區內，結合東方鍋爐公司起訴金額，一審法院裁定將本案移送山西省高級人民法院審理並無不當。	駁回上訴，維持原裁定。

（續上表）

序號	裁判時間	案件名稱	案號	案由／基本案情	裁判結果
12	2019-02-14	鄭州卓泰房地產開發有限公司、江蘇南通三建集團股份有限公司建設工程施工合同糾紛二審民事裁定書	（2019）最高法民轄終34號	本院經二審查認為，人民法院在確定案件管轄權階段，不對當事人的實體爭議進行審理。所涉工程款是否應從墊付工程款中扣除，均屬於案件實體履行的範疇，本院不作審理。南通三建集團就上述工程所涉工程款支付糾紛向河南高院提起訴訟，請求判令鄭州卓泰公司和葛卓泰公司支付欠付工程款205,899,442.3元，河南高院立案受理並無不當。鄭州卓泰公司上訴稱南通三建集團惡意虛增訴訟標的、抬高級別管轄，但未提供充分有效的證據證明，本院不予支持。綜上，原裁定認定事實清楚，適用法律正確，鄭州卓泰公司的上訴理由不能成立。	駁回上訴，維持原裁定。
13	2019-02-27	昆明神州天宇置業有限公司、江蘇省建設工程施工有限公司建設工程施工合同糾紛二審民事裁定書	（2019）最高法民轄終64號	雲南省高級人民法院管轄當事人一方住所所地不在雲南省轄區內且訴訟標的額在5000萬元以上的第一審民商事案件。本案中江蘇建工在所地不在雲南省境內，日本案的訴訟標的額總計281,642,680.72元，超過5000萬元，故雲南省高級人民法院對本案有管轄權。協議反列雲南省高級人民法院轄的規定，二者為並列關係，應當同時滿足。本案中神州天宇與江蘇建工發約定的《建設工程施工合同》專屬管轄約定生爭議戶向專案所在地人民法院起訴與專屬管轄相符，但違背級別管轄的規定，因此本案由雲南省高級人民法院管轄並無不當。	駁回上訴，維持原裁定。

（續上表）

序號	裁判時間	案件名稱	案號	案由／基本案情	裁判結果
14	2019-02-28	比亞迪股份有限公司、上海千乘文化傳播有限公司服務合同糾紛二審民事裁定書	(2019) 最高法民轄終 60 號	本案係服務合同糾紛，雙方簽訂了系列合同，合同約定發生爭議由「上海市寶山區人民法院」所在地人民法院」或「甲方」所在地人民法院」管轄。根據《最高人民法院關於調整高級人民法院和中級人民法院第一審民商事案件標準的通知》第二條關於「當事人一方住所地不在受理法院所處省級行政轄區的第一審民商事案件」中關於上海高級人民法院「管轄訴訟所處省級行政轄區的第一審民商事案件」的規定，結合千乘公司訴請的額三億元以上一審民商事案件由上海市高級人民法院認定其對本案有管轄，並無不當。	駁回上訴，維持原裁定。
15	2019-03-09	上海華信國際集團有限公司、中原資產管理有限公司債權轉讓合同糾紛二審民事裁定書	(2019) 最高法民轄終 87 號	本案係債權轉讓合同糾紛。《重組協議》的收購方以及《保證合同》的債權人均為中原公司，中原公司的住所地在河南省，故河南高院對本案有管轄權。華信集團以其住所地為上海市，請求將本案移送至上海高院的上訴理由不成立，本院不予支持。	駁回上訴，維持原裁定。
16	2019-01-31	廣西萬賽投資管理中心、那福東證券回購合同糾紛二審民事裁定書	(2019) 最高法民轄終 38 號	根據《最高人民法院關於調整高級人民法院和中級人民法院第一審民商事案件標準的通知》第二條之規定，結合本案訴標的額 554,420,375.21 元，本案達到雲南省高級人民法院一審民商事案件級別管轄標準，故雲南省高級人民法院對本案具有管轄。	駁回上訴，維持原裁定。
17	2019-02-26	甘肅剛泰控股（集團）股份有限公司、興業銀行股份有限公司蘭州分行金融借款合同糾紛二審民事裁定書	(2019) 最高法民轄終 61 號	甘肅剛泰公司退到級別管轄的問題，但其本案提出的管轄權異議僅涉及地域管轄，故其該項上訴理由不能成立。	駁回上訴，維持原裁定。

（續上表）

序號	裁判時間	案件名稱	案號	案由／基本案情	裁判結果
18	2019-01-31	雨潤控股集團有限公司、中國銀行股份有限公司安慶分行金融借款合同糾紛二審民事裁定書	(2019) 最高法民轄終 33 號	2018 年 11 月 13 日，本院向全國高級人民法院發出《關於將涉雨潤控股集團有限公司及其關聯公司案件移送江蘇省南京市中級人民法院的通知》。根據該通知精神，本案件作為以兩潤集團公司及其關聯公司為被告的金融借款合同糾紛，應由江蘇省南京市中級人民法院集中管轄。安徽省高級人民法院作出原審裁定的時間是 2018 年 9 月 26 日，上訴人的上訴時間是 2018 年 10 月 22 日，均在上述通知下發之前，因此原審法院未能依據上述通知精神將本案移送江蘇省南京市中級人民法院管轄。而本案管轄權異議上訴案件的審查在上述通知下發之後，因此應根據該通知精神，將本案移送江蘇省南京市中級人民法院審理。	一、撤銷安徽省高級人民法院 (2018) 皖民初 27 號之二民事裁定；二、本案移送江蘇省南京市中級人民法院審理。本裁定為終審裁定。
19	2019-03-18	銅陵合新置業有限公司、江蘇鼎洪建工有限公司建設工程施工合同糾紛二審民事裁定書	(2019) 最高法民轄終 79 號	銅陵合新公司並無證據證明江蘇鼎洪公司主觀上存在通過虛高增訴訟標的額以抬高案件級別管轄的意圖，江蘇鼎洪公司訴請求為要求銅陵合新公司支付工程款一億元。按照上述通知、該訴求達到原審法院的立案標準。江蘇鼎洪公司及銅陵合新公司均認可工程造價超過一億元，雖然對於已付工程款雙方說法不一，但對已付工程款的審查屬於實體審查且在管轄程序中要解決的問題。	駁回上訴，維持原裁定。

（續上表）

序號	裁判時間	案件名稱	案號	案由／基本案情	裁判結果
20	2019-03-29	遼寧紅運物流（集團）有限公司、北大荒糧食物流有限公司合同糾紛二審民事判決書	（2019）最高法民終184號	本案紅運物流公司以與北大荒物流公司存在著大豆買賣合同糾紛為由，向黑龍江省高級人民法院提起訴訟，請求判令北大荒物流公司支付紅運物流公司超付的貨款及經濟損失共計52,759,883.02元（超付利息32,609,883.02元，經濟損失20,150,000元），另案北大荒物流公司以與紅運物流公司存在著大豆買賣合同糾紛為由，向黑龍江省綏化農墾法院提起訴訟，請求判令紅運物流公司支付大豆貨款利息9,813,468.98元。黑龍江省綏化農墾法院本案立案時間是2018年9月11日，黑龍江省高級人民法院本案立案時間是2018年9月30日。因雙方起訴依據的《大豆購銷合同》相同，故本案與另案係雙方當事人基於同一法律關係、互為原被告向黑龍江省內不同級別管轄的法院提起訴訟，黑龍江省高級人民法院對本案和黑龍江省綏化農墾法院對另案都應予以審理。一審以「雙方之間因分銷大豆業務欠付貨款利息的糾紛已經黑龍江省綏化農墾法院立案在先，紅運物流公司不能就此部分爭議向其他法院再行提起訴訟」為由，認定對本案紅運物流公司起訴請求北大荒物流公司支付超付利息32,609,883.02元不予審理，適用法律不當，本院予以糾正。但是，本案紅運物流公司起訴主張本案涉《大豆購銷合同》無效的理由和雙方事實和法律依據，紅運物流公司以於2016年4月28日簽訂的《會議紀要》無效的理由，沒有事實和法律依據，紅運物流公司支付超付利息32,609,883.02元訴請，不能被支持，一審判決結果正確。	駁回上訴，維持原判決。二審案件受理費204,849.42元，由遼寧紅運物流（集團）有限公司負擔。

（續上表）

序號	裁判時間	案件名稱	案號	案由／基本案情	裁判結果
21	2019-02-12	深圳市中技實業（集團）有限公司、江蘇帝奧投資有限公司企業借貸糾紛二審民事裁定書	（2019）最高法民轄終12號	江蘇省高級人民法院管轄訴訟標的額三億元以上一審商事案件。由於深圳中技公司、青海中金公司、深圳益峰源公司、吉林成城公司、貴州陽洋公司等住所地均不在江蘇省，且本案訴訟標的額超三億元，依據上述法律規定和合同約定，本案應由江蘇省高級人民法院管轄。原審認定事實和適用法律正確。深圳中技公司主張雙方協議約定江蘇帝奧公司所在地江蘇省南通市通州區人民法院管轄，故違反級別管轄規定的上訴理由，對該條約定的理解並不準確，本院不予採信。	駁回上訴，維持原裁定。
22	2019-02-26	海南林源控股集團有限公司、中國華融資產管理股份有限公司重慶市分公司合同糾紛二審民事裁定書	（2019）最高法民轄終47號	本案屬於華融資產重慶分公司和林源控股公司產生的合同糾紛，結合當事人之間上述約定，當事人已經書面協議選擇華融資產重慶市分公司住所地的人民法院管轄，且不違反《民事訴訟法》第三十四條規定，屬於合法有效。根據《民事訴訟法》第二十四條規定，應當由華融資產重慶市分公司所在地人民法院管轄。本案應由華融資產重慶市分公司起訴被訴的等情況，重慶市高級人民法院確認本案由其管轄，並無不當。	駁回上訴，維持原裁定。
23	2019-02-13	廣西投資集團國際有限公司、廣西嘉和投資有限公司買賣合同糾紛二審民事裁定書	（2019）最高法民轄終19號	案涉標的額亦已達到《最高人民法院關於調整高級人民法院和中級人民法院管轄第一審民商事案件標準的通知》所要求的高級人民法院的管轄標準，故一審法院對本案有管轄權。綜上，投資集團公司的上訴請求沒有法律依據，應當予以駁回。本案訴訟標的額超過了8000萬元，故廣西壯族自治區高級人民法院對本案有管轄權。	駁回上訴，維持原裁定。

（續上表）

序號	裁判時間	案件名稱	案號	案由／基本案情	裁判結果
24	2019-03-11	重慶恆韻醫藥有限公司、中國工商銀行股份有限公司重慶九龍坡支行金融借款合同糾紛管轄權異議民事裁定書	（2019）最高法民轄終91號	關於「重慶高級人民法院」管轄訴訟標的額三億元以上一審民商事案件」的規定，原審法院裁定駁回恆韻醫藥公司提出的管轄異議，並無不妥。恆韻醫藥公司的上訴請求及理由缺乏事實和法律依據，本院依法不予支持。	駁回上訴，維持原裁定。
25	2019-02-14	山東魯麗鋼鐵有限公司、魯麗集團有限公司合同糾紛二審民事裁定書	（2019）最高法民轄終31號	結合本案訴訟標的金額，本案由浙江省高級人民法院管轄有相應的事實和法律依據，不存在上訴人主張的因約定不明導致無法確定管轄法院的情形。	駁回上訴，維持原裁定。
26	2019-01-29	四川發展土地資產運營管理有限公司、成都太行瑞宏房地產開發有限公司合同糾紛二審民事裁定書	（2019）最高法民轄終25號	即使原審法院認為成都太行瑞宏公司第一項訴訟請求涉及股權交割事宜，應當按照股權交易價格確定其訴訟的額和級別管轄法院，但是鑒於股權交易價格金額僅為21,286.788萬元，結合成都太行瑞宏公司提出第二項訴訟請求的及實際金額（約900萬元），本案也未達到四川省高級人民法院受理一審民商事案件訴訟的額為三億元，其達到由四川省成都市中級人民法院或者四川省成都市雙流區人民法院管轄。本案應當由四川省成都市中級人民法院按照本案涉案財產交易價格21,286.788萬元為標準確定。原審法院確定該項訴訟請求的額並無不當。鑒於成都太行瑞宏公司的前述兩項訴訟請求的額已經超過了三億元。根據《最高人民法院關於調整高級人民法院和中級人民法院管轄第一審民商事案件標準的通知》（法發[2015]7號）第一條的規定，四川省高級人民法院對本案具有管轄權。	駁回上訴，維持原裁定。
27	2019-03-28	北京星河世界集團有限公司、湖北天乾資產管理有限公司合同糾紛二審民事裁定書	（2019）最高法民轄終99號	湖北省高級人民法院管轄本案不違反級別管轄和專屬管轄的規定。上訴人星河世界公司關於本案應由北京市轄區內有管轄的法院審理的上訴理由不能成立，原審裁定駁回其管轄權異議並無不當。	駁回上訴，維持原裁定。

（續上表）

序號	裁判時間	案件名稱	案號	案由／基本案情	裁判結果
28	2019-02-12	無錫中糧工程科技有限公司、葉桂宗建設工程施工合同糾紛二審民事裁定書	（2019）最高法民轄終14號	本案係建設工程施工合同糾紛，根據《民事訴訟法》第三十三條、《最高人民法院關於適用〈中華人民共和國民事訴訟法〉的解釋》第二十八條第二款的規定，本案應由建設工程所在地人民法院專屬管轄，案涉工程項目建設地點位於新疆維吾爾自治區昌吉市，屬於一審法院轄區。一審法院受理本案亦符合級別管轄的有關規定。	駁回上訴，維持原裁定。
29	2019-02-28	西安市臥龍大賣業主委員會、華夏證券股份有限公司確認合同無效糾紛再審審查與審判監督民事裁定書	（2019）最高法民申128號	關於訴訟費用的問題。本案係臥龍委員會提起的確認合同無效之訴，一、二審法院依據《北京市高級人民法院關於規範合同糾紛案件級別管轄及案件受理費的意見》收取訴訟費用，有明確依據。臥龍委員會關於本案訴訟費用為100元的再審主張，缺乏依據，本院不予支持。	駁回西安市臥龍大廈業主委員會的再審申請。
30	2019-03-09	上海華信國際集團有限公司、中原資產管理有限公司債權轉讓合同糾紛二審民事裁定書	（2019）最高法民轄終88號	《重組協議》的收購方以及《保證合同》的債權人均為中原公司、中原公司的住所地在河南省，故河南高院對本案依法享有管轄權。華信集團以其住所地為上海市，請求將本案移送至上海高院的上訴理由不成立，本院不予支持。	駁回上訴，維持原裁定。
31	2019-02-27	上海華信國際集團有限公司、朝陽銀行股份有限公司瀋陽分行金融借款合同糾紛二審民事裁定書	（2019）最高法民轄終69號	本案應以主合同即綜合授信合同和銀行匯票承兌協議票承兌協議確定案件管轄法院。根據朝陽銀行瀋陽分行所在地的遼寧省高級人民法院和銀行商《最高人民法院關於調整高級人民法院和中級人民法院管轄第一審民商事案件標準的通知》規定，「當事人一方住所地不在受理法院所處省級行政轄區的第一審民商事案件，遼寧省高級人民法院管轄訴訟標的額2000一億元以上一審民商事案件，所轄中級人民法院管轄訴訟標的額2000萬元以上一審民商事案件。」遼寧省高級人民法院受理本案符合法律規定，對本案享有管轄權。	駁回上訴，維持原裁定。

（續上表）

序號	裁判時間	案件名稱	案號	案由／基本案情	裁判結果
32	2019-03-27	河南鄉貿煤炭運銷有限公司、鄭州煤炭礦務工業（集團）二附煤礦有限責任公司合同糾紛二審民事裁定書	（2019）最高法民轄終93號	根據《最高人民法院關於調整高級人民法院和中級人民法院管轄第一審民商事案件標準的通知》（法發〔2015〕7號）關於對「當事人一方住所地不在受理法院所處省級行政轄區」，湖北高院可以管轄「當事人『訴訟標的額一億元以上』一審民商事案件」的規定，本案訴訟標的額在一億元以上，原審被告均不在湖北省管轄區，故湖北高院依法對本案具有管轄權。綜上，鄉貿公司關於本案應由被告住所行地或者合同履行地管轄，以及二附公司關於本案根據《煤炭買賣合同》管轄條款約定確定管轄法院的上訴理由均不能成立。	駁回上訴，維持原裁定。
33	2019-01-29	寧波銀行股份有限公司杭州分行、中國民生銀行股份有限公司寧波分行票據追索權糾紛二審民事裁定書	（2019）最高法民轄終30號	根據《最高人民法院關於調整高級人民法院和中級人民法院管轄第一審民商事案件標準的通知》第一條規定，本案當事人住所地均在浙江省行政轄區內，且本案訴訟標的額為五億元以上，一審法院對本案具有管轄權。據此，一審法院裁定駁回寧波銀行杭州分行對本案管轄權提出的異議正確，本院予以維持。	駁回上訴，維持原裁定。
34	2019-01-31	湖南亞華乳業控股有限公司、中國建設銀行興業支行金融借款合同糾紛二審民事裁定書	（2019）最高法民轄終22號	從級別管轄的角度來說，依照《最高人民法院關於調整高級人民法院和中級人民法院管轄第一審民商事案件標準的通知》（法發〔2008〕10號）第一條的規定，湖南省高級人民法院管轄訴訟標的額5000萬元以上的涉港澳台第一審民商事案件。故本案為涉港第一審民商事案件。至於卓濤公司為在香港註冊的公司，本案訴訟的額為一審民商事案件。至於卓濤公司出具的《承諾函》形成時間是否在主合同成立之前及其效力問題，屬於案件實體審理問題，並不影響本案管轄權的確定。湖南省高級人民法院，依法對本案件具有管轄權。本案訴訟標的額為9823萬元，屬湖南省高級人民法院的管轄範圍。審原告建行華興支行住所地為香港，依法對本案件有管轄權。	駁回上訴，維持原裁定。

（續上表）

序號	裁判時間	案件名稱	案號	案由／基本案情	裁判結果
35	2019-01-28	唐萬新、浙江貝澤集團有限公司企業借貸糾紛二審民事裁定書	（2019）最高法民轄終 17 號	本案並非所有當事人均在受理法院所處省級行政轄區且爭議標的金額已逾三億元，依法應由貝澤公司住所地的高級人民法院管轄。因此，浙江省高級人民法院對本案具有管轄權。	駁回上訴，維持原裁定。
36	2019-01-29	廣東省八建集團有限公司、麗江文產投資開發有限公司建設工程施工合同糾紛二審民事裁定書	（2019）最高法民轄終 23 號	因不動產糾紛提起的訴訟，由不動產所在地人民法院管轄。涉案建設工程所在地為雲南省麗江市，根據《最高人民法院關於調整高級人民法院和中級人民法院管轄第一審民商事案件標準的通知》第二條規定，本案應由雲南省高級人民法院管轄。廣東省八建集團的上訴理由於法無據，不能成立。	駁回上訴，維持原裁定。
37	2019-03-27	中國有色金屬工業再生資源有限公司、上海浦東發展銀行股份有限公司大連分行金融借款合同糾紛二審民事裁定書	（2019）最高法民轄終 105 號	本案中主合同和擔保合同中均約定了合法有效的協議管轄條款，一致明確有關糾紛由大連浦東發展銀行大連分行住所地所在地人民法院管轄。本案訴訟標的額超過一億元，一方當事人住所地不在遼寧省。根據《最高人民法院關於調整高級人民法院和中級人民法院管轄第一審民商事案件標準的通知》，本案達到遼寧省高級人民法院級別管轄標準，遼寧省高級人民法院對本案有管轄權。	駁回上訴，維持原裁定。
38	2019-03-22	重慶建工第二市政工程有限責任公司、雷洪波建設工程施工合同糾紛二審民事裁定書	（2019）最高法民轄終 111 號	本案應屬於建設工程施工合同糾紛，按照不動產合同糾紛確定管轄。對於重慶建工二公司主張本案為建設工程分包合同糾紛，無事實依據，本院不予採信。且重慶建工二公司是否與雷洪波簽訂了《施工分包合同》尚存爭議，即便雙方在《施工分包合同》中約定了由重慶建工二公司所在地法院管轄，也因達反了專屬管轄的規定而無效。對於重慶建工二公司將本案移送至重慶市第五中級人民法院審理的上請求，本院不予支持。	駁回上訴，維持原裁定。
39	2019-04-11	浙江稠州商業銀行股份有限公司、中國民生銀行股份有限公司福州分行合同糾紛二審民事裁定書	（2019）最高法民轄終 133 號	根據《最高人民法院關於審理票據糾紛案件若干問題的規定》，本案屬於非票據權利產生的糾紛，依法亦應由被告住所地即福建省高級人民法院管轄。	駁回上訴，維持原裁定。

（續上表）

序號	裁判時間	案件名稱	案號	案由／基本案情	裁判結果
40	2019-03-27	江西春源綠色食品有限公司、中國長城資產管理股份有限公司江西省分公司借款合同糾紛二審民事裁定書	（2019）最高法民轄終100號	本院認為，長城江西分公司屬依法設立並領取營業執照的法人的分支機構，依據《最高人民法院關於適用〈中華人民共和國民事訴訟法〉的解釋》第五十二條第五項規定，其屬於《民事訴訟法》第四十八條規定的可以作為民事訴訟的當事人的其他組織，具有訴訟主體資格，規定的可以作為民事訴訟的當事人的其他組織，具有訴訟主體資格，春源公司主張長城江西分公司係長城公司的分支機構，不能獨立行使訴訟權利，於法無據。	駁回上訴，維持原裁定。
41	2019-03-27	竇可飛、田雙貴合同糾紛二審民事裁定書	（2019）最高法民轄終101號	本案中，田雙貴變更之後的訴訟請求第一項即請求解除案涉《股權轉讓協議》及《補充協議》，僅該項訴請對調整的訴訟標的額即超過5000萬元，符合《最高人民法院關於調整高級人民法院和中級人民法院管轄第一審民商事案件標準的通知》的規定。綜上，上訴人竇可飛的上訴請求及理由缺乏事實和法律依據，本院不予支持，一審裁定正確，應予維持。	駁回上訴，維持原裁定。
42	2019-03-23	陝西華夏置業有限公司、中國建築第七工程局有限公司建設工程施工合同糾紛二審民事裁定書	（2019）最高法民轄終108號	華夏公司與中建七局公司約定合同價款暫定五億元，最終工程造價以雙方確認的結算價為準。中建七局公司起訴主張已完成全部工程量，總造價3.5億餘元，具體以司法鑒定結論為準。華夏公司稱案涉工程未竣工驗收也未進行工程結算。經一審查，兩份催款函可充分證明中建七局公司向華夏公司催款的額，兩份催款函載明中建七局公司向華夏公司催款後計算得出的3506.7萬元，司催訴訟標的額按90%計算後得出的額13,340.3萬元。華夏公司關於催款的主張缺乏事實依據，不能成立，本院不予支持。中建七局公司提交了相應證據材料證明其主張，一審法院和中級人民法院管轄第一審民商事案件標準的通知》第二條的規定，裁定該院具有管轄權，處理正確，本院予以維持。	駁回上訴，維持原裁定。

考察上述樣本統計，可以得出如下結論：

1. 最高人民法院所涉級別管轄法律文書中，以二審民事裁定為主，兼有再審文書、判決文書。二審文書中「駁回」「維持」為重，佔比為97%，撤銷一審民事裁定一例，駁回再審申請二例，維持一審判決一例。充分表明高級人民法院在管轄權方面的裁判已不具重大偏離，最高人民法院在管轄權方面的裁斷司法資源具有避免損耗的必要性、緊迫性。

2. 訴訟標的額係人民法院確認級別管轄和確定訴訟費用交納等事項的重要依據。司法實踐中存在大量當事人通過提高或變相提高訴訟標的額，以規避級別管轄的現象，上述民事裁定樣本中亦多有體現。

但「實際訴訟標的額」是否過高屬於實體審理範圍，其實質係主張在管轄權異議階段進行實體審理，要求在管轄權異議階段對「賠償金額」合理與否，是否屬故意虛高訴訟標的進行審理，實質審查沒有法律依據。

3. 級別管轄是對受訴法院層級的確定，其直接關係到案件的事實查明、當事人實體權利的實現、案件的公正處理。我國級別管轄制度將「案情繁簡、訴訟標的金額大小、在當地影響」三種因素確定為級別管轄的具體標準，立法的目的在於案情重大、複雜的疑難案件應由級別更高的法院審理。但基於社會經濟的發展，以單一訴訟標的為指標的級別管轄，實際上使大量並非「案情重大、複雜的疑難案件」在高級法院、最高法院獲得審理，實際造成司法資源的嚴重浪費。在（2019）最高法民轄終58號案中法院認為：

> 翟立焰、翟闖是以案涉工程實際施工人的身份起訴，向其主張的實際發包人、實際投資主體、管理主體和建設單位瀚星集團主張支付所欠工程款，而非以四份建設施工協議書當事人的身份主張權利。翟立焰、翟闖同時主張瀚星集團在案涉工程完工後已經接收了全部工程並實際佔有使用，且瀚星集團及其子公司給付案涉工程款項時未對案涉各棟樓房進行區分，無法確定各棟樓房欠款數額，其只能按照案涉工程總欠款數額進行訴訟。為證明其主張，翟立焰、翟闖提供了2013年7月26日瀚星集團與正龍

公司、泰建公司簽訂的《施工補充協議》，正龍公司《授權委託書》，付款收據等證據材料。根據《最高人民法院關於審理建設工程施工合同糾紛案件適用法律問題的解釋》第 26 條第二款、《民事訴訟法》第 119 條的規定，翟立焰、翟闖以瀚星集團為被告提起本案訴訟，符合起訴的條件，人民法院應予受理。瀚星集團上訴主張翟立焰、翟闖訴請的工程款涉及到三個公司四個施工合同，且相互之間不存在不可分的共同權利義務關係，不屬於共同訴訟情形，原審法院不應合併審理的異議理由不能成立。吉林省高級人民法院對當事人一方住所地不在該省轄區的第一審民商事案件的管轄訴訟標的額為 5000 萬元以上。翟立焰、翟闖訴請瀚星集團與其他被告共同承擔全部案涉工程欠款及相應利息合計 102,676,104.17 元，而共同被告之一的泰建公司住所地又不在吉林省轄區，故吉林省高級人民法院對本案依法享有管轄權。

4. 明確對管轄權「下放性轉移」的態度，消除級別管轄權異議程序的行政化勢在必行。增加在法定情形下因訴訟標的的變化可以變更級別管轄的可能性，同時構建規避管轄監督制度，嚴格追究違法管轄責任。高級別的法院的執法水平相對來說比低級別的法院要高，抗禦地方干擾的能力也比下級法院強。因此，在一定的情況下將下級法院的管轄權轉移給上級法院是合理的，亦有利於對當事人的利益之保護。將高級法院受理第一審民商事案件之標準大幅提高，可實現將原本由高院管轄的大量第一審民商事案件下移至中院管轄，相應地原本由最高院二審管轄的案件將下移至高院，最高院二審的案件數量將大幅降低。最高人民法院應發揮其特殊、關鍵的跨省域糾紛解決核心作用。

5.「管轄恆定原則」不應違反級別管轄和專屬管轄，訴訟標的體現訴訟當事人之間的法律關係，訴訟標的額是基於法律關係產生的金額，訴訟標的額變化影響級別管轄法院的，應調整級別管轄法院。訴訟標的額不應按照變更之訴還是給付之訴確定，而應按照是「要求履行合同」還是「要

求解除合同」來確定。在確定本案的級別管轄時，如果僅僅依據當事人主張返還賠償的具體金額，而完全不考慮雙方對於合同是否解除的法律後果，以及合同自身的標的額，着實有違根據訴爭利益的數額確定財產類案件級別管轄的精神。人民法院審理合同解除案件時，必然涉及對合同效力、合同解除是否符合法定條件，以及在當事人提出返還財產或賠償損失之請求，對方提出相應抗辯時，對合同解除的法律後果亦即合同解除後各方的權利義務等問題作出認定。

二、《最高人民法院關於調整高級人民法院和中級人民法院管轄第一審民事案件標準的通知》（法發 [2019]14 號）價值指向

《最高人民法院關於調整高級人民法院和中級人民法院管轄第一審民事案件標準的通知》（法發 [2019]14 號）（以下簡稱《通知》）於 2019 年 5 月 1 日正式實施，其將高級人民法院受理一審民事案件訴訟標的額下限大幅提高至 50 億，同時該金額亦成為中院管轄第一審民事案件標準的理論上限，同時存在「三取消」：1. 取消對各省市高院管轄第一審民事案件訴訟標的額的區別對待；2. 取消對當事人一方住所地不在受理法院所處省級行政轄區的第一審民商事案件的特殊對待；3. 取消對海事海商案件、涉外民事案件、部分知產案件級別管轄的區別對待。

當事人提起訴訟啟動商事訴訟程序，程序的運轉圍繞其訴訟請求是否成立進行。效率和公平是商事程序恆定追求的價值目標。2019 年 5 月 1 日始，最高法院通過二審調整司法審判的直接功能顯著降低，再審監督功能突顯。我國民事訴訟法律規制中，再審的法律程序設計與二審中相關程序存在較大比重的契合，具備完整訴訟程序關鍵要素。以事務管轄完善我國級別管轄制度，將高級法院和最高法院作為二審和三審法院，重構我國的審級制度等觀點已經成為學理研究之共識。[1]

1　參見肖建國：《民事訴訟級別管轄制度的重構》，載《法律適用》2007 年第 6 期。

《通知》相關調整價值指向：

1. 級別管轄的重心轉移。《通知》首先克服了此前級別管轄的顯著弊端，即以基層人民法院定位為級別管轄的重心。大陸法系各國事務管轄的重心普遍設定在高級別初審法院。《通知》對級別管轄重心進行適當調整，即將重心向中級人民法院適度傾斜。[1]降低民商事案件的終審級別，從中長期角度看，對基層法院法官的業務能力和職業道德都提出了新的考驗。

弱化基層人民法院現有的主力地位，而將中級人民法院定位為級別管轄的重心。一方面在初審法院與高級別上訴法院之間進行事實審與法律審的功能劃分；另一方面在初審法院內部進行第二層功能分流，即中級人民法院適用普通程序，而基層人民法院原則上適用簡易程序。[2]

2. 管轄權轉移。《通知》明確載明「為適應新時代審判工作發展要求，促進矛盾糾紛化解重心下移」。管轄權轉移是對級別管轄的補充和變量規定。從立法本意分析，管轄權轉移是《民事訴訟法》賦予上級人民法院對管轄問題的一項靈活處理、變通決定的自由裁量權。[3]商事訴訟司法實踐當中，當事人主要通過人為地改變地域管轄中的聯結點、訴訟標的額、案件性質、案件的影響範圍或者繁簡程度等手段來規避管轄。對於級別管轄，表現為案件當事人在向法院起訴時的訴訟標的額實際上已經超出了該法院管轄受理的範圍，通過突破合同相對性原則強行將相關欠款合併在一起虛報訴訟標的額起訴；或當事人在向法院起訴時的訴訟標的額在該法院管轄的範圍之內，但在舉證期限屆滿之前原告又變更了訴訟請求，致使該案件的訴訟標的額發生改變，造成改變後的訴訟標的額與原告起訴時的法院的管轄範圍不符；或「化整為零」，即案件當事人在起訴時將本應該作為一案處理的案件拆開劃分成幾個案件，使得拆分之後的案件的訴訟標的額達

1　參見崔蘊濤：《論級別管轄之重心選擇》，載《理論界》2011 年第 1 期。
2　參見崔蘊濤：《論級別管轄之重心選擇》，載《法學論叢》2011 年第 1 期、第 448 期。
3　參見徐黎明：《關於我國現行民事訴訟級別管轄制度的思考》，載《青海民族大學學報（教育科學版）》2010 年第 1 期。

到其理想的法院的管轄範圍。[1]

3. 公正、平等。經濟發展的不平衡不應成為各地法院受案標準不一樣的理由，司法審判的直接使命或主要目標並不是促進經濟發展，維護公正、平等的法治環境才是司法制度的真正目的。《通知》統一規定全國法院級別管轄的無差別數額標準，對爭議標的額的理解和計算方法做出統一的規定。[2] 此前《最高人民法院關於明確第一審涉外民商事案件級別管轄標準以及歸口辦理有關問題的通知》第一條規定：「…… 天津、河北、山西、內蒙古、遼寧、安徽、福建、山東、河南、湖北、湖南、廣西、海南、四川、重慶高級人民法院管轄訴訟標的額人民幣 8000 萬元以上的第一審涉外民商事案件 …… 」級別管轄原則上開始與經濟行政區域脫鈎。此前，北京、上海、江蘇、浙江、廣東高級人民法院管轄訴訟標的額五億元以上的案件，所轄中級人民法院管轄標的額一億元以上的案件；天津、河北、山西、內蒙古、遼寧、安徽、福建、山東、河南、湖北、湖南、廣西、海南、四川、重慶高級人民法院管轄標的額三億元以上的案件，所轄中級人民法院管轄標的額 3000 萬元以上的案件；吉林、黑龍江、江西、雲南、陝西、新疆高級人民法院和新疆生產建設兵團分院管轄標的額兩億元以上的案件，所轄中級人民法院管轄標的額 1000 萬元以上的案件；貴州、西藏、甘肅、青海、寧夏高級人民法院管轄標的額一億元以上的案件，所轄中級人民法院管轄標的額 500 萬元以上的案件。

4. 權利本位與公共價值。社會契約理論認為，在權利與權力的關係中，應當主張權利本位，反對權力本位。權利本位的法律精神意味着公民的權利是國家權力的源泉，亦是國家權力配置和運作的目的和界限，即國家權力的配置和運作，只有為了保障主體權利的實現、協調權利之間的衝

1　參見姜洪斌：《民事訴訟中規避管轄的遏制》，載《山西省政法管理幹部學院學報》2016 年 29（3）期。

2　參見邢克波：《我國民事訴訟級別管轄制度的反思與重構》，載《太平洋學報》2007 年第 11 期。

突、制止權利之間的相互侵犯、維護和促進權利平衡，才是合法和正當的。[1]《通知》相關調整根本體現了最高法院糾錯和保證國家法律的統適功能，最高法院將着眼於對具有普遍公共價值的法律問題進行復審而不再偏重審理事實問題。司法管轄上行政化主要由以國家本位主義作為案件地域管轄制度的指導思想，從國家控制和管理案件糾紛解決的角度，以代表國家的法院控制和主導整個訴訟程序為出發點來設置案件管轄制度所致，甚至對案件的管轄設置交由部門來主導決定。[2]當程序中訴訟權和司法權產生衝突時，以當事人為主導，而不是以法院為主導，跨區域管轄制度的設計應該平衡兩者利益，設計多種管轄連結點，尊重當事人的處分權以及程序選擇權，賦予當事人選擇對其最有利的法院進行訴訟的權利，同時也應賦予當事人更為合理的管轄異議權。[3]

> 上訴手段之許可不僅考慮了當事人對正確裁判的利益，而且也考慮到了良好運轉的司法的公利益。因為上一級審查的可能性加強了法官致力於細心思考和審查自己的判斷傾向。[4]

5. 司法資源的配置效率。民訴法修改後申請再審案件的大幅攀升給高級法院和最高院帶來了壓力，合理分配和平衡四級法院之間的審判任務的基本思路便是通過設置受案數額下限或限定案件類型等方式來逐漸減少高級法院受理一審民商事案件的數量。法院級別越低，其在直接解決糾紛和服務私人利益方面的作用則越明顯。[5]

《通知》旨在「合理定位四級法院民事審判職能」，規範法院和當事人、其他訴訟參與人進行的訴訟活動。依照司法資源的配置規律即高級別法院優先的原則，優質的司法資源包括高素質的法官、審判的物質

1　參見張文顯：《二十世紀西方法哲學思潮研究》，載法律出版社 1996 年版，第 507 頁。

2　參見施業家、吳忠良：《跨行政區劃司法管轄制度的定位問題》，載《理論月刊》2017 年第 2 期。

3　參見施業家、吳忠良：《跨行政區劃司法管轄制度的定位問題》，載《理論月刊》2017 年第 2 期。

4　［德］約阿希姆·穆澤拉克：《德國民事訴訟法基礎教程》，周翠譯，中國政法大學出版社 2005 年版，第 293 頁。

5　參見傅鬱林：《審級制度的建構原理——從民事程序視角的比較分析》，載《中國社會科學》2002 年第 4 期。

條件與經費等都是優先保障高審級法院。理論上高級別法院法官審判中出現錯案的概率遠遠低於低級別法院法官，終審法院的審級越高越能保證判決的公正性。高級法院和最高法院較少審理第一審商事案件，專門負責審理上訴案件以及對下級人民法院的審判工作進行指導和監督。合理配置四級法院司法資源，才能真正實現優良審判資源配置於複雜、疑難、重大影響商事糾紛爭議中。如果級別較高的法院深陷對具體案件的全面審理，勢必會阻礙其總結審判經驗、指導下級法院工作等偏重公眾服務職能的充分發揮。[1]

三、跨境商事案件級別管轄

在國際商事訴訟領域，要求跨境商事法律關係當事人的協議管轄不得違反級別管轄，則顯然使當事人加重了對我國民事管轄權法律規定內容加以查明的責任。跨境案件當事人對我國法院的選擇不得違反我國的級別管轄，這一規定實際上是對我國法院管轄權的自我限制。在涉外協議管轄制度上，應逐步放棄級別管轄的限制條件，從而允許國際或者涉外商事關係當事人對我國法院的協議管轄，當被選擇的法院認為依據我國國內管轄權分配規則並不適合審理案件時，可以依據指定管轄或者移送管轄規則來確定合適的審理法院。[2]

《最高人民法院關於設立國際商事法庭若干問題的規定》於 2018 年 6 月 25 日公佈，自 2018 年 7 月 1 日起施行，在一定意義上係「逐步放棄級別管轄的限制條件」的實踐。國際商事法庭的管轄權主要來源於跨境當事人依照《民事訴訟法》第 34 條的規定協議選擇最高人民法院管轄且標的額為人民幣三億元以上的第一審國際商事案件，即合同或者其他財產權益糾紛的當事人可以書面協議選擇被告住所地、合同履行地、合同簽訂地、

1　參見卯俊民：《試論民事案件級別管轄制度的規範與完善》，載《法律適用》，2006 年 10 月。
2　參見王吉文：《我國涉外協議管轄限制條件的合理性問題──以協議管轄的級別管轄限制條件為視角》，載《雲南大學學報（法學版）》2010 年第 23 期。

原告住所地、標的物所在地等與爭議有實際聯繫的地點的人民法院管轄，但不得違反本法對級別管轄和專屬管轄的規定。據此，當事人協議選擇最高人民法院管轄的案件必須與中國大陸有實際聯繫。

　　現階段，第一國際商事法庭已受理跨境商事案件為：亞洲光學股份有限公司、東莞信泰光學有限公司與日本富士膠片株式會社、富士膠片（中國）投資有限公司、富士膠片（中國）投資有限公司深圳分公司、富士膠片光電（深圳）有限公司不當得利糾紛案；廣東本草藥業集團有限公司與意大利貝斯迪大藥廠產品責任糾紛案；英屬維爾京群島運裕有限公司與深圳市中苑城商業投資控股有限公司申請確認仲裁協議效力案；北京港中旅維景國際酒店管理有限公司、深圳維景京華酒店有限公司與深圳市中苑城商業投資控股有限公司申請確認仲裁協議效力案以及英屬維爾京群島新勁企業公司與深圳市中苑城商業投資控股有限公司申請確認仲裁協議效力案等案件。第二國際商事法庭已受理跨境商事案件為：英特生物製藥控股有限公司與紅牛維他命飲料有限公司公司盈餘分配糾紛案；泰國華彬國際集團公司與紅牛維他命飲料有限公司、紅牛維他命飲料（泰國）有限公司股東資格確認糾紛案；環球市場控股有限公司與許馨雄、紅牛維他命飲料有限公司損害公司利益責任糾紛案，以及英特生物製藥控股有限公司與嚴彬（Chanchai Ruayrungruang）、紅牛維他命飲料有限公司損害公司利益責任糾紛案等案件。（參見表8）

　　國際商事法庭致力於依法公正及時審理國際商事案件，平等保護中外當事人合法權益，營造穩定、公平、透明、便捷的法治化國際營商環境，服務和保障「一帶一路」建設；依照已受理案件的樣本分析，其受理一審案件在於強調：「具有重大影響和典型意義的國際商事案件，案情疑難、複雜，紛爭所涉利益巨大，社會各界高度關注」。

表 8　案例統計表（2）

序號	裁判時間	案件名稱	案號	案由／基本案情
1	2018-12-28	環球市場控股有限公司與許馨雄損害公司利益責任糾紛民事裁定書	（2018）最高法民轄 189 號	本院認為，本案係具有重大影響和典型意義的第一審國際商事案件，案情疑難、複雜，紛爭所涉利益巨大，社會各界高度關注，宜由國際商事法庭審理。有關各方還涉及多起與本案相關的關聯案件，宜一併審理。本院依照《民事訴訟法》第二十條、第三十八條第一款，《最高人民法院關於設立國際商事法庭若干問題的規定》第二條第五項之規定，裁定如下：由本院第二國際商事法庭審理。
2	2018-12-28	英特生物製藥控股有限公司與嚴彬（Chanchai Ruayrungruang）損害公司利益責任糾紛民事裁定書	（2018）最高法民轄 190 號	本案係具有重大影響和典型意義的第一審國際商事案件，案情疑難、複雜，紛爭所涉利益巨大，社會各界高度關注，宜由國際商事法庭審理。有關各方還涉及多起與本案相關的關聯案件，宜一併審理。本院依照《民事訴訟法》第二十條、第三十八條第一款，《最高人民法院關於設立國際商事法庭若干問題的規定》第二條第五項之規定，裁定如下：由本院第二國際商事法庭審理。
3	2018-12-28	泰國華彬國際集團公司與紅牛維他命飲料有限公司股東資格確認糾紛民事裁定書	（2018）最高法民轄 191 號	本案係具有重大影響和典型意義的第一審國際商事案件，案情疑難、複雜，紛爭所涉利益巨大，社會各界高度關注，宜由國際商事法庭審理。有關各方還涉及多起與本案相關的關聯案件，宜一併審理。本院依照《民事訴訟法》第二十條、第三十八條第一款，《最高人民法院關於設立國際商事法庭若干問題的規定》第二條第五項之規定，裁定如下：由本院第二國際商事法庭審理。
4	2018-12-28	英特生物製藥控股有限公司與紅牛維他命飲料有限公司公司盈餘分配糾紛民事裁定書	（2018）最高法民轄 188 號	本案係具有重大影響和典型意義的第一審國際商事案件，案情疑難、複雜，紛爭所涉利益巨大，社會各界高度關注，宜由國際商事法庭審理。有關各方還涉及多起與本案相關的關聯案件，宜一併審理。本院依照《民事訴訟法》第二十條、第三十八條第一款，《最高人民法院關於設立國際商事法庭若干問題的規定》第二條第五項之規定，裁定如下：由本院第二國際商事法庭審理。

四、結論

級別管轄制度是以合理配置審判資源，保證公正高效審理案件為立法出發點的。級別管轄關鍵在於：其一，級別管轄的重心，即級別管轄的基本分配格局。其二，級別管轄分配標準。《通知》對級別管轄的調整旨在：完善審級制度，一審重在解決事實認定和法律適用，二審重在解決事實法律爭議、實現二審終審，再審重在解決依法糾錯、維護裁判權威。通過嚴格控制或減少高級法院與最高法院兩級法院的一審受案量，國際商事法庭意在改變級別管轄純屬法院系統內部上、下級行政分工問題，確保法院在審理案件過程中的獨立地位，去除司法行政化和地方化的制度頑疾。[1]

但可以預見的是級別管轄的重心對中級法院的調整，中級法院必將面臨更為嚴峻、繁重的一審商事審判任務。因此，提高審判人員素質，優化人力資源配置，構建多元化的訴外糾紛解決機制，具有必要性和緊迫性。仲裁機構、調解機構的公信力與建設，亦將面臨機會和挑戰。隨着商事爭議經濟和訴訟文化的發展，現行商事訴訟級別管轄制度的構建、完善，仍將是值得深入關注、研究的課題。

第四節　跨境商事爭議訴訟證據規定分析
——從香港法視角

事物的發展與聯繫是訴訟證明得以進行的哲學基礎。訴訟的目的在於實現對立當事人之間真正的公平與正義，如法院未掌握全部信息，則無法實現司法公正之目標。[2] 從本質上講，對證據的判斷必然包含着人的因素。時間的本根屬性在於一維向前，人的認識與記憶是有限的，物品也會隨着

1　參見施業家、吳忠良：《跨行政區劃司法管轄制度的定位問題》，載《理論月刊》2017 年第 2 期。
2　參見張衛平主編：《外國民事證據研究》，清華大學出版社 2013 年版，第 73 頁。

時間的流逝而逐漸滅失，證明的結果唯是法律真實，亦即只能是證據整體所表明的事實，該事實可能無限接近於客觀真實，也可能只是部分接近客觀事實，甚至還包括在顯明的事實無法查清的情況下，法庭依照非顯明的事實所作的推斷事實。[1]

《證據條例》是香港地區有關商事證據規則最為系統的成文法規定，[2]其對證據所表達和記述之內容與待證事實之關聯性的強調尤為顯著。香港對正義的理解更強調的是過程而非結果，正義更多地是立足於從一個前提到另一個前提的進展方法，而非在於其結論，如法律是被正當地、確定地，並且是按照適當的程序運用的，那麼正義就已經得以伸張。[3]香港證據規則主要由習慣法（判例法）和成文法兩部分組成。成文法主要指頒行於1886年的《證據條例》，民刑合一之體例，計82條。陪審制、宣誓、以及對抗性訴訟程序是推動證據法發展的三大因素。[4]

現階段，「成本效益、程序公正、公正與效率、實質正義向分配正義轉變」[5]日益成為世界各國商事訴訟程序之價值訴求，關於證據制度設計尤成為關注的重點。在此背景下，2019年12月25日，最高人民法院頒佈法釋〔2019〕19號《最高人民法院關於民事訴訟證據的若干規定》，自2020年5月1日起施行，對民事訴訟證據規則進行了較大程度的調整。其根本目標在於完善民商事訴訟證據規則，進一步促進民商事訴訟證據採信的準確性和規範化，強化實現司法審判工作「事實認定符合客觀真相，辦案結果符合實體公正、辦案過程符合程序公正」之目標，加強民商事審判證據調查、審核、採信乃至民商事訴訟程序操作的規範化，「保障當事人的訴訟權利，促進司法公開，統一裁判尺度，提升司法公信力」。[6]本節擬結合香港證

1　參見葉自強：《民事訴訟制度的變革》，法律出版社2015年版，第256頁。

2　辜恩臻：《香港民事證據制度改革述評》，載 *Judicial Reform Review*, 2010年00期。

3　參見［英］威斯萊·史密斯：《香港法律制度》，馬清文譯，三聯書店（香港）有限公司1990年版，第9頁。

4　徐昕：《英國民事訴訟與民事司法改革》，中國政法大學出版社2002年版，第222頁。

5　齊樹潔主編：《民事司法改革研究》，廈門大學出版社2018年版，第46頁。

6　最高人民法院：《關於理解和適用新民事證據規定的幾個問題》，https://baijiahao.baidu.com/s?id=1655254455091725577&wfr=spider&for=pc，2023年1月11日。

據規定，對關於《最高人民法院關於民事訴訟證據的若干規定》進行初步分析，對其哲學基礎進行一定探究。

一、香港證據規則

香港證據規則之穩定性和實踐性，具有突出研究價值。

證據法被認為既是實體法又是程序法。香港與內地在證據方面最大差異在於：其一，內地的證據交換係在人民法院的主持下進行，而普通法系下香港證據開示制度是當事人之間的證據交換，一般非在法院主持下進行，即強調當事人主義；其二，香港證據開示制度包括了當事人在一定條件下的強制性開示，即通過某種方式要求對方提供證據信息，而內地的證據交換並非要求強制性開示，存在一定意義上證據開示的「突擊與突然」。

「當事人主義」，即證據主要依靠當事人收集，商事證據僅要求佔優勢的蓋然性（proof on the balance of probabilities），而非絕對性。法官不能在當事人指明的證據以外依職權主動收集證據，「當事人主義」的目的，在於達到證明標準的「客觀真實」或「事實真實」。一般而言，法官要正審定案件事實，必須以當事人各方提供的證據為基礎。當事人越是能夠隨時發現新證據、隨時提供新證據，法官對案件事實的認識就越能接近甚至達到「客觀真實」或「事實真實」，因而，從追求客觀真實和事實真實的要求考慮，對當事人的舉證不應該有任何的限制。[1]訴訟的展開主要存在於雙方當事人之間，這與內地立案程序中法院佔了舉足輕重的決定地位的情形根本不同。

證據開示的目的是迫使糾紛雙方當事人彼此披露其現時或曾經擁有，由其支配、保管或控制的與訴訟中任何受爭議事項有關的文件，並讓對方查閱這些文件。所有於證據開示過程中披露的文件均受一項默示義務約束，即該等文件僅會以訴訟為目的被訴訟各方使用。送達答覆書後的 28

1　參見鄭學林：《最高人民法院關於民事訴訟證據的若干規定解讀》，載《名家講座》2005 年。

日內（如原告選擇不送達答覆書，則在被告向原告送達抗辯書後的 42 日內）開示文件證據。訴訟各方必須披露己方所持有、保管、控制之與訴訟有關的全部文件，包括對己方不利的證據。

　　證據的相關性（relevance）和可採性規則（admissibility），是香港商事證據法最為重要的基礎性準則。負有舉證責任的一方，可以透過多種形式去證明他所指的事情屬實，包括證人所作的口供、文件、照片、錄音或錄影帶，或在任何磁帶或磁盤上的電子資料等等。英美法系的務實主義，在商事證據方面具有深刻的體現，在證據形式上可分為：口述證據（testimonial evidence）、文書證據（documentary evidence）、實物證據（real evidence）。普通法極端重視證人在庭上的口供，證據必須由證人提出，而證人必須在庭上接受盤問，以保證證言的真實性（principle of orality）。有關聯性的證據是指那些與爭議事實或者觀點相關或有直接聯繫，並且能夠證明或者傾向於證明待證事實的證據，或者有助於證明案件中某一理論的證據。關聯性並非證據自身固有的特徵，而是一個關係範疇。

　　訴訟各方宜在法律程序的早段（而儘可能在審訊開始前）取得所有證據。這些證據亦會在審訊時呈上法庭。伴隨案件發生而出現的種種事實必須是客觀真實的，不以法官、律師、當事人及證人等的主觀意志為轉移的，非主觀想像的、虛偽的、推測的。對於年幼、精神不健全的、刑訊逼供的、證人推測的等提供的證詞，其事實性存疑，不得採納。且香港法律還以偽證罪對虛偽證人進行懲罰，以宣誓等程序對人進行良心上的約束等，從而保證證據的事實性。客觀存在的事實是多種多樣的，並非所有的客觀事實都能作為證據，只有那些與案件事實存在着一定聯繫的事實才能作為證據，作為判案的基礎。對具有事實性的證據需經過法定的機關和法定的人員依照法定的程序收集、舉證、接納、審查、判斷後才能作為訴訟的證據，同時對於證人的適格、宣誓、質詢、立案等方面也有一定的合法性要求。

　　根據《證據條例》第 75 條的規定，香港高等法院可接受外地法院調查取證的申請，香港法院接受內地法院向其提出的域外取證請求。香港高等法院可以作出在香港取證的命令，行使該權力的機構是香港高等法院的

司法常務官，根據《證據條例》第八章第 76 條，除非法律另有規定，香港高等法院可以實施以下取證方式，包括但不限於檢查、拍攝、保存、保管或者扣留任何財產。根據香港《高等法院規則》第 4A 章第 70 條命令第五條規則，訊問員取得證人的書面證詞後，應送交高等法院司法常務官，司法常務官應就該證詞發出一份可在香港域外使用的證明書並加蓋法院印章，然後將證明書和相關文件送交政務司司長。

二、關於最新《最高人民法院關於民事訴訟證據的若干規定》（2020）

《最高人民法院關於民事訴訟證據的若干規定》（2020）（以下簡稱《規定》）立足於高度強調法律事實與客觀事實的高度統一，注重吸收科技發展成果，強調訴訟效率，節約訴訟成本。人民法院應當以證據能夠證明的案件事實為根據依法作出裁判。審判人員應當依照法定程序，全面、客觀地審核證據，依據法律的規定，遵循法官職業道德，運用邏輯推理和日常生活經驗，對證據有無證明力和證明力大小獨立進行判斷，並公開判斷的理由和結果。

1. 堅持「法院主義」，但「當事人主義」意識增強。人民法院在證據查明、調取過程中仍具有重要職責。具體見《規定》第 20 條：

> 當事人及其訴訟代理人申請人民法院調查收集證據，應當在舉證期限屆滿前提交書面申請。申請書應當載明被調查人的姓名或者單位名稱、住所地等基本情況、所要調查收集的證據名稱或者內容、需要由人民法院調查收集證據的原因及其要證明的事實以及明確的線索。

第 21 條：

> 人民法院調查收集的書證，可以是原件，也可以是經核對無誤的副本或者複製件。是副本或者複製件的，應當在調查筆錄中說明來源和取證情況。

第 22 條：

人民法院調查收集的物證應當是原物。被調查人提供原物確有困難的，可以提供複製品或者影像資料。提供複製品或者影像資料的，應當在調查筆錄中說明取證情況。

第 23 條：

人民法院調查收集視聽資料、電子數據，應當要求被調查人提供原始載體。提供原始載體確有困難的，可以提供複製件。提供複製件的，人民法院應當在調查筆錄中說明其來源和製作經過。

第 24 條：

人民法院調查收集可能需要鑒定的證據，應當遵守相關技術規範，確保證據不被污染。

「說到對抗制，我是指一種裁判制度，其程序活動由當事人控制，而裁判者則基本上保持被動」，[1]「當事人及其訴訟代理人申請人民法院調查收集證據」前提的增加，在一定程度上表明了當事人主義在證據規則中的實質性影響。法院職權主義開始步入減弱通道。

2. 證人保證與香港證據規則中的宣誓義務。《規定》第 71 條已充分體現對英美法院證人宣誓的融合和借鑒：

人民法院應當要求證人在作證之前簽署保證書，並在法庭上宣讀保證書的內容。但無民事行為能力人和限制民事行為能力人作為證人的除外。證人確有正當理由不能宣讀保證書的，由書記員代為宣讀並進行說明。證人拒絕簽署或者宣讀保證書的，不得作證，並自行承擔相關費用。證人保證書的內容適用當事人保證書的規定。

1　［美］米爾建‧R.達馬斯卡：《漂移的證據法》，李學軍、劉曉丹、姚永吉、劉為軍譯，中國政法大學出版社 2003 年版，第 102 頁。

3. 當事人自認。自認制度是民事訴訟特有的制度，是民事訴訟中處分原則的具體體現。自認制度的背後，實際上是對當事人實體性權利的處分，直接關乎官司的成敗。自認是證據之替代物，源於對訴訟效率的追求，對節省訴訟成本具有直接的作用。在商事訴訟中作出自認的動機是費用因素。[1] 當事人自認構成的標準在於：必須是對具體事實的承認，必須是與對方的事實主張相一致的陳述或表示，陳述必須發生於訴訟過程中，並向法庭作出。自認作為當事人基於處分權行使而實施的一種訴訟行為，具有免除對方舉證責任的效力。對於訴訟代理人的自認，不再考慮訴訟代理人是否經過特別授權，除授權委託書明確排除的事項外，訴訟代理人的自認視為當事人本人的自認；適當放寬當事人撤銷自認的條件，對於當事人因脅迫或者重大誤解作出的自認，不再要求當事人證明自認的內容與事實不符。《最高人民法院關於適用〈中華人民共和國民事訴訟法〉的解釋》第92條規定：

> 　　一方當事人在法庭審理中，或者在起訴狀、答辯狀、代理詞等書面材料中，對於己不利的事實明確表示承認的，另一方當事人無需舉證證明。

因此，如法院認定當事人對某一事實構成自認，則對方當事人即無需舉證證明，於己不利的事實將會被坐實。代理人雖有自認的權限，但對於自認導致實質上承認對方訴請的情形，必須要求獲得當事人的特別授權。這就要求執業律師在執業活動中，對於案件的關鍵事實，尤其是可能關係到訴訟請求成立與否的事實，必須有足夠、深刻、嚴謹之認知。《規定》第三條明確規定：

> 　　在訴訟過程中，一方當事人陳述的於己不利的事實，或者對於己不利的事實明確表示承認的，另一方當事人無需舉證證明。在證據交換、詢問、調查過程中，或者在起訴狀、答辯狀、代理

1　參見 Dennis, *The Law of Evidence*, Sweet & Maxwell, 1999, p. 393.

詞等書面材料中，當事人明確承認於己不利的事實的，適用前款規定。

香港證據規則中，自認作為證據開示的一種表現形式，即允許一方當事人向對方提出其草擬的事實聲明，並要求對方承認聲明是真實的。自認在訴訟中可直接被採納，如果對方拒絕承認而要求方證實了該事實，前者將被判支付證明費用，這對於確定案件基本事實非常有用。

證據開示的期間一般是始於起訴後終於開庭審理前，未經法院許可，當事人不得依賴於未經開示的或者不允許他人查閱的任何書證，對拒不遵守開示命令的當事人或第三人，法院可撤銷其案情陳述或裁決其藐視法庭，處以罰金或拘留。但證據開示的例外原則包括：（1）公共利益。任何人皆有權以開示書證將損害公共利益為由，申請法官允許其禁止對某一書證的開示。（2）不相稱，意指書證與案件不相符合，根據 Dolling-Baker v Merrett 一案確定的原則，大致指書證的證明力低下或不具備關聯性或無益於公正審理等因素。（3）保密特權，意指被要求開示方有權保密的證據材料，其中包括律師與委託人之間的交流材料或信息，免於自我歸罪的答辯以及醫生對患者、聖職人員對懺悔者、會計師對委託人和夫妻之間的保密特權。

4. 吸收科技發展成果。現代科學技術的突飛猛進，大大提高了人類探究和證明案件事實真相的理性能力，科學因素一定意義上已成為決定未來證據法走向的決定性因素，包含證據的形式、取證和認證方法在內的整個證據法，都將朝着科學化的方向發展。隨着信息化的推進，訴訟中的證據越來越多地以電子數據的形式呈現，特別是大數據、雲計算、區塊鏈等新技術的迅猛發展，給民商事證據規則的適用提供了新的視野，也帶來了新的挑戰。《規定》第 14 條是對新技術全新的尊重和吸收：

電子數據包括下列信息、電子文件：（一）網頁、博客、微博客等網絡平台發佈的信息；（二）手機短信、電子郵件、即時通信、通訊群組等網絡應用服務的通信信息；（三）用戶註冊信

息、身份認證信息、電子交易記錄、通信記錄、登錄日誌等信息；（四）文檔、圖片、音頻、視頻、數字證書、計算機程序等電子文件；（五）其他以數字化形式存儲、處理、傳輸的能夠證明案件事實的信息。

影像視聽資料、計算機或網絡資料、科學鑒定資料和 DNA 數據等科學數據的大量出現，突破了傳統的人證、物證等形式，證據的使用將突破人證中心的樊籬而邁向多元化。但證據法的科學化發展必須遵守基本權利屬性底線、與權利保障協同並進而不能追求科學的片面極端。

三、結論

世界上種種法律體系能夠提供更多的、在它們分別發展中形成的豐富多彩的解決辦法，不是那種局處本國法律體系的界限之內即使是最富有想像力的法學家在他們短促的一生中能夠想像到的。[1]

證據開示制度無疑是香港證據制度中最重要的一部分，其對發現案情真實、促成和解、保證當事人實質性地接近正義所發揮的作用無可替代，同時對世界各國相關證據規則的影響也十分深遠。《規定》此次全面大修，聚焦於證據收集、自認制度、誠信原則落實、電子數據四大方面。既有吸收，亦有借鑒。新修訂《規定》在確保程序公正的前提下重新張揚程序效益的價值內涵，使得有限司法資源的分配更為公平和合理。

應該指出的是，在支配證據制度的設立和運行的價值選擇和基本觀念層面，大陸法系法官在控制民事訴訟活動尤其在發現事實部分，開始出現被不斷限制的趨勢和價值訴求，即法官在超出當事人主張之外擴張對事實詢問的權利開始受到否定性評價。商事證據領域的每一步前進都使司法界對未來擁有足夠的自信並保持樂觀的態度。因為，證據規則的發展、借鑒

1　［德］K. 茨威格特，［德］H. 克茨：《比較法總論》，潘漢典等譯，法律出版社 2003 年版，第 90 頁。

與移植終究不是一蹴而就的紙面化改造，在新科技、新制度與舊規則相互碰撞又各自發揮作用的激盪時期，建構適用社會發展的法律職業者乃至社會民眾的思維邏輯，尤為重要和關鍵。

第五節　商事外觀主義原則在跨境疑難商事訴訟中的辯證與適用

——股權的顯名和隱名之司法實踐

　　西塞羅曾言，「自由就是做法律許可範圍內的事情的權利。」商事法律的調整對象是商事行為，而所謂商事關係不過是人與人之間的行為互動或交互行為，沒有人們之間的交互行為，就沒有商事關係，商事法律是通過影響人們的行為而實現對商事關係的調整。

　　伏爾泰則說過：「享有權利的人可以放棄他所享有的權利。」股權的顯名與隱名，在一定意義上，係商事主體處分其股權的一種方式。在司法實踐中，認定股東資格的證據主要包括：公司章程，工商註冊登記，股東名冊，出資證明書，實際出資證據，股權轉讓，繼承，贈與等文件，參與經營管理的股東會決議等資料，獲得利潤分紅、剩餘財產分配等資料，前四種為形式證據，具有對抗外部第三人的效力；後四種為實質證據，係公司內部股東之間、股東與公司之間證明文件，一般不具對抗第三人效力。公司章程兼具實質要件和形式要件的特徵，對外宣示，對內確認。上述證據對股東資格的證明效力排序，大抵可為：公司章程＞股東名冊＞工商登記＞出資證明書；實際出資證明＞股權轉讓等協議＞經營管理資料＝利潤分配資料。

　　工商登記文件並沒有創設股東資格的效力，緣於工商登記並非設權性程序，而為證權性程序，工商登記材料係證明股東資格的表面證據，因此在公司出資糾紛中，股東身份確認商事訴訟中不能僅以工商登記為唯一標準。名義股東與實際出資人之間發生股權確權糾紛，應當根據當事人之間

的約定探究其真實意思表示，始符合法律基本公平。

　　在跨境商事審判背景下，所謂外觀主義是指，名義權利人的行為或者有關權利公示所顯示的表象構成某種法律關係的外觀，導致第三人對於該種法律關係產生信賴，並出於此種信賴而為某種民事法律行為時，即使有關法律關係的真實狀況與第三人主觀信賴的狀況不符，只要該第三人的主觀信賴合理，其據以做出的民事法律行為的效力就應受到優先保護。商事外觀主義的價值取向在於優先保護合理信賴之外部人，以維護交易安全。側重於保護第三人的信賴利益，蘊含着促進交易效率和交易安全的價值理念，並通過外觀與因和第三人善意且無過失的要件設置，於規範內融入了本人與第三人之間的利益平衡。

　　根據商事外觀主義原則，有關公示體現出來的權利外觀，導致第三人對該權利外觀產生信賴，即使真實狀況與第三人的信賴不符，只要第三人的信賴合理，第三人的民事法律行為效力即應受到法律的優先保護。

　　股東資格的認定應兼顧實質要件和形式要件的考量，實際出資人僅滿足實質要件，而不滿足形式要件，基於商事外觀主義原則，未經公示不能取得股東身份。但商事審判實踐中對實際出資人股東資格的取得實際採取「內外有別，雙重標準」的做法，對於公司內部實際出資人與其他股東及公司的關係，偏重於實質要件，即顯名股東與實際出資人之間對實際出資人的股東地位有明確約定並實際出資，且為公司半數以上其他股東知曉；實際出資人已經實際行使股東權利，且無違反法律法規強制性規定的情形，可以認定實際出資人的股東資格；但在公司外部，在處理實際出資人與善意第三人的關係時，偏重於形式要件，以保護善意第三人的利益和交易安全。

一、隱名股東之權利保障

　　馬克思曾說：「私有財產的真正基礎即有佔有，是一種事實，一個不可解釋的事實，而不是權利，只是由於社會賦予實際佔有以法律的規定，實際佔有才具有合法佔有的性質。」公司的顯名股東，在一定意義上屬於

對股權的佔有，其僅需在公司章程、股東名冊、工商信息上顯名的形式要件，無需滿足出資的實質要件，以及滿足參與公司決策、分紅、行使股東權利、簽署各類文件的表象特徵。

1.「股權代持協議」「委託投資協議」之約定。由於商事外觀主義，當事人所簽訂的「股權代持協議」「委託投資協議」等均在當事人之間有效，且由於顯名股東的「佔有」地位，其擅自處分股權，實際出資人不得對抗善意第三人，儘管實際出資人擁有真正的股東資格，有權處分相應的股權，由此會引發實際投資人與顯名股東有關投資收益、股權歸屬等的複雜爭議。

《公司法》第 25 條、第 31 條、第 32 條強調股東資格確認的形式要件，要求進行工商登記，記載於股東名冊，並出具出資證明書，充分表明我國公司法堅持商事外觀主義、保護交易安全的立法精神，但實際隱名出資人並不滿足這些要件。此外，公司法將「法定資本制」變更為「認繳資本制」，允許實際出資與股東資格之分離，股東只要認繳出資即可獲得股東資格，亦反證了實際出資並非獲得股東資格的唯一條件。

北京市高級人民法院在王英林、卡斯特貿易有限公司與北京恆億盛世葡萄酒有限公司、李偉革、北京東海鑫業國際酒業有限公司、李景股權轉讓糾紛案民事判決書[（2009）高民終字第 516 號]中認定：簽署公司章程反映出行為人成為股東的真實意思表示，其效力優於其他形式要件。東海鑫業公司成立之時的章程上「王英林」的簽字並非其本人所簽，表明王英林在東海鑫業公司成立之時就無成為該公司股東的真實意思表示；東海鑫業公司的一系列章程、變更文件及《轉讓協議》上「王英林」的簽名均非其本人所簽，且王英林從未參加過公司的任何經營決策活動，從未行使過任何股東權利，亦未參加公司分紅。由此法院認為：

> 在一般情況下，股東資格的確認應根據工商登記文件記載的資料來確認，但是如果根據公司章程的簽署、實際出資情況以及股東權利的實際行使等事實可以作出相反認定的除外。

　　對於隱名股東而言，為保障自己的合法權益，建議應努力爭取做到如下兩點：

　　（1）隱名股東應確保與顯名股東及公司簽訂三方協議。三方協議約定內容應基本涵蓋：「名義股東為公司的在冊股東；實際出資人在成為正式股東之前按照其出資比例分得股息、紅利；待實際出資人作為正式股東的條件成就時，名義股東和公司共同完成使實際出資人成為正式股東的工作」。

　　（2）有限責任公司中的隱名股東，應儘可能要求其他過半數股東同時在股權代持協議上簽字確認，以避免其他股東以行使優先購買權為由，阻礙隱名股東變更成為顯名股東。

　　同時由「股權代持協議」「委託投資協議」明確約定：標的公司在隱名股東成為正式股東前，由公司直接向隱名股東支付紅利時，公司無權以隱名股東無股東資格為由，擅自將紅利支付給顯名股東。確認股東資格應以合法的投資行為為前提和基礎。

　　基於「股權代持協議」僅具有內部效力，對於外部第三人而言，工商登記的股權具有公信力，對此，「股權代持協議」應對對外承擔責任等事項作出安排。該約定雖然不能對抗第三人，但是隱名股東可在其利益受損後依該協議向顯名股東追償。

　　2. 股權歸屬與委託投資關係之區分。認定股權的歸屬是以當事人實施了合法、有效的投資行為為前提，同時投資者應當在委託合同中明確約定股權的歸屬、投資收益的分配等問題。如雙方發生爭議，實際投資者可依委託合同的約定，維護自身的合法權益。《最高人民法院關於審理外商投資企業糾紛案件若干問題的規定（一）》第 15 條規定：

　　　　實際投資者請求外商投資企業名義股東依據雙方約定履行相應義務的，人民法院應予支持。雙方未約定利益分配，實際投資者請求外商投資企業名義股東向其交付從外商投資企業獲得的收益的，人民法院應予支持。

　　最高法院在博智資本基金公司與鴻元控股集團有限公司、上海欣鴻投資管理有限公司等合同糾紛申請再審民事裁定書［最高人民法院（2015）

民申字第 136 號］中認定：股權歸屬關係與委託投資關係是兩個層面的法律關係。前者因合法的投資行為而形成，後者則因當事人之間的合同行為形成，保監會的上述規章僅僅是對外資股東持股比例所作的限制，而非對當事人之間的委託合同關係進行限制。因此，實際出資人不能以存在合法的委託投資關係為由主張股東地位，受託人也不能以存在持股比例限制為由否定委託投資協議的效力。

隱名股東變更為顯名股東，需重視相關程序性限制，根據《公司法》相關司法解釋，實際出資人未經公司其他股東半數以上同意，請求公司變更股東、簽發出資證明書、記載於股東名冊、記載於公司章程並辦理公司登記機關登記的，人民法院不予支持。

二、關於實際出資人主張排除強制執行

如前所述，基於商事外觀主義原則，股權代持存在着諸多法律風險。在法院強制執行顯名股東的股權時，隱名股東以其是實際出資人為由主張排除強制執行，難以獲得支持。此處的債權不僅包括顯名股東基於股權交易所形成的債權，還包括顯名股東與公司、股權等無關的債權。

「法官乃會說話的法律，法律乃沉默的法官。」在司法實踐中，因未能清償到期債務，債權人申請強制執行顯名股東股權的案例不勝枚舉，其中案涉債權大都是基於股權交易而形成的。工商登記具有對善意第三人宣示股東資格的效力，即使工商登記與實際權利狀況不一致，也應確保維護善意第三人因合理信賴工商登記所作出行為的效力。

最高人民法院在王仁岐與劉愛蘋、詹志才等股權代持協議糾紛申訴案［（2016）最高法民申 3132 號］中認定：王仁岐與詹志才之間的股權代持協議僅具有內部效力；對於外部第三人而言，股權登記具有公信力，隱名股東對外不具有公示股東的法律地位，不得以內部股權代持協議有效為由對抗外部債權人對顯名股東的正當權利。此處的外部第三人，並不限於與顯名股東存在股權交易關係的債權人，顯名股東非基於股權處分的債權人亦應屬於法律保護的「第三人」範疇。

工商登記係對股權情況的公示，與公司交易的善意第三人及登記股東之債權人有權信賴工商機關登記的股權情況並據此作出判斷。

所謂「股權代持協議」僅具有內部效力，對於外部第三人而言，股權登記具有公信力，隱名股東對外不具有公示股東的法律地位，不得以內部股權代持協議有效為由對抗外部債權人對顯名股東的正當權利。其中，外部債權人不限於基於股權處分的債權人，對於顯名股東的非基於股權處分的債權人也可申請強制執行其股權，股東不得以其實際出資為由排除強制執行。

三、關於隱名股東分紅

隱名股東可以直接從公司分紅，顯名股東、實際出資人與公司共同約定公司直接向實際出資人分紅，相關隱名股東「按其出資比例分得股息、紅利」係各方真實意思表示的，合法有效。

最高人民法院在華夏銀行股份有限公司與聯大集團有限公司股權確權糾紛上訴案〔（2006）民二終字第 6 號〕中認定：潤華集團獲得分紅擁有合同依據，潤華集團獲取分紅的依據是其真實的出資行為及三方當事人的協議約定，而不是以其是否為華夏銀行的在冊股東為條件。華夏銀行未經潤華集團同意而應支付紅利而不支付的行為屬於違約行為。

聯大集團為華夏銀行股份公司的在冊股東，潤華集團在成為正式股東之前按照其出資比例分得股息、紅利，待「條件允許」，聯大集團和華夏銀行股份公司將共同完成使潤華集團成為正式股東的工作。該項股權轉讓係轉讓方聯大集團和受讓方潤華集團的真實意思表示，應予以確認。同時，根據三方協議以及有關部門的監管規定，對辦理該股權轉讓手續等相關事宜，華夏銀行股份公司應履行必要的協助義務。

司法實踐中，特殊類公司股東為規避法律監管或出於其他原因，部分投資者不直接顯名擔任公司的股東。通過與可以直接顯名的股東簽訂股權代持協議，實現股東地位。但顯名股東從公司領取分紅後不轉支付給隱名股東的案例普遍存在。

最高法院在前述判例中對「實際出資人在成為正式股東之前按照其出

資比例分得股息、紅利；待實際出資人作為正式股東的條件成就時，名義股東和公司共同完成使實際出資人成為正式股東的工作」條款確認有效，具有重要意義。其實現了如下保障隱名股東直接分紅的利益：隱名股東在顯名前能直接從公司獲得分紅；在時機成熟時，隱名股東可要求顯名股東和公司辦理股權變更登記，進而成為真正股東。

四、滿足一定條件的非經工商登記之隱名股東可依法轉讓股權

隱名股東可以依法轉讓股權。如股權轉讓的受讓人明知其係隱名股東，且公司及其他登記股東均未對股權轉讓提出異議，則《股權轉讓合同》合法有效。

毛光隨與焦秀成、焦偉等股權轉讓糾紛二審民事判決書〔（2016）最高法民終 18 號〕涉及隱名股東即實際出資人轉讓股權的效力問題。毛光隨在石圪圖煤炭公司內部享有的隱名投資人地位以及 12% 的股權依法應當得到確認和保護，毛光隨作為隱名股東，在滿足一定條件下，可以依法轉讓該股權。受讓人焦秀成作為公司時任法定代表人明知毛光隨係隱名股東，因此焦秀成與毛光隨之間轉讓該 12% 股權的行為依法成立。且石圪圖公司及其他時任登記股東均未對此次轉讓提出任何異議，因此《股權轉讓合同》合法有效。焦秀成應按《股權轉讓合同》的約定履行支付股權轉讓款的義務。

同時，實際出資人與名義股東之間的股份轉讓，亦不存在標的股權不能轉移的法律障礙，如係雙方當事人的真實意思表示，亦不違反法律、行政法規的強制性規定，合法有效。

基於司法實踐，相關公司應謹慎出具「確認某某為公司股東」的相同或類似文件。一旦出具，相關權利人可以此文件要求行使股東權利，甚至轉讓股權。

同時，股權受讓人在簽訂股權轉讓協議前應充分了解情況，尤其是宣示性登記股東及其他股東對該轉讓的知情權行使或法律確認。股權受讓人

應同時與股權的實際出資人（隱名股東）、工商登記的股東（顯名股東）簽訂股權轉讓協議，並取得其他登記股東放棄優先購買權、同意轉讓的書面文件，以有效避免可能產生的爭議。在無法完成股東變更登記的情況下，雙方可以約定僅轉讓實際出資者的隱名股東地位以及由此產生的投資權利和義務。

五、餘論

伯克曾言：「法律的基礎有兩個，而且只有兩個，即公平和實用。」外觀主義是「以交易當事人行為之外觀為準，而認定其行為所生之效果」，即直接根據法律上具有重要意義的外觀事實要件，判斷法律關係的效力和決定責任歸屬。商事外觀主義原則對商事裁判思維起着支配性作用。只有深刻地領悟商法規範中的外觀主義法理精神，選取和遵循正確的思維方式才能依法確保商事裁判的公正性。否則，外觀主義原則及規範適用不但不能優先反而會被劣後，甚至會出現濫用傾向。

正所謂：「實踐證明，拋棄價值判斷的純粹規範分析將使法治走向沒落。」因為法律是調整社會關係的行為規範，所以無論是創設還是適用法律均離不開價值判斷。僅局限於外觀主義規範構成要件所體現的利益平衡顯然存在着不足，還必須結合公平正義、靜態安全等其他法律價值進行綜合考量。只有在本人與第三人之間進行基本利益平衡，輔助於外部構成，才不致出現法律適用的漏洞和偏差。否則，只是一味地簡單、機械和生硬地適用外觀主義規範，將外觀權利絕對化，同樣會產生顯失公平的裁判結果。

案件事實是整個司法審判活動的基礎，對與案件有關事實的取捨、認定直接決定着裁判的結果。凡涉及第三人利益保護的商事案件通常包含外觀和基於信賴而為法律行為兩方面的重要事實，需要法官作出審慎的判斷。

正如漢密爾頓所言：「法律如果沒有法院來闡說和界定其真正含義和實際操作就是一紙空文。」期待通過大量商事司法實踐，對外觀主義原則進行更加深入的研究，唯有對商事外觀主義原則在跨境疑難商事訴訟中的辯證性適用，始能實現其本根價值。

第六節　跨境商事爭議在港財產保全法律實務分析

　　我國《民事訴訟法》規定，人民法院對於可能因當事人一方的行為或者其他原因，使判決難以執行或者造成當事人其他損害的案件，根據對方當事人的申請，可以裁定對其財產進行保全、責令其作出一定行為或者禁止其作出一定行為；當事人沒有提出申請的，人民法院在必要時也可以裁定採取保全措施。人民法院採取保全措施，可以責令申請人提供擔保，申請人不提供擔保的，裁定駁回申請。

　　財產保全制度作為一種法律上的強制性措施，旨在防止標的財產被隱匿、轉移、變賣，抑或為保存爭議標的物之價值，保證將來發生法律效力的生效法律文書獲得切實執行。從法律性質而言，財產保全旨在有效保障當事人利益不受侵害或侵害威脅，其制度安排直接關聯於當事人的利益能否有效地得到法律保護。《民事訴訟法》第 102、103 條對財產保全範圍、保全方式進行了明確規定，但現行香港法律中關於財產保全法例分佈零散，缺乏對應具體章節明釋。2019 年 4 月 2 日，最高人民法院和香港特別行政區政府律政司在香港特區簽署《關於內地與香港特別行政區法院就仲裁程序相互協助保全的安排》，該《安排》中規定之「保全」，在內地包括財產保全、證據保全、行為保全；在香港特別行政區包括強制令以及其他臨時措施，以在爭議得以裁決之前維持現狀或者恢復原狀，採取行動防止目前或者即將對仲裁程序發生的危害或者損害，或者不採取可能造成這種危害或者損害的行動，保全資產或者保全對解決爭議可能具有相關性和重要性的證據。基於跨境商事爭議案件在港財產保全的特殊性、複雜性、必要性、現實性，結合司法實踐，提出相應針對性實務分析具有相當意義。

一、關於財產保全香港法例

　　香港地區以普通法為基礎，其財產保全之決定權屬於法院和仲裁庭，

即法院及商事仲裁庭均有權決定執行財產保全措施。香港法例第四章《高等法院條例》第 21L 條規定:

> (1)在原訟法庭覺得如此行事是公正或適宜的所有情況下,原訟法庭可藉命令(不論是非正審命令或最終命令)授予強制令或委任何一名接管人。(2)任何該等命令可無條件作出,或按法院認為公正的條款及條件作出。

即在聆訊任何訟案或事宜之前、之時或之後,當事人申請強制令以防止任何可能存在的威脅會發生或唯恐可能發生的土地損壞或侵入行為,原訟法庭如認為適合或必要,即可授予強制令或委託第三人以達到保存爭議標的財產,保護申請人之利益的目的。

1. 資產凍結令(Mareva Injunction)。資產凍結令目的在於限制受爭議的標的財產處分或轉移,是保證生效法律文書的切實有效執行之強制性措施。資產凍結令列於香港法例第四章《高等法院條例》的「中間禁令」,即法院傳訊令狀發出後,法院進一步要求被告作出或停止作出某些具體行為之禁令。法庭有權通過中間禁令,防止被申請人為逃避判定債項,轉移或處分可用於執行生效法律文書的標的資產。法庭有權對沒有聲稱擁有事宜權的資產作出資產強制令。該等禁令將會「凍結」特定數量的資產,該等資產的價值與申請人在訴訟中的賠償請求大體相當。司法實踐中,資產凍結令獲得批准應考慮的關鍵因素在於:(1)申請人案情具有充分證據鏈條支持;(2)被申請人在港有資產;(3)法庭須作出「方便上的衡量」;(4)有「實際風險」被申請人會在生效法律文書作出前進行資產轉移或隱匿。

凍結令禁止或者限制涉訟的一方從有管轄權的法院地轉移或處置其資產,唯申請方在訴訟中有勝訴的可能及拒絕申請可能導致日後判決無法獲得執行,法庭始依據其自由裁量權及對公正和方便的考慮發出禁止令。實務中,法庭同時可能會作出附帶命令,要求被申請人披露其資產、披露相關文件與應對諮詢等以致法院可以客觀分析具體情況,理性裁斷。為防止申請人濫用司法程序,《高等法院實務指示》第 11.2 條規定申請人須對法

庭作出承諾：

> 如法庭稍後發現本命令導致被告人或任何其他一方遭受損失
> 而決定應向被告人或所述一方賠償該項損失，則原告人會遵從法
> 庭可能作出的任何頒令。

該承諾旨在避免申請人恣意啟動財產保全程序，避免司法資源的浪費。

在特定情況下，資產凍結令亦會對第三人產生效力。任何第三方如明知有凍結命令而協助或容許他人違反該等命令，即屬藐視法庭，法庭即可處其監禁、罰款或扣押其資產。

2. 容許查察令（Anton Piller Orders）。容許查察令係法庭有權作出強制性禁令要求被告允許申請人進入被告控制下的場所檢查該訴訟爭議的物件並扣押和確保該等物品和文件被安全保管。如在聆訊任何訟案或事宜之前、之時或之後，申請人申請強制令以防止任何可能發生的土地損壞威脅或侵入行為，原訟法庭如認為必須，則可授予容許查察令，申請人可向法院申請，法院按實際情況頒佈禁令，以保障申請人法益。容許查察令可幫助確定標的資產之地點、性質及位置；澄清有關資產的法定所有權；使第三方知悉禁令之存在，避免第三方故意或者過失協助被申請人轉移或處分財產。

3. 委託管理人。根據前述香港法例第四章《高等法院條例》第 21L（1）條規定，受理法院有權透過在判決前委託財產管理人，管理案件中受爭議的財產，以致能避免受爭議的有關財產處分或轉移，當事人的合法權益受到影響。同時，《高等法院條例》第 21M（1）條規定：

> 在不損害第 21L（1）條的原則下，原訟法庭可就符合以下
> 描述的法律程序，藉命令委任接管人或批予臨時濟助——（a）
> 已在或將會在香港以外地方展開；而且（b）能產生一項可根據
> 任何條例或普通法在香港強制執行的判決。

該條規定在於釋明委託管理人救濟措施在一定條件下具有溯及香港以外的地區之效力。在內地，該類型之財產保全措施並不存在。

4. 商事仲裁庭權利。香港商事仲裁法庭有額外的權利出具臨時強制令。《香港仲裁條例》609 章第 35（1）條規定：

> 除非當事人另有約定，仲裁庭經一方當事人請求，可以准予採取臨時措施。

該條例賦予了仲裁庭行使臨時措施的決定權。商事仲裁庭批准採取臨時措施的條件有：一方當事人請求採取在爭議得以裁定之前維持現狀或恢復原狀；採取措施防止現行或即將對仲裁程序發生的危害或損害，或不採取可能造成該等危害或損害的行動；提供一種保全資產以執行後繼裁決的手段所規定的臨時措施的，以上情況應當使仲裁庭確信的，均可採取臨時強制令。

在國際商事仲裁的實踐中，包括《香港仲裁條例》，仲裁庭有權下令採取臨時措施（其中就包括保全措施），並經向法院提出申請後加以執行；仲裁地法院亦可下令採取臨時措施。但是內地司法實踐對於這一問題的立場一直是，保全措施需要經內地法院裁定和實施，仲裁庭無權直接對保全作出決定。現行中國仲裁法制，由於僅人民法院得以處理相關臨時措施的審批，顯然採取的是由法院獨佔的規範模式。嚴格言之，不論是國內或是涉外仲裁案件，仲裁機構並無審批保全措施的權限。[1]

綜上，香港之財產保全制度包括資產凍結令、容許查察令、委託管理人及仲裁庭作出臨時救濟措施等。期間，相關具體保全措施及保全機構與內地存在一定差異。

二、關於財產保全香港法例之審慎

高等法院民事訴訟 2011 年第 496 號案（NARIAN SAMTANI v. CHANDERSEN TIKAMDAS SAMTANI）中，申請人尋求臨時資產凍結令

---

1 參見黃凱紳：《仲裁臨時保全措施及法院本位主義：法制變革上的建議》，載《交大法學》2019 年第 3 期。

禁制被告人處置資產以及／或者《高等法院規則》（第四章，附屬法例 A）第 29 號命令第二條規則下關於訟案或事宜的標的物的扣留、保存等的命令。申請人尋求以上述命令保留案件中所爭議的兩個合夥資產。最後，法院駁回了申請人尋求臨時資產凍結令，只批准了保存令的申請。駁回原因在於法院認為申請人並未提供足夠證據證實被告人消耗其資產和申請人的損失可以藉賠償得到補償，法庭選擇批准保存令保障標的物，原因在於啟動保存令僅須申請人證明該財產為訴訟的標的物財產即可。可以得出的結論是，香港法庭對於財產保全制度之批准態度嚴格審慎，係於全面考慮因素及風險評估的前提下，始會決定是否作出資產凍結令。

該等審慎亦呼應於香港法院對內地生效法律文書承認和執行程序中，在 Tan Tay Cuan v. Ng Chi Hung 一案中，原訴判定債權人、大陸的 Tan Tay Cuan 申請香港法院承認和執行福建省高級人民法院之二審判決。原訟判定債務人、香港的 Ng Chi Hung 抗辯稱該判決具有不確定性。因為根據大陸《民事訴訟法》第 182 條的規定，其可在判決、裁定發生效力後兩年提出申請再審，此意味着該判決有可能以再審形式被改判。香港高等法院原審法庭認為，即使沒有決定再審，仍存在兩年申請再審的時效。在申請再審仍存在的情形下，福建省高級人民法院的判決不可能是確定的終局判決，不予承認和執行。儘管該案為承認和執行案件，但其審慎原則與財產保全案件中的審查原則，保持高度統一。

香港法庭關於財產保全的審慎，並非關聯於案件標的大小，幾十億標的案件與幾萬元小額債權債務，均適用於同一標準。香港法庭關於財產保全之審慎關鍵在於：申請人提出財產凍結令，法庭即自動地居於被申請人（答辯人）一方。要求申請人必須對案件詳情進行全面真實的披露（full and frank disclosure），尤其是對申請人不利的證據，亦須全面真實地披露。其次申請人必須滿足關鍵認定標準，即其一，必須要有證據證明被告有轉移或者處分財產的危險性存在；其二，案件本身具有緊迫性。

司法實踐中，該二認定標準均具突出證明挑戰性。關於被告有處分財產的危險性，雖無統一標準，但在判例法中有一些指導原則，比如該財產

的性質是否屬於易於處分，上市公司股票、銀行存款較於房產顯然更易於
獲得凍結令的批准。被申請人公司內部員工相關證言，證實該被申請公司
或者自然人現行轉移或者處分財產，辦理移民到外國居住等，或業已簽署
相關房屋買賣預售合同或被申請人業已把物業交給中介公司掛牌出售，或
被申請人在香港上市公司的股票持有量在過去一段時間內在持續減少等。
在未能說服法庭被申請人存在轉移財產之「危險性」和「緊迫性」的情況
下，即使申請向法庭提供 100% 的足額擔保，香港法庭亦一般是拒絕批准
財產凍結令出具，香港普通法的本根原則在於「私有財產的保護」，查封
凍結私有財產性質上屬於嚴厲之措施（most draconian measure）。關於該
節與內地法律存在根本區別和差異。

　　綜上，香港財產保全之審慎，體現於如下方面：其一，申請人必須證
明他對正在進行的訴訟有很大的勝訴機會（a good arguable case）；香港法
庭實質上進行了實體判斷，並非簡單形式判斷。其二，被申請人在港有資
產；資產之連接點，係在港進行財產保全的關鍵考量因素。其三，被申請
人存在可能轉移資產或資產有可能隱匿而導致生效法律文書無法執行；即
存在危險性和緊迫性。其四，頒發禁令是正當及適合的；財產保全措施的
正當與適合，是財產保全的核心價值判斷及關鍵。其五，申請人須充分誠
實地披露了所有有關情況，包括但不限於相關不利因素，此與大陸財產保
全存在相當差異。

三、《關於內地與香港特別行政區法院就仲裁程序相互協助保全的安排》

　　《安排》第七條對內地商事爭議之當事人在港提起財產保全、臨時性
措施須提交的相關書面文件進行了明確列示。其中第（四）、（五）、（六）
亦充分體現了在港財產保全的審慎性，及與內地財產保全的法律視角存在
本根差異：

　　　　向香港特別行政區法院申請保全的，應當依據香港特別行政

區相關法律規定，提交申請、支持申請的誓章、附同的證物、論點綱要以及法庭命令的草擬本，並應當載明下列事項：（一）當事人的基本情況：當事人為自然人的，包括姓名、地址；當事人為法人或者非法人組織的，包括法人或者非法人組織的名稱、地址以及法定代表人或者主要負責人的姓名、職務、通訊方式等；（二）申請的事項和理由；（三）申請標的所在地以及情況；（四）被申請人就申請作出或者可能作出的回應以及說法；（五）可能會導致法庭不批准所尋求的保全，或者不在單方面申請的情況下批准該保全的事實；（六）申請人向香港特別行政區法院作出的承諾；（七）其他需要載明的事項。

資料表明，2016 年 4 月 29 日，香港高等法院原訟庭就中國銀行股份有限公司（在內地以中國銀行股份有限公司日照分行名義提起訴訟）訴楊帆案，作出了 HCMP1797/2015 號判決。該判決是在香港申請資產凍結令獲得成功的判例。內地訴訟的具體情況是，2015 年，中國銀行股份有限公司在山東省高級人民法院、日照市中級人民法院對包括被申請人在內多個被告提起借款合同案件，並在內地法院申請凍結了被告的若干資產。內地訴訟過程中，原告（申請人）向香港法庭提出財產保全申請，經過艱苦工作，取得了香港法院原訟庭頒發的資產凍結令，該禁制令根據《高等法院條例》第 21M 條禁止被告處分在香港價值五億元人民幣的資產。

值得注意的問題是，目前內地仲裁保全中，依據《最高人民法院關於人民法院辦理財產保全案件若干問題的規定》內地的銀行和保險公司申請財產保全是不需要提供擔保的，該等優惠政策現階段尚無法在香港法庭獲得支持。

四、結論

財產保全作為私法紛爭解決機制的重要一環，在確保有效且終局地定紛止爭，基於公權力抑或當事人自主約定循之解決爭議的合意方面均具有

突出價值。[1] 財產保全為大陸法系概念，臨時措施為英美法系概念，實質均為保障終局性生效法律文書之執行，切實維護當事人合法權益的預防性救濟措施。跨境商事爭議涉及內地、香港特別行政區，兩地分屬不同法系，法律規定存在明顯差異，《安排》力求在求同存異基礎上取得最大公約數，對於內地商事爭議在港的財產保全具有重要指導意義。實質上，根據《香港仲裁條例》的規定，香港可以對包括內地在內的域外仲裁、訴訟提供保全協助，也即即使在《安排》缺位的情況下，內地商事爭議當事人亦可以依據香港現行法律規定向香港法院申請財產保全協助。內地商事爭議當事人根據《香港仲裁條例》《高等法院條例》等享有的權利，並不因《安排》而受到減損。內地商事爭議在港財產保全的複雜性、審慎性，對於內地爭議當事人而言，應作出充分研究和考量。

第七節　跨境商事訴訟情勢變更原則的鑒判與指引

　　商事主體法律體系所依託的商法法律體系模式具有保守與超越的特點，在此模式框架下所構建的商事主體制度不免也具有保守與超越的特徵。商事主體制度規則的設計應當既堅持必要的保守，也要適當的超越。[2]

情勢變更原則本質即為一種超越，我國《民法典》第 533 條明確規定：

　　合同成立後，合同的基礎條件發生了當事人在訂立合同時無法預見的、不屬於商業風險的重大變化，繼續履行合同對於當事人一方明顯不公平的，受不利影響的當事人可以與對方重新協商；在合理期限內協商不成的，當事人可以請求人民法院或者仲

1　參見 N. Blackaby, J. M. Hunter, C. Partasides & A. Redfern, *Redfern and Hunter on International Arbitration*, Oxford University Press, 6a edición, 2015, p. 416.

2　馬建兵、任爾昕：《構建我國商事主體法律制度的理念：「保守與超越」》，載《中國商法年刊》，北京大學出版社 2007 年版，第 159 頁。

裁機構變更或者解除合同。人民法院或者仲裁機構應當結合案件
的實際情況，根據公平原則變更或者解除合同。

　　該規定在法律規制層面上對「情勢變更原則」的確認，亦即合同契約
在有效成立後，非因當事人雙方的過錯使原合同繼續履行的基礎發生異常
變更，致合同不能履行或合同繼續履行將顯失公平，因此根據誠實信用原
則，當事人可以請求變更或解除合同。[1] 情勢變更原則中的「商業風險」排
除，有的時候指的是某種外在的、客觀的危險，有的時候則是指經過評價
的並歸結為特定主體的不利益，需要注意區分「客觀意義上的商業風險」
與「主觀意義上的商業風險」。[2]

　　「情勢變更」中的「情勢」，指的是合同基礎，或者法律行為基礎
（Geschäftsgrundlage），它既不是合同的內容（Vertragsinhalt），亦有別於
單方的動機（motive）。[3] 在法律行為制度的原則體系中，公平原則與誠實
信用原則是對私法自治原則的限制與矯正。一般情況下，法律行為符合私
法自治原則即可生效，但如果該法律行為違背公平原則達到難以容忍的程
度，或者違背誠實信用原則，那麼就可以考慮否定其法律效力。良好的社
會不僅應當是一個充滿個性與創造力的自由社會，而且也應當是一個充滿
善德與溫情的和諧社會。[4]

一、跨境商事情勢變更與不可抗力條款

　　在跨境商事交易中，單以我國《民法典》規定思維和邏輯，可能存在
一定的困惑和障礙。英美法系合同法堅持「契約必須信守」的基本原則，
除非在極為例外的情形下，不會輕易宣告合同落空（frustration）。合同落
空區別於不可抗力，即使合同中沒有約定也可以得到適用。法律承認在沒

---

[1]　參見鄒來水、程佳喜：《淺談情勢變更原則的適用條件》，載中國法院網，2014 年 3 月 21 日。
[2]　參見韓世遠：《情勢變更若干問題研究》，載中國法學創新網，2014 年 7 月 7 日。
[3]　參見 Vgl. Medicus/Lorenz,a,a,O.,S.257, 轉引自韓世遠：《情事變更若干問題研究》，載《中外法學》2014 年第 3 期。
[4]　參見楊代雄：《法律行為基礎瑕疵制度──德國法的經驗及其對我國民法典的借鑒意義》，載《當代法學》2006 年第 6 期。

有任何一方過錯的前提下，一項合同義務無法履行，因為在此種情況下履行合同所產生的結果會導致與合同之約定有顯著的差別。[1]通常而言，導致合同落空的事件類型包括：法律變更（a change in the law）、事後違法（subsequent illegality）、戰爭爆發（outbreak of war）、期待事件的取消（cancellation of an expected event）和延遲（delay）。[2]普通法下，合同落空原則的適用將導致合同「立即、不再進一步、自動」終止，合同當事雙方將不再履行未完成的合同義務。在普通法層面上，法院無權允許合同繼續履行或者根據新情形變更合同條款。[3]

合同落空情況可能會導致協議解散或協議變更。但是，僅存在不可預見的情況是不夠的。不可預見的情況必須具有這樣的性質：根據合理性和公平性標準，不能期望合同維持不變。如果不是這種情況，則無法在法律層面認定為情勢變更。誠實信用原則要求當事人以誠實、善意的心理和行為行使權利、履行義務，確保法律關係的當事人都能得到自己應得的利益，當利益關係明顯失去平衡時，自覺地使利益恢復平衡。[4]

同時，普通法系中存在「履行不能原則」（the doctrine of impossibility of performance）、「商業不可行理論」（the doctrine of commercial impracticability）[5]等，跨境商事交易中，在雙方均不存在過錯的情況下，發生了一件意想不到的事件導致合同的履行比起初預想的更為繁重，這並不能作為免除一方合同義務、允許他們獲得合同約定權利的理由。[6]上述原則均在不同程度上體現了情勢變更原則精神。

在跨境商事交易中，當事人經常在合同中約定不可抗力條款（Force Majeure Clause）或天災條款（Acts of God Clause）。如果當事人在合同

---

1 參見 Davis Contractor Ltd v. Farnham Urban District Council [1956] AC 696 at pp. 728-729.

2 參見 *Chitty on Contracts* (32nd, Ed) vol. 1 at § 23-020.

3 參見國際商事法庭：《研究報告三、香港特別行政區、澳門特別行政區、台灣地區不可抗力及相關制度研究報告》，2020 年 7 月 23 日。

4 參見徐國棟：《民法基本原則解釋》，中國政法大學出版社 2004 年版，第 72 頁。

5 規定於美國《統一商法典》第 2-615 條。

6 參見 Davis Contractor Ltd v. Farnham Urban District Council [1956] AC 696.

中納入了一項不可抗力條款,「該條款就優先於履行不能原則 …… 如同其他合同原則一樣,履行不能原則是一項現成的條款,只有在當事人沒有就風險分擔做其他約定的情況下才適用該條款」。[1] 事實上情勢變更原則與不可抗力條款存在本質區別,但在一些法域情勢變更與不可抗力又不作區別,諸如以《法國民法典》為代表,情勢變更與不可抗力即不作區別(見該法典第 1148 條之規定);而德國的民法理論及司法實踐則力圖將情勢變更與不可抗力區分開來(見《德國民法典》第 157 條、第 242 條及 1924 年的《第三次緊急租稅令》、1925 年的《增額評價法》、1952 年的《法官契約協助法》)。[2]

　　普通法對於不可抗力的適用採取較為嚴格的態度,在英國法中,經濟 / 市場狀況變動對合同的盈利性或合同當事方履行義務的難易的影響已被確認並非不可抗力事件。「即使合同履行的成本變得昂貴,甚至驚人的昂貴,也不能以不可抗力或合同落空為由免除一方當事人的責任。」[3] 一些情形已經由判例確認不能構成不可抗力,包括:缺乏充足資金導致不能履行不構成不可抗力;[4] 成本或價格的上漲也不構成不可抗力。[5] 香港法院在解釋不可抗力條款時通常採用比較嚴格的標準。比如,在 Seadrill Ghana Operations Limited v Tullow Ghana Limited[2018] EWHC1640(Comm)一案中,法院認為當事人的合同履行不能是多重因素導致的,其中只有部分因素是不可抗力事件,所以當事人不能依賴不可抗力來免除合同履行責任。在其他案件中,僅因不可抗力事件導致一方履行合同更加困難或經濟

1　Commonwealth Edison Co. v. Allied-General Nuclear Services, 731 F. Supp. 850, 855 (N. D. III. 1990.)

2　參見張安騰:《論情勢變更原則》,http://www. law-lib. com/lw/lw_view. asp?no=1300&page=3,2002 年 12 月 15 日。如《法國民法典》第 1147 條規定:「凡債務人不能證明其不履行債務係由於不應由其個人負責的外來原因時,即使其在個人方面並無惡意,債務人對其不履行或遲延履行債務,如有必要,應支付損害的賠償。」《德國民法典》第 282 條規定:「對給付不能是否由於應歸責於債務人的事由所造成發生爭執時,債務人負舉證責任。」

3　Thames Valley Power Ltd. v. Total Gas & Power Ltd. [2006] 1 Lloyd's Rep. 441.

4　The Concadoro [1916] AC2AZ199.

5　參見 Brauer & Co. (Great Britain) Ltd. v. James Clark (Brush Materials) Ltd. [1952] 2 Lloyd's Rep. 147.

成本更高，但並沒達到阻止履行的程度時，當事人也不得依賴不可抗力。[1]

二、情勢變更鑒判

　　情勢變更必須發生在債務成立之後。在跨境合同債務情況下，一般會發生在合同訂立之時。如果在合同訂立時任何一方當事人都不知道對其中一方當事人過分困難的情勢已經發生，則不適用本條，但可能適用錯誤規則。情勢不能被預見。如果在債務發生時，債務人已經預見或可以合理預見到情勢變更的可能性或程度，則當事人不享有上述權利。如果一個理性人處於相同情況時應已納入考慮，則債務人不能主張情勢變更。[2]

《法國民法典》中規定的情勢變更（imprévision）見於第 1195 條：

　　如果在合同訂立時出現無法預見的情勢變化，導致一方當事人的履行成本過於巨大，並且該當事人並未接受此種風險，則其可以請求對方與其進行新一輪的協商。其債務之履行並不得因此而中止。

　　該「情勢變更」不僅可在債務人無法履行義務的情況下使用，而且可在因履行不能得到應有回報或履行需要耗費更大的努力和更長的時間而導致債務人履行困難的情況下使用。如果新冠肺炎疫情被認為符合情勢變更條件，則當事方可以主張適用《法國民法典》第 1195 條重新談判現有協議。[3]

1　參見 Novel Coronavirus COVID-19: Force Majeure and Frustration under PRC, English and Hong Kong Laws, by Mike Wang, Paul Starr and Wilson Antoon from King&Wood Mallesons, https://www. kwm. com/en/cn/knowledge/insights/noval-coronavirus-covid19-force-majeure-and-frustration-20200220#_ftn16，2021 年 5 月 30 日。

2　參見國際商事法庭：《研究報告七、國際條約、慣例和示範法中不可抗力及相關制度的研究報告》，http://cicc.court.gov.cn/html/1/218/347/329/378/1653.html，2020 年 7 月 30 日。

3　Voir Alexandre Bailly er Xavier Haranger, *COVID-19 et force majeure en droit français*, https://www. morganlewis.com/fr/pubs/covid-19-and-force-majeure-under-french-law-cv19-lf, consulté par le 5 mai 2020.

「情勢變更」，要求發生了不可預見的客觀情況變化，導致合同繼續履行對於一方當事人明顯不公平或者不能實現合同目的。[1]為此，情勢變更原則在荷蘭民法中稱為「onvoorziene omstandigheden」。法律依據依然是《荷蘭民法典》第六編第 258 條的規定：法官可以應締約方的要求更改協議或在不可預見的情況下（部分）解除協議。另一方當事人不能根據合理性和公平性標準要求維持合同不變。如果合同中的情況表明當事人依賴該合同，則沒有改變或解除合同的理由。

我國情勢變更理論中，契約嚴守為合同規制的基本原則，唯有基於不可歸責於合同當事人的實事導致合同締約時的基礎動搖或喪失，強行維持合同原有效力將導致合同當事人之間的利益均衡關係受到破壞，嚴重違背公平誠信原則時，才能適用情勢變更。情勢變更的發生以當事人不可預見、繼續履行合同是否顯失公平為鑒判依據，即判斷是否屬於情勢變更須從可預見性、歸責性以及產生後果等方面進行分析，而避免將一般性商業風險納入到變更情勢範疇。另外應當指出的是，合同法及有關司法解釋並未明確規定政府政策調整屬於情勢變更情形，但如確實因政府政策的調整而導致不能繼續履行合同或是不能實現合同的目的，當然是屬於合同當事人意志之外的客觀情況發生重大變化的情形。在商事訴訟司法實踐中，情勢變更的情形主要有：政府政策的調整、社會經濟形勢的急劇變化、物價飛漲等。

> 合同成立以後客觀情況發生了當事人在訂立合同時無法預見的、非不可抗力造成的不屬於商業風險的重大變化，繼續履行合同對於一方當事人明顯不公平或者不能實現合同目的，當事人請求人民法院變更或者解除合同的，人民法院應當根據公平原則，並結合案件的實際情況確定是否變更或者解除。[2]

---

[1] 參見王琳潔、唐怡：《以新冠疫情構成「不可抗力」或「情勢變更」而主張免責的法律分析和建議》，http://www.gzccpit.org.cn/news/202003/c05221d7-bacb-41f1-83ec-441ef5a5c73e.jsp，2021 年 5 月 10 日。

[2] 《最高人民法院關於適用合同法若干問題的解釋（二）》第 26 條規定。

　　而究竟屬於所謂情勢變更還是商業風險，需要考量具體合同約定的細節，對可預見性、可歸責性以及產生後果等諸方面進行鑒斷。

　　最高人民法院的相關司法判例，諸如三亞農村商業銀行股份有限公司、萬寧市農村信用合作聯社等與海南中東集團有限公司、鍾兆強等金融借款合同糾紛，[1]江蘇威如房地產有限公司與天津寶士力置業發展有限公司、天士力控股集團有限公司股權轉讓糾紛，[2]任維俊、張翔採礦權轉讓合同糾紛二審民事判決書，[3]大宗集團有限公司、宗錫晉與淮北聖火礦業有限公司、淮北聖火房地產開發有限責任公司、渦陽聖火房地產開發有限公司股權轉讓糾紛，[4]常州新東化工發展有限公司、江蘇正通宏泰股份有限公司與常州新東化工發展有限公司、江蘇正通宏泰股份有限公司建設工程施工合同糾紛、技術委託開發合同糾紛，[5]華銳風電科技（集團）股份有限公司與肇源新龍順德風力發電有限公司買賣合同糾紛[6]等案中，對情勢變更進行了系統、權威的考量，有效構建了相關認定標準。諸如「市場和地方經濟萎縮、國家信貸與貨幣政策緊收等風險」被排除在了情勢變更原則適用之外。

　　　　價格出現波動影響當事人的利益，屬於市場發揮調節作用的正常現象，新龍公司作為專門從事風力發電的市場主體，對於該價格浮動應當存在一定程度的預見和判斷，應當承擔相應的商業風險。綜合上述情形，本案買賣合同標的物風力發電機組的價格浮動應屬正常的商業風險而非情勢變更。[7]

1　（2016）最高法民終 219 號。
2　（2015）民二終字第 231 號。
3　（2016）最高法民終 781 號。
4　（2015）民二終字第 236 號。
5　（2015）民提字第 39 號。
6　（2015）民二終字第 88 號。
7　華銳風電科技（集團）股份有限公司與肇源新龍順德風力發電有限公司買賣合同糾紛案，最高人民法院在（2015）民二終字第 88 號，《民事判決書》認定：「風力發電機組作為在市場流通的交易物，其價格出現波動影響當事人的利益，屬於市場發揮調節作用的正常現象，乙公司作為專門從事風力發電的市場主體，對於該價格浮動應當存在一定程度的預見和判斷，應當承擔相應的商業風險。」

鑒斷是情勢變更還是商業風險，需要參照合同的約定，從可預見性、歸責性以及產生後果等方面進行分析，方能真正實現情勢變更的價值取向。因為法律行為基礎制度適用時，並不能導出確定的法律效果。換言之，此非單純經由法官的認定就能解決的問題，而必須要在裁判權斟酌範圍內進行價值判斷，始能完成此工作。在一定意義上，情勢變更原則賦予法院在一定條件下以直接干預合同關係的「公平裁判權」，使法律能夠適應社會經濟情況的變化，更好地協調當事人之間的利益衝突，維護經濟流轉的正常秩序。

三、情勢變更指引

當事人當初希望發生一定的法律效果而進行法律行為，故在法律生活的積極性保護上更希望儘量發生近其希望的效果。因此，情勢變更原則的第一效力是合同的調整。[1]

奧特曼在《法律行為基礎》中指出：

> 法律行為基礎是締結法律行為時，當事人一方對於特定環境的存在或發生所具有的預想，相對人明知這種預想的重要性且未做反對表示；或者，多數當事人對於特定環境的存在或發生所具有的共同預想。基於這種預想，形成締結法律行為的意思。

跨境商事情勢變更的後果，基於合同履行過程中，非究因當事人雙方之歸責而使原合同繼續履行的基礎發生異常變更，致合同不能履行或合同繼續履行勢必會顯失公平，因此基於誠實信用原則，當事人可以請求變更或解除合同。情勢變更原則與誠實信用原則密切關聯，在當事人之間的利益關係中，誠實信用原則要求當事人以誠實信用的方法實現利益並履行義務，在發生了情勢變更導致當事人利益嚴重失衡時，在一定條件下賦予當事人變更或解除合同的權利。所以，情勢變更旨在平衡當事雙方的利益或

---

1 參見［日］勝本正晃：《民法事情變更原則》，1926 年版第 98 頁以下。轉引自［日］五十嵐清：《情事變更·合同調整·再干涉義務》，載梁慧星主編：《民商法論叢》第 15 卷，法律出版社 2000 年 7 月第 1 版，第 436 頁。

基於誠實信用原則調整當事人之間的利益關係，從這個意義上說，情勢變更原則是誠實信用原則在合同法中的實際運用與司法體現。

　　契約忠實（Vertragstreue），亦即信守諾言，這種忠實具有很強的倫理力量。法律行為的解釋及其效力的判定應當建立在這幾項原則的基礎之上。[1] 大陸法系國家通過立法或判例來確認情勢變更原則，其實是誠信原則在債法中的具體體現。如果由於情勢的變更，導致合同目的完全不能實現，則已無變更合同的必要，而應當解除合同。比如，在杜志偉與黃永增轉讓合同糾紛上訴案中，[2] 在合同訂立後若出現不能歸因於當事人的無法預見的新情況時，若該新情況出現擾亂合同履行的效果，則情勢變更賦權當事人對合同進行修訂。[3]

　　為此在跨境商事爭議中，情勢變更的法律後果，可以考量為：首先，關於實體方面。其一，再交涉義務。在適用情勢變更原則時，不利益一方當事人可以要求相對人就合同內容重新協商，進行交涉。當事人一方有悖於誠實信用與公平交易原則拒絕協商或終止協商，致對方損害的，法院可以判令損害賠償。其二，變更合同約定。合同當事人可以請求法院變更合同約定，調整給付金額，調整履行期限，變更給付標的、給付幣種，行使不安抗辯權，以及贈與合同的拒絕履行等等。其三，解除合同。解除合同是對變更合同無法實現，消除顯失公平困境的再次救濟。其次，關於程序方面。程序法上的法律效果，主要是指應當由當事人向裁判機關主張適用情勢變更原則，而非由裁判機關依職權直接認定。另外，適用該原則變更或解除合同權利的法律屬性是請求權而非形成權。在適用情勢變更原則的同時，應對其障礙予以排除，應嚴格區分情勢變更與商業風險和不可抗力，並且對情勢變更原則彈性過大的一面加以合理限制，避免裁斷機關的自由裁量權過大，審慎適用情勢變更原則，真正保護交易的安全與秩序。

1　參見 Franz Bydlinski, *System und Prinzipien des Privatrechts*, Wien: Springer-Verlag, 1996.

2　福建省高級人民法院民事判決書（2010）閩民終字第 261 號。

3　參見 Patrick Wéry, *Droit des obligations: Volume 1, Théorie générale du contrat*, Larcier, 2e édition, 2010.

四、餘論

　　跨境交易規範的基礎功能在於保護當事人的合法權益。同時還兼具另一個重要目標和功能，即鼓勵商事當事人從事自願交易。該目標體現於多方面，諸如鼓勵當事人訂立合法之合同、力促跨境契約成立並生效、保障合同的履行與合同利益的實現等。情勢變更原則的價值取向在於，當事人可以依據情勢變更原則直接考量合同變更，從而有效處理合同履行過程中所發生的由於當事人主觀上無法預料的情形而導致的合同繼續履行可能嚴重損害一方當事人利益的問題。

　　情勢變更的構成，應考量如下要素：其一，須有情勢變更的事實。即作為跨境契約成立基礎或環境的客觀情況，諸如跨境交易訂立時的供求關係。變更，多指相關客觀情況發生了異常變動。其二，時間性要求，情勢變更須發生在合同成立以後、履行終止之前。其三，情勢變更須具有當事人所不能預見的屬性。如當事人在締約時能夠預見，則表明其應當承擔該風險，那麼情勢變更原則不具有適用性。即若可歸責於當事人，則應由其承擔風險或違約責任，而排除適用情勢變更的可能。其四，因情勢變更而使原合同的履行顯失公平。這裏所說的顯失公平應依據市民社會一般理性人的認知加以判斷。

　　應當指出，在跨境商事司法實踐中，意思自治、契約自由仍為跨境交易的基本原則，對於當事人基於真實意思表示所達成的協議國際仲裁機構一般不應予以干預。在內國涉外跨境商事爭議法中，亦堅持契約嚴守為合同法的基本原則。合同成立後，因不可歸責於合同當事人的原因導致合同目的落空，強行維持合同原有效力將導致合同當事人之間的利益嚴重失衡時，才能適用情勢變更原則。

　　可以肯定的是，在違約責任與免責之外，尚有因合同變更或解除而不構成違約責任的領域，這一領域在時間維度上是在違約責任與免責之前的，情勢變更原則正是在該領域中發揮作用。[1]

1　參見韓世遠：《合同法總論》，法律出版社 2004 年 4 月第 1 版，第 443 頁。

第八節　跨境商事爭議之外國法查明

法律衝突，係國際私法的基礎概念，是對同一民事關係所涉各國民事法律規定不同而發生的法律適用上的衝突；作為一般意義上的概念，法律衝突亦包括不同法律同時調整一個法律關係時而在這些法律之間存在矛盾的法律問題。法律衝突是國際主體交往間不可避免的固有問題，雖然現有的法律制度已對這一問題構建起了基本解決路徑，然而隨着「一帶一路」建設的不斷推進，必將導致沿線國家之間的經濟交易格外頻繁，法律衝突的解決和協調的重要性尤為凸顯。[1]

跨境投資與貿易最關鍵環節就是法律環境上的適用問題，以及由此帶來的諸多潛在危機。為此，在跨境訴訟、跨境仲裁中法律查明為法律適用的核心和關鍵環節，具有極其重要的意義。

一、跨境訴訟中外國法律的查明

跨境商事交易法的社會基礎及其原始性和開放性則使其範疇體系具有特殊性，主體論、價值論、客體論、本體論、運行論構成了其基本範疇，[2]《中華人民共和國涉外民事關係法律適用法》（以下簡稱《涉外民事關係法律適用法》）（2011 年 4 月 1 日起施行）第二條明確規定：

> 涉外民事關係適用的法律，依照本法確定。其他法律對涉外民事關係法律適用另有特別規定的，依照其規定。本法和其他法律對涉外民事關係法律適用沒有規定的，適用與該涉外民事關係有最密切聯繫的法律。

第十條規定：

1　參見馬豔暉、劉曉雯：《最高院「一帶一路」典型案例分析：法律適用衝突與解決》，https://www.kwm.com/zh/knowledge/insights/analysis-of-typical-case-issued-by-the-supreme-people-court-on-one-belt-one-road-20150803，2015 年 8 月 3 日。

2　參見江河：《中國外交軟實力的強化：以國際法的基本範疇為路徑》，載《東方法學》2019 年第 2 期。

涉外民事關係適用的外國法律，由人民法院、仲裁機構或者行政機關查明。當事人選擇適用外國法律的，應當提供該國法律。不能查明外國法律或者該國法律沒有規定的，適用中華人民共和國法律。

從上述規定，不難看出，該法沿用大陸法系的傳統理論，規定法院、仲裁機構和行政機關負有查明外國法內容的職責，作為例外，當事人在選擇適用外國法時負有首要舉證義務。此外，如果當事人在限期內未提供，或者法院通過由當事人提供、已對中華人民共和國生效的國際條約規定的途徑、中外法律專家提供等合理途徑仍不能獲得外國法律的，應當認定為不能查明外國法律，而適用中國法律；即便查明了外國法的內容，人民法院也應當聽取各方當事人對應當適用的外國法律的內容及其理解與適用的意見，當事人對該外國法律的內容及其理解與適用均無異議的，法院可以予以確認，當事人有異議的，由法院審查認定。可見，法院在適用外國法的案件中負有查明內容和確認內容兩方面的審判職能。[1]

在衝突法領域，允許當事人在私法領域自行選擇準據法是私法自治原則的體現，也是解決法律適用衝突的首要原則。私法領域中的國際條約多數具有任意法的基本特徵，即允許當事人以明示或者默示的方式排除國際條約的適用，是私法自治原則的進一步體現。強制性規定直接適用實際上是對當事人意思自治原則的限制，是國家基於本國社會公共利益的考量加強對社會經濟生活干預在法律適用領域中的突出表現。這些強制性規定既體現在刑法、行政法和經濟法等公法性質的法律規範中，也體現在民商事法中。[2] 法官以釋明方式向當事人公開其與當事人在適用法律上的不同見解，使當事人獲取參與法律適用過程進行辯論的機會，不僅能夠促進法官

1　參見馬艦暉、劉曉雯：《最高院「一帶一路」典型案例分析：法律適用衝突與解決》，https://www.kwm.com/zh/knowledge/insights/analysis-of-typical-case-issued-by-the-supreme-people-court-on-one-belt-one-road-20150803，2015 年 8 月 3 日。

2　參見馬艦暉、劉曉雯：《最高院「一帶一路」典型案例分析：法律適用衝突與解決》，https://www.kwm.com/zh/knowledge/insights/analysis-of-typical-case-issued-by-the-supreme-people-court-on-one-belt-one-road-20150803，2015 年 8 月 3 日。

與當事人在雙向交流的基礎上達成共識，也使當事人能夠在充分知悉法官法律觀點的基礎上權衡利益取捨，更加有的放矢地進行訴訟活動。[1]

現階段，中國港澳台和外國法律查明研究中心已由最高人民法院、中國法學會和國家司法文明協同創新中心共同支持設立，匯聚了中國政法大學外國法查明研究中心、西南政法大學中國—東盟法律研究中心、法律出版社、深圳市藍海現代法律服務發展中心等機構和研究部門的法律專家資源。該中心承擔法律查明工作的公共服務建設、推動建立「一帶一路」沿線國家和地區法律庫、整理完善域外法適用的案例庫、建立法律查明網絡信息平台等任務。[2] 深圳市藍海法律查明中心為最高人民法院港澳台和外國法律查明基地，主要業務為域外法查明，也是最高人民法院國際商事法庭「域外法查明平台」提供的五家域外法查明專業機構之一，具有域外法查明的資質。司法實踐中，涉外民事關係適用的外國法律，尤其跨境商事爭議案件中適用的法律，已由受理法院較多委託該域外法查明專業機構查明，在廣東省公佈的跨境案件中有較多體現。諸如一借款合同關係應適用香港特別行政區法律，故存在查明香港法律的情形。汕頭市中級人民法院根據當事人的申請，委託深圳市藍海法律查明和商事調解中心查明香港法律，該中心接受委託後，聘請香港法律專家完成法律查明工作並出具《法律意見書》。

> 香港法律專家出具的《法律意見書》，是人民法院依法委託專業機構完成香港法律查明工作的結果，可以作為本案適用香港特別行政區法律的依據。由此可見，人民法院查明外國法律，可以委託域外法查明專業機構查明。[3]

其他判例中，受理法院亦可以登錄最高人民法院國際商事法庭官方網

1　參見盧紹榮：《淺析民事訴訟法官釋明權的釋明尺度》，載中國法院網，2018 年 2 月 14 日。

2　參見《中國港澳台和外國法律查明研究中心落戶深圳前海》，https://www.sohu.com/a/32603411_114812，2015 年 9 月 20 日。

3　《汕頭法院涉外典型案例 | 首次查明並適用香港法律作出判決》，載澎湃新聞·澎湃號·政務，https://www.thepaper.cn/newsDetail_forward_10312572，2020 年 12 月 8 日。

站，在其「域外法查明平台」中選擇域外法查明的專業機構，其他四家專業機構分別為：西南政法大學中國—東盟法律研究中心、中國政法大學外國法查明研究中心、華東政法大學外國法查明研究中心、武漢大學外國法查明研究中心。關於委託專業機構查明外國法律的程序和手續辦理，基本參照人民法院委託司法鑒定的有關規定處理。

2015 年 7 月 7 日上午，最高人民法院發佈了《最高人民法院關於人民法院為「一帶一路」建設提供司法服務和保障的若干意見》，該意見明確規定要準確適用國際條約和慣例，準確查明和適用外國法律，增強裁判的國際公信力，並特別強調了要增強案件審判中國際條約和慣例適用的統一性、穩定性和可預見性，要充分尊重當事人選擇準據法的權利等內容。[1] 該《意見》第七條規定：

> 要依照《涉外民事關係法律適用法》等衝突規範的規定，全面綜合考慮法律關係的主體、客體、內容、法律事實等涉外因素，充分尊重當事人選擇準據法的權利，積極查明和準確適用外國法，消除沿線各國中外當事人國際商事往來中的法律疑慮。要注意沿線不同國家當事人文化、法律背景的差異，適用公正、自由、平等、誠信、理性、秩序以及合同嚴守、禁止反言等國際公認的法律價值理念和法律原則，通俗、簡潔、全面、嚴謹地論證說理，增強裁判的說服力。[2]

跨境商事訴訟中，人民法院在依職權查明域外法過程中，委託域外專家對有關法律進行釋明，引導當事人對案件處理進行評估，增加裁判結果的可預期性，促使當事人合理行使訴訟權利。在莊某訴文某壽、文某光等保證合同涉港民商事糾紛中，廣東省深圳市前海合作區人民法院認為，

1　2013 — 2015 年，全國法院涉及外法律查明適用的法律案件有 166 件，涉及案件的類型有 41 種，包括海上貨物運輸、國際貨物買賣、股權轉讓、船舶抵押、借款。需要查明適用的法律主要是外國的法律條文、判例和國際條約，還有港澳台地區也佔了一部分，需要查明的有公司法、合同法、仲裁法等方面的情況。

2　羅書臻：《最高法出台服務保障「一帶一路」意見》，http://www.acla.org.cn/article/page/detailById/11478，2015 年 7 月 8 日。

被繼承人文某泰死亡前的經常居所地在香港特別行政區，參照《涉外民事關係法律適用法》第 31 條的規定，應適用香港地區法律解決繼承關係問題。[1] 法院委託香港律師事務所資深律師出具法律意見。根據該法律意見所查明法律及解釋，儘管莊某有訴訟因由且起訴沒有超過時效，但其起訴不成立，文某壽、文某光作為本案被告的主體不適格。法院向莊某釋明了法律查明情況，為莊某對適用香港法確認訴訟主體資格提供結果預判，後莊某申請撤訴，法院予以准許。

由此，我國《民事訴訟法》對涉外民事訴訟程序的特別規定，係跨境商事爭議解決法律查明的基本原則。人民法院在審理涉外民商事案件時，除了應當依據《民事訴訟法》及其司法解釋規定的程序進行審理，還應當依據《涉外民事關係法律適用法》及其司法解釋的規定依法確定涉外民事關係應當適用的法律。案件存在不同的法律關係，涉及不同的法律問題的，還應當分別確定適用的法律。其中值得注意的是，訴訟時效適用相關法律關係應當適用的法律。正確適用法律，是公平公正審理跨境民商事案件的前提。跨境商事關係應當適用外國法律的，可以由人民法院委託域外法查明專業機構查明。「要以服務對外開放和制度創新為重點，拓寬國際視野，立足中國國情和實際需要，積極借鑒世界各國法律查明的經驗，努力建設符合國際慣例、具有國際競爭優勢的港澳台和外國法律查明體系。」[2]

在最高法院審理的上訴人 Sino-Environment Technology Group Limited（中華環保科技集團有限公司）與被上訴人大拇指環保科技集團（福建）有限公司股東出資糾紛上訴案，即（2014）民四終字第 20 號中，[3] 大拇指公司係新加坡環保公司在中國設立的外商獨資企業。2008 年 6 月 30 日，

1　參見廣東省高級人民法院：《廣東法院粵港澳大灣區跨境糾紛典型案例》，載廣東省高級人民法院官網，https://www.163.com/dy/article/F0Q5QCPR0514JA8E.html，2019 年 12 月 20 日。

2　賀榮：《全面加強港澳台和外國法律查明　推進建設具有國際競爭優勢的法治環境》，載《人民法院報》，2015 年 9 月 21 日。

3　《最高人民法院公報》2014 年第 8 期，總第 214 期。

大拇指公司經批准註冊資本增至人民幣 3.8 億元。2012 年 4 月 27 日，大拇指公司以新加坡環保公司未足額繳納出資為由提起訴訟，請求判令新加坡環保公司履行股東出資義務，繳付增資款 4500 萬元。2014 年 6 月，最高人民法院公開開庭審理該案並當庭作出宣判。法院審理認為，根據新加坡公司法的規定，在司法管理期間，公司董事基於公司法及公司章程而獲得的權力及職責，均由司法管理人行使及履行。因此新加坡環保公司司法管理人作出的變更大拇指公司董事及法定代表人的任免決議有效。由於大拇指公司董事會未執行唯一股東環保公司的決議，造成工商登記的法定代表人與股東任命的法定代表人不一致的情形，進而引發爭議。根據我國《公司法》的規定，工商登記的法定代表人對外具有公示效力，如涉及公司以外的第三人因公司代表權而產生的外部爭議，應以工商登記為準；而對於公司與股東之間因法定代表人任免產生的內部爭議，則應以有效的股東會任免決議為準，並在公司內部產生法定代表人變更的法律效果。本案起訴不能代表大拇指公司的真實意思，裁定撤銷原判，駁回大拇指公司的起訴。[1] 該判例為「外國投資者的司法管理人和清盤人的民事權利能力及民事行為能力等事項，應當適用該外國投資者登記地的法律」之典型判例。

二、跨境商事仲裁中外國法律的查明

　　國際商事交易，慣常於來自不同法域的當事人在涉案合同中約定適用中立第三法域作為準據法，並選擇仲裁作為爭議解決的方式。當商事爭議發生且當事人提起國際仲裁後，仲裁庭的組成人員中可能有該合同準據法的專業法律從業者，亦有可能是來自其他法域的人員。該種跨法域的情況在國際仲裁中普遍存在。為此，當合同準據法對於仲裁庭成員而言為外國法時，當事人應當如何向仲裁庭釋明該適用法律是不容忽視的問題。考慮到仲裁庭來自英美法體系，尤其在法律原則、法律邏輯存

---

[1] 《最高法發佈「一帶一路」司法服務保障典型案例》，《法制日報》，2015 年 7 月 9 日。

在根本差異的情況下，司法實踐中當事人通常通過提交專家報告的方式向仲裁庭進一步釋明所適用法律。[1]

《國際律師協會國際仲裁取證規則》即 IBA 規則第五條關於外國法律查明，規定了「當事人指定的專家」的路徑，5-1 條規定：

> 當事人可以依賴一位當事人指定的專家就特定問題作證。在仲裁庭規定的期限內，當事人指定的專家應當提交專家報告。

5-2 條補充規定：

> 上述專家報告應當包含：（a）當事人指定專家的姓名全稱和地址，其與任何一方當事人 …… 現在和過去的關係（若有），並對其背景、資格、所受培訓和經歷進行說明；……（d）其專業意見和結論所依據事實的說明；（e）其專業意見和結論，並說明其得出結論所使用的方法、證據和信息；……（h）當事人指定專家的簽名及簽名日期和地點。

第六條亦提供了仲裁庭指定的專家以及進行專項法律查明的路徑，具體如下：

> 1. 仲裁庭經與各方當事人協商，可指定一名或數名獨立的專家就仲裁庭提出的特定問題向仲裁庭匯報。仲裁庭應當在與各方當事人協商後確定專家報告的調查範圍。仲裁庭應將最終確定的調查範圍書送交各方當事人。…… 4. 仲裁庭指定的專家應向仲裁庭提交書面的專家報告，該專家報告應包括：得出結論所使用的方法、證據和信息。…… 5. 仲裁庭應將專家報告交給各方當事人。…… 在仲裁庭規定的期限內，任何一方當事人都有機會向仲裁庭提交書面意見、證人陳述或當事人指定專家作出的專家報告，作為對仲裁庭指定專家作出的報告的回應。[2]

1　參見劉炯、湯旻利：《國際仲裁實務談——如何向仲裁庭釋明外國法》，https://www.allbrightlaw. com/SH/CN/10475/4241213a810a5c04.aspx，2020 年 9 月 7 日。

2　Article 5 Party-Appointed Experts; Article 6 Tribunal-Appointed Experts.

　　布拉格規則關於法律查明，主要體現為第七條，即「法律查明」，「當事人有義務提出自己所援引的法律依據。但是，如認為必要，仲裁庭可以適用當事人沒有提出的法律條款，包括但不限於，公共政策的規定。在這樣的情況下，仲裁庭應當詢問當事人對於其試圖適用的法律條款的意見。仲裁庭也可以援引當事人沒有提出的法律依據，如果它們與當事人提出的法律條款有關，並且當事人已經被給予機會去表達對於該等法律依據的意見。」[1]

　　現行中國國際經濟貿易仲裁委員會仲裁規則中，並無外國法律查明的明確規定，僅存在間接性規定。《中國國際經濟貿易仲裁委員會仲裁規則》（2015 版，2014 年 11 月 4 日中國國際貿易促進委員會／中國國際商會修訂並通過，自 2015 年 1 月 1 日起施行）第 44 條規定：

　　　　專家報告及鑒定報告（一）仲裁庭可以就案件中的專門問題向專家諮詢或指定鑒定人進行鑒定。專家和鑒定人可以是中國或外國的機構或自然人。（二）仲裁庭有權要求當事人、當事人也有義務向專家或鑒定人提供或出示任何有關資料、文件或財產、實物，以供專家或鑒定人審閱、檢驗或鑒定。（三）專家報告和鑒定報告的副本應轉交當事人，給予當事人提出意見的機會。一方當事人要求專家或鑒定人參加開庭的，經仲裁庭同意，專家或鑒定人應參加開庭，並在仲裁庭認為必要時就所作出的報告進行解釋。

　　專家意見與鑒定意見並列，並未突出專家報告對外國法律查明的重要意義，但在仲裁司法實踐中有具體判例。可以預見的是，在修訂中的仲裁

1　Article 7. Iura Novit Curia 7. 1. A party bears the burden of proof with respect to the legal position on which it relies. 7. 2. However, the arbitral tribunal may apply legal provisions not pleaded by the parties if it finds it necessary, including, but not limited to, public policy rules. In such cases, the arbitral tribunal shall seek the parties' views on the legal provisions it intends to apply. The arbitral tribunal may also rely on legal authorities even if not submitted by the parties if they relate to legal provisions pleaded by the parties and provided that the parties have been given an opportunity to express their views in relation to such legal authorities.

規則中，應有足夠的體現。

可以借鑒的規定是：

> 國際商事法庭審理案件應當適用域外法律時，可以通過下
> 列途徑查明：（一）由當事人提供；（二）由中外法律專家提供；
> （三）由法律查明服務機構提供；（四）由國際商事專家委員提供；
> （五）由與我國訂立司法協助協定的締約對方的中央機關提供；
> （六）由我國駐該國使領館提供；（七）由該國駐我國使館提供；
> （八）其他合理途徑。上述途徑提供的域外法律資料以及專家意
> 見，應當依照法律規定在法庭上出示，並充分聽取各方當事人
> 的意見。[1]

三、餘論

跨境訴訟中的外國法律查明，既具有必要性，亦具複雜性。2014 年
北京海淀法院審結的沃爾特訴中國首鋼國際貿易工程公司股權轉讓糾紛
案，涉及芬蘭合同法下先期協議（pre-contract, preliminary agreement）的
效力問題，以及 2011 年上海高院調解結案的華安基金訴雷曼歐洲金融衍
生產品投資糾紛案，涉及英國破產法對機構財產和基金投資者財產的劃
分等問題，雙方當事人委託外國專家出具查明意見達 2000 多頁。部分案
件涉及多方當事人多份合同以及多個法域，域外法查明趨於精細化複雜
化。[2] 在跨境訴訟中，跨境商事關係首先依據《涉外民事關係法律適用法》
的規定，另據《最高人民法院關於適用〈中華人民共和國涉外民事關係法
律適用法〉若干問題的解釋（一）》第 19 條的規定：

---

1 參見國際商事法庭：《域外法律查明》，http://cicc.court.gov.cn/html/1/224/103/index.html，2018 年
6 月 28 日。
2 參見沈紅雨：《「一帶一路」背景下國際商事訴訟與域外法查明制度的新發展》，https://www.
bizchinalaw. com/archives/5002，2018 年 12 月 23 日。

涉及香港特別行政區、澳門特別行政區的民事關係的法律適
用問題，參照適用本規定。

據《涉外民事關係法律適用法》第 41 條的規定：

當事人可以協議選擇合同適用的法律。當事人沒有選擇的，
適用履行義務最能體現該合同特徵的一方當事人經常居所地法律
或者其他與該合同有最密切聯繫的法律。

而在跨境商事仲裁中的仲裁員群體往往具有國籍和背景多元化的特徵，其
本質意味着「外國法」成為了因個案情況不同而變化的概念。在當事人已
經確定某一適用法律的情況下，查明法律的必要性來源於仲裁庭是否能夠
準確、清晰地理解和運用該等法律。一般意義上，跨境仲裁中認為當事人
負有對適用法律為何的舉證義務；同時，為了確保公正性，仲裁庭亦會進
行獨立查證，並及時將獨立查證的方法、途徑向當事人公開、徵詢意見。
跨境仲裁涉及法律查明時，無論 IBA 規則，抑或布拉格規則，均規定仲
裁庭務必賦予雙方平等的機會聽取其對法律的陳述。這種陳述的安排不因
仲裁庭是否知悉該等法律而改變。雖然當事人組織法律專家證人進行舉證
的過程可能使得法律查明變為雙方對抗和進攻的手段，但這仍然是仲裁庭
了解和精準適用法律所必不可少的環節。[1]

　　總之，一方面，法律查明從程序而言，關涉證據提交問題。即一方認
為其請求按照爭議所適用的法律可以被支持的，該方應提交相應的證據證
明法律的內容以支持其觀點。如果一方當事人想當然地依據本國經驗對外
國法適用問題進行任意解讀，其往往面臨較大的不利風險。跨境商事仲裁
中的法律查明不唯是簡單向仲裁庭呈現法律條文的規定，通常有經驗的仲
裁律師更是通過委託法律專家報告的方式為己方當事人爭取最大的利益。
另一方面，對於跨境商事審判實踐中重複出現的同一國別或地區的常規性

---

[1]　參見許捷：《國際商事仲裁的繁與簡——基於北仲真實案例的案件管理及審理要點研討》，
https://www.bjac.org.cn/news/view?id=3610，2019 年 11 月 5 日。

問題，諸如香港公司被剔除商業登記後的法律地位、股東及董事權利義務、仲裁協議效力、合同效力要素等，可以考慮通過「一帶一路」典型案例、指導性案件等方式予以歸納提煉，並加以固定，為類案類查類判提供方便，關於該點我國法院在跨境訴訟中亦有較多沉澱。

第九節　跨境知識產權訴訟若干問題

跨境知識產權訴訟為跨境商事訴訟中的突出類型，近年來，伴隨國際知識產權糾紛的高發性，重大、疑難、複雜、新類型跨境知識產權糾紛不斷湧現，不正當競爭行為日趨多樣化。諸如，華為公司與美國 IDC 公司濫用市場地位壟斷糾紛案、華為與三星專利侵權糾紛案上訴案等。同時，「337 調查」應該是近年在 ICT 領域最為集中的訴訟，如高通對蘋果使用英特爾芯片的 iPhone 手機提起 337 調查；美國 GlobalFoundries 公司就半導體設備及其下游產品（certain semiconductor devices, products containing the same, and components thereof），對台積電、博通、聯發科、賽靈思、高通、中國 TCL 集團、海信集團、聯想集團和深圳萬普拉斯科技有限公司（OnePlus）等企業提起 337 調查；新加坡創新科技有限公司及其美國分公司就便攜式電子設備產品對中興、聯想、索尼、三星、LG、HTC、黑莓、摩托羅拉提起 337 調查；愛爾蘭專利 NPE（Non-Practicing Entities, 非專利實施主體）公司 Neodron 就觸摸式電容屏對蘋果、亞馬遜、華碩、LG、微軟、摩托羅拉、三星和索尼提起 337 調查；諾基亞就計算機、平板計算機及其組件和模塊（electronic devices, including computers, tablet computers, and components and modules thereof）對聯想提起 337 調查。[1]

---

[1] 參見王雷：《面對知識產權調查訴訟企業要從容──以 337 調查為例》，載《21 世紀經濟報道》，2020 年 7 月 18 日。

　　跨境知識產權訴訟關涉知識產權法的創造性、知識產權的私權屬性、知識產權權利配置、行政權力介入與考量，以及從「特權」向「私權」演進、科學技術作用於知識產權客體的特殊法理，從「創新」價值到「平衡」價值等原則和文化衝突。知識稀缺性本來是法律建構的產物，但通過這樣一個法律系統自我運作和確認的過程，它就被置入一個經由知識創造、攫取、佔有而不斷編碼化的法律系統之中，從而形成一個知識產權體系的特定歷史狀態。[1]2014 年 12 月 5 日，愛立信在印度提起訴訟，控告小米侵權；12 月 8 日，德里高級法院判決稱，小米侵犯愛立信八項標準必要專利，並下令在當地禁售小米手機。普通的國際訴訟都可能拖垮一家普通公司，如遇上接二連三的跨境知識產權訴訟，任何跨境當事人均將不堪重負。資料表明，華為的海外銷售收入目前已佔總收入的 60% 以上。在國際市場的突圍中，華為與海外專利巨頭的短兵相接也常見諸報端。[2]

　　在現有跨境商事交易語境下，知識與信息的價值不再依據創造性主體的智力貢獻進行衡量，而是根據社會系統的功能化運作結果以及不同系統間結構耦合的具體狀況而定，知識經歷了從「智識」到「信息」再到「溝通」的蛻變，徹底擺脫了私人／行會式的控制，實現了運作上的閉合，從而進入法律系統自主連續運作的軌道。[3]

一、跨境知識產權訴訟的本質

　　商法產生與發展的動力來自本土特色法律與跨區域經濟行為規制之間的差異，商事法律固本訴求必須超越本土政治架構，轉而依靠以經濟運作為架構的體系來構建。歷史上知識產權法的特徵與演進更接近商法的事

1　參見余盛峰：《知識產權全球化：現代轉向與法理反思》，載《政法論壇》2014 年第 6 期。
2　參見楊智全、劉美楠：《中國企業如何應對國際專利訴訟》，載《新財富》，2015 年 2 月 27 日。
3　參見 Edwin C. Hettinger, "Justifying Intellectual Property", in *Philosophy and Public Affairs*, 1989, vol. 18, pp. 31-52.

實，[1] 知識產權制度的萌芽來自商人的驅動，具有商業價值的無形財產上存在「所有權」已經在商業習慣上得到認可，與其他商事習慣的產生相同，商人致力於控制知識，仍是基於新技術和新產業有利可圖。知識產權法的產生時間雖然早於公司法，但與公司法中的「權利束」相比，知識產權與圍繞不動產展開的權利體系更疏遠。[2]

　　知識稀缺性與土地財產有限性所導致的稀缺性完全不同，因為知識稀缺性卻同時以知識無限膨脹和可持續利用的矛盾形式展現出來，其在更大程度上揭示出稀缺性本身其實是法律建構的產物。因此，知識的稀缺性並不出自知識的有限性（知識並不因為使用而耗盡）。稀缺性是對一個有限性數量的範圍進一步篩選和界定的結果，它實際出自於經濟與法律系統的內在規約。[3]

　　傳統物權關注「使用價值」的維度，傳統債權關注「交換價值」的維度，當代知識產權則關注「信息價值」的維度。該種信息甚至不再具有傳統意義的「交換價值」——它的價值沒有未來只有當下。作為「符號性價值」，它具有「轉瞬即逝性」。[4] 信息的本質已經超出正確／錯誤的維度。「必須提供新東西」，這本身就已成為信息資本再生產的內在要求。[5] 當代知識產權則因其無時間性而成為外生性的、建築學意義的框框。這種框框（特別是品牌）「給信息和通信的混亂賦予了一定的秩序，它協助使原本可能是混亂的擴散被規範成為流動」，[6] 信息的轉瞬即逝性、知識的過度鏈接、符號的超載，都使當代法律陷入內部與外部的雙重風險性之中，法律

1　參見熊琦：《知識產權法與民法的體系定位》，載《武漢大學學報（哲學社會科學版）》2019年第 2 期。

2　參見熊琦：《知識產權法與民法的體系定位》，載《武漢大學學報（哲學社會科學版）》2019年第 2 期。

3　參見余盛峰：《知識產權全球化：現代轉向與法理反思》，載《政法論壇》2014 年第 6 期。

4　參見［德］魯曼：《大眾媒體的實在》，胡育祥、陳逸淳譯，台北左岸文化出版 2006 年版，第54 頁。

5　參見［德］魯曼：《大眾媒體的實在》，胡育祥、陳逸淳譯，台北左岸文化出版 2006 年版，第54 頁。

6　Nuno Pires de Carvalho, "Patently Outdated: Patents in the Post-industrial Economy", in *Kluwer Law International*, 2012, vol. 34, p. 237.

系統本身已成為一個高度的風險性系統。[1]

在跨境商標侵權訴訟中，在再審申請人本田技研工業株式會社與被申請人重慶恆勝鑫泰貿易有限公司、重慶恆勝集團有限公司侵害商標權糾紛案[2]中，最高人民法院指出，人民法院審理涉及涉外定牌加工的商標侵權糾紛案件，要遵循商標法上商標侵權判斷的基本規則，不能把涉外定牌加工方式簡單地固化為不侵害商標權的除外情形。商標權具有地域性，境外商標權不是豁免中國境內商標侵權責任的抗辯事由。與此相應，中國境內的民事主體依據境外商標權獲得的「商標使用授權」，也不屬於我國商標法保護的合法權利。

經濟的本質已經改變，科技是真正的核心資產。跨境投資、貿易更加強化知識產權的保護。跨境知識產權訴訟審判將被賦予更高要求，《最高人民法院關於技術調查官參與知識產權案件訴訟活動的若干規定》（自2019 年 5 月 1 日起施行）第一條明確規定：

> 人民法院審理專利、植物新品種、集成電路布圖設計、技術祕密、計算機軟件、壟斷等專業技術性較強的知識產權案件時，可以指派技術調查官參與訴訟活動。

司法實踐中，技術調查官提出的技術調查意見可以作為合議庭認定技術事實的參考，上述規定充分表明技術專業性在知識產權訴訟實踐中的發展，其重點即在於解決「知識的過度鏈接、符號的超載」。在上訴人VMI 荷蘭公司、固鉑（崑山）輪胎有限公司與被上訴人薩馳華辰機械（蘇州）有限公司確認不侵害專利權糾紛案[3]中，為跨境知識產權的「侵權警告」進行界定，最高人民法院指出，專利權人僅針對被訴侵權產品的部分生產者、銷售者、使用者向專利行政部門提起專利侵權糾紛處理請求，導

1　參見 Seana Valentine Shiffrin,〝Lockean Arguments for Private Intellectual Property〞, in Stephon R. Munzer ed., *New Essays in the Legal and Political Theory of Property*, Cambridge University Press, 2001, pp. 617-621.

2　參見最高人民法院（2019）最高法民再 138 號。

3　最高人民法院（2019）最高法知民終 5 號。

致未參與該行政處理程序的生產者、銷售者、使用者的經營處於不確定狀態的，可以認定該專利侵權糾紛處理請求對於上述未參與行政處理程序的生產者、銷售者、使用者構成侵權警告。在上訴人國家知識產權局與被上訴人伊拉茲馬斯大學鹿特丹醫學中心、羅傑·金登·克雷格發明專利申請駁回復審行政糾紛案[1]中，對跨境專利訴訟中「創造性判斷與說明書充分公開、權利要求應該得到說明書支持等法律要求在專利法上具有不同的功能，遵循不同的邏輯」，進行了闡釋。原則上不應將本質上屬於說明書充分公開等法律要求所應審查的內容納入創造性判斷中予以考慮，否則既可能使創造性判斷不堪重負，又可能制約申請人對說明書充分公開、權利要求應該得到說明書支持等問題進行實質論辯，還可能致使說明書充分公開等法律要求被擱置。「改進現有技術的動機並不必然來自克服最接近的現有技術的缺陷。當最接近的現有技術不存在明顯缺陷時，仍然可能有需要解決的技術問題，並由此產生改進動機。」[2]

二、跨境知識產權訴訟發展及實踐

關於跨境知產訴訟審理程序集約化，一是縱向集約，對於當事人不服中級人民法院審理的第一審技術類知識產權案件的上訴案件不再由 30 多家地方高級法院審理，而是直接由最高人民法院知識產權法庭集中審理，程序上更為集約。更重要的是裁判標準，都在這一個法庭能夠實現統一。二是橫向的集約，最高法院知識產權法庭的成立，使得最高司法層面能夠建立民事與行政案件協同審理機制。過去行政案件是在北京的知產法院和北京高院審理，民事案件是在全國有專利管轄權的中級法院和相應的高級法院審理，不能歸到一個審判機構進行審理。現階段，相關審判可以綜合運用信息化的手段，及時發現民事、行政程序交織的案件。按照規則把民

1　最高人民法院（2019）最高法知行終 127 號。
2　最高人民法院（2019）最高法知行終 76 號，上訴人英國衛生部、麥克羅弗姆有限公司與被上訴人國家知識產權局發明專利申請駁回復審行政糾紛案。

事行政案件分配給同一個合議庭審理，指派相同的技術調查官，還合併召開庭前會議，把兩個程序合併在一起，集中審理共同涉及的權利要求解釋問題，架起了行政訴訟與民事訴訟的橋梁，保證了民事和行政案件審理結果的協調。[1]

　　基於審理全國技術類知識產權二審民事案件和行政案件的優勢，關注民事、行政程序的對接、優化，提升司法效率和效果，解決民事侵權行政無效二元分立導致的循環訴訟、程序空轉等問題。對於二審遞交的新證據、補強的新證據，應該予以審查考慮。但在再審程序中以新證據為由，實際上是提出新的現有技術抗辯，將一、二審的訴訟程序架空，應給予否定性的評價。生效行政判決對於專利權效力的認定作為侵權案件的審理依據。技術祕密案件中，一般是誰主張誰舉證，若原告承擔過多舉證責任顯失公平，並且可能出現商業祕密二次泄露的不利後果，原告完成對被告違法行為的合理證明之後，舉證責任向被告轉移。[2]

　　中國當事人如果在國外法院有訴訟，其向國外法院提供證據那就是自然而然的事情。例如，在 2001 年的圓形焊接鋼反傾銷調查案之中，濰坊的東方鋼管有限公司向美國商務部遞交了中英文資料兩尺多高，包含千百萬個數據，[3] 直面「337 調查」，大型公司應然選擇積極應訴，一般會聘用在美國（尤其是在華盛頓）和中國均有代表處的律師事務所，這樣便於溝通聯繫。嚴格遵守相關程序時間表，配合做好調查階段的質詢、提交材料、現場調查、出庭作證等相關工作。如果案件至關重要，還可考慮上訴至美國巡迴上訴法院之救濟路徑。[4] 2018 年 3 月 27 日，美國企

1　參見《設立知識產權法庭被稱為「飛躍上訴」？最高法答疑》，載人民網－法治頻道，2020 年 4 月 21 日。

2　參見孫海龍、喻志強、周崢：《知識產權訴訟與營商環境優化──知識產權訴訟證據規則研討會綜述》，載《人民法院報》，2019 年 11 月 28 日。

3　參見毛洪波、駱雁峰：《濰坊企業：率先應對貿易「摩擦」》，載《濰坊晚報》，2009 年國慶特刊《祖國萬歲》。

4　參見王雷：《面對知識產權調查訴訟企業要從容──以 337 調查為例》，載《21 世紀經濟報道》，2020 年 7 月 18 日。

業超視技術有限公司（Ultravision Technologies）向美國國際貿易委員會
（ITC）和美國得克薩斯州東區（馬歇爾）聯邦地區法院申請發起「337
調查」，指控深圳市艾比森光電股份有限公司、深圳市洲明科技股份有
限公司、深圳市奧拓電子股份有限公司、利亞德光電集團等 11 家中國企
業侵犯其兩項 LED 顯示模塊專利，並請求頒佈普遍排除令、有限排除令
和禁止令。2021 年 6 月 12 日，美國得克薩斯州東區法院傳來振奮人心
的消息——艾比森九個被控產品均未侵犯任何超視公司的知識產權，並
確定超視公司聲稱其擁有的三個知識產權均為無效。這是中國 LED 企業
對美國「337 調查」和德州地區法院訴訟的首次勝利。[1] 此前，2020 年 2
月 21 日，美國加利福尼亞州上訴法院作出二審判決：中國江蘇申錫建築
機械有限公司不構成對 Tractel 牽引提升機商業外觀侵權的事實，維持此
前由內華達州地方法院的「即決審判」，並裁定由美國原告方給予「申
錫」80 萬美元的律師費補償。根據美國法律規定，此判決為「最終判
決」。此案成為美國歷史上首例由外國企業獲賠律師費用的國際訴訟。
「申錫」成為中國大陸首家依靠自主品牌進軍美國市場的高空作業機械
企業。[2]

　　關於跨境知識產權訴訟中「禁止申請執行域外法院裁決的行為保全申
請」，應當考慮的因素，司法實踐進行了創設。在上訴人康文森無線許可
有限公司與被上訴人華為技術有限公司、華為終端有限公司、華為軟件技
術有限公司確認不侵害專利權及標準必要專利許可糾紛案[3]中，對於禁止

1　參見 James & Jinfen，《勝訴美國知識產權官司，艾比森員工親述法庭始末！——艾比森勝訴
　　Ultravision 庭審經歷》，http://www.dav01.com/article/2021/07/a6246243.html，2021 年 7 月 2 日。
　　根據法庭既定的流程，當事雙方各有 12 小時的時間，依次展示對方的證據，包括文件、
　　視頻、人證、物證等。原告先進行展示，然後是被告。一方的證人在做完證之後（direct
　　examination），由另外一方當即進行反問（cross examination），提問的時間分別計入各自的時
　　間。這個案件是關於兩個公司本身的訴訟，不應受到目前中美兩國關係的影響，只對案件本
　　身的事實的訴訟來進行判決。禁止對方故意上升到國家層面，並在非必要的時候不允許對方
　　提及地域化的字眼。
2　參見《我國業內首例國際知識產權訴訟案》，http://www.shaduren.com/knowledge/detailed-312890.
　　html，2020 年 8 月 29 日。
3　最高人民法院（2019）最高法知民終 732、733、734 號。

申請執行域外法院裁決的行為保全申請，人民法院應當綜合考慮以下因素作出判斷：被申請人申請執行域外法院判決對中國訴訟的審理和執行是否會產生實質影響；採取行為保全措施是否確屬必要；不採取行為保全措施對申請人造成的損害是否超過採取行為保全措施對被申請人造成的損害；採取行為保全措施是否損害公共利益；採取行為保全措施是否符合國際禮讓原則；其他應予考慮的因素。關於被申請人申請執行域外法院判決對中國訴訟的審理和執行是否會產生實質影響，可以考慮中外訴訟的當事人是否基本相同、審理對象是否存在重疊、被申請人的域外訴訟行為效果是否對中國訴訟造成干擾等。關於採取行為保全措施是否確屬必要，應着重審查不採取行為保全措施是否會使申請人的合法權益受到難以彌補的損害或者造成案件裁決難以執行等損害，該損害既包括有形的物質損害，又包括商業機會、市場利益等無形損害；既包括經濟利益損害，又包括訴訟利益損害；既包括在華利益損害，又包括域外利益損害。關於國際禮讓原則，可以考慮案件受理時間先後、案件管轄適當與否、對域外法院審理和裁判的影響適度與否等。[1]

　　關於跨境專利訴訟與中國法域連接點審查標準以及境外壟斷行為對國內損失的管轄聯結點審查標準，相關案件已經有所發展。上訴人康文森無線許可有限公司與被上訴人中興通訊股份有限公司標準必要專利許可糾紛管轄權異議上訴案[2]中，對於在中國境內沒有住所和代表機構的被告提起的跨境民事糾紛案件，中國法院是否具有管轄權，應審查該糾紛與中國是否存在適當聯繫。判斷被告在中國沒有住所和辦事機構的標準必要專利許可糾紛是否與中國存在適當聯繫，可以考慮許可標的所在地、專利實施地、合同簽訂地、合同履行地等是否在中國境內。前述地點之一在中國境內的，應當認為該案件與中國存在適當聯繫，中國法院對該案件具有管

1　參見郭天喜：《最高人民法院知識產權法庭裁判要旨（2020）摘要》，https://www.163.com/dy/article/G3V641LS0541A2ZL.html，2021 年 2 月 28 日。

2　最高人民法院（2019）最高法知民轄終 157 號。

轄權。上訴人瑞典愛立信有限公司、愛立信（中國）有限公司與被上訴人 TCL 集團股份有限公司、TCL 通訊科技控股有限公司、TCL 通訊（深圳）有限公司、惠州 TCL 移動通信有限公司濫用市場支配地位糾紛管轄權異議上訴案[1] 中，當事人因境外壟斷行為在中國境內受到損失而提起訴訟的，該被訴境外壟斷行為對中國境內市場競爭產生排除、限制影響的結果的可以作為案件管轄連結點。（參見表 9）

從相關判例中，不難看出我國經濟由高速增長階段轉向高質量發展階段，面臨着經濟發展全球化程度不斷加深，跨境貿易分工與經貿合作日益複雜，各國貿易政策衝突多變的形勢。對跨境知識產權訴訟諸如「定牌加工的商標侵權糾紛」「專利侵權糾紛」等，應當充分考量國內和國際經濟發展大局，對特定時期、特定市場、特定交易形式的跨境知識產權訴訟糾紛進行具體分析，準確適用法律，正確反映「司法主導、嚴格保護、分類施策、比例協調」的知識產權司法政策導向，「強化知識產權創造、保護、運用，積極營造良好的知識產權法治環境、市場環境、文化環境，大幅度提升我國知識產權創造、運用、保護和管理能力」。[2]

同時，在「互聯網＋」時代的跨境知識產權保護中，積極探索符合數字化知識產權保護需求的公證模式。公證在參與保護「互聯網＋知識產權」時，以「預防糾紛、固定證據、強化保護」為根本宗旨，在研究互聯網背景下知識產權形態和特點的基礎上，積極主動地研發將傳統的知識產權公證保護模式與互聯網技術相融合的方法和工具，在遵從公證真實合法要求、法定程序和證明標準的前提下，藉助現代科技的優勢，實現公證服務方式和保護手段的全面升級，將傳統公證的功能和效果在互聯網下呈現，滿足當今互聯網化社會生產生活的現實需求。[3]

1　最高人民法院（2019）最高法知民轄終 32 號。
2　（2019）最高法民再 138 號。
3　參見張鳴：《現實與未來：公證在「互聯網＋」下的發展趨勢探討》，載北大法律信息網，2015 年 8 月 7 日。

表 9　關涉跨境知識產權訴訟最高人民法院典型案例[1]

序號	裁判時間	案件名稱	案號	案由／基本案情
1	2020-03-30	汕頭市澄海區建發手袋工藝廠、邁克爾·寇司商貿（上海）有限公司侵害商標權糾紛	最高法民申（2019）6283號	法院認為，第一，如前所述，涉案商標由兩個小寫外文字母構成，顯著性較弱；而且，根據現有證據，雖然涉案商標於 1999 年即獲准註冊並投入使用，但其所使用的商品多用於出口，在中國境內的銷售數量及影響十分有限，故無法證明經過建發廠對涉案商標的使用能夠使涉案商標獲得較強的顯著性及知名度。第二，經查，邁克爾寇斯公司在 2008 年即已將被訴侵權標識「Ⓜ」使用在箱包類商品的金屬扣上。在 2011 年「MICHAEL KORS」品牌進入中國市場後，邁可寇斯公司延續了上述使用形式，並在其商品、專賣店、官網、微信店舖等銷售渠道中，將「MK」作為「MICHAEL KORS」的首字母簡稱，與「MICHAEL KORS」商標同時進行使用。自「MICHAEL KORS」品牌進入中國市場以來，經過邁可寇斯公司的長期大量使用，被訴侵權標識已經能夠與「MICHAEL KORS」品牌形成對應關係，並獲得了一定知名度。第三，邁可寇斯公司、邁克爾寇高公司將「MK」作為其主營商標「MICHAEL KORS」的首字母簡稱進行使用，具有一定合理性，且被訴侵權標識在實際使用中通常與「MICHAEL KORS」同時使用，字體設計上亦與涉案商標存在區別，可見邁可寇斯公司、邁克爾寇高公司主觀上並無借用涉案商標商譽的意圖。第四，從被訴商品來源的表現形式看，被訴侵權標識被訴侵權商品通常與「MICHAEL KORS」同時使用，客觀上足以實現對商品主要銷往中國境外，且商品來源的區分，不會導致相關公眾誤認被訴侵權產品來源於建發廠的後果。第五，涉案商標使用的商品主要銷往中國境外，普通消費者在購買時通常會施以較高的注意力。故二者的消費群體區別度較大。綜合上述因素，相關公眾不易對被訴侵權標識與涉案商標及其相應商品的來源產生混淆或誤認。再有，根據現有證據，建發廠在 2015 年後即開始出現不規範使用冊「MICHAEL KORS」「MK MICHAEL KORS」及「MICHAEL MICHAEL KORS」商標，可見建發廠自身也開始刻意意圖接近、模仿被訴侵權標識，攀附被訴侵權標識的商譽，主動尋求市場混淆效果。案商標的情形，其在自身生產的商品上使用與被訴侵權標識相近似的標識，還於同年在第 18 類商品上申請註

---

[1] 2019 年 1 月 1 日至 2021 年 5 月。

（續上表）

序號	裁判時間	案件名稱	案號	案由／基本案情
2	2020-11-03	溫州特一工貿有限公司、薩塔網兩合公司侵害發明專利權糾紛	（2020）最高法知民終1290號	本案係涉外侵害發明專利權糾紛。根據《最高人民法院關於審理專利糾紛案件適用法律問題的若干規定》第五條之規定，原審法院作為侵權行為地在中華人民共和國，因被請求保護地在中華人民共和國，本案應適用中華人民共和國之法律。根據《中華人民共和國涉外民事關係法律適用法》第五十條之規定，本案應適用中華人民共和國的法律。
3	2020-08-06	盛利維爾（中國）新材料科技股份有限公司、盛利維爾（常州）新材料科技有限公司侵害發明專利權糾紛	（2020）最高法知民轄終314號	法院認為，《最高人民法院關於知識產權法庭部分案件管轄的批覆》（法〔2017〕2號）第三條規定，發生在蘇州市、無錫市、南通市、常州市、集成電路布圖設計、涉及馳名商標認定及壟斷糾紛的第一審知識產權民事案件，指定蘇州市中級人民法院管轄。《最高人民法院關於調整各級人民法院管轄第一審知識產權民事案件標準的通知》（法發〔2010〕5號）第一項規定，高級人民法院管轄訴訟標的額在一億元以上的第一審知識產權民事案件，以及訴訟標的額在一億元以下但當事人一方住所地不在其轄區或者涉外、涉港澳台的第一審知識產權民事案件，和第二項規定，對於本通知第一項標準以下的第一審知識產權民事案件，除應當由經最高人民法院指定有一般知識產權管轄權的基層人民法院管轄的以外，均由中級人民法院管轄。依法規定，本案盛利維爾常州公司的住所地均在常州市，認為本案具有管轄權，至於案件是否有涉外因素、技術方案及相關的上下游產業生產重大影響，未將其移送至高級人民法院審理的理由，盛利維爾常州公司就此所提管轄異議，沒有事實和法律依據，本院不予支持。

（續上表）

序號	裁判時間	案件名稱	案號	案由／基本案情
4	2019-06-24	娛美德有限公司、株式會社 1P 傳奇 IP 著作權侵權屬糾紛	(2020) 最高法知民轄終 139 號	法院認為，《最高人民法院關於知識產權法庭若干問題的規定》第二條規定:「知識產權法庭審理下列案件:(一)不服高級人民法院、知識產權法院、中級人民法院作出的發明專利、實用新型專利、植物新品種、集成電路布圖設計、技術秘密、計算機軟件、壟斷第一審民事案件判決......」計算機軟件作為受《中華人民共和國著作權法》保護的作品，因其發生的糾紛，涵蓋在著作權糾紛的第二條規定計算機軟件相關的著作權侵權糾紛的第一審民事案件，不應適用 2019 年 14 號管轄通知於級別管轄的規定，而應按照 2010 年 5 號知產案件管轄通知執行。根據 2010 年 5 號民事管轄通知第一條的規定，訴訟標的額在二億元以上的第一審知識產權民事案件，以及訴訟標的額在一億元以上涉及其他省、自治區或者涉外、涉港澳台的第一審知識產權民事案件由高級人民法院管轄。因本案為訴訟標的額四億元以上的涉外知識產權民事案件，浙江省高級人民法院對本案具有管轄權。另，《民事訴訟法》第 19 條規定:「高級人民法院管轄在本轄區有重大影響的第一審民事案件。」第 38 條規定:「上級人民法院有權審理下級人民法院管轄的第一審民事案件......」級別管轄的第一審案件劃歸高級人民法院管轄，並不代表上級人民法院審理下級人民法院管轄的第一審民事案件。由此，原審法院歸作為浙江省內有管轄權的人民法院立案本案，並未遠反級別管轄規定。
5	2019-09-23	本田技研工業株式會社、重慶恒勝鑫泰貿易有限公司侵害商標權糾紛	(2019) 最高法民再 138 號	法院認為，本案中相關公眾除被侵權商品的消費者外，還應包括相關商品的營銷密切相關的經營者。本案中被訴侵權商品運輸等環節的經營也即存在接觸的可能性。而且，隨著電子商務和互聯網的發展，即使被訴侵權商品出口至國外，亦存在回流國內市場的可能。同時，隨著中國經濟的不斷發展，中國消費者出國旅遊和消費的人數眾多，對於「貼牌商品」也存在接觸和混淆的可能性。本案中，恒勝鑫泰公司在其「IT」的文字部分，銷售的被訴侵權的摩托車上使用「HONDAKIT」文字及圖形，並且突出增大「HONDA」的文字部分、縮小「IT」的文字部分，同時將 H 字母和類似羽翼形狀部分標以紅色，與本田株式會社請求保護的三個商標構成在相同或者近似商品上的近似商標。被訴侵權行為構成商標侵權。自改革開放以來，涉外定牌加工貿易方式是我國對外貿易的重要方式，人們對於「涉外定牌加工」中產生的商標侵權問題的認識和混淆解決，也不斷變化和深化。歸根結底，通過司法解決糾紛，在法律適用上，要維護法律制度的統一性，不能把某種貿易方式（如本案涉及的涉外定牌加工貿易方式）簡單地固化為不侵犯商標權的除外情形。否則就違背了商標法上商標侵權判斷的基本規則，這是必須加以澄清和強調的問題。

三、小結

　　知識產權本身並不是古典市民法意義的私人權利，而更多是在知識產權主體、知識增益分配與社會公益之間利害平衡的法律體系。[1] 知識產權保護的無形財產則面臨很高的界權成本，在缺乏客觀客體邊界的情況下，需要財產權設計更為精確和更易判斷的權利邊界，方能在交易中明晰權利歸屬和責任。[2]

　　由於知識產權制度涉及的技術領域較多、對經濟生活覆蓋面較廣，跨境知識產權保護要求具有國際規則意識和國際視野，RCEP 關於知識產權，亦涵蓋著作權、商標、地理標誌、專利、外觀設計、遺傳資源、傳統知識和民間文藝等廣泛內容，在兼顧各國不同發展水平的同時，顯著提高了區域知識產權保護水平。[3] 因此，知識產權涉外人才通常需要具備法律、技術、外語、管理等多種專業知識。[4] 跨境企業遇上專利糾紛，應積極對待，而非避而不見，並要認真評估自身是否存在侵權事實。在一定意義上，跨境知識產權訴訟像一場沒有硝煙的戰爭，參與市場競爭的企業必須面對。作為企業重要的無形資產，知識產權是企業攻防兼備的威懾力量，也是企業保衛自身核心利益的重要手段。[5]

1　參見余盛峰：《全球化的籠中之鳥：解析印度知識產權悖論》，載《清華法學》2019 年第 1 期。

2　參見熊琦：《知識產權法與民法的體系定位》，載《武漢大學學報（哲學社會科學版）》2019 年第 2 期。

3　RCEP 拓展了原有多個「10+1」自貿協定的規則領域，對標國際高水平自貿規則納入了知識產權、電子商務、貿易救濟、競爭、政府採購等議題，作出符合區域特點和需要的規定。參見《中國成率先批准 RCEP 國家！一文了解 RCEP 協定主要內容》，載《21 世紀經濟報道》，2021 年 3 月 22 日。

4　參見《十年訴訟，打贏這場官司，它成為了國際巨頭》，載澎湃新聞‧澎湃號‧政務，https://www.thepaper.cn/newsDetail_forward_10301661，2020 年 12 月 7 日。

5　參見陸舟：《知識產權訴訟像一場沒有硝煙的戰爭，參與市場競爭的企業必須直面》，載經濟日報‧中國經濟網，2020 年 1 月 7 日。

第十節 跨境商事訴訟與域外法院判決之執行

對域外法院判決的承認與執行在跨境訴訟司法實踐中存在其特定的司法價值和經濟價值。各國之間相互承認和執行一項合法有效的商事判決能夠有效地簡化訴訟程序、節約訴訟成本，避免因各國的相關法律規定不一致而導致的對當事人實體權益的侵害，對在更廣泛範圍內保護當事人的合法權利、促進國際間的民商事交往與合作有較大的實際意義。[1] 在實踐中，普通法系國家通常將外國法院判決看作是對私人權利與義務的權威裁定，而大陸法系國家更關注判決中司法主權問題。為維護本國的利益，判決承認地國都會根據本國法對外國法院判決予以審查，以便對外國判決進行合理的控制和管理。[2]

在跨國民事訴訟中，當事人往往來自不同國家，而位於法院地國外的當事人在訴訟程序的參與方面會面臨諸多不便。要平等保護不同國家的當事人，必須讓所有當事人都有平等的訴訟參與權和被通知權。平等的參與權與被通知權等是保障當事人實體正義的重要手段。現階段，在外國法院判決的承認與執行方面，判決的正當程序要求已經成為國際社會的共識。[3]

一、域外商事判決承認與執行公約及協議安排

國際上關涉承認和執行外國判決的條約多數是雙邊條約，特別是在西歐國家之間，訂立的這類雙邊條約是很多的。這些條約的主要內容，就是確認彼此相互承認和執行對方國家的法院判決，同時規定了不少限制的條件。這些條約和上面所講的各國國內立法規定大體相似。蘇聯、東歐國家

---

1 參見陳北元、陳文璨：《最高院「一帶一路」典型案例分析：對外國法院判決的承認與執行》，http://www.jylawyer.com/jinyaxy/jinyawj/20150909/8200.html，2015 年 9 月 9 日。
2 參見喬雄兵：《外國法院判決承認與執行中的正當程序考量》，載中國社會科學網，2016 年 12 月 2 日。
3 參見喬雄兵：《外國法院判決承認與執行中的正當程序考量》，載中國社會科學網，2016 年 12 月 2 日。

之間簽訂了很多有關承認和執行外國判決的雙邊條約，例如 1958 年蘇聯和匈牙利簽訂了《關於民事、家庭和刑事案件提供司法協助條約》。[1] 但海牙國際私法會議自成立以來始終致力於私法國際統一活動，在跨國民商事案件的管轄權和判決的承認與執行領域分別制定了《選擇法院協議公約》（2005 年）和《承認與執行外國民商事判決公約》（2019 年），[2] 在跨境法院判決承認與執行領域，仍具足夠的影響力。

　　具體國際的判例與成文規則，即有上述公約的影子。諸如 1962 年美國統一州法委員會（National Conference of Commissioners on Uniform State Laws）制定了《承認外國金錢給付判決統一法》（Uniform Foreign Money Judgments Recognition Act,"UFMJRA"），並被美國很多州所採納。基於美國的聯邦制度，美國每個州的具體外國判決承認與執行的程序有所不同，以加州法律為例，當一項外國判決滿足下述兩項條件時，可以獲得當地法院的承認，並作為美國本地判決予以強制執行：1. 判決的內容為確認或駁回金錢給付義務；2. 根據判決作出國的法律，判決為終局性的、結論性的、和可執行的（final, conclusive, and enforceable）。外國判決是否可在美國執行應根據個案情況來評估，這需要基於爭議事實、送達情況、判決作出方式、具體文字表述和每項判決的情況。在特定情況下，即使存在上述不予承認的情形，若申請人可說明應予承認的合理理由（good reason），法院也有權決定執行該外國判決。[3] 在加拿大普通法上滿足以下標準的外國判決可通過訴訟在加拿大得到承認與執行：1. 該判決是在根據國際私法原則有管轄權的法院作出的；2. 該判決是明確的並有確定數額的金錢判決；3. 該判決在判決作出地是確定的終局判決。但在加拿大承認與執行外國判決的規定中存在幾種例外，如果外國判決是涉及稅收、罰款等公法性質的金錢判決，是不能被加拿大法院承認和執行的；涉及「其

1　參見楊永紅：《世界上承認和執行外國法院判決的國際條約》，載北京法院網，2012 年 10 月 26 日。

2　參見劉桂強：《外國法院判決執行中的時效問題研究》，載《中國應用法學》2020 年第 4 期。

3　參見連捷：《我國法院判決在美國的執行》，http://www.junzejun.com/Publications/144529fc6503e2-9.html，2020 年 6 月 5 日。

他公法」的判決也是不能被加拿大法院承認和執行的；外國法院的判決如果是通過欺詐獲得的，同樣不能在加拿大得到承認與執行。[1]

關於外國判決的承認與執行，我國法律主要見之於《民事訴訟法》（2017 年修訂）第 281 條：

> 外國法院作出的發生法律效力的判決、裁定，需要中華人民共和國人民法院承認和執行的，可以由當事人直接向中華人民共和國有管轄權的中級人民法院申請承認和執行，也可以由外國法院依照該國與中華人民共和國締結或者參加的國際條約的規定，或者按照互惠原則，請求人民法院承認和執行。

以及第 282 條：

> 人民法院對申請或者請求承認和執行的外國法院作出的發生法律效力的判決、裁定，依照中華人民共和國締結或者參加的國際條約，或者按照互惠原則進行審查後，認為不違反中華人民共和國法律的基本原則或者國家主權、安全、社會公共利益的，裁定承認其效力，需要執行的，發出執行令，依照本法的有關規定執行。違反中華人民共和國法律的基本原則或者國家主權、安全、社會公共利益的，不予承認和執行。

《最高人民法院關於適用〈中華人民共和國民事訴訟法〉的解釋》（2014 年）第 543 條：

> 申請人向人民法院申請承認和執行外國法院作出的發生法律效力的判決、裁定，應當提交申請書，並附外國法院作出的發生法律效力的判決、裁定正本或者經證明無誤的副本以及中文譯本。外國法院判決、裁定為缺席判決、裁定的，申請人應當同時提交該外國法院已經合法傳喚的證明文件，但判決、裁定已經對此予以明確說明的除外。中華人民共和國締結或者參加的國際條約對提交文件有規定的，按照規定辦理。

1　參見王恆：《加拿大對外國判決承認與執行的標準》，載中國法院網，2008 年 9 月 9 日。

該條是對跨境商事訴訟申請人向人民法院申請承認和執行外國法院作出的發生法律效力的判決、裁定，應當提交法律文件的列明性規定。為此，在跨境訴訟中，一項域外法院商事訴訟判決如需要在中國被承認和執行，應當滿足三個條件：必須符合可適用的雙邊條約或國際公約；在沒有此類條約／公約時，必須符合互惠原則；不得違反中國法律的基本原則或國家主權、國家安全和社會公共利益。截至 2019 年 1 月，我國與 39 個國家簽訂了民（商）事司法協助協定，其中已生效 37 個。除比利時、新加坡、韓國和泰國與我國簽訂的雙邊協定中沒有涉及承認和執行法院裁決之外，34 個國家已將承認與執行法院裁決納入司法協助協定的範圍，如法國、西班牙、匈牙利、摩洛哥、突尼斯、阿根廷等。中國法院通常在司法實踐中採取較為嚴格的事實互惠標準，只有在請求國存在承認和執行中國判決先例的前提下，我國法院才會考慮認定兩國之間存在互惠關係。[1]

　　內地法院判決在香港地區的執行，首先必須按照規定向香港地區法院原訟法庭提交申請，由原訟法庭就申請作出「法庭許可」（leave of the court），實現「判決登陸」。法院作出許可決定後，裁決就獲得了相當於香港地區法院判決的強制執行效力。如果法院駁回該等申請，就法院駁回的決定，申請人還可以經許可後向香港地區高等法院提出上訴。[2]

二、域外商事判決承認與執行司法實踐

　　跨境訴訟執行中，一些法域間儘管並不存在雙邊承認與執行協議，但司法實踐的互惠安排，同樣在後續的承認與執行中確定為原則。諸如在崑山捷安特公司訴新加坡雅柯斯公司一案中，新加坡高等法院執行了蘇州市中級人民法院的判決。原告崑山捷安特公司因被告新加坡雅柯斯公司所供應的兩台發電機組質量問題而向蘇州市中級人民法院起訴。蘇州市中級人

1　參見錢顏：《外國判決獲中國執行需注意四點》，載《中國貿易報》，https://www.chinatradenews.com.cn/epaper/content/2019-07/16/content_61601.htm，2019 年 7 月 16 日。

2　參見齊元、韓偉哲、汪帥：《2021 年新修訂〈香港仲裁條例〉背景下在港申請執行內地裁決，您準備好了嗎》，http://www.cqlsw.net/news/overseas/2021050636940.html，2021 年 5 月 6 日。

民法院經審理後認為，新加坡雅柯斯公司所交付的標的物不符合約定，構成根本違約，遂判決解除合同，原告將設備返還給被告，被告返還原告貨款並賠償損失。由於被告新加坡雅柯斯公司不履行判決，原告向新加坡高等法院申請執行。新加坡高等法院即依據互惠原則判決雅柯斯公司應向崑山捷安特公司支付蘇州市中級人民法院判定的 19 萬美元賠償金及其他各項款項。[1] 在韓國彼克托美術式有限公司與上海創藝寶貝教育管理諮詢有限公司申請承認和執行外國法院民事判決、裁定一案中，受理法院根據《民事訴訟法》第 282 條規定，首先審查雙邊是否有締結或者參加的國際條約，由於我國和韓國沒有締結或者參加有關承認和執行法院判決、裁定的國際條約，故對涉案韓國判決應否予以承認和執行，應依據互惠原則進行審查。

> 申請人在本案中提交的證據材料可以反映，韓國法院曾經適用互惠原則對我國的民事判決予以了承認，這表明根據韓國法律的規定，在同等情形下，我國人民法院作出的民商事判決可以得到韓國法院的承認和執行，據此可以認定中國與韓國存在互惠關係。同時，申請人在本案中已提交了韓國首爾南部地方法院作出的民事判決及執行書的公證認證件，可以認定該判決的真實性，且該判決已經生效。[2]

在申請人劉利與被申請人陶莉、童武申請承認和執行外國法院民事判決一案中，法院認為：

> 申請人劉利在向本院遞交申請承認和執行申請書時，已向本院提交經證明無誤的美國加利福尼亞州洛杉磯縣高等法院作出的編號 EC062608 判決副本及中文譯本，符合申請承認和執行外國法院判決的形式要件。因美國同我國之間並未締結也未共同參加相互承認和執行民事判決的國際條約，申請人的申請應否予以

1　參見錢顏：《我國法院判決如何在新加坡有效執行》，載《中國貿易報》，2019 年 9 月 19 日。
2　上海市第一中級人民法院（2019）滬 01 協外認 17 號。

支持應依據互惠關係原則進行審查。經審查，申請人提交的證據已證實美國有承認和執行我國法院民事判決的先例存在，可以認定雙方之間存在相互承認和執行民事判決的互惠關係。同時，上述美國加利福尼亞州洛杉磯縣高等法院判決係對申請人與被申請人之間有關股權轉讓的合同關係作出，承認該民事判決並不違反我國法律的基本原則或者國家主權、安全、社會公共利益。對兩被申請人辯稱的未接到美國法院參加訴訟通知的辯稱理由，經審查，上述判決中已明確記載該案判決係缺席判決，且申請人已向本院提交了對被申請人進行調查、法院准許公告送達命令、報紙刊登的送達公告等證明文件，可以確定美國加利福尼亞州洛杉磯縣高等法院已對兩被申請人進行了合法傳喚，對兩被申請人的該項辯稱理由不予支持。對兩被申請人主張的有關《股權轉讓協議》真實、合法、有效，不應當向申請人返還股權轉讓價款的辯稱主張，因本案屬於司法協助案件，並不涉及對雙方實體權利義務關係的審查，在相關美國法院已就此作出判決的情況下，對被申請人的該項辯稱主張本院亦不予以支持。因此，對申請人提出承認和執行美國法院判決的請求，本院予以支持。[1]

為此，在跨境商事訴訟中，法域間承認和執行相互間法院商事判決的先例存在，即可以認定雙方之間存在相互承認和執行民事判決的互惠關係。

在寧波甬昌公司與弗里古波爾公司發生的買賣合同跨境商事糾紛中，該案先後分別於 2004 年和 2006 年在波蘭綠山城地區法院和奧波萊地區法院提起訴訟，訴請弗里古波爾公司支付 65454 美元及相關利息。波蘭上述法院均判決駁回寧波甬昌公司的訴請，但波蘭弗羅茨瓦夫上訴法院改判寧波甬昌公司勝訴。其後，波蘭最高法院裁定撤銷波蘭弗羅茨瓦夫上訴法院判決，將本案發回重審。2009 年 4 月 8 日，波蘭弗羅茨瓦夫上訴法院作出判決，駁回寧波甬昌公司請求，並判令其退還弗里古波爾公司根據弗羅

---

[1]　湖北省武漢市中級人民法院（2015）鄂武漢中民商外初字第 00026 號。

茨瓦夫上訴法院判決已經向其支付的 54521 美元及相關訴訟費用。波蘭弗羅茨瓦夫上訴法院作出的該終局判決於 2009 年 5 月 12 日生效。2011 年 4 月 8 日，弗里古波爾公司向寧波中院寄送申請承認與執行波蘭法院判決的相關材料。2013 年 2 月 5 日，弗里古波爾公司又補充提交了相關材料，該案正式立案。寧波甬昌公司提出異議，認為判決的申請強制執行期限已過，且代理其參加波蘭相關訴訟的律師並未獲得授權。寧波中院認為我國與波蘭已締結《關於民事和刑事司法協助的協定》，因而對該波蘭判決的承認和執行應當依據該協定以及我國《民事訴訟法》的相關規定進行審查。該案的關鍵點在於就相關的審查依據而言該外國法院判決是否符合承認和執行的條件，根據當時我國法律有關申請執行期限及訴訟時效中止、中斷的規定，弗里古波爾公司的申請未過法定期限。同時，寧波甬昌公司在波蘭訴訟期間均以授權書委託同一律師參加訴訟，該授權書對律師作了概括授權，寧波甬昌公司亦領受了弗里古波爾公司支付的 54521 美元和相關訴訟費用，故律師代理行為應為有效。是故該波蘭法院作出的判決符合我國執行判決的相關規定，應予承認和執行。該院於 2014 年 3 月 12 日作出終審裁定，承認波蘭弗羅茨瓦夫上訴法院於 2009 年 4 月 8 日作出的 IACa231/9 號民事判決。

該案體現了我國法院切實履行司法協助協定，依法承認和執行外國法院民商事判決，平等保護中外當事人合法權益的立場。[1]

三、餘論

跨境「正義要求對相同情形或極為相似的情形予以平等對待」，[2] 在「一帶一路」的建設中，我國與域外交往日益擴大化，跨境案件增多，在秉持堅守主權、不違反基本原則和公共秩序的前提下，儘可能地對外國法院的

---

1 2017 年 5 月 15 日，最高人民法院召開涉「一帶一路」建設第二批典型案例新聞通氣會，發佈了十起涉「一帶一路」建設典型案例。

2 ［美］博登海默：《法理學、法哲學與法律方法》，鄧正來譯，中國政法大學出版社 1999 年版，第 157 頁。

判決加以承認和執行。[1] 應當指出的是，跨境商事訴訟判決承認與執行，還關涉具體執行財產問題。域外主要的財產調查包括但不限於：基本信息調查，這主要是通過登記部門取得被執行人公司的登記材料，其中能夠掌握的基本信息包括公司名稱、地址、公司祕書信息、公司股東等；物業查冊，通過第三方機構，查詢被執行人在該法域是否曾經持有物業，或者曾經進行過交易，藉此取得與被執行人有關的執行財產線索；訴訟案件查詢，通過第三方機構，查詢被執行人在各類法院是否涉及訴訟案件，並通過訴訟案件中的信息，判斷被執行人是否存在財產線索；公司清盤查冊（諸如香港地區），清盤查冊的主要目的是確認被執行人是否曾經或正在涉及清盤程序，或者已經被宣告清盤，如果被執行人已經進入清盤程序，則作為申請執行人，可以向清盤人主張權利，要求償還相關債務；股權持股關係的調查，必要時藉助於被執行人董事等相關信息，挖掘可能的可執行的股權財產線索。除此之外，由於香港地區有合法的私人調查公司，也可以對被執行人財產情況進行更深入的調查。[2]

第十一節　跨境破產之法律邏輯

貿易、投資，以及其他經濟領域的全球化發展使各國的商事行為不再僅局限於國內或一域，而是擴張到了跨境與國際。商業活動必然受到共同的市場規律的指引而具有共性。「跨境」「跨界」「跨域」似均可作「既包括跨越國家亦包括跨越一國內不同地區」的語境，跨境破產因其主體和財產分屬於不同國家、地域而具有涉外性，跨境破產案件的法律關係會涉及到國家之間的政策與法律衝突，因而具有區別於一般破產案件的複雜

1　參見陳北元、陳文璨：《最高院「一帶一路」典型案例分析：對外國法院判決的承認與執行》，http://www.jylawyer.com/jinyaxy/jinyawj/20150909/8200.html，2015 年 9 月 9 日。

2　參見齊元、韓偉哲、汪帥：《2021 年新修訂〈香港仲裁條例〉背景下在港申請執行內地裁決，您準備好了嗎》，http://www.cqlsw.net/news/overseas/2021050636940.html，2021 年 5 月 6 日。

性。[1] 我國《企業破產法》第五條明確規定：

> 依照本法開始的破產程序，對債務人在中華人民共和國領域外的財產發生效力。對外國法院作出的發生法律效力的破產案件的判決、裁定，涉及債務人在中華人民共和國領域內的財產，申請或者請求人民法院承認和執行的，人民法院依照中華人民共和國締結或者參加的國際條約，或者按照互惠原則進行審查，認為不違反中華人民共和國法律的基本原則，不損害國家主權、安全和社會公共利益，不損害中華人民共和國領域內債權人的合法權益的，裁定承認和執行。

該條對跨境破產問題進行了原則性的規定，但因其過於簡單和原則而難以在實際個案中適用和操作，這給參與跨境實務相關各方帶來了不小的考驗和挑戰。

在討論跨境破產合作制度時，可以從兩方面進行考量：其一，該種機制是否為債務調整設計的特殊制度；其二，該種機制在性質上是否具有我國破產法制度下破產或重整的特徵，從而可被納入到承認和執行境外破產程序這一特殊合作機制或安排中來。在考慮是否具有破產或重整的特徵時，存在多個因素可以幫助進行綜合考察，包括但不限於：（1）是否為一項司法程序，或者計劃是否需要法院批准；（2）相關計劃的通過是否採用多數決方式，還是需要逐一和債權人達成合意；（3）是否可能為債權人的整體利益服務，還是僅為實現某些個別債權人利益所設置。[2] 在跨境破產程序中，基於對不同法域債權人利益保護的不同理解，不同國家和地區在跨境破產協助方面的立場呈現出屬地主義、普及主義和修正的普及主義。其中，修正的普及主義係大多數國家和地區所採納的法律邏輯。

就現階段的跨境破產合作機制而言，任何司法轄區之間的跨境破產

1　參見喻鴻波：《跨境破產中特殊權利的法律適用問題研究》，https://www.110.com/ziliao/article-632602.html，2017 年 1 月 12 日。

2　參見方達跨境破產研究小組：《跨境破產中若干重要問題的實務操作及建議》，載《人民司法》2020 年第 25 期。

機制的籌設，既沒有捷徑可走，亦沒有普遍適用的模式，既有的跨境破產制度建設的經驗，也各有千秋，同時又植根於相應的政經體系、法律文化基礎，以及法系差異。法系差別反映到破產司法協助中，包括了程序差別、術語差別、規則差別乃至法官的思維方式差別。因此，不同法域法院在審理破產司法協助案件的異地司法文書時，可能會存在對異地法律的理解問題。普通法系有其特點也有其優點。判例法追求個別案件的公平正義，採用類型化的規則體系，既重視經驗也與時俱進，等等，均有值得稱道之處。[1]

一、跨境破產立法基礎邏輯

　　民事法律是調整平等主體之間財產關係和人身關係的基本法，其所確立的絕大部分原則，對於破產法都是適用的。破產法中的諸多概念和原理都來源於民法。民法中的法人制度，對於確認企業的破產能力具有根本意義；民法中的物權、擔保債權、合同等概念和理論，都直接成為破產法的支柱。而反過來，破產法的理念和制度，也對民法中的許多概念和體系的具體運行，提供了最為直觀的舞台。法律家族中，部門法之間關係有親疏遠近，而民法和破產法在法律家族中，即便算不上攣生兄弟，但肯定是親生伯仲。從學理上而言，破產法上的債權和民法上的債權不全是一回事，破產法上的債權清償也不等於民法上的債權清償，破產法的抵銷與民法上的抵銷也是大相徑庭。[2] 考慮到破產程序佔用的司法資源、社會資源要比個別清償程序更多，為節省資源、實踐、費用等，主流觀點認為，破產立法應不允許未發生破產原因的債務人選擇通過破產清算程序清償債務。[3]

　　倘若世界各國閉關鎖國、互不往來，跨境平行破產程序不會成為問

1　參見王衛國：《關於內地與香港跨境破產機制建設的幾點思考》，載中國清算網，2021 年 5 月 17 日。

2　參見陳夏紅：《從破產法角度看民法總則草案》，載《法制日報》，2016 年 8 月 1 日。

3　參見王欣新：《破產法》（第三版），中國人民大學出版社 2011 年版，第 33 頁。

題，完全可以徹底貫徹破產程序域外效力的屬地主義原則。然而，平行破產程序之間無法不產生交集，而且，國家主義施加於跨境破產的又一影響力是主權國家同時具有試圖消滅平行程序的傾向，主張己方為唯一適格的管轄主體，長臂管轄權即是典型表現。相較而言，跨境破產管轄中的合作主義是現代主權國家所普遍採取的立法政策，往往對應着跨境破產程序域外效力中的修正普及主義，允許一個主要破產程序與非主要破產程序共存，或者允許多個非主要破產程序並存，在跨境破產領域中落實國際合作原則。[1] 破產處理是涉及經濟、文化、法律傳統、司法體制等多個方面的綜合性事務，不同法系、不同國家間差異較大，民族性、地區性特徵突出，但在全球經濟一體化發展、把握市場經濟規律、建設人類命運共同體等各國共同關注的問題方面，很多內容值得我們思考。[2]

　　不同國家與地域的文化差異從根本上導致了不同法域的立法側重點不盡相同。有的國家傾向於保護債權人的權益，例如，在英國破產法項下，債權人可以通過抵銷或擔保的方式以最大限度保護其自身利益。相比之下，有的國家則傾向於保護債務人的權益，例如，法國破產法主張對陷入困境的債務人進行挽救，所有債權人應當努力使得陷入困境的債務人可以獲得重新開始的機會。[3] 英文中「bankruptcy」「insolvency」「winding up」均有破產的含義，但「bankruptcy」側重於「倒閉」，「insolvency」側重於「資不抵債」，「winding up」則側重於「清盤」「清算程序開始」。上述語詞在不同的國家、區域存在不同的運用，其中美國法律中「insolvency」主要為描述一種資不抵債的狀態，進入司法程序則表述為「bankruptcy」。而根據英國破產法的規定，當一個公司未達到「insolvency」的時候，仍有可能「winding up」。現代破產法以拯救主義為底層邏輯理念，

1　參見徐陽光、范志勇：《跨境平行破產程序的規範路徑》，載《人民司法》2020 年第 25 期。

2　參見賀小榮、費漢定：《美國、加拿大破產法律制度與司法體制的變革與發展》，載人民法院網，2017 年 11 月 24 日。

3　參見遼寧恒信律師事務所：《跨境破產在新國際形勢下所面臨的挑戰》，http://www.hxlawyer.com/news/182.html。

「insolvency」在法律邏輯層面，似應更能體現現代破產法的功能和價值。[1]

　　跨境破產平行程序下的主要利益中心規則彰顯出破產管轄權域外效力上的新實用主義思路，以主要利益中心地識別出的主破產程序具有普及效力，而在非主要利益中心地啟動的輔破產程序在本管轄區內具有屬地效力與有限的域外效力，同時強調主、輔破產程序之間的協調與合作，它在理想與現實之間、在保護本國利益與便利國際合作之間尋求到一種平衡。「這樣既可以使債務人的財產在外國得到簡單有效和公平的分配，又可以保護債務人在本國的財產不受個別債權人的查封和扣押，更好地實現破產財產的公平分配。」[2]

二、美國跨境破產程序借鑒

　　基於跨境債務人的財產狀況過於複雜，並呈現出可分割的、區域性的債權債務關係特點，1997 年，聯合國國際貿易法委員會通過《聯合國國際貿易法委員會跨境破產示範法》（Model Law on Cross-Border Insolvency），簡稱《跨境破產示範法》。本質而言，該《跨境破產示範法》並非國際公約，而是為各國提供立法借鑒，促進各國跨境破產制度之趨同，從而提高跨境破產案件的協作質量與效率，實現資產處置或企業重整的最佳效益。該《示範法》本質在於明確提出以主要利益中心規則區分主破產程序與輔破產程序，獲得諸多國家的積極響應，美國破產法第 15 章即是以《跨境破產示範法》為基礎制定的。截至 2018 年 10 月，全世界共有 44 個國家在 46 個法域通過了以《跨境破產示範法》為基礎的立法。其後，2004 年、2010 年、2013 年，貿法會陸續頒佈了《貿易法委員會破產法立法指南》，實質是對《跨境破產示範法》的補充。2018 年，貿法會又發佈了《關於承認和執行與破產有關的判決示範法》，中國參與該

1　參見楊靖：《中國跨境破產研究綜述》，https://www.bizchinalaw.com/archives/12919，2018 年 4 月 19 日。

2　徐陽光、范志勇：《跨境平行破產程序的規範路徑》，載《人民司法》2020 年第 25 期。

示範法的制定工作。

　　如上所述，該《示範法》不同程度地被多個國家所採納，包括美國、加拿大、墨西哥和日本。而《美國法典》第 11 編（美國破產法）第 15 章就是該聯合國《示範法》的美國國內法版本。如需在美國發起一個附帶破產程序，「外國代表」（foreign representative）可以根據《美國法典》第 11 編第 15 章第 1504 節，直接向美國破產法院提出承認「外國破產程序」（foreign proceeding）的申請，從而啟動相應美國附帶破產程序。這裏，「外國程序」是指「在美國以外，基於與破產或債務調整有關法律發起的外國的重整或清算司法或行政程序」。「外國代表」是外國程序授權管理債務人資產或作為該程序的代表對債務人進行重整或清算的自然人或實體。[1]

　　美國破產法對債務人提出清算申請幾乎沒有實質方面的要求，無論債務人資產負債狀況如何，也無論是否可以支付到期債務，都可以提出清算申請。而且，債權人既無權反對債務人的清算申請，也無需對該申請作任何答辯。所以，只要債務人的申請符合法律規定的形式要求，申請本身即構成破產宣告。[2]美國是判例法系，但破產法的成文法表現性質明顯，依該法第 15 章的相關規定，外國擬破產企業可以向美國當地破產法院申請破產保護，請求其承認外國法院作出的破產裁定文書。國內債權人如果需要將美國境內的債務人財產進行分配，需要向美國當地破產法院提出發起「附帶破產程序」案件（ancillary bankruptcy case）的申請，亦即，如中國一地方法院作出的破產裁定獲得美國當地破產法院的承認，中國企業的破產管理人就可以依據中國破產法對美國資產進行處置，盤活海外存量資產。承認外國破產程序的申請書必須附有證明外國程序存在的文件及外國代表的選任和授權文件。美國法院進行聽證後，有權發佈命令認定該外國破產程序為「外國主程序」（foreign main proceeding）（指在債務人為「主

1　參見連捷：《我國債權人如何應對中美跨境破產》，http://www.junzejun.com/Publications/1300284b426984-a.html，2020 年 5 月 27 日。

2　參見潘琪：《美國破產法》，法律出版社 1999 年版，第 19-20 頁。

要利益中心」所在國發起的破產程序）或「外國非主程序」（foreign non-main proceeding）（指外國破產程序發起國雖然有債務人的營業機構，但沒有債務人的「主要利益中心」）。[1]

　　司法實踐中浙江省海寧市人民法院以此為思路指導管理人委託美國律師，直接向美國新澤西州聯邦破產法院申請獲得破產保護。2013 年 12 月，由於浙江尖山光電股份有限公司資不抵債且無力清償到期債務，海寧市法院裁定尖山光電進入破產重整程序，同時進入破產重整程序的還有尖山光電的三家子公司（即浙江久太新能源有限公司、浙江宇太光能材料有限公司和浙江威仕達光電材料有限公司）。在審理債務人破產重整一案的過程中，浙江海寧法院發現債務人在美國新澤西州某些倉庫中儲存有超過 20 萬件、約 1.5 億元的太陽能電池板，該等資產至少涉及三家美國利益主體，因此存在當地債權人隨時會在美國提起訴訟進行個別清償的可能。此外，除上述儲存在倉庫裏的太陽能電池板外，債務人尚可能對於其他未知的在美財產享有權利。另根據債務人向美國新澤西法院提交的《請求作出承認外國主要程序及提供進一步救濟與其他協助的判決的申請書》（Verified Petition for Entry of an Order Recognizing Foreign Main Proceeding and Granting Further Relief and Additional Assistance），在債務人向新澤西法院提交承認中國破產程序的申請時，債務人的破產財產正處於拍賣過程中，因此，若債務人在美資產能被納入到其中國破產重整程序的拍賣程序，債務人及其債權人的利益則能夠得到進一步保障。[2] 據悉，此為國內法院破產裁定首次獲得美國法院域外承認。[3]

　　美國所有破產案件均由破產法院專屬管轄。美國最高法院下設聯邦上

1　連捷：《我國債權人如何應對中美跨境破產》，http://www.junzejun.com/Publications/1300284b426984-a.html，2020 年 5 月 27 日。

2　參見邱夢贇：《跨境破產——貿易企業的中國破產重整程序在美得到承認》，http://www.lawyers.org.cn/info/ebe9c043ae3942c8afba70385477879b/，2020 年 10 月 29 日。

3　參見《海寧法院為跨境破產案創下美國判例》，載浙江法院網，2014 年 11 月 10 日。具體案情為：浙江尖山光電股份有限公司係海寧市重點光伏企業，於 2013 年被裁定破產重整。破產企業在美國新澤西州有大概價值 1.5 億元人民幣的存貨。

訴法院，上訴法院下設聯邦地區法院。美國全國被劃分為 13 個聯邦巡迴審區，94 個聯邦地區審區。1978 年《破產法》實施後，正式在每個聯邦地區審區內成立了美國破產法院並設立美國破產法官。當前美國共有 94 家破產法院。美國破產法官由破產法院所在聯邦巡迴審區的聯邦上訴法院任命，任期 14 年。每個破產法官均配備有法官助理、法官祕書。破產申請由債務人自願提起，破產程序自法院收到破產申請之日起啟動；破產申請由債權人（針對債務人）強制提起的，則在法院下達破產救濟命令之日起啟動。破產程序一旦啟動，所有債務人財產即構成破產財團，同時所有針對債務人或破產財團的追償程序或追償措施都將被「自動凍結」。根據不同破產程序類型，債務人或破產管理人將控制並處置破產財團財產，並在受案破產法院的監督下，管理、推進破產程序。[1]

三、香港地區跨境破產互助程序

　　一般而言，在香港地區，「bankruptcy」唯適用於個人和無限公司，「insolvency」則適用於有限責任公司。企業法人在香港破產稱為清盤，主要適用香港《公司（清盤及雜項）條例》第 32 章之規定。若公司拖欠款項在港幣一萬元或以上的，債權人、分擔人等有權向法院提交呈請書提出清盤申請。法院針對申請人的呈請組織聆訊，聆訊可將清盤呈請駁回，或將聆訊附帶條件或不附帶條件而押後，或作出任何臨時命令或任何其他法院認為合適的命令。

　　經聆訊，可頒發清盤令及委任臨時清盤人。委任的臨時清盤人接管公司資產、賬簿、記錄及公司印章，面會公司董事並要求他們按照表格要求作出一份有關公司的資產負債狀況的說明書，說明書須列明公司的資產、債權及債務的詳情、公司債權人的姓名或名稱、地址及職業、他們分別持有的抵押、該等抵押分別的作出日期，且於 28 天內遞交經宣誓的資產負

---

[1] 參見賀小榮、費漢定：《美國、加拿大破產法律制度與司法體制的變革與發展》，載人民法院網，2017 年 11 月 24 日。

債狀況說明書。臨時清盤人發現及處置該公司的資產並進行調查，如有關資產的價值可能是港幣 20 萬元或以下，臨時清盤人便會向法院申請一項簡易程序令，而臨時清盤人會被委任為清盤人，屆時不會舉行債權人及分擔人會議。如有關資產的價值可能超過港幣 20 萬元，臨時清盤人召集舉行債權人及分擔人會議，可考慮向法院申請委任一名清盤人以代替臨時清盤人而分別召集債權人會議及分擔人會議，及要求委任出審查委員會，以聯同清盤人一起行事。清盤人繼續調查公司事務，若發現及處置該公司的資產有款項的，向債權人派發款項。如清盤人認為無再可發現的資產及毋須作進一步調查，清盤人便會根據第 32 章第 205 條規定向法院申請免除其職務。在特殊情況下，如情節嚴重，經調查，清盤人對於公司董事的失當行為，有權轉介破產管理署署長，以考慮是否作出檢控和取消董事資格。

香港與內地破產程序雖然具體操作規則存在不同，但實際上均圍繞對債務人進行清產核資開展各項工作。無論是內地《企業破產法》關於債務人財產、債權之相關規定，抑或香港《公司（清盤及雜項）條例》中提到的清盤人要求債務人董事提交的資產負債狀況說明書，又或是兩地均相似的擱置訴訟程序、中止執行程序等，均是理清債務人資產、負債情況的司法手段。兩地程序工作重點的一致性以及上述提及的債權人公平受償的價值趨同，為香港臨時清盤人或清盤人與內地管理人之間建立有效、和諧的溝通協調機制，銜接兩地跨境破產問題提供了可能。

香港高等法院對於內地法院破產程序承認持積極謹慎態度，2001 年的「廣東國際信託投資公司案」是香港法院首次在判詞中提及將內地破產程序作為其中一項考慮因素；[1]2019 年 12 月，香港高等法院原訟法庭作出承認與協助內地法院關於上海華信國際集團有限公司破產清算程序之裁決，在該跨境破產案件中，香港高等法院認為破產管轄法院開啟的華信破產程序符合性質上屬於集體性程序以及由債務人上海華信的註冊地／設立

1　參見曾平：《香港執業大律師稱內地與港跨境破產合作有利香港成國際法律樞紐》，載《環球視野》，https://www.sohu.com/a/468538924_121123884，2021 年 5 月 25 日。

地法院開啟兩個條件，繼而承認該破產程序。內地破產管轄法院集中處理債務人的所有財產，同時，向香港高等法院發出請求函，請求對聯合管理人提出的承認申請予以支持，其目的在於維護該跨境破產程序的集體性以及對同一順位債權人按比例平等分配的原則。其後，在深圳市年富供應鏈有限公司的破產案中，香港高等法院亦依據相同的原則作出了承認的裁決。由此而言，境外程序的集體性是界定跨境破產程序是否符合承認要件的一個重要考量因素。[1]

2021 年 5 月 14 日，最高人民法院與香港特區政府簽署了《關於內地與香港特別行政區法院相互認可和協助破產程序的會談紀要》（以下簡稱《會議紀要》），為細化、落實《會談紀要》，最高人民法院制定《關於開展認可和協助香港特別行政區破產程序試點工作的意見》。[2]《會談紀要》的關鍵在於：其一，關於破產程序性質，適用於兩地之間具有相似性的集體性債務清理程序。其中，內地的破產程序，包括破產清算、重整以及和解程序；香港的破產程序，包括香港公司強制清盤、公司債權人自動清盤，以及經香港法院依據香港特區《公司條例》第 673 條批准的、並經清盤進行的公司債務重組程序。其二，關於破產管轄要求，香港法院對破產程序的管轄應當符合「主要利益中心」標準。債務人的註冊地推定為其主要利益中心所在地；與此同時，內地法院需綜合考慮債務人主要辦事機構所在地、主要營業地、主要財產所在地等因素判定。其三，關於破產連接因素，要求債務人在內地的主要財產位於試點地區，在試點地區存在營業地

1　參見方達跨境破產研究小組：《跨境破產中若干重要問題的實務操作及建議》，載《人民司法（應用）》2020 年第 25 期。

2　在粵港澳大灣區和深圳先行示範區建設中，兩地互涉投資不斷增多、經濟融合度日益提高，企業在兩地均有資產和負債的情況也越來越多。由於破產制度存在較大差異、破產程序效力範圍無法直接及於對方，兩地在應對互涉企業破產中面臨較人困難和挑戰。通過司法合作共同應對跨境破產中的債權債務問題，加快出清「殭屍企業」和拯救困境企業，有利於暢通貨物、人員、資本等市場資源的流動，穩定市場交易預期，提振跨境投資者信心，促進兩地經貿合作，服務國家高質量發展。http://www.scio.gov.cn/xwfbh/gfgjxwfbh/xwfbh/44193/Document/1704779/1704779.htm，2021 年 5 月 14 日。

或者設有代表機構。[1]

2021 年 7 月 20 日，香港高等法院就 RE LAI KAR YAN（DEREK）AND HO KWOK LEUNG GLEN AS THE JOINT AND SEVERAL LIQUIDATORS OF SAMSON PAPER CO LTD（IN CREDITORS' VOLUNTARY LIQUIDATION）COMPANY[2] 一案作出命令，首次向內地法院（深圳市中級人民法院）發出司法協助請求函，請求認可香港公司清盤人及其權力。

森信紙業有限公司於香港註冊成立，該公司是在百慕大註冊成立並在香港聯合交易所上市的森信紙業集團有限公司企業集團的一部分。2020 年 7 月 24 日百慕大最高法院任命黎嘉恩先生和何國梁先生為森信紙業集團臨時清盤人。2020 年 8 月 13 日香港高等法院作出命令承認兩名清盤人身份。2020 年 8 月 14 日，持有森信紙業有限公司有表決權股份的集團子公司決定以破產為由將公司清盤，並委任上述兩名清盤人為清盤人，清盤人任命在 2020 年 8 月 25 日的債權人會議上得到確認。兩清盤人發現，森信紙業有限公司在內地（深圳、廈門、上海）有大量資產，如若要根據香港法律有效行使他們的權力，需要深圳破產法庭認可其委任。2021 年 7 月 8 日，兩清盤人向香港高等法院申請，請求依照兩地合作機制，向深圳中級人民法院破產法庭發出司法協助申請。若內地與香港日後建立例如歐盟主要程序與附屬程序的模式，兩地管理人在司法實踐中相互溝通、協調形成的寶貴經驗，也將為建立兩地跨境破產模式提供本土化的實踐基礎，有利於探索出適合兩地特有的跨境破產模式。雙方應當相互尊重對方現有的破產制度，並在此基礎上建立信息共享機制，包括兩地破產程序的流程、管理人／清盤人職責、案件進展情況、資產調查情況、債務調查情況及實踐經驗等多種可能的內容。儘管信息共享內容未經承認或是實質審查，任一

1　綜合考慮與香港地區互涉投資的規模、港資企業數量等因素，將內地試點地區劃定為上海市、福建省廈門市、廣東省深圳市，規定試點地區有關人民法院可以依據《試點意見》認可和協助香港地區破產程序。

2　HCMP 963/2021 [2021] 7 HKJC 290；2021 HKCFI 2151.

方對於對方共享內容也未能作出法律層面上的評價，但信息共享作為兩地破產程序溝通、協調的重要內容，對於兩地破產程序之間的銜接、以及把握涉及兩地公司相互之間存在的債權債務問題可能會有實質性的幫助。[1]

　　兩地破產司法協助制度的法律性質屬於跨境破產的範疇。《會談紀要》標誌着兩地就民商事司法互助方面的創新和合作又邁出了關鍵一步。香港與內地就認可及協助破產程序達成共識，香港的清盤人可向內地法院申請認可在香港的清盤程序，而內地的破產管理人亦可以向香港高等法院申請認可在內地的破產程序，既可協助拯救經濟上有困難的企業，同時也加強保護債務人的資產及債權人的利益，將更有利於推行有秩序及高效率的清盤制度。[2]

四、小結

　　法律作為規範模式，應該對其調整的社會關係具有最大限度的涵蓋性，應該提供儘可能多且詳盡的規則去規範和指引人們的行為。但是，法律畢竟是人類認識客觀世界的產物，人們對事物的認識總要受到主觀條件的種種限制，有一個不斷反覆和無限發展的過程。[3]地方法院的跨境破產司法實踐已在如火如荼進行中，[4]亟需進行總結。重視和研究跨境破產法律邏輯，是應對新時期跨境法律程序發展的基礎。

1　參見《內地與香港：跨境破產之路在何方？》，https://www.bizchinalaw.com/archives/8461，2021年1月22日。

2　參見王衛國：《關於內地與香港跨境破產機制建設的幾點思考》，載中國清算網，2021年5月17日。

3　參見陳寶亞：《論我國成文法形態的反思與變革》，載中國法院網，2006年12月13日。

4　諸如，深圳中院在阿里拍賣平台成功拍賣翡翠國際貨運航空有限責任公司留置德國的破產財產——兩台受損狀態的航空發動機。起拍價為1239萬元人民幣，經過281次出價，成交價為2502萬元人民幣，溢價約102%。本次網絡拍賣，是深圳中院處置破產企業留置境外財產實現跨境網絡拍賣的重要探索。原翡翠航空是首家中外合資的國際航空貨運公司，申請破產以後，德國某公司以未付清修理費用為由留置了涉案的兩台受損航空發動機。深圳中院受理翡翠航空破產清算案後，與德國某公司積極協調，取得該公司函覆同意配合交付。拍賣結束後，待深圳順豐航空公司支付尾款後，深圳中院將指導管理人按照此前取得的交付承諾書，完成發動機在境外的交付工作。http://rmfyb.chinacourt.org/paper/html/2018-09/29/content_144090.htm?div=-1，2023年2月2日。

　　數據表明，在中國《企業破產法》於 2006 年頒佈後，破產程序平均耗時 1.7 年，在全球範圍內能排到第 55 名。隨着開放程度的提高，一些新興國家，為其在全球經濟中的份額加大，應然要求其有更為開放的跨境破產體系。譬如在印度新的《破產法》中，更為關注跨境破產的重要性，破產程序中一旦涉及債務人在境外的財產，法庭將授權臨時管理人控制這些境外財產，並將之計入債務人的資產負債表、全新籌劃中的破產信息系統、證券登記系統或其他登記系統。接下來，法庭將授權清算人控制並變賣債務人在境外的財產。印度聯邦政府將與外國政府簽署跨境破產案件的承認與執行協議，以便及時將債務人在印度境外的財產納入破產財產，從而提高印度債權人的清償率；破產管理人有權向相關司法機構申請，請求法院發佈啟動上述互惠跨境破產協定的證據或授權；法院批准後，相關破產管理人則可通過請求函，向境外法院申請執行。[1] 對於我國跨境破產程序研究，具有相當價值。

　　跨境破產現象是時代進步和發展的產物，跨境破產的複雜性和特殊性更要求認真分析其中的利益主體之間的利益關係，最有效地實現主體之間的利益平衡。跨境破產關涉不同法律，在破產法律制度上存在實體上和程序上的差異，破產管理人需關注破產企業及其子公司是否擁有境外財產以及是否涉及境外利益主體，同時還須思考在國內破產程序啟動後如何儘快取得境外財產的處置權。將破產企業的境外資產及時納入國內的破產重整程序，對於防止境外資產的流失、提升破產企業財產整體價值具有重大意義。隨着我國經濟的飛速增長與綜合國力的不斷增強，愈來愈多的中國企業將參與跨國貿易，因此更多更複雜的、帶有跨境性質的中國破產程序將會陸續浮現，這將給中國破產管理人帶來一定的挑戰，也對中國破產管理人提出了更高的要求。[2]

1　參見陳夏紅：《印度新破產法「新」在哪裏》，載《法制日報》，2016 年 10 月 13 日。

2　參見邱夢薈：《跨境破產——貿易企業的中國破產重整程序在美得到承認》，http://www.lawyers.org.cn/info/f377fd98fe234561977287c053412f22/，2020 年 10 月 29 日。

第五章
跨境商事調解的邏輯

跨境商事調解的底層邏輯在於效率。當事人在調解中可以自行對法律關係進行創設或確認，而訴訟本質上應當是根據被認定的事實適用法律作出裁判的過程。

第一節　跨境商事調解的法理基礎

公平與效率是人類不懈追求的兩大價值目標，有觀點將其稱為社會科學領域的「哥德巴赫猜想」。[1]「法律應該在任何領域引導人們從事有效率的活動。」[2] 在此角度，跨境商事調解的底層邏輯在於效率。當事人在調解中可以自行對法律關係進行創設或確認，而訴訟本質上應當是根據被認定的事實適用法律作出裁判的過程；若出現堅持辯論主義所產生的不符合真實的裁判，那只是一種病理現象。[3]

道德成本是一種同一類案件所普遍共有的、客觀的和恆定的因素。[4] 跨境商事調解的過程更像是道德的說教過程。

> 當第三人主持調解時，他們所扮演的角色是作為社會認可的價值觀念的代言人，意在喚醒當事人在這種價值觀念影響下的良知。[5]

通過一種第三人主持的自由地討價還價達成的合意通常即所謂妥協的解決。如果當事者和利害關係者從各自所擁有的手段確認某個妥協點是能夠得到的最佳結果，這樣的解決即可獲得。在這裏，糾紛解決的內容完全

1　劉文愚：《和諧社會視角下效率與公平的內涵探析》，載《理論月刊》2012 年第 3 期。
2　［美］理查德·A. 波斯納：《法律的經濟分析》，蔣兆康譯，林毅夫校，中國大百科全書出版社 1997 年版，中文版譯者序言第 2 頁。
3　參見［日］三ケ月章：《日本民事訴訟法》，五南圖書出版公司 1997 年版，第 186 頁。
4　［美］邁克爾·D. 貝勒斯：《法律的原則——一個規範的分析》，張文顯、宋金娜、朱衛國、黃文藝譯，中國大百科全書出版社 1996 年版，第 28 頁。
5　陳弘毅：《調解、訴訟與公正：對現代自由社會和儒家傳統的反思》，載陳弘毅：《法理學的世界》，中國政法大學出版社 2003 年版，第 178-213 頁。

是根據當事者之間的具體狀況而定的，基本上不受規範的制約。[1]

　　調解理念是一種制度性理念，或者說是現實的調解制度所負載和體現的帶方向性的實質性精神；調解模式也是一種制度性模式，是對歷史上存在過的以及現實中存在着的各種調解制度，依據一定的標準所進行的制度的類型化抽象。[2]

　　在成本層面，周密設計並良好運行的商事調解，能夠為當事人節省時間和金錢。[3]在當事人雙方彼此對立、互不相讓的場合下，為避免交涉的失敗，或為作出有效的決定，就要求調解人更加主動地駕馭局面，作出判斷。因而，通過說服以及規範和程序的運作，調解人有可能搖身一變而成為規範和規則的宣示者。[4]美國行為主義法學家布萊克提出：

> 糾紛雙方之間的關係距離是選擇糾紛解決方式的重要因素，糾紛雙方的關係距離越遠越有助於正式糾紛解決方式的運用。相反地，糾紛雙方的關係距離越近越有助於非正式糾紛解決方式的運用。[5]

一、商事調解與成本

　　訴訟程序的經濟成本由兩方面構成：直接成本（作出判決的成本）與錯誤成本（錯誤判決的成本）。在論證跨境商事調解與訴訟相比成本更低時，實際上指的是調解的直接成本。「直接成本即法律系統運作的成本，它包括公共成本和私人成本。」[6]

1　［日］棚瀨孝雄：《糾紛的解決與審判制度》，王亞新譯，中國政法大學出版社 1994 年版，第 11 頁。
2　參見湯維建、齊天宇：《漂移的中國民事調解制度》，載《比較法研究》2012 年第 5 期。
3　參見 Judge Dorothy Wright Nelson, "ADR in the Federal Courts-One Judge's Perspective: Issues and Challenges Facing Judges, Lawyers, Court Administrators, and the Public", in *Ohio State Journal on Dispute Resolution*, 2001.
4　參見強世功：《調解、法制與現代性——中國調解制度研究》，中國法制出版社 2001 年版，第 54 頁。
5　［美］布萊克：《法律的運作行為》，唐越、蘇力譯，中國政法大學出版社 2004 年版，第 46-56 頁。
6　［美］邁克爾·D. 貝勒斯：《法律的原則——一個規範的分析》，張文顯、宋金娜、朱衛國、黃文藝譯，中國大百科全書出版社 1996 年版，第 25-26 頁。

在一定意義上，司法場域（國際商事仲裁與跨境訴訟）的構成與一種職業壟斷了生產和銷售獨特種類的法律服務產品這一制度分不開。通過決定哪一種衝突值得進入司法場域，通過確定要將這種衝突建構為符合法律的主張必須被包裝成怎樣的樣式，法律資格包含了一項允許對進入司法場域加以控制的特定權力。法律職業群體正是由他們壟斷法律建構所必需的工具來界定的，這種壟斷本身就是一種侵佔。[1]

關於仲裁程序下的調解，現行《中國國際經濟貿易仲裁委員會仲裁規則（2015 版）》（2014 年 11 月 4 日中國國際貿易促進委員會／中國國際商會修訂並通過，自 2015 年 1 月 1 日起施行）第 47 條規定：

> 仲裁與調解相結合（一）雙方當事人有調解願望的，或一方當事人有調解願望並經仲裁庭徵得另一方當事人同意的，仲裁庭可以在仲裁程序中對案件進行調解。雙方當事人也可以自行和解。（二）仲裁庭在徵得雙方當事人同意後可以按照其認為適當的方式進行調解。（三）調解過程中，任何一方當事人提出終止調解或仲裁庭認為已無調解成功的可能時，仲裁庭應終止調解。（四）雙方當事人經仲裁庭調解達成和解或自行和解的，應簽訂和解協議。（五）當事人經調解達成或自行達成和解協議的，可以撤回仲裁請求或反請求，也可以請求仲裁庭根據當事人和解協議的內容作出裁決書或製作調解書。（六）當事人請求製作調解書的，調解書應當寫明仲裁請求和當事人書面和解協議的內容，由仲裁員署名，並加蓋「中國國際經濟貿易仲裁委員會」印章，送達雙方當事人。（七）調解不成功的，仲裁庭應當繼續進行仲裁程序並作出裁決。（八）當事人有調解願望但不願在仲裁庭主持下進行調解的，經雙方當事人同意，仲裁委員會可以協助當事人以適當的方式和程序進行調解。（九）如果調解不成功，任何一方當事人均不得在其後的仲裁程序、司法程序和其他任何程序

1　參見［法］皮埃爾·布迪厄：《法律的力量：邁向司法場域的社會學》，強世功譯，載《北大法律評論》1999 年第 2 卷，第 523 頁。

中援引對方當事人或仲裁庭在調解過程中曾發表的意見、提出的觀點、作出的陳述、表示認同或否定的建議或主張作為其請求、答辯或反請求的依據。（十）當事人在仲裁程序開始之前自行達成或經調解達成和解協議的，可以依據由仲裁委員會仲裁的仲裁協議及其和解協議，請求仲裁委員會組成仲裁庭，按照和解協議的內容作出仲裁裁決。除非當事人另有約定，仲裁委員會主任指定一名獨任仲裁員成立仲裁庭，由仲裁庭按照其認為適當的程序進行審理並作出裁決。具體程序和期限，不受本規則其他條款關於程序和期限的限制。

當事雙方「在激烈的對抗訴訟中都不願意主動提出調解，甚至還會做出他們將不接受調解的暗示——因為接受調解往往被視為一種示弱的表現。」[1]司法場域的建構在一定程度上受到當事人與裁判者之間位置對比關係的影響，這種位置對比關係體現的力量關係是相對穩定的，並不能因當事人或裁判者個人意願而改變。當事人選擇進入仲裁／司法調解並受支配的原因之一，便是當事人身處司法場域的位置。從根本上看，當事人擁有的資本種類和數量是其在司法場域中位置的基礎。同時，該位置反過來強化了當事人擁有的資本狀況。伴隨着司法場域中行動者之間競爭活動的展開，當事人擁有的資本狀況不斷變動，帶動了當事人在司法場域中的位置變化。[2]

可見，利益如同是對調解這一遊戲前意識的陶醉，也是對遊戲和在遊戲中運用的策略的確認。當事人和法官在司法場域中，保持了對司法場域幻覺的狀態，不斷地進行資本投入並生成新的資本。[3]

跨境商事調解的發展依然離不開訴訟與仲裁的支持。一方面，爭議雙方儘管合意達成調解協議，但也會面臨不予執行的風險。此時就需要更具

1　［澳］娜嘉·亞歷山大：《全球調解趨勢》，王福華譯，中國法制出版社 2011 年版，第 37 頁。
2　參見牛博文：《司法調解中的權力關係分析——以個案研究為視角》，載《河北法學》2016 年第 7 期。
3　參見［美］羅斯科·龐德：《通過法律的社會控制》，商務印書館 2010 年版，第 33 頁。

強制執行力的訴訟程序介入。另一方面，跨境商事調解與國際商事仲裁關係密切，已有不少國際商事仲裁組織將調解程序引入其中，從而促進糾紛的有效解決。因此，構建一套實現國際商事調解與訴訟、仲裁程序無縫對接的機制尤為重要。[1]「訴調銜接」的實質在於委託調解，其為民事訴訟調解權力社會化的制度載體，其展現了民事審判權由國家向社會的流動以及對民事審判權之社會屬性的重拾。作為權力分享型民事訴訟調解在我國當前的典型對應物，委託調解為從民事訴訟調解權力行使的理論視角將民事訴訟調解劃分為權力獨享型、權力共享型和權力分享型三種模式提供了奠基石，有助於為社會公眾了解、理解、認可並非千面一目的民事訴訟調解提供智識上的工具，有助於從模式化研究的角度找到實現民事調解現代轉型與良善化的宏觀性路徑，其成長值得呵護。[2]

二、商事調解與權利

在跨境商事調解中，實際上是使用法律以外的壓力，使權利人放棄一部分法律權利，從而換取義務人履行部分義務，其代價是權利人的尊嚴受到法律以外的額外壓制。[3]

「行動理性化」過程的最重要的方面之一，就是深思熟慮地根據自我利益適應局面。[4]司法調解中的當事人並非完全自主、理性的行動者，制定的策略是為了獲得預期利益，而非完全理性思考的結果，在一定程度上是一種幻覺的產物。[5]當事人期待中的調解書應然對雙方當事人權利義務的分配做到了公平公正，做到了以禮感人，以理服人，言簡意賅，理足詞達，

1　參見廖永安、段明：《「一帶一路」商事調解的「中國方案」》，載《中國社會科學報》，2016年8月15日。

2　參見劉加良：《委託調解原論》，載《河南大學學報》2011年第5期。

3　參見張正印：《傲慢與權利：法律如何處理人的尊嚴問題》，《河北法學》2012年第1期，第31頁。

4　［德］馬克思‧韋伯：《論經濟與社會中的法律》，張乃根譯，中國大百科全書出版社1998年版，第97頁。

5　參見高宣揚：《布迪厄的社會理論》，同濟大學出版社2004年版，第157-158頁。

是非分明，研判精到，條令威嚴，落地有聲。[1]

《聯合國國際貿易法委員會國際商事調解示範法》（2002 年，UNCITRAL Model Law on International Commercial Conciliation）第六條規定：

> 調解的進行：各方當事人可以通過提及一套規則或者以其他方式，自行約定進行調解的方式。未約定進行調解的方式的，調解人可以在考慮到案件情況、各方當事人可能表示的任何願望和迅速解決爭議的必要性情況下，按其認為適當的方式進行調解程序。在任何情況下，調解人都應當在進行調解程序時力求保持對各方當事人的公平待遇，並應當在這樣做時，考慮到案件的情況。調解人可以在調解程序的任何階段提出解決爭議的建議。

規則，包括國際習慣本質為符號系統，「符號系統只有通過那些並不想知道他們臣屬於符號權力甚至他們自己就在實施符號權力的人的共謀」，才會發揮作用。[2] 商事習慣是一定範圍內群體組織適用的規則，不同於外在強加的規定，是一種內在的秩序，它更能夠使得組織秩序平衡，正如哈耶克所說的，外在的秩序「並不能適用於從內部確立起來的或『源於內部的』一種平衡。正如一般市場理論所努力解釋的那種均衡，這樣一種自生自發秩序，從許多方面來看都有着不同於一種人造的秩序所具有的屬性」。[3] 習慣和制定法的互動更多地體現在了糾紛解決中，當事人在制定法與民間習慣之中總會儘可能地選擇對自己有利的法律。糾紛的解決通常是民間習慣與制定法共同作用的結果，在這一過程中，習慣與制定法充分地

1　「墓前禁地之說，起於後世，仲說不足為憑。言譜墓道起於漢時，亦荒遠無稽。虞先言後，相距數百年。虞以讓國而逃，必不愛此區區之地。言為道南文學，禮讓為先，必不忍與先賢爭路。兩姓互持，皆非祖宗本意。若舍正途而另闢荊榛，不惟不便，亦屬非禮。應令仲氏每年展祭，俱由言氏墓道而上，墓道之外，不得樵採，庶莫幽魄而杜嚚風。」這是一起古代虞仲氏後人與言子氏後人因維護家族古墓祭掃權益而引起的民間糾紛。乾隆二十三年（公元 1758 年）在江蘇巡撫莊有恭的督辦下，常熟知府胡文伯總算將這起久拖未決十多年的上訪民間糾紛通過調解畫上了圓滿的句號。

2　http://www.fengyalaw.com/caseView.php?f=6&class=16&id=157，2023 年 2 月 23 日。

3　［英］哈耶克：《法律、立法與自由》，中國大百科全書出版社 2000 年版，第 55 頁。

互動，互相影響對方。[1]

跨境商事調解，應然作為另一套規則植根於現實，有着確立行為預期，維護個體間合作，捍衛群體價值和信念等重要功能。[2] 柯恩亦指出：

> 他把互不理睬的當事人聯繫到一起……動用了強有力的政治、經濟、社會和道德上的壓力，並施加於一方或雙方當事人身上，使他們最終保留小的爭議但達成「自願的」一致意見。[3]

諸多跨境商事調解中心的設立的初衷即在於：

> 以東方智慧吸收現代調解國際經驗，構建具有中國特色又符合國際商事糾紛解決需要的調解制度與運行平台，通過優質高效的調解服務，打造創新的國際商事爭議解決機制，提升中國在國際商事糾紛解決中的話語權和規則制定權，增強國家的軟實力和國際影響力。因此，這一平台能否實現國際互通是工作的關鍵。[4]

三、商事調解與執行

調解相對於判決而言具有的自願性、協商性、保密性、程序的簡易性、處理的高效性、結果的靈活性、費用的低廉性等比較優勢在調審合一的訴訟體制中得不到充分發揮。[5] 司法調解的權威主要源於兩個方面：一是調解協議中涉及的法律規範具有的中立性和普適性；二是調解協議的效力源於國家壟斷了經正當化的符號暴力。「符號暴力」是布迪厄社會學理論中的重要概念，是指由語言、文化、思想和觀念所構成的，為人們自覺或不自覺地接受的「看不見的、沉默的暴力」。符號暴力是以行動者本身合謀為基礎，施加在他身上的暴力。布迪厄對符號暴力的發掘，正是為了揭

1　參見于語和、于浩龍：《試論民間習慣在民間糾紛調解中的作用》，載《法學家》2015 年第 3 期。

2　參見［美］昂格爾：《現代社會中的法律》，吳漢章等譯，中國政法大學出版社 1994 年版，第 224 頁。

3　強世功：《調解、法制與現代性：中國調解制度研究》，中國法制出版社 2001 年版，第 88 頁。

4　孫瑩：《國際商事調解 12 個案件化解風險涉及金額 4 億元——「一帶一路」綜合服務的靚麗風景線》，載央廣網，2018 年 5 月 30 日。

5　參見李浩：《調解的比較優勢與法院調解制度的改革》，載《南京師大學報（社會科學版）》2002 年第 4 期。

示現代社會中的文化生產是如何與權力關係交織在一起的。[1]「符號系統只有通過那些並不想知道他們臣屬於符號權力甚至他們自己就在實施符號權力的人的共謀」，才會發揮作用。[2] 從包公、海瑞、馬錫五的辦案邏輯中不難發現，在我們的傳統法律文化中，道德關懷總是多於法理關懷，情理因素總是重於邏輯因素，實體法理總是重於程序法理。儘管《民事訴訟法》要求法官應當在事實清楚的前提下進行調解，但是調解本身的天然缺陷恰恰在於：妥協和讓步是調解的靈魂，至於為什麼要妥協、為什麼要讓步，道理不需要太多，調解文書也不必公開。法官們為了化解衝突或追求維穩，在調解過程中往往可能模糊事實、淡化權利義務、忽視解決糾紛的正當性，最終使實體和程序正義都得不到保障。[3]

在跨境商事調解中，陌生人社會使得傳統的人情、面子等機制在抑止訴訟上失去了作用，同時，傳統的地域權威也一去不復返了。這對於傳統法律思維、基層調解制度的合法性來說是頗具顛覆性的。因為基層調解最大的特點是利用地方資源，包括人際關係、公共道德、習慣和鄉規民約等規則，以及特定的人際關係及環境等條件促成和解的氛圍，一旦這些因素對當事人失去了約束力，基層調解自然會隨之受到冷落。[4]

調解協議運用法律語言，統一了雙方當事人在認知方式和心理空間方面的衝突。同時，調解協議具有的強制執行力進一步證實了其意蘊的政治權力。政治權力並非以「赤裸裸」的方式干涉司法調解，而是以雙方當事人意思自治達成的合意即調解協議為其正當化的產物。[5] 實踐中糾紛處理結果能不能得到執行是比解決糾紛更重要的問題。制定法純粹外在強加的方

1　參見［法］皮埃爾·布迪厄：《法律的力量：邁向司法場域的社會學》，強世功譯，載《北大法律評論》，1999 年第 2 卷，第 526 頁。

2　http://www.fengyalaw.com/caseView.php?f=6&class=16&id=157，2023 年 2 月 23 日。

3　參見周大偉：《如果把判決比作電燈，調解就是蠟燭》，載《民事審判參考》，https://www.sohu.com/a/133195399_169411，2017 年 4 月 11 日。

4　參見范愉：《社會轉型中的人民調解制度——以上海市長寧區人民調解組織改革的經驗為視點》，載《中國司法》2004 年第 10 期。

5　參見牛博文：《司法調解中的權力關係分析——以個案研究為視角》，載《河北法學》2016 年第 7 期。

式，在執行時通常會遇到或多或少的問題。正如韋伯認可的那樣，在法律
秩序的強制力威脅下取得成功是很少的。[1] 而跨境商事調解，更在於對跨境
商事概念的認知。

> 概念乃是解決法律問題所必需的和必不可少的工具。沒有限
> 定嚴格的專門概念，我們便不能清楚地和理性地思考法律問題。
> 沒有概念，我們便無法將我們對法律的思考轉變為語言，也無法
> 以一種可理解的方式把這些思考傳達給他人。如果我們試圖完全
> 否棄概念，那麼整個法律大廈就將化為灰燼。[2]

四、餘論

在一定意義上，跨境商事調解體現了不同習慣的融合，不同法律文化
的調和。在一個特定的社會群體中，習慣通常為一種發展中的「評價，心
裏的壓力」，違反習慣通常導致一種相對普遍的而且具有實際影響力的譴
責性反應。[3]

任何權力的運作均離不開行動者之間的語言溝通、交流活動，語言構
成了權力象徵性運作的中介。近代以來，權力不再以赤裸裸的方式運行，
而是更加依賴語言，並以語言作為承載其正當化的重要中介，通過採取越
來越理性化、象徵化的語言，拉長權力延展跨境的過程，從而保障了權力
的跨法域運行。在稀鬆平常的跨境調解行為背後，隱藏的卻是言說者之間
的權力關係，以及言說者各自歸屬的群體之間的力量關係。[4] 為此跨境商事
調解的民間性、國際性、獨立性、在線性、公開性得到認可和蓬勃發展，
線上線下對接開始進入全新階段。

1　參見〔德〕馬克思·韋伯：《論經濟與社會中的法律》，張乃根譯，中國大百科全書出版社
　　1998 年版，第 27 頁。

2　〔美〕博登海默：《法理學：法律哲學與法律方法》，鄧正來譯，中國政法大學出版社 2004 年
　　版，第 504 頁。

3　〔德〕馬克思·韋伯：《論經濟與社會中的法律》，張乃根譯，中國大百科全書出版社 1998 年
　　版，第 64 頁。

4　參見〔法〕皮埃爾·布迪厄、〔美〕華康德：《實踐與反思——反思社會學導引》，李康、李猛
　　譯，中央編譯出版社 1998 年版，第 189 頁。

第二節　跨境商事調解心理基礎

「每一個重要的法律問題根本上就是一個心理學問題。」[1]法律心理學是用心理現象來解釋法律問題的一種學問或一門科學，其應然為心理學與法學的交叉學科。[2]以此角度考察和研究跨境商事調解，具有重要意義和價值。

控制「衝動」是人類與生俱來的使命和艱難任務。多數人、多數時候都會被衝動所挾持。只有少數人、在少數時候可以控制住自己的衝動。[3]跨境商事爭議，既有文化、法律邏輯的差異，亦有當事人衝動的層面。跨境商事調解不僅指涉於爭議的現實層面，還指涉於當事人的期待層面；不僅關涉技術層面，還關涉倫理層面；不僅關涉群體層面，還關涉個體層面。作為一種文化現象，調解蘊含着法律、經濟、文化和個體實現層面的多重社會功能，而這些功能常常是彼此交織、關聯、重疊，甚至是互相矛盾的，且常常處在同一個時空維度上，從這個意義上講，調解「可能是人世間複雜問題之最」。[4]

在耶林看來，就跨境私權主體為權利而鬥爭的方式來說，決定採取訴訟還是調解的區別不在於標的物物質價值的大小，而在於權利人人格本身及法感情被侵害的程度。在侵權人主觀可歸責性較小的情況下，甚或在完全屬於客觀侵權的情形中，侵權人並非肆意去侵害權利人的人格，涉案的僅僅是被侵害的物質利益，和解屬於正當的選擇。若侵權人蓄意侵害權利人物質的或者精神的生存條件時，權利人被傷害的不僅僅是利益，更是法感情，耶林認為在法感情問題上毫無妥協餘地，此時必然要求訴諸訴訟的鬥爭方式。[5]「儘管我們期待公正標準，但調解過程比起我們習慣的民事訴

1　明輝：《應用於法律的心理學研究的「死亡時代」》，載《國外社會科學》，2016 年 8 月 10 日。

2　參見樂國安：《法律心理學》，載中國社會科學網，2016 年 8 月 10 日。

3　參見呂嘉健：《規訓社會與自制力的生成——微觀管理和自治的現代性》，愛思想網，http://www.aisixiang.com/data/116432-3.html，2019 年 5 月 23 日。

4　葉瀾：《世紀初中國教育理論發展的斷想》，載《華東師範大學學報（教育科學版）》2001 年第 1 期。

5　參見王雷：《為權利而鬥爭：民法的「精神教育」》，載《北京科技大學學報（社會科學版）》2012 年第 3 期。

訟還是有一種更大流動性和非正式特徵。」調解基於其所具有的某種非程序化的傾向，與嚴格的訴訟程序相比，規範性有所減弱，流動性和非正規性增加。[1]

一、跨境商事爭議與心理分析

　　傳統心理學認為：「心理的即意識的」，將心理與意識等同。弗洛伊德指出：習慣上把心理的東西都看作是有意識的，這是完全不切實際的。它把一切心理上的道德都割裂開來了，使我們陷入到心身平行論的無法解決的困境中，它易於受到人們的指責，認為它全無明顯根據地過高估計了意識所起的作用。[2] 人性的本質是分層次的，人性的本質由淺入深可以依次表現為社會主體、精神主體和生物主體。人作為生物主體，需要從外界獲取物質和能量，而人的慾壑難填與資源有限之間的矛盾，使得人性的生物主體的屬性表現為貪婪；而精神主體的價值判斷是人類行動的指南針，生物主體的貪婪經過價值判斷的篩選也就轉變為精神屬性的慾念，而精神主體的慾念一旦以行為表現出來，就要接受社會規範的評判。精神主體成功進化為社會主體必須使人的行為具備規範性。規範性的行為謂之善，反之謂之惡。[3] 跨境爭議的心理機制由兩個因素構成：其一，傾向和傾向的衝突；其二，有一傾向被逐而產生過失以求補償。[4]

　　跨境商事爭議在法律層面存在故意和過失。英國學者認為，過失意味着在某人的心理上完全缺乏特定的思想，即空虛。[5] 故意的意志是一種積極意志，積極追求的意識，而過失的意志就是一種消極的意志。[6] 跨境商事爭議體現了人的交往性，但這種交往不是你死我活的利益爭奪，而要彼此都

1　徐華潔：《試論我國非訴訟化糾紛解決機制》，載北大法律信息網，2014 年 9 月 1 日。
2　參見［奧］弗洛伊德：《一個幻覺的未來》，楊韶鋼譯，華夏出版社 1999 年版，第 132 頁。
3　參見溫建輝：《犯罪本質新論》，載《理論探索》2012 年第 1 期。
4　參見［奧］弗洛伊德：《精神分析引論》，高覺敷譯，商務印書館 1984 年版，第 45、50 頁。
5　參見［英］特納：《肯尼刑法原理》，王國慶等譯，華夏出版社 1989 年版，第 43 頁。
6　參見陳興良：《過失責任論》，載《法學評論》2000 年第 2 期。

可接受，也即具有正義性；人們的實踐活動也絕不是單個人的恣意妄為，而是由在一起生活的人們群體的物質生活條件決定的。跨境商事實踐所具有的這三種品格，即合乎必然性的意志性、具備正義性的利益性、群體物質生活條件的制約性，簡而稱之為實踐的規範性。[1]

　　潛意識指被壓抑的慾望、本能衝動及其替代物（如夢、癔症）。潛意識是心理深層的基礎和人類活動的內驅力，它決定着人的全部有意識的生活，甚至包括個人和整個跨境契約的命運。這是精神分析學派的心理基石。弗洛伊德認為，潛意識的主要特點是非理性、衝動性、無道德性、反社會性、非邏輯性、非時間性、不可知性、非語言性。[2]心靈包含有感情、思想、慾望等等作用，而思想和慾望都可以是潛意識的。[3]

　　訴訟心理是社會心理的一種特殊和典型形態。訴訟心理學的研究對象是訴訟中各方關係人的心理特點及其規律。心理學在訴訟中的運用是我國的司法傳統。跨境商事爭議調解，就是調解人通過當事人訴辯的信息傳遞，調節當事人的心理衝突，轉變當事人的不正確態度，使當事人心理獲得平衡，最終達成調解協議。從一定意義上講，不了解當事人的心理，就不算了解當事人的行為，調解心理學策略的選擇就是盲目的，調解效率也是低下的。[4]在心理學對文化的幾種定義中，其中之一為一種自我概念，法律文化亦為自我刻畫，因為心理學家認為人的所有心理活動都是以自我為參照中心的。[5]跨境商事爭議亦存在社會化過程，社會化是指個體從自然人向社會人過渡的過程，其實質是人從生物主體或精神主體逐步地轉變為社會主體的過程。在這個過程中，人從具有自然屬性或精神屬性逐漸地進化為具備社會屬性，從而與社會融為一體。[6]

1　參見溫建輝：《從社會化看犯罪產生》，載《理論界》2006 年第 1 期。

2　參見車博文：《西方心理學史》，浙江教育出版社 1998 年版，第 464 頁。

3　參見［奧］弗洛伊德：《精神分析引論》，高覺敷譯，商務印書館 1984 年版，第 9 頁。

4　參見周海：《淺析心理學在民事訴訟調解中的運用》，載中國法院網，2019 年 11 月 29 日。

5　參見彭凱平：《文化與心理：探索及意義》，https://wenku.baidu.com/view/ad3048f167ce050876323 1126edb6f1aff0071de.html，2021 年 5 月 1 日。

6　參見溫建輝：《人性與人的本質新解》，載《內蒙古農業大學學報》2005 年第 2 期。

跨境商事爭議反映了人們對特定社會現象的認識深度和廣度以及科學抽象化的程度。[1]

二、跨境商事調解心理邏輯

「現代法治社會的一大特點是人們的權利意識增強，尋求公力救濟的願望更為迫切，從另一個角度看，人們的效率觀念也驅使他們尋求更為經濟、低成本的糾紛解決方式。」[2]《一帶一路國際商事調解中心調解規則》（2016 年 10 月 18 日）第 1.1 條即明確規定：

> 一帶一路國際商事調解中心本着獨立、公正、自願、高效、
> 節儉、保密的原則，協助各相關方，基於法律與事實，通過調解
> 方式解決包括但不限於「一帶一路」相關的國際商事糾紛。

跨境商事爭議從根本上打破「熟人社會」的規則，整個跨境商事交易的運轉其實更需要阻卻人情機制以適應快速高效的經濟生活，由於信息成本的縮小，跨境商事規則也有能力不再主要依靠單純的意識形態教化；跨境科技的發展、專業的分工和經濟社會的進步可以帶來更為清晰的認識世界與社會的因果關係，從而也將增加法律與司法的確定性和可操作性，道德意識會隨着因果關係意識的增加而減少。當人們對世界的因果關係理解越少，就越是可能憑藉虛構的想像的道德因果關係來理解和控制世界，並往往試圖強化道德責任來解決問題。[3]中國人對反饋信息的態度與西方人相比也是不太一樣的。一般而言，反饋的信息有時候與自己的認識一致，有時候不一致。[4]諸如，國際商事仲裁中文化及法律理念的差異遠不是仲裁規則的表面趨同所顯示的那樣，其仍根深蒂固地存在，並作用於仲裁程序的各個環節：從仲裁員的指定，到仲裁證據和文件的披露，再到仲裁開庭的

1　參見張文顯：《法哲學範疇研究》，中國政法大學出版社 2001 年版，第 13 頁。

2　楊路：《論調審分離模式及其作用》，北京法律出版社 2001 年版，第 278 頁。

3　參見馬青春：《「哀矜勿喜」司法心理探究》，載《天津檢察》2010 年第 5 期。

4　參見彭凱平：《文化與心理：探索及意義》，https://wenku.baidu.com/view/ad3048f167ce050876323 1126edb6f1aff0071de.html，2021 年 5 月 1 日。

諸多環節等。在仲裁證據和文件的披露環節，各國的訴訟法理念同樣存在很大的差異。當事人在自己如何披露以及如何要求對方當事人披露相關證據和文件方面經常出現認識上的差距，導致本可以獲取的證據未能獲取或者承擔了舉證上的不利推定。又如，在仲裁開庭環節，中國當事人對是否必須開庭、開庭作用的理解常常存在偏差，而更為重要的是，各國法律職業倫理、語言、訴訟模式以及證人制度等的不同在開庭環節的影響更為直接。[1]

　　跨境商事調解是調解員與當事人之間心理互動的表現，是調解員針對當事人的心理狀態，通過信息傳遞，施以有效的心理影響，使當事人獲得平衡，從而達成一定的調解協議。總的說來，探析當事人調解心理，是調解工作獲得成效的必要前提與條件。對調解的具體心理產生影響的主要有以下因素：職業、性別、性格、年齡、情感、地域、民族與文化。[2]當事人性格，是指一個人在態度和行為方面表現出來的心理特徵，體現為較為穩定的對現實的態度和與之相應的習慣化的行為方式。性格是一個人品德、價值觀、世界觀的表現，是個性中最鮮明地表現出來的心理特徵。在一定意義上，訴訟成因與當事人訴訟動機、心理需求密切相關，調解員應從當事人的訴辯中，迅速找出糾紛衝突產生的關鍵原因。在調解過程中，當事人的爭議動機是多樣而複雜的，調解員應適當拉近與當事人的心理距離，有足夠的耐心傾聽其陳述，對糾紛衝突成因作出準確判斷，提高調解的針對性與成功率。[3]為此，跨境商事調解心理基礎直接關涉具體調解方式，諸如《一帶一路國際商事調解中心調解規則》第八條即規定了相關調解方式。調解員在考慮案情、各當事人的意願及迅速解決爭議的需要後，可按其認為適當的有利於促進當事人達成和解的任何正當方式進行調解，包括但不限於：調解員可與所有當事人或任何一方當事人及其委託代理人或代表聯絡，包括進行單獨或同時會見與會談，召開非公開會議；調解員在調

1　參見初北平：《「一帶一路」國際商事仲裁合作聯盟的構建》，載《現代法學》2019 年第 3 期。

2　參見李光琴：《當事人調解心理初探》，載中國法院網，2006 年 12 月 4 日。

3　參見周海：《淺析心理學在民事訴訟調解中的運用》，載中國法院網，2019 年 11 月 29 日。

解過程中，可以要求當事人提出書面或口頭的解決爭議的建議或方案，也可以向當事人提出解決爭議的建議；調解員在徵得當事人同意後，可以聘請有關專家就技術性問題提供諮詢或鑒定意見，聘請有關國家的專家和翻譯人員，當事人應預交由此產生的相關費用。調解員應努力協助當事人進行溝通，發現共同利益，達成諒解與共識，並在此基礎上促使當事人找到解決方案。各當事人應與調解員積極合作。調解員應嚴格恪守職責，積極履行義務，遵循調解規則及相關行為規範，與調解中心保持聯絡並及時告知調解工作進展情況，服從調解中心的管理。

在經濟全球化中，商事主體之間的各類交易頻繁發生。為了保障交易安全、促進交易效率，商事主體之間也需要確立調整跨境交易的規範規則。值得注意的是，商事交易與民事交易有所不同，商事交易通常具有營利性、技術性、風險性等特徵，為了有效規避風險、順利推進交易，商事主體往往會圍繞商事交易的結構設計、風險防範、利益分配等進行反覆磋商，並且通過契約等形式將上述內容加以「成文化」或「定型化」。[1]跨境商事交易中，經由契約形成的「自治規範」構成了調整商事交易的「首要法源」，也是解決交易糾紛、分配交易風險的首要依據。通常來說，在商事主體的「自我立法」不違背法律法規、公序良俗的情況下，商事主體的「自治規範」應當得到最大限度的尊重，在此情形下商事交易的效率和安全也能得到保護。當然，即使商事主體對於相關事項反覆磋商，商事合同可能依然存在規範漏洞或模糊之處，此時才需要藉助交易慣例、成文立法、司法判例等資源去發現「隱藏的規範」，進而使得相關爭議糾紛得以妥當解決。可以看出，商事交易的本質屬性決定了商事主體之間的自我立法在商事法法源體系中佔據首要地位。商事立法雖然重要，但就其功能而言，一是確立商事交易需要遵循的強制性規範，一是提供商事交易可能需要的默認性規範，並同商事習慣、司法判例共同構成合同解釋之依據、規

1　參見劉凱湘：《論商法的性質、依據與特徵》，載《現代法學》1997 年第 5 期。

範確立之基礎。[1]

《一帶一路國際商事調解中心調解規則》第 1.3 條規定的「調解依據」為：

> 調解中心在調解的過程中尊重當事人明示的法律適用選擇，並綜合考慮公平、公正原則、國際商事慣例、市場規則以及各有關當事人所在地的公序良俗等進行調解。以保證調解協議的最終順利履行。

從心理學的角度看，跨境爭議固本為情緒反應。無論哪種糾紛，或多或少都裹挾着情緒，如果當事人積聚的負面情緒得不到宣泄，就如同堰塞湖水，極易氾濫，引發衝突升級；如果壓抑過久，也易於形成情結與執念，導致糾紛越來越難以化解。因此在調解中對當事人的負面情緒進行疏導，幫助其恢復平和，是調解成功的前提。可以通過歸納、總結調解員在調解實踐中所使用的心理諮詢技術，對這些方法的適用範圍做出界定，進而解釋說明情緒疏導技術。當然，並沒有一種適合所有人的方法：

> 最適合的方法將取決於你自身的情況，你能得到的資源以及個人喜好。要相信自己的直覺，嘗試你認為最有用的策略。如果你第一次選擇的方法似乎不起作用，那就要去嘗試新的方法。[2]

具體調解員個體的某些特質會決定其是否受當事人喜愛和信賴。調解員要讓當事人在心理上產生信賴感，應注重培養人際吸引的個性特質：一是要有溫暖感，即調解員應是溫厚、平和、有親和力並值得信賴的人；二是因為通常情況下聰明的、有能力的人較受歡迎，所以調解員要精通法律且具備解決實際問題的能力；三是調解員外表的吸引力，即調解員應當關注自己的儀表，展示良好的公眾形象。調解員培養起人際吸引的個性特質，會讓當事人產生信賴感，並願意與其溝通思想，有利於為爭議調解服

1　參見夏小雄：《從「立法中心主義」到「法律多元主義」》，載《北方法學》2014 年第 6 期。

2　［美］梅琳達·溫納·莫耶：《修復疫情中的心理創傷》，載《光明日報》，2021 年 4 月 8 日第 14 版。

務。[1] 當事人之信賴，還在於調解文書的可執行性，一般而言，對於由調解中心委任的調解員主持達成的調解協議，可以由調解中心見證並監督其自動履行或繳納履約保證金擔保履行。調解中心有權對當事人進行督促、勸誡、提示及譴責，或向有關國家主管政府部門、國際組織或機構、行業協會等聯繫反映並尋求協助監督履行。

　　跨境商事爭議中，當事人多在仲裁協議中約定發生糾紛應當協商解決，但其未明確約定協商的期限，約定的內容比較原則，對這一條款應當如何履行和界定在理解上會產生歧義，而結合當事人訂立仲裁協議的目的來判斷該協議的真實意思，當事人約定的「友好協商」和「協商不成」這兩項條件，前項屬於程序上要求一個協商的形式，後一項可理解為必須有協商不成的結果，當事人申請仲裁的行為，應視為已經出現了協商不成的結果。[2] 為此，跨境商事調解儘管存在個體性特徵，但調解案例與數據積累，亦具有重要意義。

三、小結

　　人類以相互包容為基礎的共生共存共贏共享共擔當共發展的可持續性趨勢（包括貫穿於其中的平等、公平、正義等基本精神）的意識，就是所謂的「人類命運共同體」意識。這種意識是一個複雜的意識體，而在構成這一複雜意識體的心理文化的基礎中，就有跨境商事爭議心理層面的「人類命運共同體」意識。[3] 法律觀下的營利性理論邏輯是：傳統商事營利性理

1　參見周海：《淺析心理學在民事訴訟調解中的運用》，載中國法院網，2019 年 11 月 29 日。一帶一路國際商事調解中心調解員行為規範（2016 年 10 月 18 日北京融商一帶一路法律與商事服務中心第一次理事會通過）：一、調解員應按照北京融商一帶一路法律與商事服務中心一帶一路國際商事調解中心規則，盡職、盡責、勤勉、謹慎地行使自己的職責，通過調解的方式獨立、公正、高效、保密地解決爭議。二、調解員應獨立、公正，不代表任何一方當事人，不偏不倚地履行其職責；未被指定為某一案件調解員之前，不得主動與當事人聯繫從而謀求自己作為該案的調解員。

2　參見最高人民法院 2008 年 5 月 8 日《最高人民法院關於潤和發展有限公司申請不予執行仲裁裁決一案的審查報告的覆函》（[2008] 民四他字第 1 號）。

3　參見葉險明：《世界歷史視野中的歷史唯物主義》，中國社會科學出版社 2020 年版，第 471 頁。

論難以適應當下跨境經濟發展；作為一種替代品，現代商事營利性理論應運而生。[1] 這種變化表現為從單純以金錢所得或利潤為目的到符合人類共同倫理、生態共同體建設的需要。[2]

　　跨境商事爭議調解承載的是更深層次社會信任、當事人心理穩定的問題。

> 　　一個社會的人們對法的合法性信仰的產生，首先也是主要的依賴於廣大社會成員對所在社會法律所產生的社會效果的親身感受，只有在他們長期親身感受到法律所帶來的好處後他們才會對法律產生一種感情，進而上升為一種信仰。[3]

　　為此，對於跨境商事調解的心理基礎，在常態情況下，「人性更願意遵循有明確指示和社會契約性質的規則做事，遵循自我教養的心性指令。這是日常生活的幸福規則。規訓與自制力，是現代人幸福生活的良性守護」。[4]

第三節　跨境商事調解的制度供給
——《新加坡調解公約》

　　商事調解，作為與商事訴訟、商事仲裁並列的重要商事爭議解決手段，愈來愈受到跨境商事主體的重視。其基本價值取向在於力求平衡，既要保護調解過程的完整性，例如確保滿足當事人對調解保密的要求，同時又能提供最大限度的靈活性，保護當事人意思自治。[5]

1　參見鄭景元：《商事營利性理論的新發展——從傳統到現代》，載《比較法研究》2013 年第 1 期。
2　參見齊紅：《單位體制下的民辦非營利法人——兼談我國法人分類》，中國政法大學 2003 年博士學位論文，第 44 頁。
3　嚴存生：《法的合法性問題研究》，載《法律科學》2002 年第 3 期。
4　呂嘉健：《規訓社會與自制力的生成》，http://www.hybsl.cn/zonghe/zuixinshiliao/2019-05-24/69802.html，2019 年 5 月 24 日。
5　參見 UNCITRAL《貿易法委員會國際商事調解示範法及其頒佈和使用指南》2002 年 [EB/OL]，http://www.uncitral.org/pdf/chinese/texts/arbitration/ml-conc/04-90952_Ebook.pdf。

　　商事調解，對於跨境商事爭議而言，其突出價值還在於，通過第三方協助友好解決爭議，有效避免抑或減少商業關係破裂或終止，從而降低跨境交易成本，並最大程度地為法律、社會和經濟制度不同的國家所接受。[1]《聯合國關於調解所產生的國際和解協議公約》（簡稱《新加坡調解公約》，以下稱《公約》）係由聯合國國際貿易法委員會歷時四年研究擬訂，於 2018 年 12 月 20 日在第 73 屆聯合國大會上通過，適用於調解產生的國際和解協議。其確立了關於援用和解協議的權利以及執行和解協議的統一法律框架，係一部便利國際貿易並促進將調解作為一種解決貿易爭端的有效替代方法的文書。在通過《公約》的決議中，聯合國大會表示，調解在友好解決國際商事爭議上具有獨特價值，《公約》將補充現行國際調解法律框架，為國際調解框架帶來有效確定性和穩定性，促進發展和諧的國際經濟關係。2019 年 8 月 7 日，商務部部長助理李成鋼率領中國政府代表團在新加坡出席該《公約》簽署儀式，並代表中國簽署《公約》。新加坡總理李顯龍、聯合國負責法律事務的助理祕書長史蒂芬‧馬蒂亞斯出席簽署儀式並致辭。包括美國、韓國、印度、新加坡、哈薩克斯坦、伊朗、馬來西亞、以色列等在內的 46 個國家簽署了該《公約》。[2] 應該指出的是，商事調解亦是我國國際商事糾紛多元化解決機制的重要組成部分，這已由最高人民法院進行充分確認。2018 年 12 月 5 日，最高人民法院綜合考慮受理國際商事糾紛的數量、國際影響力、信息化建設等因素，確定中國貿促會調解中心等作為首批納入「一站式」國際商事糾紛多元化解決機制的調解機構。根據規定，對訴至國際商事法庭的國際商事糾紛案件，當事人可以根據《最高人民法院關於設立國際商事法庭若干問題的規定》和《最高人民法院國際商事法庭程序規則（試行）》的規定，協議選擇納入機制的調解機構調解。經調解機構主持調解，當事人達成調解協議的，國際商

1　參見王芳：《商事調解——高效解決涉外商事糾紛的鑰匙》，載《人民調解》2019 年第 7 期。
2　截至 2019 年 8 月 7 日簽署儀式當天，46 國首批簽署。https://baijiahao.baidu.com/s?id=1641179943 508242283&wfr=spider&for=pc。

事法庭可以依照法律規定製發調解書；當事人要求發給判決書的，可以依協議的內容製作判決書送達當事人。因此，《公約》之研究具有突出現實性、必要性。

一、關於《公約》適用範圍及國際性認定

《公約》第一條明確規定：

> 本公約適用於調解所產生的、當事人為解決商事爭議而以書面形式訂立的協議，該協議在訂立時由於以下原因之一而具有國際性：（a）和解協議至少有兩方當事人在不同國家設有營業地；或者（b）和解協議各方當事人設有營業地的國家不是：（一）和解協議所規定的相當一部分義務履行地所在國；或者（二）與和解協議所涉事項關係最密切的國家。

即《公約》適用範圍涵蓋了三個因素：商事爭議、書面形式、國際性。《公約》為和解協議之「國際性」考量規定了三項指標：營業地、實質性義務履行地、最密切聯繫地。如在和解協議訂立之時，至少有兩方當事人的營業地位於不同國家，或者協議各方當事人設有營業地的國家與和解協議所規定的實質性義務履行地所在國不一致，或者協議各方當事人設有營業地的國家並非與和解協議主體事項關係最密切的國家，則該和解協議具備國際性。[1] 即和解協議當事人營業地設在不同國家，或者和解協議的主要義務履行地與和解協議當事人營業地屬不同國家。換言之，和解協議當事人營業地在不同國家，即具有國際性，或者不論當事人營業地是否設立在同一國家，但和解協議履行地與當事人營業地並不屬同一國家地域，亦具國際性，通常情況下，和解協議履行地往往就是當事人尋求救濟的執行地。《公約》對於「調解」採用了寬泛的設義，其序言提及：

---

[1] 參見唐瓊瓊：《新加坡調解公約背景下我國商事調解制度的完善》，載《上海大學學報（社會科學版）》2019 年 7 月第 36 卷第 4 期。

認識到爭議當事人請第三人協助其設法友好解決爭議的商事爭議解決辦法對國際貿易的價值，注意到以調解及類似含義措辭稱謂的爭議解決辦法在國際和國內商事實踐中越來越多地用於替代訴訟。[1]

《公約》第 4.5 條規定的「主管機關審議救濟請求應從速行事」充分表明，《公約》在訴訟、仲裁之外，進一步健全了國際商事爭議解決路徑，促進商事主體友好止爭，保持良好關係，充分體現調解在爭議解決中的「快速、便捷、高效」的特性。《公約》第 1.2 條規定：

> 本公約不適用於以下和解協議：（a）為解決其中一方當事人（消費者）為個人、家庭或者家居目的進行交易所產生的爭議而訂立的協議；（b）與家庭法、繼承法或者就業法有關的協議。

第 1.3 條規定：

> 本公約不適用於：（a）以下和解協議：（一）經由法院批准或者係在法院相關程序過程中訂立的協議；（二）可在該法院所在國作為判決執行的協議；（b）已記錄在案並可作為仲裁裁決執行的協議。

《公約》明確將為個人、家庭等私人目的的交易所產生的爭議以及與家庭法、繼承法或就業法有關的爭議所簽訂的和解協議排除在《公約》的適用範圍外。當事人不可自行通過協商的形式達成和解協議進而直接申請執行，而必須有調解員作為中立的第三方進行調解。《公約》第 4.1 條的（b）項規定：

> 顯示和解協議產生於調解的證據，例如：（一）調解員在和解協議上的簽名；（二）調解員簽署的表明進行了調解的文件；（三）調解過程管理機構的證明；或者（四）在沒有第（一）目、第（二）目或者第（三）目的情況下，可為主管機關接受的其他任何證據。

1　參見《聯合國關於調解所產生的國際和解協議公約》序言部分。

《公約》並未在其他條款中出現「管理機構調解」的字樣，而在第 2.3 條中明確了調解員的參與，「指由一名或者幾名第三人（『調解員』）協助，在其無權對爭議當事人強加解決辦法的情況下，當事人設法友好解決其爭議的過程。」當事人在法院訴訟或者仲裁機構仲裁的過程中所形成的和解協議，將被本《公約》排除適用，該規定旨在避免《公約》與《選擇法院協議公約》和《紐約公約》等公約發生衝突適用之情形。應該指出的是，《公約》不能僅因為法官或者仲裁員參與調解過程就將和解協議排除在《公約》適用範圍之外，否則可能會出現一方面根據國內法無法執行，另一方面又無法通過《公約》獲得執行救濟的情形。口頭形式訂立的和解協議將不被本公約所認可和適用，但運用電子或者其他任何可被固定記錄下來的方式均為有效的書面形式，書面形式要求的定義參考了貿易法委員會電子商務法規所體現的功能等同原則。具體見《公約》第 4.2 條：

> 符合下列條件的，即為在電子通信方面滿足了和解協議應由當事人簽署或者在適用情況下應由調解員簽署的要求：（a）使用了一種方法來識別當事人或者調解員的身份並表明當事人或者調解員關於電子通信所含信息的意圖；並且（b）所使用的這種方法：（一）從各種情況來看，包括根據任何相關的約定，對於生成或者傳遞電子通信所要達到的目的既是適當的，也是可靠的；或者（二）其本身或者結合進一步證據，事實上被證明具備前述（a）項中所說明的功能。

《公約》第五條將締約國的主管機關拒絕提供救濟的理由分為兩類情形：一是主管機關根據當事人的申請拒絕提供救濟，二是主管機關依職權主動拒絕提供救濟。第 5.1 條規定：

> 根據第 4 條尋求救濟所在公約當事人的主管機關可根據尋求救濟所針對當事人的請求拒絕准予救濟，唯需該當事人向主管機關提供以下證明：（a）和解協議一方當事人處於某種無行為能力狀況；（b）所尋求依賴的和解協議：（一）根據當事人有效約定的和解協議管轄法律，或者在沒有就此指明任何法律的情況下，

根據在第 4 條下尋求救濟所在公約當事方主管機關認為應予適用的法律，無效、失效或者無法履行；（二）根據和解協議條款，不具約束力或者不是終局的；或者（三）隨後被修改；（c）和解協議中的義務：（一）已經履行；或者（二）不清楚或者無法理解；（d）准予救濟將有悖和解協議條款；（e）調解員嚴重違反適用於調解員或者調解的準則，若非此種違反，該當事人本不會訂立和解協議；或者（f）調解員未向各方當事人披露可能對調解員公正性或者獨立性產生正當懷疑的情形，並且此種未予披露對一方當事人有實質性影響或者不當影響，若非此種未予披露，該當事人本不會訂立和解協議。

第 5.2 條規定，當事方主管機關如果作出以下認定，也可拒絕准予救濟：

（a）准予救濟將違反公約該當事方的公共政策；或者（b）根據公約該當事方的法律，爭議事項無法以調解方式解決。

成員方承擔《公約》項下的義務並不以調解程序地為《公約》的另一成員方為前提，涉外商事爭議的當事人可以選擇去任何其他國家進行調解，之後依據《公約》申請我國法院承認或執行該和解協議。[1]

關於協議的承認和執行並未設置實質內容上的限制，較之於仲裁與訴訟之周期長、司法人力資源耗費大、時間成本高、結果之不確定性，商事調解最大限度實現了幫助當事人重新建立因爭議而中斷之溝通，使當事人各方充分知悉對方想法、期望和困難，達至諒解，共同面對困難，合作解決問題，最終實現和解，重新建立合作關係。[2]《公約》第八條規定了當事方可聲明《公約》是否適用於涉及政府實體的和解協議。政府實體如從事商業活動，若政府實體與投資者之間的和解協議根據使用法律被視為商業性質，則該協議應屬於適用範圍。第 8.1 條規定：

1　參見葛黃斌：《新加坡公約的普惠紅利是一把雙刃劍》，載《法制日報》，2019 年 2 月 19 日。
2　參見溫先濤：《新加坡公約與中國商事調解——與紐約公約、選擇法院協議公約相比較》，載《中國法律評論》2019 年第 1 期（總第 25 期）。

公約當事方可聲明：（a）對於其為一方當事人的和解協議，或者對於任何政府機構或者代表政府機構行事的任何人為一方當事人的和解協議，在聲明規定的限度內，本公約不適用；（b）本公約適用，唯需和解協議當事人已同意適用本公約。

二、跨境商事調解法益

1. 法益：儘管法益之概念頗具爭議，但學界較為一致的觀點是，法益即法所保護的一種利益。李斯特指出：「所有的法益無論是個人利益，或者共同社會的利益，都是生活利益。這些利益的存在不是法秩序的產物，而是社會生活本身。但是，法律的保護把生活利益上升為法益。」廣義上的法益泛指一切受法律保護的利益，權利也包含於法益之內；而狹義的法益僅指權利之外而為法律所保護的利益，是一個與權利相對應的概念。法益具有註釋－運用功能、系統分類功能、系統的界定功能。法律僅能發現法益，而不能創造法益，法律規範將法益置於法規範保護範圍內，只是對生活現實的一種描述。法益不依賴於實定法而獨立存在，是在以個人及其自由發展為目標進行建設的社會整體制度範圍之內，有益於個人及其自由發展的，或者是有益於該制度本身功能的一種現實或者目標設定。[1] 跨境商事爭議中，法益獨特性在於，追求利益最大化和國際性是跨境商事主體區別於普通民事主體的主要特徵。在跨境商事爭議中，當事人各方對商業利益的博弈、適用法律的複雜性，要求爭議解決應然具有高效性、徹底性。與仲裁、訴訟相比，商事調解對於程序的要求相對寬鬆，且效力亦相對較高，爭議當事人不至於陷入諸多繁雜程序性泥淖中，或諸多事實真偽之證明之中。跨境商事調解追求從根本上為當事人解決問題且更加尊重當事人之意思自治，最大程度提升跨境商事主體在爭議解決過程中對信息的控制力，降低信息泄露風險，加強對商業祕

1　參見［德］黑芬德爾、［德］馮‧希爾施、［德］沃勒爾斯：《法益理論》，2003 年版，第 155-164 頁。

密和個人信息之保護。爭議解決不唯是一種利益分配，亦是一種交易安排，不僅能夠對當事人業已受損害的權益進行救濟，還能最大程度地實現各自的商業利益追求；不唯修復當前破裂之交易關係，甚至還能促成未來交易之進一步實現。爭議得到徹底解決，係跨境商事爭議法益所在，更能夠實現實質意義上的「雙贏」。《公約》本根在於解決制約跨境商事調解發展的固有障礙——強制執行力的問題。有鑒於跨境商事調解的非正式性、非常態性，跨境商事和解協議較於商事判決、商事裁決，在靈活性、彈性、附條件、附期限或者包含對等給付義務等方面更勝一籌，按照《公約》當事人可以直接申請執行和解協議之安排，在我們現行強制執行司法法律體系中，將有大量跨境和解協議無法得到執行。[1]《公約》在一定意義上，亦將實現對我國繁重司法壓力之緩解。國際商事和解協議根據《公約》具備了可供申請強制執行的效力，故跨境當事人據此申請法院或仲裁機構作出調解書或仲裁裁決的情形將會大幅度減少。同時，在涉外訴訟或涉外仲裁程序過程中達成的和解協議亦無需再通過調解書、判決或裁決的形式來固定其強制執行力，因此訴訟、仲裁案件的撤案率將相應提升，從一定程度上緩解目前我國法院案件數量飽和、法官團隊人員緊缺之困境。[2]《公約》建立了一套直接執行國際商事和解協議的機制，對非訴訟糾紛解決機制的發展將起到巨大推動作用。

　　2. 我國現行調解法律規制：我國現行調解法律制度「行政化色彩濃郁」，側重於純國內爭議特別是民事爭議的化解，而非商事爭議的解決。[3]依調解而達成的和解協議之法律性質更傾向於為一種契約型的文件。司

1　參見孫巍：《〈新加坡調解公約〉與我國法律制度的銜接——對公約在我國落地的幾點建議》，http://news.sina.com.cn/sf/news/fzrd/2019-01-28/doc-ihrfqzka1709926.shtml，2020 年 4 月 9 日。轉引自張麗英：《〈新加坡調解公約〉的解讀及中國商事調解制度的銜接》，載《商事仲裁與調解》2020 年第 2 期。

2　參見宓思：《簡評聯合國關於調解所產生的國際和解協議公約及其對我國多元糾紛解決機制的影響》，載《法制與社會》2019 年第 8 期。

3　參見鄧春梅：《中國調解的未來：困境、機遇與發展方向》，載《湘潭大學學報（哲學社會科學版）》2018 年第 6 期。

法實踐中，即便在訴訟程序及仲裁程序中，當事人經過法官或仲裁庭調解達成和解，且據以作出了調解書，該調解書在當事人簽收前，仍不具有強制執行力，更遑論調解員參與所達成的和解協議，其必須經過司法程序確認，始具意義。[1] 我國現行調解規制涉及民事訴訟、司法解釋及具體調解規定的，包括但不限於《民事訴訟法》第八章、第十五章第六節對法院在訴訟程序中主持的調解、調解協議的司法確認進行了規定，最高院針對調解先後出台了《關於人民法院民事調解工作若干問題的規定》（2004 年）、《關於人民調解協議司法確認程序的若干規定》（2011 年）、《關於人民法院特邀調解的規定》（2016 年）等司法解釋。我國以《民事訴訟法》第八章為核心的法院調解制度帶有濃厚的裁判色彩，傾向於在「事清責明」的基礎上進行裁判式調解。[2] 利用交易習慣進行調解，亦是司法實踐中的重要舉措。市場交易的規則最初表現為市場的交易習慣。[3] 商事習慣，是指在特定的商事領域或特定的商事活動中被廣泛認可，經常存在並被商事主體作為規則反覆使用且為國家所承認的具有法律約束力的不屬於國家法的法律規範。[4]

商會調解亦是司法實踐的重要形式之一。商會可以利用自己的專業優勢促使雙方儘可能存在合作關係的餘地，並且就糾紛達成合意，這樣，就有利於糾紛迅速解決，使企業避免因陷入訴訟而付出更多的機會成本。目前我國商會調解趨勢正在逐漸形成。[5]

3.《公約》對我國調解規制之挑戰：《公約》與我國「以和為貴」「和

1　參見宓思：《簡評聯合國關於調解所產生的國際和解協議公約及其對我國多元糾紛解決機制的影響》，載《法制與社會》2019 年第 8 期。

2　參見陸曉燕：《「裁判式調解」現象透視——兼議「事清責明」在訴訟調解中的多元化定位》，載《法學家》2019 年第 1 期。

3　參見徐學鹿：《什麼是現代商法——創新中國市場經濟商法理論和實踐的思索》，中國法律出版社 2003 年版，第 13 頁。

4　參見周林彬、官欣榮：《我國商法總則理論與實踐的再思考》，法律出版社 2015 年版，第 374-378 頁；王保樹：《中國商法》，人民法院出版社 2010 年版，第 21-22 頁。

5　參見劉莘、李大鵬：《論行業協會調解——制度潛能與現狀分析》，載中國民商法律網，2016 年 9 月 24 日。

氣生財」的傳統文化存在契合。現階段商事仲裁出現了一些訴訟化傾向，程序越來越複雜，成本越來越高，這種傾向有違仲裁制度設計的初衷。[1] 我國現行法律體系下的涉外商事爭議以及個別純國內爭議，如經調解達成了和解協議，則成為《公約》意義上的「國際和解協議」，當事人有權按照《公約》的規定申請成員方承認該協議的效力。國際商事調解作為替代性糾紛解決方式的一種，《公約》倒逼中國商事調解立法之重構，建立健全、獨立的商事調解制度，其關鍵在於《民事訴訟法》與關聯司法解釋之修訂。應當重點加以規定與細化的條款包括但不限於：（1）確定執行的級別管轄與地域管轄法院。借鑒我國司法實踐的情況，建議由當事人進行執行申請所在地的基層法院進行管轄；（2）相關法律制度的修改。包括商事調解的定義，調解員的選定及披露義務，調解程序的開始、進行及終止，調解效力及調解協議執行力等。同時，《民事訴訟法》《人民調解法》並未明確規定調解的保密性。儘管《人民調解法》第 15 條禁止調解員泄露當事人的個人隱私和商業祕密，但個人隱私和商業祕密的範圍明顯要窄於調解保密性所要求保護的信息範圍。保密性是調解的應然優勢之一，各國調解規則均涉及保密問題，對有關主體在調解過程中所獲知的信息之披露及該信息在後續程序中之使用進行限制。[2]《公約》簽署後，部分觀點對《公約》在我國實施過程中可能出現的虛假調解問題表達了憂慮。原因在於《公約》對於調解員的資質、機構調解並無規定，可能會給虛假調解帶來溫牀。用公權力來保障虛假調解得到強制執行並不妥當。但基於我國現行法律規定，虛假調解可以參照我國《民事訴訟法》（2020 年修訂）第 112 條規定進行民事責任考察及《刑法》（2020 年修訂）對虛假訴訟罪的規定對當事人進行刑事考量。根據《民事訴訟法》（2020 年修訂）第 112 條規定：「當事人之間惡意串通，企圖通過訴訟、調解等方式侵害他人合法權

1　參見李成鋼：《〈新加坡調解公約〉對我國跨境商事爭議解決影響幾何？》，載頭條新聞網，2019 年 8 月 9 日。

2　參見唐瓊瓊：《新加坡調解公約背景下我國商事調解制度的完善》，載《上海大學學報（社會科學版）》2019 年 7 月第 36 卷第 4 期。

益的，人民法院應當駁回其請求。」我國《刑法》（2020 年修訂）第 307條規定了虛假訴訟罪，當事人以捏造的事實提起民事訴訟，妨礙司法秩序或者嚴重侵害他人合法權益的，將受到刑事處罰。2018 年 10 月 1 日起施行的《最高人民法院、最高人民檢察院關於辦理虛假訴訟刑事案件適用法律若干問題的解釋》第一條進一步規定，當事人與被執行人採取偽造證據、虛假陳述等手段惡意串通、捏造債權的，屬於「以捏造的事實提起民事訴訟」。第二條規定，以捏造的事實提起民事訴訟，致使人民法院立案執行基於捏造的事實作出的仲裁裁決、公證債權文書的，應當認定為「妨害司法秩序或者嚴重侵害他人合法權益」。據此，《公約》可能帶來的虛假調解協議問題，應能充分解決。同時，培養我國高素質調解員隊伍，考察各國先進調解制度的發展，增強跨境商事調解獨立性、專業性和有償性研究，最大程度使我國商事調解規制與《公約》接軌，具有緊迫性。[1]

三、小結

在當前經濟全球化格局下，世界各國民商事法律從程序到實體均呈現出極大的趨同性，即所謂「法律全球化」，《公約》本身即是多邊主義之共識，亦顯示了多邊主義的價值。《公約》之簽署，係跨境商事爭議解決史上具有重大里程碑意義的一筆，被法律界人士稱為調解領域的《紐約公約》，其將最大程度上降低跨境商事爭議當事人解決國際商事爭議之時間成本和經濟成本，亦將推動商事調解有償性收費常態實施，促使商事調解員專業化、職業化發展，充分調動商事調解積極性、聯動性、國際性。真正實現商事訴訟、商事仲裁、商事調解均衡發展，推動建立跨境商事調解與跨境商事訴訟、跨境商事仲裁有效銜接的多元化糾紛解決機制，形成便利、快捷、低成本的「一站式」爭議解決機制，亦為廣大法律工作者提供跨境商事思維與跨境商事爭議解決的全新邏輯框架。

1　參見萬美娟：《中國加入新加坡公約的法益研究》，載《政策與商法研究》2019 年第 27 期，第 150 頁。

第四節　跨境商事爭議調解實踐表達

商事爭議調解，作為與商事訴訟、商事仲裁並列的重要商事爭議解決路徑，愈來愈受到跨境商事主體的重視。商事調解固本具有的自願性、靈活性、保密性等特點，有利於縮減平息爭議的時間，防止商業損失擴大，減少法律差異帶來的影響，最大限度地維護商事糾紛雙方當事人的合法利益。其基本價值取向在於力求平衡，既要保護調解過程的完整性，確保滿足當事人對調解保密性之要求，亦能提供最大限度之靈活性，保護當事人意思自治。[1]

商事規律的本質在於追求盈利。舉凡商業交易皆旨在追求利益的最大化，而利益最大化又有賴於未來長遠利益與可期待利益的最終實現。國際商事調解秉持「和為貴」的基本理念，並非止步於眼前糾紛的化解和當前利益的恢復，而是着眼於未來，採取「做大蛋糕」而非「切分蛋糕」的方式尋找糾紛雙方新的利益增長點，促成新的合作方案，從而使糾紛消弭於互利共贏的長期合作之中。[2]

為此，商事調解，對於跨境商事爭議而言，其突出價值還在於，通過第三方協助友好解決爭議，有效避免抑或減少商業關係破裂或終止，從而降低跨境交易成本，並最大程度為法律、社會和經濟制度不同之國家接受。[3]

一、法院的跨境商事調解

2020 年 1 月 1 日，廣東省高級人民法院和廣東省司法廳聯合公佈了《廣東自貿區跨境商事糾紛調解規則》（以下簡稱《規則》），為推動多元化解涉粵港澳三地跨境商事糾紛提供了規範遵循。該跨境商事調解規則不

1　UNCITRAL《貿易法委員會國際商事調解示範法及其頒佈和使用指南》2002 年 [EB/OL]，2019 年 3 月 6 日，http://www.uncitral.org/pdf/chinese/texts/arbitration/ml-conc/04-90952_Ebook.pdf。

2　參見廖永安、段明：《「一帶一路」商事調解的「中國方案」》，載《中國社會科學報》，2016 年 8 月 15 日。

3　參見王芳：《商事調解——高效解決涉外商事糾紛的鑰匙》，載《人民調解》2019 年第 7 期。

僅借鑒了香港、澳門地區商事調解的通常方法，為調解、化解廣東自貿區內涉粵港澳跨境商事糾紛提供了更多的渠道和更大的空間，還為香港、澳門地區法律專業人士參與調解粵港澳跨境商事糾紛提供了遵循和便利。[1]《規則》規定，跨境商事糾紛調解應遵循平等、自願、公正、保密、便捷原則，切實維護雙方當事人的合法權益。當事人可自願選擇國際公約、慣例及域外法律調解商事糾紛，但不得違反我國法律、法規的禁止性規定。《規則》第十條規定了商事調解的地點和方式由雙方當事人商定，允許調解員在境外調解跨境商事糾紛，充分彰顯了跨境商事調解靈活、便捷的特點。

《最高人民法院關於人民法院民事調解工作若干問題的規定》（2020年 12 月 23 日修訂），是跨境商事訴調結合的基礎性法律規定，其第一條明確規定：

> 根據《民事訴訟法》第 95 條的規定，人民法院可以邀請與當事人有特定關係或者與案件有一定聯繫的企業事業單位、社會團體或者其他組織，和具有專門知識、特定社會經驗、與當事人有特定關係並有利於促成調解的個人協助調解工作。[2]

第七條規定：

> 調解協議內容超出訴訟請求的，人民法院可以准許。

第九條補充規定：

> 調解協議約定一方提供擔保或者案外人同意為當事人提供擔保的，人民法院應當准許。案外人提供擔保的，人民法院製作調解書應當列明擔保人，並將調解書送交擔保人。擔保人不簽收調解書的，不影響調解書生效。

1　參見章程：《廣東出台跨境商事糾紛調解規則》，載《廣州日報》，2020 年 1 月 2 日。
2　《民事訴訟法》（2017 修訂）第 95 條規定：「人民法院進行調解，可以邀請有關單位和個人協助。被邀請的單位和個人，應當協助人民法院進行調解。」

從上述規定中，不難得出的結論是，跨境商事調解較於訴訟，其並不拘泥於訴訟主體的單一性、訴訟請求的限制性以及組織機構的地域性。

法院主導下的調解，既可藉助訴調對接、執調對接緩解法院案件壓力，合理配置司法資源，又可促進當事人參與和協商，更和平、便利、經濟、快速、合理地解決糾紛。跨境商事訴調銜接中，一些地方法院成績顯著：2020 年疫情期間，廣東法院通過線上庭審、線上調解等方式，及時化解了大量跨境民商事糾紛；2020 年 1 — 11 月，廣東全省法院共審結各類涉外民商事案件 4063 件、涉港澳一審民商事案件 9721 件，分別約佔全國四分之一和三分之二。[1] 廣東法院審理的涉港澳民商事案件佔比突出，案件類型豐富多樣，多與港澳居民在內地居住和投資密切相關。伴隨大灣區改革創新舉措的落地實施，金融外貿領域新型案件的數量逐漸增多，新類型案件亦呈現出向大灣區和自貿區集中的整體趨勢。人民法院始終注重發揮調解在解決跨境商事糾紛中的重要作用，積極推進訴調對接、良性互動，助力灣區構建與國際接軌的多元化糾紛解決機制。除了構建一站式的多元糾紛解決平台，還引入港澳調解員和專家調解員參與糾紛化解，實行調解案件的專業化分流，利用信息化手段開展遠程調解，進一步降低了糾紛解決的成本。[2]

在一些跨內地香港訴訟案件中，人民法院經徵求訴訟當事人意見，允許當事人藉助內地和香港社會力量選擇更有利於解決糾紛的方式，平息跨境商事糾紛。諸如圳通公司訴協成公司加工合同糾紛案——確認港籍調解員異地調解商事糾紛效力一案中，廣東省深圳市前海合作區人民法院依法對調解協議的自願性、合法性以及調解過程的合法性進行審查後，製作民事調解書進行確認。[3] 其他地方法院如青島市中級人民法院妥善調解三起因

1　參見方偉彬、馬卓爾：《廣東高院聘請 90 名粵港澳大灣區跨境商事糾紛特邀調解員》，載廣東政法網，2020 年 12 月 24 日。

2　參見《跨境商事調解為灣區發展護航》，載澎湃新聞 · 澎湃號 · 政務，2020 年 1 月 3 日。

3　參見趙瑞希：《中國港澳台和外國法律查明研究中心落戶深圳前海》，https://www.sohu.com/a/32603411_114812，2015 年 9 月 20 日。

國際貨物買賣合同糾紛系列上訴案，贏得中外當事人一致認可。該系列案件係國內自然人與新加坡公司之間因貿易往來引發的商事合同糾紛。承辦法官以平等保護涉外當事人合法權益及維護發展、穩定大局，吸引外資為出發點，辦法析理，引導雙方當事人當庭達成調解協議，最大限度保護了中外當事人的合法權益，實現了雙方當事人的互利雙贏。[1]

　　一家美國公司委託中國某運輸公司將 2000 多箱紅酒運往日本東京。貨物到港後，收貨人發現溫度被設置為零下 14 度，紅酒因冷凍失去食用價值。託運公司向收貨人支付賠償款後，要求運輸公司賠償貨損。運輸公司認為，運輸溫度是按照託運公司在訂艙函件中寫明的冷藏箱設置「−14」度的指令設置，其對貨損沒有責任。託運公司則認為「−」係破折號而非負號，且紅酒保存溫度為運輸常識，運輸公司應對貨損負責。為更高效、妥善地解決這起海上貨物運輸糾紛，上海海事法院將該案委託上海經貿商事調解中心進行調解。院方表示，因該案具有涉外因素，在法院的建議下，調解中心特別指派外籍調解員 Peter Corne 主持調解。院方透露，Peter Corne 曾先後在澳大利亞、日本和中國學習法律，取得多國律師執業資格，精通中、英、日三國語言，擁有深厚的法學功底和豐富的商事調解和仲裁經驗。雙方最終達成和解方案，並在經貿商事調解中心簽署了調解協議。隨後，原被告雙方向上海海事法院申請司法確認該調解協議，上海海事法院快速審查後出具了司法確認書，認定該調解協議具有法律效力。[2]

二、跨境商事調解機構

　　跨境商事調解的市場化是由商事糾紛的特點和本質所決定的，也是商事糾紛解決的發展方向。「多元文化需要相互尊重、相互理解，

1　參見王洪智：《青島中院妥善調解三起涉「一帶一路」國家系列案件》，載海報新聞，2019 年 9 月 9 日。

2　參見黃丹、李思潤：《上海海事法院攜手上海經貿商事調解中心　首次由外籍調解員解決跨境糾紛》，載中國新聞網，http://www.chinaqw.com/yw/2020/10-22/273723.shtml，2020 年 10 月 22 日。

建立包容、高度交流、理解信任的關係是跨境商事糾紛解決的基礎
環節。」[1]

　　2016 年 12 月 15 日，內地 - 香港聯合調解中心在香港成立，是內地與
香港特區在法律服務領域的新合作，旨在為內地和香港提供解決跨境商業
爭議和貿易糾紛的平台。該調解中心是雙方深化合作的又一個重要成果，
為化解雙方企業間的商事糾紛創建新機制，有利於擴大法律交流合作和優
化營商環境。信賴利益保護是國際商事交往中的基本法則。

　　　在香港、澳門和台灣地區，判例法都是重要的法律淵源，在
　　審判中發揮了重要的作用 …… 中國法制發展的前景，決定了統
　　一法制中的三個不同的區域之間的溝通，而判例法正是溝通這三
　　者的橋梁和紐帶。[2]

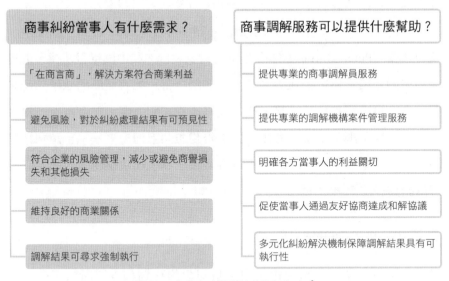

圖 5　跨境商事調解訴求與內容[3]

1　《商事調解：處理國際糾紛的「定心丸」》，載中國貿易報社，2018 年 9 月 19 日。
2　吳劍平：《對我國確立判例法的探討》，載《青海社會科學》1994 年第 2 期。
3　深圳市藍海法律查明和商事調解中心官網，http://www.bcisz.org/html/shangshidiaojie/。

　　2017 年，北京融商一帶一路法律與商事服務中心暨一帶一路國際商事調解中心剛成立兩年，就先後與法國、印尼、西班牙、瑞典的律師事務所以及秘魯 - 中國商會等數家國際機構簽署了設立線下海外調解工作室的合作協議，實現了線上線下調解的國際結合與聯動。依託這些機構及其分支單位，融商中心的國際商事調解服務已覆蓋全球 63 個國家、172 個城市，擁有 160 名專業精到、經驗豐富的各國調解員，可從事中、英、法、西、葡、德、俄等國語言的國際商事調解工作。[1] 該中心推動建立以調解為手段解決「一帶一路」建設中的商事糾紛的國際法治平台，截至 2020 年 7 月 31 日，共接收涉外案件 5949 件，受理 2337 件，調解成功 1149 件，調解結案成功率 58%，調解未果 827 件，正在調解 361 件。機制成員的服務覆蓋中國全境含港澳地區、意大利、法國、德國、西班牙、俄羅斯、荷蘭、巴基斯坦、哈薩克斯坦、印度、越南、格魯吉亞、尼日利亞、加納、南非、美國、加拿大、秘魯、巴西等 80 多個國家的 180 多個城市。[2]

　　市場化跨境商事調解組織秉持「平等自願，開放包容」原則，爭議雙方平等自願是跨境商事調解的前提基礎。開放包容是國際商事調解的理念追求和價值依歸，主要體現在國際商事調解人員、調解依據、調解方式等方面。其中，調解人員的組成具有開放性，並非單一國家和領域，調解組織可面向全球招攬優秀調解專家供糾紛主體協商選擇；調解依據也非僅以各國法律和雙方協議為準，而是包容引用各類國際慣例、交易習慣和通用規則於調解之中。調解方式亦具有開放性和靈活性，爭議雙方可基於自願選擇符合調解現實需要的具體方式。[3]

　　一帶一路國際商事調解中心是經北京市法學會批准，並在北京市民政

1　參見孫瑩：《國際商事調解 12 個案件化解風險涉及金額 4 億元——「一帶一路」綜合服務的靚麗風景線》，載央廣網，2018 年 5 月 30 日。

2　參見何宇：《「一帶一路」國際商事調解中心線上線下聯動　推動建立國際法治平台》，載中國新聞網，2020 年 8 月 11 日。

3　參見廖永安、段明：《「一帶一路」商事調解的「中國方案」》，載《中國社會科學報》，2016 年 8 月 15 日。

局依法註冊成立的社會服務機構。調解中心的職責是協助涉及爭議的相關方，通過調解方式解決「一帶一路」國際商事爭議和糾紛。調解中心的職能是：（1）選任具備資質的調解員；（2）組織培訓，使調解員獲得履職資質和能力；（3）為「一帶一路」服務機制成員及其相關方及「一帶一路」相關國家的政府、企業及其他商業組織與個人提供調解服務；（4）在「一帶一路」國際商事主體中，通過在線與線下調解等方式推廣和諧、互利、平等的調解文化，促進「一帶一路」良好的經濟秩序；（5）與「一帶一路」相關國家政府、司法機關以及調解、仲裁組織合作推動國際商事調解事業的發展及其與司法程序的銜接，包括訴調對接、調解協議的司法確認以及執行等。調解中心本着公益性、中立性和專業性的原則，在《一帶一路國際商事調解中心調解規則》下開展調解工作。作為糾紛的調解主持者，秉持中立地位，迴避利益衝突，不偏袒任何一方，綜合平衡各方的利益，提出符合糾紛實際情況的解決方案。調解中心的調解員均具有豐富的研究與執業經歷，接受職業調解員的培訓，嚴格按照管理規範和調解標準進行調解。調解中心開發運行在線調解系統，通過構建糾紛解決申請、調解員確定、調解過程、調解文書生成等互聯網技術支持模式，將調解規則導引、糾紛案例學習、調解資源整合、遠程調解、訴調對接等多項在線解紛功能融於一體。[1] 在國際性方面，首先，該調解中心專為「一帶一路」國際商事糾紛而設，具有天然的國際性；其次，中心調解員由來自各國的具有豐富專業知識及實際經驗的、公道正派的人士擔任，具備公平、有效處理複雜的國際案件的能力；最後，中心的調解規則吸納了國際上各大調解中心的成功經驗，可為當事人提供國際一流水準的調解服務。因此，一帶一路國際商事調解中心的合法性和國際性毋庸置疑，可以說是一個值得信賴的專業調解機構。[2] 2016 年 12 月 27 日，北京市第四

---

[1] 參見一帶一路國際商事調解中心官網，http://www.bnrmediation.com/Home/Center/index/aid/150.html，2021 年 6 月 29 日。

[2] 參見王麗：《打造我國「一帶一路」商事調解的中心地位》，載《人民法院報》，https://zhuanlan.zhihu.com/p/89119895，2017 年 7 月 21 日。

中級人民法院與一帶一路國際商事調解中心簽署合作協議進行訴調對接，跨境商事調解成效顯著。

　　機構主導調解的優勢在於其可建立訴調銜接、仲調銜接、非調結合等模式，在跨境商事爭議解決中具有天然的生命力。《新加坡調解公約》並沒有調解地的概念，在任何國家或地區（無論是否為成員方）達成的國際和解協議，都可以在公約的成員方申請執行；同時調解公約賦予經調解達成的國際商事和解協議直接執行力，[1] 為機構調解提供堅實法律基礎。《新加坡調解公約》目前已有 55 個簽約國，[2] 包括中國、印度和美國。該公約生效後，尋求跨境執行調解和解協議的企業可以直接向簽署並批准該協議國家的法院提出申請，而不必根據各國國內程序把和解協議當作合同執行。（參見表 10）[3]

三、小結

　　跨境商事調解係一種非對抗爭議解決方式，其在化解跨境商事糾紛、構建和諧商事交易關係方面具有重要作用，受到國際社會、各國政府和跨境企業的廣泛重視，已經成為共建共治共享跨境秩序格局中一支不可缺少的力量。調解程序可以有效促進當事人了解他們各自在爭議中所處的地位，雙方存在的爭議之處，促進當事人求大同存小異，互諒互讓，友好地解決糾紛。泰戈爾言：時間用它獨有的刻薄方式令我們漸漸寬宏，明白不管怎樣被生活對待，依然要許諾自己明日必有太陽。在一定意義上，商事調解是成長的標誌，而成熟的標誌，就是冷靜地創新、止爭、進步。[4]

1　參見李韻石：《新加坡調解公約：開啟跨境商事糾紛解決新時代》，載法治日報－法人網，2020 年 9 月 14 日。
2　https://treaties.un.org/Pages/ViewDetails.aspx?src=TREATY&mtdsg_no=XXII-4&chapter=22&clang=_en，2023 年 2 月 23 日。
3　參見李韻石：《新加坡調解公約：開啟跨境商事糾紛解決新時代》，載法治日報－法人網，2020 年 9 月 14 日。
4　參見楊榮寬：《全新科技的發展，將進一步促進金融科技、跨境創新合作的升級》，載中國日報網官方帳號，2019 年 6 月 21 日。

表 10　簽署批准《新加坡調解公約》的國家名單

S/N	Country	S/N	Country
1	Afghanistan	28	Lao People's Democratic Republic
2	Armenia	29	Malaysia
3	Belarus *	30	Maldives
4	Benin	31	Mauritius
5	Brunei Darussalam	32	Montenegro
6	Chad	33	Nigeria
7	Chile	34	North Macedonia
8	China	35	Palau
9	Colombia	36	Paraguay
10	Congo	37	Philippines
11	Democratic Republic of the Congo	38	Qatar *
12	Ecuador *	39	Republic of Korea
13	Eswatini	40	Rwanda
14	Fiji *	41	Samoa
15	Gabon	42	Saudi Arabia *
16	Georgia	43	Serbia
17	Ghana	44	Sierra Leone
18	Grenada	45	Singapore *
19	Guinea-Bissau	46	Sri Lanka
20	Haiti	47	Timor-Leste
21	Honduras	48	Turkey
22	India	49	Uganda
23	Iran (Islamic Republic of)	50	Ukraine
24	Israel	51	United States of America
25	Jamaica	52	Uruguay
26	Jordan	53	Venezuela (Bolivarian Republic of)
27	Kazakhstan	-	-

註：已經批准《新加坡調解公約》的國家標有星號（＊）。

「我相信我們正目睹全球化的終結。」[1]在國際性疫情的衝擊下，跨境商事交易明顯受到抑制，但抑制的平復，並非訴訟與爭端，本根為和解與調解。「訴訟的一個基本原則要求在於，法律應當以相同的方法處理基本相似的情形。」[2]而跨境商事調解，從本質上講進一步刻畫商法的國際品格，跨境商事調解更加關注國際性的商人群體自己使用的習慣和慣例；調解更由國際商人群體自己掌握，遵循的程序迅捷簡約，承繼並強調「按中世紀標準的公平原則，將此種意義的衡平看成是壓倒一切的原則」。[3]

第五節　跨境商事調解與文化表達

調解（mediation）既古老又嶄新。說其古老，因為調解有和人類社會一樣長遠的歷史；說其嶄新，因為調解在現代社會中不僅廣泛存在而且方式繁多。在對調解的研究過程中，受現代化理論的影響，人們對古代社會的調解或者說現代社會以前的調解，一般習慣於將其稱為傳統調解；而對現代社會的調解，因其具有現代性，而將其稱為現代調解。[4]毋庸置疑，跨境商事調解歸屬於現代調解的範疇。

現代調解所要追求的就是多元利益視域下的綜合正義。「綜合正義」的概念打破了傳統的訴訟（裁判）中心主義的糾紛解決觀，強調了以調解為主要方式的 ADR（替代性糾紛解決機制）與訴訟的相互協作支撐社會

1　［英］阿蘭·魯格曼：《全球化的終結：對全球化及其商業影響的全新激進的分析》，常志霄等譯，生活、讀書、新知三聯書店 2001 年版，第 1 頁。

2　［美］博登海默：《法理學——法哲學及其方法》，鄧正來等譯，華夏出版社 1987 年版，第 496 頁。

3　W. Mitchell, *An Essay on the Early History of the Law Merchant*, (1st ed. 1969), pp. 7-20. 參見 Berman, *The Overseas Commercial Transaction*, 13 Law Int'l Trade, p18, p19, p20, p22. (1975).

4　參見陳弘毅：《調解、訴訟與公正：對現代自由社會和儒家傳統的反思》，載陳弘毅：《法理學的世界》，中國政法大學出版社 2003 年版，第 178-213 頁；強世功：《調解、法制與現代性》，中國法制出版社 2001 年版；狄小華：《中國傳統調解制度的現代轉型》，載《東南大學學報（哲學社會科學版）》2008 年第 6 期。

正義的實現。長期以來，我們的傳統法學教育和法學研究都是圍繞「權利 — 訴訟」話語而展開，而調解作為訴訟的參照物，一直被置於邊緣地位。這種認知模式遮蔽了調解的本來面目和應有價值。[1]

跨境商事調解，關涉習慣法與文化差異。

> 它形成了國家的真正憲法；它每天都在獲得新的力量；當其他的法律衰老或消亡的時候，它可以復活那些法律或代替那些法律，它可以保持一個民族的創製精神，而且可以不知不覺地以習慣的力量代替權威的力量。[2]

> 法律應當和國家的自然狀態有關 …… 和居民的宗教、財富、人口、貿易、風俗、習慣相適用。[3]

馬克思·韋伯曾說：「在任何一項偉大的事業背後，必然存在着一種精神力量，尤為重要的是，這種精神力量一定與該視野的背景有密切的根源」。被國際社會譽為「東方之花」的人民調解，其背後的精神力量就是「息訴止訟」的中國法律文化傳統，這是中國法治建設必須立足的本土資源。[4]

一、中國調解文化

調解植根於中華傳統文化，其既是中國人選擇的理想地解決社會糾紛的重要手段，又是人與人相處的生活態度，現在已經深深扎根於現代司法體系之中，成為現代社會和諧穩定不可或缺的「降壓閥」和「消火栓」。[5]中國古代調解制度的理論基礎，奠定於先秦諸子的學說。讀先秦諸子書，我們可以體會到，儒墨道法雖然在治國的策略方針上有所不同，甚至對

1　參見廖永安：《科學認識調解價值　推動社會治理創新》，載《中國社會科學報》，2020 年 3 月 27 日。
2　［法］盧梭：《社會契約論》，商務印書館 1980 年版，第 73 頁。
3　［法］孟德斯鳩：《論法的精神》，商務印書館 1961 年版，第 7 頁。
4　參見廖永安：《加強人民調解員隊伍建設　再造人民調解新輝煌》，載《法制晚報》，2018 年 6 月 4 日。
5　參見周亮：《構建社會調解的「東方話語體系」》，載《中國社會科學報》，2016 年 9 月 19 日。

立，但是對「和諧」的追求卻是一致的。儒家的大同理想、墨家的「尚同」主張、道家的「道法自然」、法家的「以刑去刑」等思想，都體現了對社會穩定、和諧的追求。孔子總結歷史的經驗，教誨世人「聽訟，吾猶人也，必也使無訟乎。」[1]《說文解字》所說：判，分也；調，和也。傳統社會追求無訟的價值理念，強調從源頭減少矛盾糾紛，發展形成了各種調解制度。地方官每到一個地方都會發出安民告示，告誡民眾不要為了一些細故輕易地到官府打官司。田土戶婚這些細故都以調解為主。唐律規定，提起民事訴訟只能在農閑的季節，每年四月到十月不允許提起民事訴訟；宋朝進一步細化，規定農閑季節必須把民事訴訟審理完畢，如果未結案就中止審理；清朝也明確規定農忙季節，官府不受理民事訴訟。[2]中國調解的傳統，本質上還在於「重權力輕權利、重無訟輕訴訟、重情不重法，已完全淪為實踐德治的主要工具」。[3]

在形式上，傳統歷史上調解與判決差異不大，調解中蘊含裁判的色彩，裁判也滲入調解的方式。調解的裁判表達，根植於在傳統文化的同化下的正義表達，即表達為一種直覺正義、天經地義。鄉民們並不關心制度的設計是否合理，證明責任的歸屬，只要最後的結果是符合人們內心價值觀念的就是好的。更為重要的是鄉民的正義觀中還加入了人情，成了以倫理為本位的「人情正義」，這種正義是指「義」要依「情」而定，合乎情就是義，反之就是不義。[4]調解是樸素正義觀的展示，在民間糾紛解決中得到充分的呈現，制定法和判決並不能滿足鄉民對這種正義觀的要求。[5]

傳統中國調解文化，並不乏理念的支持。它是一種有限制、有範圍的

---

1 《論語·顏淵》。

2 參見鄭重：《構建我國多元化糾紛解決機制的三個向度》，載《人民法院報》，2019 年 7 月 26 日。

3 張波．《論調解與法治的排斥與兼容》，載《法學》2012 年第 12 期。

4 參見趙旭東：《鄉土社會的「正義觀」》，載王銘銘、王斯福《鄉土社會的秩序、公正與權威》，中國政法大學出版社 1997 年版，第 591 頁。

5 參見于語和、于浩龍：《試論民間習慣在民間糾紛調解中的作用》，載《法學家》2015 年第 3 期，第 55-62 頁。

「和解」，而不是不論是非、不論正義非正義的調和。用現代的語言來說就是民事糾紛和一些輕微的刑事案件，在古代屬於「訟事」或「細事」的範圍，是可以通過調解途徑解決的；而對盜賊、命案等一些重大的犯罪，即重大「獄案」，中國古代法律不僅明令禁止「私和」，而且官府也必須依法審斷、處刑，不得調解。這反映了古人對和諧的追求，也反映了古人對法律「懲惡揚善」，維護善良、正義的信念。[1]

近代調解制度則起源於「馬錫五審判方式」，當時無論是審判還是調解，都帶有強烈的職權主義特徵，吸納了群眾工作的若干因素。[2]「調解」等同於「和解」，是通過第三者解決糾紛，不給出有約束力的判決的方法。中國的調解者發揮了這樣的作用：他把互不理睬的當事人聯繫到一起。從另一個角度來看——

> 它不僅僅建立了當事人的聯繫，而且找到了爭議點，確定了事實上的問題，尤其是提出了合理的解決方案——甚至提出可能的和建議性的決定——動用了強有力的政治、經濟、社會和道德上的壓力，並施加於一方或雙方當事人身上，使他們最終保留最小的爭議但達成「自願」的一致意見。[3]

應該指出，不能簡單地將中國調解的傳統與「ADR 運動」「恢復性司法」等一些源於西方的新的司法概念和措施相等同。因為，中國的調解傳統只是一種解決糾紛的程序和手段，並不包含「ADR 運動」和「恢復性司法」中所具有的所謂「正義」的價值理念。[4]

---

1 參見曾憲義：《關於中國傳統調解制度的若干問題研究》，載《中國法學》2009 年第 4 期，第 34-46 頁。
2 參見張大海：《訴訟調解既判力論》，載《政法論壇》2008 年第 9 期，第 10 頁。
3 強世功：《調解、法制與現代性》，中國法制出版社 2001 年版，第 88-89 頁。
4 「恢復性司法」英文為「Restorative Justice」，有學者認為「Justice」一詞兼備「司法」與「正義」兩種含義，調解雖與恢復性司法在程序上有類似之處，但卻沒有或忽視恢復性司法所具有的理念意義。

二、西方調解文化與「ADR 運動」

　　法律、習慣和慣例屬於同一個連續統一體，即他們之間的演變難以察覺。[1]「『羅馬法典』不惟把羅馬人的現存習慣表述於文字中。」[2]西方商事調解植根於其獨特的法律文化。在整個司法體系較為保守的德國，調解仍屬於新鮮事物。作為一個具有悠久法律傳統的大陸法系國家，律師職業、法官職業在德國都發展得相當完善。調解制度想要進入這樣一個高度組織化且有悠久傳統的國家的司法體系，需要克服司法體系內外的固化印象，而且並不是所有體系中的人都對新興的調解舉雙手歡迎。雖然歐盟的調解指令從立法上為調解這項制度在歐盟的發展掃清了障礙，德國的國內法修改也為調解進入法院體系鋪平了道路，但司法調解仍征途漫漫。[3]丹麥雖然在一些實體法中規定對特定領域內發生的糾紛要進行調解，其租賃法中就有鼓勵出租人和承租人之間調解的法規，這本來在法律依據上為拓展新類型的調解提供了契機，但司法界過於僵化保守的態度使得類似的糾紛很少經由調解解決。[4]

　　在英美法系國家的現代調解中，始終恪守着一些基本原理，例如，法官不能介入當事人的調解（和解），調解與裁決（包括仲裁裁決和司法判決）必須分離，否則必然會導致法官先入為主的判斷和不公正審判。這些原理不僅束縛了法官的手腳，也制約着調解制度的創新和發展。我國一些法學家和法官，也同樣受到這些原理的影響，主張將調解改革的重點放在調審分立或分離的設計上，反對法官在開庭後、庭審中主持調解，或將調解貫穿於訴訟始終。[5]美國雖沒有調解的文化傳統，但迫於訴訟爆炸的壓力，20 世紀中葉開始，調解在美國開始興起並被廣泛地運用到糾紛解決

1　參見［德］馬克思・韋伯：《論經濟與社會中的法律》，張乃根譯，中國大百科全書出版社1998 年版，第 20 頁。
2　［英］梅因：《古代法》，沈景一譯，商務印書館 1959 年版，第 11 頁。
3　參見《德國法官是如何調解的》，載《人民法院報》，2017 年 12 月 22 日。
4　參見王福華：《現代調解制度若干問題研究》，載《當代法學》2009 年第 6 期。
5　參見陳亞平：《我國訴訟調解制度完善研究》，載《法學雜誌》2008 年第 1 期。

之中。美國調解的勃興與美國的 ADR 運動有關。在美國 ADR 運動中，調解已經被人們視為「最受歡迎的一種方式」。[1] 美國調解作為現代調解模式的代表，是一種法治主義基礎上的調解，其始終視司法審判為社會調整的最終和最高方式。這種調解是按照程序正義的要求、通過法律的形式加以確立的一種程序，是以當事人意思自治為本質特性，是在法律的陰影下進行的一種選擇性的替代性的糾紛解決方式。[2]

所謂替代性糾紛解決機制（以下簡稱 ADR）是指除訴訟和仲裁外的糾紛解決方式集合的統稱，該機制是一個開放性的機制，包含調解、和解、談判等。現代 ADR 制度是移民、勞工運動、民權運動等一系列社會變遷的結果。直到現代 ADR 產生，仲裁一直是美國司法程序之外唯一的糾紛解決方式。ADR 本質通過協商談判的手段力圖達成雙方的合意，當彼此都對結果滿意時，也即自身利益得到滿足的情況下又沒有減損他人的福利，對於整個社會而言就是「在不使任何人境況變壞的情況下，不可能再使某些人的處境變好」的資源最佳配置狀態，在當事人可以通過和解的方式解決他們的分歧時，他們的行為都是有效率的。[3]

與美國的 ADR 不同，英國的 ADR 主要由民間組織進行，而非法官（美國法院附設 ADR 主動向當事人提供 ADR 產品）。英國通過修改《民事訴訟規則》，從原則到制度上，予以 ADR 充分的司法支持。從原則上，新規則明確了公正審理案件應在保障當事人平等的前提下，「節省訴訟費用，根據案件金額、案件重要性、系爭事項的複雜程度以及各方當事人的經濟狀況，採取相應的審理方式」。從制度上，新規則允許法官使用非強制勸導性命令（persuasive order），鼓勵當事人採用 ADR，並在訴訟費用方面，對採取 ADR 的當事人予以傾斜。英國的 ADR 實踐最大的特

1　參見李政：《中國特色的調解制度研究——基於美國調解程序和效力的啟發》，載《比較法研究》2011 年第 5 期。

2　參見張波：《論調解與法治的排斥與兼容》，載《法學》2012 年第 12 期。

3　參見［美］羅伯特．考特、［美］托馬斯．尤倫：《法與經濟學》，陳昕、史晉川等譯，上海格致出版社 2010 年版，第 75 頁。

點是其充分挖掘了民間 ADR 組織的潛力。在英國，有三大 ADR 組織，即專家協會（Academy of Experts）、ADR 集團（ADR Group）以及糾紛解決中心（CEDR）。在法院的大力支持下，英國的 ADR 民間組織發揮了調停人的作用。由於民間組織與法院是不同的機構，對當事人是「促調」，而非「壓調」，合適地扮演了第三人的角色，解決了裁判者與調停者身份重疊的問題。[1] 一定意義上，ADR 的解決方式如同遊戲規則。正是當事人的參與促成了這場遊戲的開始，當事人對利益的需求如同遊戲籌碼，刺激着當事人對調解產生興趣。

> 利益，就是陷入遊戲中，參與並採取對於遊戲者來說是值得去遊戲的那種遊戲，而且，利益還意味着，通過遊戲和在遊戲中的活動所生成的遊戲策略也是值得繼續進行下去，也就是說，利益就是對於遊戲和在遊戲中的賭注性計謀的確定。[2]

當事人「同意」調解是源於兩個方面的原因：一是內部原因，當事人「同意」調解是受到生存心態潛在的指引。當事人的出身、職業經歷及教育背景等日常生活經歷，逐漸生成了專屬於當事人的生存心態。二是外部原因，當事人受到外部因素的支配，此種支配來源於法官的權威、法官的調解偏好、當事人與法官身處司法場域的位置關係及社會場域、政治場域的介入等外在因素。[3] 而法院調解，是指在人民法院審判人員的主持下，訴訟當事人就爭議的問題，通過自願協商，達成協議，解決其民事糾紛的活動。法院調解是人民法院審理和解決民事糾紛的重要形式。[4]

ADR 中，利益具有比權利更為豐富的含義和多面的維度，包括直接利益與間接利益、長遠利益與短期利益、物質利益與精神利益、整體利益

1　參見林立：《法院調解的成本分析——現代司法理念與司法程序成本》，http://iolaw.cssn.cn/lgxd/200406/t20040604_4590887.shtml，2004 年 6 月 4 日。

2　［美］羅爾斯‧龐德：《通過法律的社會控制》，商務印書館 2010 年版，第 33 頁。

3　參見牛博文：《司法調解中的權力關係分析——以個案研究為視角》，載《河北法學》2016 年第 7 期。

4　參見董少謀：《民事訴訟法學》，中國政法大學出版社 2007 年版，第 32 頁。

與局部利益等。權利往往只是法律對眼前最迫切、最現實、最直接利益的表達與確認，無法也不可能涵蓋全部的社會生活利益，因此司法裁判只能試圖修復受損的法律權利，而無暇顧及全部社會生活利益。利益無法通過權利路徑來獲得真正救濟，司法裁判對此無能為力。如果把權利視角轉換為利益視角，運用調解的方法，促使雙方握手言和，案結事了人和，賠禮道歉的執行難題也就迎刃而解。司法裁判以法律程序上結案為終點，調解則是以糾紛的實質性解決為終點。正是通過綜合運用習俗、政策、情感與道德倫理等法律之外的調整手段，調解促使雙方當事人重新認識彼此，達成彼此間情感的溝通、關係的和諧、利益的衡平，實現互諒互讓、互利共贏，人際融洽、社會和諧。[1]

三、小結

跨境商事調解植根於法律文化，並與習慣法深層次關聯。習慣是被同意為「有效」，並由對偏離習慣的不同意而加以保障。[2]中國傳統社會的法律秩序是通過國家制定法和民間習慣（法）的分工合作協調實現的，儘管這種分工並不嚴格，兩者不時互有影響和滲透。[3]

司法裁判所追求的是一種單向度的形式正義、程序正義、絕對正義，而商事調解更多追求的是一種綜合性的實體正義、情境正義、相對正義，更加從整體上考量每個糾紛背後的原因、當事人特有的個性需求、將來關係的維護等因素，去謀求糾紛的合理解決。只要當事人自願，程序可以簡化、事實可以模糊、情理可以優先、界限可以調整；如果說判決是一種旁觀者眼中的抽象正義，調解則是當事人之間的具體正義；如果說判決是一種「要麼全有，要麼全無」的零和博弈，那麼現代調解的情理法

1　參見廖永安：《科學認識調解價值　推動社會治理創新》，載《中國社會科學報》2020 年 3 月 27 日。

2　參見［德］馬克思・韋伯：《論經濟與社會中的法律》，張乃根譯，中國大百科全書出版社 1998 年版，第 7-8 頁。

3　參見蘇力：《當代中國法律中的習慣》，載《法學評論》2001 年第 3 期。

兼容、多元利益的同生共存，則為價值多元的現代社會生活提供了穩定裝置，實現了法律世界與生活世界、形式正義與實體正義、法治德治與自治的對接。[1]

現代調解制度的指標性特徵：當事人的自治性和主導性、調解程序的本位性與公正性、調解主體的協同性和參與性、調解功能的複合性和前瞻性、調解過程的開放性和社會性、調解機制的一體性和協調性。現代調解制度與傳統調解制度相比，在其所具有的功能價值上，不僅有量的增多，同時更有質的提升。傳統調解制度的功能主要體現在其糾紛的化解優勢上，然而，傳統調解制度也有其固有的局限，比如：對當事人的主體地位尊重不夠，調解者往往以居高臨下的姿態進行壓服性的勸導；對當事人應有的實體權利不夠重視，強調當事人犧牲權利，求得苟且的妥協，而不是在尊重權利的基礎上達成合意、化解糾紛。[2]跨境商事調解，現階段已創設了訴訟與調解對接、仲裁與調解對接、公證與調解對接、線上線下對接、國內國外對接等系統體系。[3]並開始開啟全球合作模式，推崇「化干戈為玉帛」的東方智慧，共建「人類命運共同體」，這也是對互聯網國際商事調解的探索之作。[4]

應該指出，有關跨境商事調解的經驗和認識應是動態發展的，需要針對各國各種因素的變化及時調整，而無需一味固守某些傳統定論。對於跨境商事調解存在的問題，也需要在實踐經驗中不斷探索，分析原因和解決途徑，促進制度和效果的改善。與此同時，也應該高度警惕對調解的指標化和絕對化的傾向。[5]

1　參見廖永安：《科學認識調解價值　推動社會治理創新》，載《中國社會科學報》2020 年 3 月 27 日。

2　參見湯維建、齊天宇：《漂移的中國民事調解制度》，載《比較法研究》2012 年第 5 期。

3　參見何宇：《「一帶一路」國際商事調解中心線上線下聯動　推動建立國際法治平台》，載中國新聞網，2020 年 8 月 11 日。

4　參見王麗：《「一帶一路」國際商事調解》，北京大學出版社 2020 年 5 月版，第 105 頁。

5　參見范愉：《多元化糾紛解決機制的建構與理論證成》，載《法治評論》2009 年第一輯。

第六節　ODR 與跨境商事調解

> 任何社會不可能是沒有矛盾的。衝突是不可避免的，糾紛的
> 發生和解決構成了人類社會發展的一對永恆性的矛盾，人類社會
> 正是在解決這對矛盾的過程中不斷趨於進步的。[1]

跨境商事爭議亦如是，普通法系、大陸法系以及宗教法傳統的國家，法律
文化與法律邏輯差異很大。ODR（online dispute resolution）即在線糾紛
解決機制，係一種通過電子溝通方式解決糾紛的機制，主要關注於解決因
跨境電子商務交易引起的爭端。

> 傳統司法機制不能妥善解決跨境電子商務糾紛，快速解決跨
> 境糾紛並得到執行，需要藉助於全球性的在線糾紛解決系統。電
> 子商務跨境糾紛需要特定的機制，該機制不增加與經濟價值不相
> 稱的費用、延誤和負擔。[2]

網絡空間的全球性、虛擬性、管理的非中心化和高度的自治性使得網
絡空間爭議的解決具有不同於傳統離線爭議的特殊訴求，效率、成本和便
利性成為網絡空間爭議解決方式的首要價值目標。高昂的訴訟成本、遙遠
的地域相隔、迥異的語言和文化、法律適用的隔閡、管轄權確定的複雜性
和判決的承認和執行等問題累加，使傳統訴訟在面對如此紛繁複雜的網絡
空間糾紛時顯得頗為捉襟見肘。跨境電子商務被迫尋求和考慮用對跨境訴
訟的替代性爭議解決方法來為在線爭議提供更為快捷、方便、成本低廉的
解決方案，諸如跨境仲裁、跨境調解或和解。[3]

跨境商事爭議解決機構的國際性和中立性是其生存和發展的根基。長
期以來，國際仲裁一直為跨境交易的不斷發展提供保障，但其唯適用於大

1　［美］查爾斯·霍頓·庫里：《社會過程》，洪小良等譯，華夏出版社 2000 年版，第 28 頁。
2　江和平：《亞太經合組織在線糾紛解決全面合作框架：提升正義，促進貿易》，http://news.sina.
　　com.cn/sf/news/fzrd/2017-12-14/doc-ifypsqiz7377647.shtml，2017 年 12 月 14 日。
3　參見祝輝：《電子商務糾紛解決新方法》，https://www.66law.cn/laws/52774.aspx，2021 年 1 月 20 日。

額的跨境糾紛，適用於擔負得起傳統糾紛解決模式的大型經濟實體。國際商事仲裁對於大部分微型和中小企業而言，其仲裁經濟成本、時間成本、程序成本根本令人無法承擔。跨境商事爭議的內核在於利益之多元，在多元利益的背景下，任何一個利益主體排斥其他利益主體處於獨佔地位是不可能的，各利益主體既要竭力主張其利益的最大化，同時也必須做出妥協和讓步，由此，社會中形成的平衡機制，確立了公民自主、自律、自由的理性訴求，遵從和保障每個人權利和自由的理性規則即市民法就成為市民社會成員的共同行動，市民社會成員根據市民社會生活的變化和發展，對市民法進行不斷更新，從而在市民社會產生了自生自發秩序。[1]

一、關於 ODR

ODR 係從 ADR 演化而來，字面意思是在線糾紛解決機制。因此，其主要模式是把 ADR 的方法和經驗運用到跨境電子商務環境中，以解決大量出現的在線糾紛的一種機制。有學者認為，ODR 模式是指一種能獨立於當事人的物理場所，通過互聯網並利用遠程信息技術解決爭議的方法。[2]

ODR 的理念內核亦來自 ADR，[3]ODR 並沒有一個固定的含義和範圍，它包括全球電子商務環境中，傳統的司法機制之外，解決 B2C 電子商務各種糾紛的方法和模式。隨着「互聯網＋」的高速發展，信息技術作為糾紛解決機制的第四方使得在線替代性糾紛解決機制（ODR）應運而生。在大數據、雲計算等新技術的強有力支持下，運用互聯網思維在司法機關信息化進程中實現對 ODR 跨界融合與深度應用，是司法在多元化糾紛解決機制建設中的主要目標。[4]

1　參見,［英］哈耶克:《法律、立法與自由》,林榮遠譯,中國大百科全書出版社 2000 年版,第 63 頁。
2　參見劉滿達:《論爭議的在線解決》,載《法學》2002 年第 8 期。
3　參見 Graham Ross, *Challenges and Opportunities in Implementing ODR*, http://www.odr.info/unece2003/pdf/ross.pdf, 轉引自鄭世保:《在線糾紛解決機制（ODR）研究》,法律出版社 2012 年版,第 12 頁。
4　參見王斌、王倩:《互聯網背景下的多元化糾紛解決機制　司法引領在線糾紛解決機制發展之路徑探析》,載中國法院網,2018 年 1 月 5 日。

　　根據市場研究諮詢公司英敏特和 Research Consulting Group 發佈數據顯示，2020 年我國網購用戶已超五億人，人均網購消費支出 1.5 萬元，在線消費已經佔到國內消費總量的 60% 之多。[1] 作為跨境貿易的新型模式，以天貓國際、京東國際等為代表的跨境電商，正以前所未有的速度拓展國際消費市場。與此同時，所產生的各類糾紛正日趨增多，主要呈現出類型多樣、標的額小、數量多的特點。現階段，我國跨境電商爭議的解決方式主要是線上糾紛解決和線下糾紛解決兩種路徑。線上糾紛解決方式主要是跨境電商對 ODR 的轉化應用。[2] 根據最高人民法院《中國司法大數據研究院發佈網絡購物合同糾紛案件專題報告》的數據顯示，2017 年 1 月 1 日至 2020 年 6 月 30 日，全國各級人民法院一審新收網絡購物合同糾紛案件中，超過十分之一的糾紛案件涉及海淘或進口商品。[3] 歐盟為解決跨區域電子商務糾紛制定了《消費者 ODR 條例》，通過建立 ODR 平台，試圖以非訴訟的方式為歐盟範圍內經營者與消費者之間的電子商務糾紛爭議提供解決的渠道。但是該平台並不是直接的糾紛解決機構，而只是發揮當事人與 ADR 機構之間信息傳遞的功能。如果雙方當事人都接受 ADR 的解決方案，則 ADR 做出的結果就對雙方均具有約束力。[4]

　　ODR 平台突出優勢在於，充分利用互聯網技術，創新應用機器人調解、異步調解、電子談判技術、智能診斷等智能化技術，滿足跨境電商當事人多樣化的解紛需求，使用糾紛問答機器人、法律政策解答機器人、案例索引機器人方便當事人信息收集、交流溝通，並且提高人工智能（機器人）服務能力。以智能診斷為例，根據當事人訴求，在大數據分析基礎上

1　參見姜欣欣：《數字經濟時代需完善金融消費糾紛在線解決機制》，載金融時報 - 中國金融新聞網，2021 年 3 月 15 日。

2　參見魏婷婷：《跨境電商糾紛解決機制的優化與創新》，載人民論壇網，2020 年 6 月 10 日。

3　參見（2016）滬 01 民轄終 402 號民事裁定書；王紅燕、金萍霞、徐琳、王宇飛：《跨境電商合同糾紛案件管轄條款效力研究與在線爭議解決機制探索》，http://www.zhonglun.com/Content/2020/12-10/1544384831.html，2020 年 12 月 10 日。

4　參見鄭維煒、高春傑：《「一帶一路」跨境電子商務在線爭議解決機制研究——以歐盟消費者 ODR 條例的啟示為中心》，載《法制與社會發展》（雙月刊），2018 年第 4 期，第 195-197 頁。

對糾紛進行評估性診斷，告知當事人糾紛勝敗概率以及需要承擔的經濟成本、時間成本，並根據同類糾紛處置的歷史數據，以在線方式交換證據、參與調解、申請司法確認，為當事人提供糾紛解決方案的最佳建議和調解方案，提高在線工作效率。[1] ODR 非訴訟糾紛解決機制更在於提供獨立、中立、公平、高效的司法救濟（接近司法／正義），體現了從訴訟萬能、對抗性與剛性、零和思維及法律職業的壟斷到尊重多元文化、追求善治、鼓勵社會參與、以平等協商對話獲得雙贏等價值轉變。[2]

互聯網技術中計算機輔助交涉模式（decision/negotiation support systems）尤為突出。該種模式，把各方的爭議分解成可量化的要素，然後通過一種專門設計的計算機程序，輔助爭議各方都能達成最大滿意的綜合解決方案。這種模式據說可以解決多數主體的、多個爭議點的複雜糾紛。目前採取這種模式的是 Smartsettle 網站。Smartsettle 的特點是採用最先進的技術、同步的在線回應、多主體多爭議複雜糾紛的處理、利用先進的算法程序對爭議各方的主張進行分析和優化、達成全體爭議方都能接受的解決方案、提供完全自動化的簡單爭議解決程序等。[3] 算力作為一種計算能力，為大數據預測糾紛、提前預防糾紛提供堅實的技術保障。隨着智能化應用的不斷發展，對於數據的利用會出現更多維度、更深度的利用需求，而在這背後，則需要更多的算力來為人工智能技術提供動力，挖掘數據背後的糾紛預防和糾紛解決的功能價值。在此意義，應當充分發揮數據、算法、算力的功能，實現矛盾糾紛「早發現 — 早干預 — 早解決」，從而實現「治未病」與「防患於未然」的糾紛預防功能。[4] 智能合約在法律層面的最新應用主要是將傳統法律條款轉化為代碼，形成規範的合約促使交易雙方遵守與執行。現階段，線上糾紛解決方式的問題突出表現為：第一，公

---

1 參見姜欣欣：《數字經濟時代需完善金融消費糾紛在線解決機制》，載金融時報 - 中國金融新聞網，2021 年 3 月 15 日。

2 參見鄭重：《構建我國多元化糾紛解決機制的三個向度》，載《人民法院報》，2019 年 7 月 26 日。

3 參見徐繼強：《在線糾紛解決機制（ODR）的興起與我國的應對》，https://china.findlaw.cn/jingjifa/dianzishangwufa/swjf/jjjz/3107_2.html，2009 年 12 月 20 日。

4 參見趙蕾：《在線糾紛解決機制改革的中國創新》，載《人民法院報》，2021 年 4 月 9 日。

眾信任度不高。跨境電商平台本身以營利為目的，既是爭議規則創設主體又是爭議裁判主體，其中立性、公正性為跨境消費者所擔憂。第二，跨境執行規則缺位。國際法中《紐約公約》有涉及在線仲裁裁決執行，但是對於跨境電商，其適用範圍、適用性都無從定論。第三，在線裁決無司法強制力。目前由於多數在線裁決結果是當事人選擇程序前以自願遵守的方式接受，即使交易一方獲得「勝訴」賠償，也可能因為國際公約尚未賦予其司法強制力，不具執行保證。[1]

實踐中，ODR 在線非訴訟糾紛解決機制存在的「在線和解」「在線調解」和「在線仲裁」三種類型，是基於訴訟外糾紛解決的「合意的二重獲得原則」，即糾紛處理方式的「選擇合意」及解決方案的「達成合意」，而司法審查正是法院對訴訟外糾紛解決機關獲得「合意形成過程」的審查。[2] 美國鹽湖城郊外的一個小額訴訟法院已經推出了 ODR 試點計劃。猶他州法院是美國第一個啟動 ODR 平台解決訴訟標的額 1.1 萬美元以下的小額訴訟司法機構。猶他州法院發言人表示，他們計劃把這個在線糾紛解決機制擴展到全州的所有小額訴訟法院。2018 年 9 月 19 日，猶他州西谷市法院公佈了針對小額訴訟法院的 ODR 運作程序。該平台的設計理念是提供「簡單、快速、廉價且易於獲取的司法糾紛解決途徑」，用戶可通過訪問多個電子平台獲取個性化幫助和信息。平台的運作流程是：申請者將小額訴訟申請書和傳票送交西谷市法院後，就會收到一封包含註冊鏈接的電子郵件，其須在七日內完成註冊。註冊完成後，被告將會收到申請書且須在 14 天內到西谷市法院小額糾紛解決門戶網站進行登記以便解決此案，否則法官可以直接判決。[3]

1　參見魏婷婷：《跨境電商糾紛解決機制的優化與創新》，載人民論壇網，2020 年 6 月 10 日。

2　參見［日］棚瀨孝雄：《糾紛的解決與審判制度》，王亞新譯，中國政法大學出版社 2002 年版，第 47-56 頁。

3　參見郭文利、王麗慧、王靄雯：《域外在線糾紛解決機制發展新趨勢》，載《人民法院報》，2019 年 2 月 15 日。

二、ODR 與商事調解

並非所有商事糾紛均是通過審判來解決的，僅僅考慮審判過程的內在糾紛解決，從社會整體的糾紛解決這一角度來看就意味着研究對象局限於現象中極為有限的一個部分。無論在什麼樣的審判制度上，總以某種形式將適合於審判的糾紛和不適合於審判的糾紛區別開來，被審判制度關在門外的糾紛或者就此消失，或者通過其他各種可能利用的手段——有的通過暴力——在訴訟外得到解決。再者，就是被法律認為適合通過審判解決的糾紛，在現實中沒有通過訴訟就得到解決的也不計其數。[1]《最高人民法院關於人民法院進一步深化多元化糾紛解決機制改革的意見》（2017 年）中亦明確指出：根據「互聯網＋」戰略要求，推廣現代信息技術在多元化糾紛解決機制中的運用。推動建立以在線調解、在線立案、在線司法確認、在線審判、電子督促程序、電子送達等為一體的信息平台，實現糾紛解決的案件預判、信息共享、資源整合、數據分析等功能，促進多元化糾紛解決機制的信息化發展。推動多元化糾紛解決機制的國際化發展，充分尊重中外當事人法律文化的多元性，支持其自願選擇調解、仲裁等非訴訟方式解決糾紛。進一步加強我國與其他國家和地區司法機構、仲裁機構、調解組織的交流和合作，提升我國糾紛解決機制的國際競爭力和公信力。發揮各種糾紛解決方式的優勢，不斷滿足中外當事人糾紛解決的多元需求，為國家「一帶一路」等重大戰略的實施提供司法服務與保障。[2]

四川省成都市中級人民法院與新浪網法院頻道合力打造推出了「和合智解」e 調解平台。在這樣的平台之下除了糾紛解決以外，還融合了裁判規則導引、糾紛案例學習、調解資源整合、遠程視頻調解、訴非對接等多項在線解紛功能。通過構建糾紛解決申請、調解員確定、調解過程、調

1　參見［日］棚瀨孝雄：《糾紛的解決與審判制度》，王亞新譯，中國政法大學出版社 2002 年版，第 47-56 頁。
2　參見《最高人民法院關於人民法院進一步深化多元化糾紛解決機制改革的意見》法發 [2016] 14 號，2017 年 3 月 2 日。

解文書生成等互聯網運行新制度，搭建縱向貫通、橫向集成、共享共用的在線糾紛調解系統，豐富和再造多元化糾紛解決機制。[1]「一帶一路」建設產生海量的國際貿易與海事海商交易，應然建立廣闊、快捷、便利的在線糾紛解決平台。阿里巴巴、京東商城等電商企業已經建立了自己的網上糾紛處理平台。各地法院建立的「e 調解」平台，空中調解室、電子法院、電子商務法庭等通過在線糾紛解決平台化解大量糾紛。最高人民法院在總結各地實踐的基礎上，於 2016 年 12 月在北京、河北、上海、浙江、安徽、四川等六個省市開展了「在線調解平台」試點工作。截至 2017 年 6 月底，開通在線調解平台的法院有 496 家，在線專業調解組織 665 個，在線調解員 3526 名，「一鍵點擊」方便快捷化解糾紛的成效初步顯現。該機制建成後，完全可以應用於「一帶一路」國際商事糾紛的解決。[2]「人民法院調解平台」上線以來，截至 2020 年底，3502 家法院全部實現與調解平台對接，調解平台應用率達 100%。平台入駐調解組織 32937 個，調解員 165,333 人，累計調解案件超過 1360 萬件，平均調解時長 23.33 天。2020 年，平台新增調解成功案件 519.88 萬件，調解成功率 65.04%。[3] 在疫情防控期間，各級人民法院通過調解平台為當事人提供不見面、一站式的「雲」上解紛服務，2020 年 2 月至 4 月這三個月新增音視頻調解量是 2019 年全年的 3.5 倍，實現了糾紛化解不停擺、公平正義不止步。[4]

跨境商事調解，在一定角度，本質為達成新契約，即人與人之間的自由合意，而這種合意事實上也就是私法領域的意思自治。所謂意思自治，簡單地說就是個人的自主決定，「給個人提供了一種受法律保護的自由，

1　參見龍飛：《中國在線糾紛解決機制的發展趨勢》，載新浪司法，http://finance.sina.com.cn/sf/news/2016-06-28/144335120.html，2016 年 6 月 28 日。

2　參見龍飛：《「一帶一路」戰略中多元化糾紛解決機制的地位》，載《人民法院報》，2017 年 7 月 14 日。

3　參見《最高人民法院發佈人民法院調解平台應用成效暨〈中國法院的多元化糾紛解決機制改革報告（2015 — 2020）〉》，載最高人民法院網站，2021 年 2 月 20 日。

4　參見趙蕾：《在線糾紛解決機制改革的中國創新》，載《人民法院報》，2021 年 4 月 9 日。

使個人獲得自主決定的可能性」。[1] 隨着互聯網的普及應用，在線溝通逐漸取代紙面溝通，使得跨境網上交易和行為具有虛擬化、無紙化特徵。[2]ODR 在線糾紛解決機制，旨在於跨境商事爭議中，通過在線諮詢、在線調解、在線仲調銜接、在線訴調對接、案例檢索、數據分析等基本模塊，在「互聯網＋」技術推動下，達成新的糾紛解決合意。[3]

三、餘論

信息革命、經濟全球化已改變了原有的社會結構、經濟結構、地緣結構、文化結構。在糾紛解決領域，「互聯網＋」技術作為「第四方」，催生了新的跨界思維，隨之帶動跨界糾紛解決方式、平台和機制的建設。ODR 在線糾紛解決機制的最大特點是共享化、社會化。人們可以通過在線糾紛解決平台，實現法律資源與非法律資源、官方資源與民間資源的合理配置和資源共享。[4]ODR 在線調解糾紛解決機制與傳統調解機制相比，其最大的優勢是便捷高效、成本低廉。當事人之間、當事人和調解員之間都可以自行選擇適當的時間、地點使用網絡通訊工具進行交流，申請、舉證、質證、調解、開庭以及送達文書等程序均在線完成，減少了訴累，節約了成本，將互聯網信息技術和糾紛解決機制進行跨界融合，效率大大高於傳統糾紛解決方式。[5]

在全球供應鏈中，由於不同的文化、語言和經濟壓力，國際市場的交易夥伴之間發生衝突是不可避免的。傳統上，國際仲裁常常被視為解決跨境爭端的唯一可行途徑。雖然國際仲裁可以很好地解決大額的跨境糾紛，

1　［德］迪特爾·梅迪庫斯：《德國民法總論》，邵建東譯，法律出版社 2000 年版，第 143 頁。

2　參見陳國猛：《大力推進在線糾紛解決機制建設》，載《人民法院報》，2016 年 12 月 28 日。

3　參見賴禮萍：《互聯網時代下的多元化糾紛解決機制——在線糾紛多元化解機制的發展之路徑探析》，http://gzzy.chinacourt.gov.cn/article/detail/2020/04/id/4979611.shtml，2020 年 4 月 17 日。

4　參見龍飛：《中國在線糾紛解決機制的發展趨勢》，載新浪司法，http://finance.sina.com.cn/sf/news/2016-06-28/144335120.html，2016 年 6 月 28 日。

5　參見龍飛：《中國在線糾紛解決機制的發展趨勢》，載新浪司法，http://finance.sina.com.cn/sf/news/2016-06-28/144335120.html，2016 年 6 月 28 日。

但對於涉及中小企業的許多交易，仲裁過於昂貴，且耗時太長。當事人經常不得不因為糾紛解決程序往來奔波，並且國際仲裁員的收費高昂，案件平均時間成本在一年以上。ODR 同樣依賴相同的法律框架，但對於跨境電子商務糾紛，特別是與小額交易相關的糾紛，ODR 可以提供簡便快捷有效的選擇。ODR 適用於因買賣和服務合同引起的糾紛，既包括電子交易，也包括書面形式的交易。當事人僅需要同意在在線平台的幫助下解決糾紛即可。[1] 網絡糾紛的數量隨着用戶活躍程度遞增，跨境電子商務糾紛的數量巨大而且呈現迅速增長的趨勢，適應跨境電子商務糾紛特點的糾紛解決途徑 ODR，[2] 更具活力與潛力。

從本質上看，利用加密技術、數字簽名、認證技術、互動技術、網絡視頻等技術，跨境商事調解中，完全可以不公佈當事人信息和爭端訴求，採用公共密鑰加密技術用於數據加密和解密，為當事人提供易於獲取、高效、安全的救濟手段，有效保證當事人信息安全，確保當事人隱私權得到尊重。[3] 運用智能合約技術建立更具權威性的調解規則，以計算機語言代碼為載體，對傳統法律規則進行轉換，依靠更加嚴密和精細的代碼，建立一套完整的條款語言和規則標準，實現「法律即代碼」的調解規則體系。智能合約技術可在證據採集管理方面起到重要作用。通過智能合約建立的數據庫，交易行為被全程記錄在區塊鏈上，基於智能合約不可篡改、可追溯的特性，調解者可根據交易痕跡捕捉到真實可靠的證據。智能合約這一優勢使得 ODR 調解平台也無法任意干預和修改已經設定的程序，無疑提高了公眾的信任度，為建立平台信任機制提供了公開透明的基礎。[4]

1　參見江和平：《亞太經合組織在線糾紛解決全面合作框架：提升正義，促進貿易》，載《人民法院報》，2017 年 5 月 12 日第 8 版。
2　參見鄭世保：《在線糾紛解決機制的困境和對策》，載《法律科學》2013 年第 6 期。
3　參見姜欣欣：《數字經濟時代需完善金融消費糾紛在線解決機制》，載金融時報－中國金融新聞網，2021 年 3 月 15 日。
4　參見魏婷婷：《跨境電商糾紛解決機制的優化與創新》，載人民論壇網，2020 年 6 月 10 日。

第七節　跨境商事調解與跨境公證

　　跨境商事交易中，信用、真實性和安全存在固本稀缺性，這亦為跨境商事爭議頻發的原因所在。跨境交易中信息不實、真實性欠缺、信任證據支持不足，抑或虛假所帶來的信用風險可以在極短的時間內迅速積累並高速傳導，風險事件一旦爆發，其破壞力將如「多米諾骨牌效應」一般迅速震盪整個交易體系。同時，跨境信息便捷性、隱蔽性和易毀性也為跨境猜疑、缺乏互信提供了合適的土壤。簡單迅速消滅證據，且不易被發現，這給傳統權利保護模式和證據保全帶來全新的挑戰。同時，跨境交易中，「互聯網＋」模式存在較大比重，所以，確保「互聯網＋」模式下的交互信息真實可靠，並對電子證據及時、有效固定，就顯得尤為重要。公證在信息處理、證據固定、事實證明領域的專業優勢，使其可以與互聯網機制無縫銜接並良性互動，實現互相促進和諧共贏的局面。[1]

　　真實性和信用作為商事交易的媒介和催化劑使非線性、非即時的跨境交易成為可能，信用的「隱契約」效果成為交易各方心照不宣的內心認同並維繫着跨境交易的進行。與此同時，信用風險對跨境交易的影響之深遠性在於：一方面，對信用風險的有效管控幫助跨境交易主體提高國際市場可信度和美譽度，降低交易成本，提升國際市場競爭力。另一方面，因忽視信用風險導致風控不利造成財產損失甚至破產的案例不在少數。[2] 同時，「互聯網＋」作為當今信息化發展水平的重要特徵，已經成為跨境交易創新和發展的核心驅動力。「互聯網＋」將傳統產業的生產、經營、交易等核心要素數字化後，利用互聯網強大的信息交互功能，重構、配置要素發生源，優化傳統要素的流轉路徑，有效地提升資源配置效率，幫助跨境實

---

[1]　參見張鳴：《現實與未來：公證在「互聯網＋」下的發展趨勢探討》，載北大法律信息網，2015 年 8 月 7 日。

[2]　參見張鳴：《充分發揮公證在信用風險管控中作用的思考》，載北大法律信息網，2014 年 5 月 15 日。

體在全球投資、交易。[1]

一、跨境公證

　　公證是對當事人沒有爭議的事項進行確認與證明的特定活動，公證事項的非爭議性是公證活動開展的必要前提。囿於公證的這一運作模式，人們在主觀上容易產生一種誤識：公證僅僅是程序化、機械化的法定證明活動，不具有相應的判斷性。事實上，儘管公證並不涉及對爭議事項的終局性裁判，但在對無爭議事項進行確證與出證的過程中，公證人員依然需要多次使用判斷職能。[2]公證肩負的主要使命之一是預防糾紛、證明事實真相、幫助裁判機構發現事實或認定事實據實裁判，其與司法訴訟制度、準司法仲裁制度的運行密切相關，有助於司法、仲裁活動的順利進行，直接或間接地體現着解決糾紛的作用。[3]

　　商事交易中安全、成本和效率永遠都是相互平衡的，尤其是在跨境商事活動中，犧牲安全的所謂低成本和高效率反過頭來只能是浪費更多的社會資源，安全保障下的成本節約和效率提高才是根本。公證機構作為商事行為真實性證明機構，其職能定位正是預防糾紛。公證員作為職業法律人，其職業追求乃是通過公證證明活動來明確各方當事人的權利義務和平衡各方當事人的利益，從而實現客觀實體公平正義，在這一點上，各方當事人的心境與公證員是完全一致的，公證較於其他的法律提供者更加公正和易於接受。[4]為此，跨境公證，又稱國際公證應運產生。

　　跨境商事交易，應然為具有重要意義且風險比較大的法律行為，而公證是商事法律行為的優越形式，因此，我們就可以考慮引進公證的方式

1　參見張鳴：《現實與未來：公證在「互聯網＋」下的發展趨勢探討》，載北大法律信息網，2015 年 8 月 7 日。
2　參見夏先華：《多維論域下公證參與司法輔助事務改革的理論檢視》，載《哈爾濱工業大學學報（社會科學版）》2020 年第 4 期。
3　參見邱星美：《強制執行公證問題研究》，載《政法論壇》2011 年第 5 期。
4　參見張鳴：《公證參與信託登記制度建設的思考》，載北大法律信息網，2014 年 8 月 8 日。

對這些法律行為的風險進行管控。「證明有法律意義的事實和文書」仍是公證的基本業務之一，但「指導和幫助當事人實施法律行為」卻成為公證人最本真的工作。因此，一定程度上，公證制度就是為法律行為制度而設的，跨境公證是服務於跨境商事法律行為的制度。[1]

跨境交易中當事人的意思表示非常重要，但是它卻需要一個形式的證明。在國際上，人們很早就發明了公證制度，以此來證明當事人之間各種法律上的意思表示，把當事人的內心意願通過一種客觀的、嚴肅的法律文件固定和明確下來。普通法系的公證人非法律專業人士，從業資格中不要求有法學教育背景，他們僅證明文件、簽名等證明對象的真實性，不負責審查證明對象的合法性。[2] 所以，公證就是民事法律根據具有公信力的形式，因此它是最佳形式，或者最有效力的形式。不論是涉及訴訟還是仲裁，公證都有着在其中直接確定當事人之間權利義務關係和責任的作用，也就是因為這樣，公證本質是屬於特別的民事制度，公證法屬於民法的特別法。[3]

海牙公證亦為「海牙認證」（Apostille），其全稱為《取消外國公文認證要求的公約》（簡稱《海牙公約》）認證，係指由國家政府機構一致出具的，對原認證的簽發人進行的二級認證，並在認證書上加蓋印章或標籤，也稱加簽。海牙認證一般由指定的政府機構進行，一般為國家的外交部或高級法院。我國大陸現階段，尚非《海牙公約》成員方，但是中國香港、澳門地區已經加入其中，所以需求做海牙認證的文件可以經過香港或澳門地區公證人處理。海牙認證與大使館認證、領事館認證同屬國際認證，其中最大的差異在於認證的程序與機構不同。相比大使館、領事館複雜的認證流程，海牙認證程序更簡單，等待時間更短，價格亦

1　參見孫憲忠：《公證是法律行為的優越表達形式》，載法制網，2016 年 11 月 4 日。

2　參見邱星美：《強制執行公證問題研究》，載《政法論壇》2011 年第 5 期。

3　參見孫憲忠：《強制執行公證有理有據，可以推行》，載《中國公證》，2018 年 6 月 15 日。

相對便宜一些。[1]

在跨境商事爭議中電子證據存在容易被修改、極易消失的特性，使得當事各方對通過獨立、權威的第三方來實時存管、保全證據的需求非常迫切。所以，公證行業以公證公信力為基礎，積極開發高效、便捷、自助式的證據在線存管工具，及時滿足社會需求十分必要。該項公證服務的要旨為：公證機構運行可全天候提供自助式對外服務的平台，當事人可以隨時登錄平台在線使用公證提供的存管工具，並且也只能使用該工具提供的功能來收集和保存對象數據／證據。在整個數據／證據收集和保存的過程中，直接接觸對象數據／證據的僅有公證工具，收集和存管數據／證據的動作都是由公證工具完成的，當事人無法私下接觸公證工具存管的數據／證據，只有在向公證處申請提取存管數據／證據後才能獲得數據並得到公證證明。同時，在公證存管數據／證據時設計同步的數據／證據加密機制。可以設計為分佈式的加解密方式，即在存管數據／證據的同步實現數據加密，且完整的解碼內容由當事人和公證機構分段持有，任何一方都無法單獨查看數據／證據，只有當事人申請提取並和公證機構同時在線解密後，才能獲取原始數據／證據，並獲得公證機構對數據／證據真實性的證明。[2]

跨境公證實踐中，「前海跨境公證法律服務」案例是前海公證處根據《公證法》《公證程序規則》規定，依法向參與海外投資的企業提供背景資質等信息的公證證明服務和公證法律事務服務。除依法通過官方渠道

---

1 《海牙公證｜海牙國際公證》，https://www.sohu.com/a/432885873_12077550，2020 年 11 月 19 日。海牙認證範圍：(1) 個人文件：結婚證公證；出生證公證；離婚書；領養；寄養；親屬關係；死亡證明；工作經歷；授權書公證；聲明書；綠卡公證；護照公證；邀請函；單身證明；判決書；遺囑；犯罪記錄；房產證；學歷證書；職業資格證書；醫學證明等等均可以辦理公證。(2) 公司文件：註冊證書；法人資格；協議書；合同書；授權書公證；聲明書；證明書；委派書；商標證書；資產證明；資信證明；董事信息；股東信息；公司章程；會議記錄；公司更名文件；發票；原產地證；報關單；產品證書；產品介紹及其他公司文件等。(3) 第三方機構文件：政府網站宣傳內容；警署信件；海關報告；政府報告等等。

2 參見張鳴：《現實與未來：公證在「互聯網＋」下的發展趨勢探討》，載北大法律信息網，2015 年 8 月 7 日。

公開獲取相關企業工商登記信息、披露信息外，還向被調查企業進行調查核實。通過建立與境外委託機構便捷溝通渠道，在雙方理解一致的基礎上確定公證服務內容，確保公證書使用效果。改變傳統涉外公證單一證明模式，形成統一流程規範，具有很強的「操作性」，該舉措更好地服務了中國企業「走出去」參與國家「一帶一路」建設。[1]網上公證平台藉助互聯網信息傳遞和處理的優勢，通過合理地將互聯網技術與公證程序、證明標準相融合，在保持公證法定效力的同時極大地簡化了當事人辦證手續，提高了公證辦理效率，降低當事人成本。同時，通過多層加密技術處理和分級操作權限，有效地實現了申請人在線提交的資料信息的保密和安全。[2]

二、跨境公證與商事調解

　　跨境法律行為方式的公證具有證據目的、警告目的、區隔功能、資訊透明化以及說明等功能，這也是拉丁公證制度所公認的。然而必須注意的是，雖然公證人介入當事人法律行為具有上述目的和功能，但是當事人仍然是法律行為的實施主體，跨境公證人唯是法律行為的協助主體，這是當事人與公證人在法律行為公證中的基本關係定位，跨境公證機構不應越俎代庖。[3]

　　跨境公證從法律效力角度而言，在一定程度上也發揮着準司法的功能。對於依據法定公證程序所證明的法律行為、事實和文書，若無相反證據予以推翻，可以直接作為法院／國際仲裁裁判的依據。可見，公證機構所作的證明以及在出證過程中所進行的實質性審查，代替了法院／國際仲裁對已公證事項的法庭／仲裁庭調查活動。公證機構所辦理的證據保全業務也具有相應的司法效力，法院／仲裁庭應當認可該證據在公證保全期間

1　參見《前海跨境公證法律服務獲制度創新｜佳案例》，https://www.sohu.com/a/329343866_481845，2019 年 7 月 25 日。

2　參見張鳴：《現實與未來：公證在「互聯網＋」下的發展趨勢探討》，載北大法律信息網，2015 年 8 月 7 日。

3　參見孫憲忠：《公證是法律行為的優越表達形式》，載法制網，2016 年 11 月 4 日。

並未發生變更或篡改等影響證據效力的情形。[1]

　　在強調多元化治理的基礎上逐漸向社會力量開放，大力培育、發展非訴訟糾紛解決機制。司法的社會化趨勢既是對現代社會糾紛頻發、訴訟爆炸等現狀的積極應對，同時也是對社會多元化法律需求的有效回應。對於糾紛主體而言，司法的社會化發展意味着其在糾紛解決方式上享有更大的選擇空間，不再局限於單一的司法手段。對於糾紛解決組織而言，司法的社會化則打破了解紛權力國家專屬化的思維定式，促進非訴訟糾紛解決機制的興起與發展，並在減輕司法負擔的目的引導下，不斷促進社會糾紛向仲裁、公證機構等準司法社會組織分流。糾紛作為社會與經濟失序的病態表現，需要社會合力來進行解決與防治。一直以來，具有事實固定與信用維護等功能的公證制度都是多元化糾紛解決體系中的重要一環。[2]

　　《公證程序規則》（2020 年 10 月 20 日司法部令第 145 號修正）第 56 條規定：

> 　　經公證的事項在履行過程中發生爭議的，出具公證書的公證機構可以應當事人的請求進行調解。經調解後當事人達成新的協議並申請公證的，公證機構可以辦理公證；調解不成的，公證機構應當告知當事人就該爭議依法向人民法院提起民事訴訟或者向仲裁機構申請仲裁。

該規定明確表述出公證機關的調解程序及職能，唯辦理過公證的事宜在證後履行中發生糾紛，才能由公證事項的當事人向原先辦理公證的機構申請，來啟動公證調解。公證機構獨立調解模式包括了兩種實踐情形：一是公證機構內部不單獨設立調解部門，二是內設專門調解部門。這兩種模式本質上沒有區別，都是以作出公證來結案，在調解後作出公證。[3]

1　參見夏先華：《多維論域下公證參與司法輔助事務改革的理論檢視》，載《哈爾濱工業大學學報（社會科學版）》2020 年第 4 期。

2　參見夏先華：《多維論域下公證參與司法輔助事務改革的理論檢視》，載《哈爾濱工業大學學報（社會科學版）》2020 年第 4 期。

3　參見陳梅英：《論公證調解的模式、類型及其受案範圍》，載《中國公證》，2017 年 4 月 15 日。

　　司法實踐中，公證機構協助調解是指法院邀請公證機構的公證員參與訴訟調解，請公證員協助法官，為當事人講解案情，梳理法律關係及法律後果，最終使糾紛得到妥當的解決。公證機構協助法院調解大體上與其他調解組織的協助調解一樣，但公證機構的協助調解在專業性上比起其他調解組織有相對專業的優勢。相關地方法院業已和公證機構實現了合作，諸如上海普陀公證處與普陀區人民法院，上海市徐匯區公證處與徐匯區人民法院，上海東方公證處與上海市第一、二、三中級人民法院等都簽署了訴訟對接公證合作協議。[1] 公證機構參與人民法院調解等司法輔助事務，既是公證服務推進以審判為中心的訴訟制度改革的有益探索，也是公證助力人民法院司法體制改革的重要舉措，既有利於協助法官集中精力做好審判執行工作，緩解人民法院「案多人少」的矛盾，也有利於公證機構自身外樹形象內強素質，以實際行動踐行公證為民服務職能和提升社會美譽度。[2]

　　作為多元化糾紛解決機制中的一股新生力量，公證調解不僅有利於緩解法院的審判壓力、節約司法資源，還能為當事人減輕訴累。特別是，相較於傳統意義上的人民調解而言，公證調解擁有更加專業化的人員配置，更能促成調解結果的有效、適法；相較於律師調解而言，公證機構更能滿足「調解人中立」的客觀要求，更易引導當事人糾紛的緩和及化解；相較於法庭調解而言，公證機構對當事人完全不收取任何費用，當事人之間的債權債務內容一經調解，即時結清，可省去法院執行程序以及「執行難」帶來的諸多困擾。[3] 本質上，對含有給付內容的調解協議辦理公證並賦了強制執行效力，是人民調解、行業調解與公證這兩種制度進行深入合作對接的嘗試，大大提升了調解協議的執行力，對於進一步提升人民調解、行業

1　參見劉猷猷：《我國實踐中公證調解的模式》，載參考網，https://www.fx361.com/page/2019/0513/5116149.shtml，2019 年 5 月 13 日。

2　參見《我國積極推進公證參與人民法院調解工作取得積極成效》，http://www.bjgzc.com/zxxw/201808/20187301642686.html，2018 年 8 月 30 日。

3　參見《公證調解進法院　多元解紛惠民生》，http://www.szsgzc.com/service/gongzuodongtai/ 2020-10-28/312.html，2020 年 10 月 28 日。

調解與公證制度的社會價值，進一步發揮公證在多元化糾紛解決中的積極作用，進一步緩解司法資源緊張，均具有十分重要的現實意義。[1]公證機構參與訴前調解，將矛盾糾紛化解關口前移，達到訴前分流的目的，減輕法院審判壓力，這一成效不斷顯現。例如皋翔公證處與裕安區法院聯合成立的公證調解中心運行至今，共組織調解 975 個案件，調解成功 586 件，調解成功率 60%，有效緩解了裕安區法院案多人少的壓力。[2]

三、小結

「從本質上來說，司法權是對案件事實和法律的判斷權和裁判權。」[3]真實性強化信任，信任消弭爭議。公證作為一項預防性的司法證明制度，本身的職能定位就是預防糾紛、減少矛盾和保障利益。在跨境商事調解中，公證亦具有並且發揮着消弭糾紛、化繁為簡的積極作用。

《民法典》中關於公證的規定，實際強化了公證制度的屬制度的證據制度、權利證明制度或法律行為形式制度，成為單行的公證法的基礎，形成公證制度的「根」在公證法之外的狀況。[4]跨境公證，在商事爭議消弭方面，具有突出的超前性、預防性、主動調節性，其憑藉自身在證據固定和事實證明方面的專業優勢可以幫助跨境商事交易主體有效提升評級活動的社會公信力。與跨境商事調解的銜接，具有廣闊的空間與發展潛力。

1　參見《公證與調解有效對接　彰顯強制執行公證新價值　上海市東方公證處辦理首例賦予調解協議強制執行效力》，載公證法制網，2018 年 5 月 25 日。

2　參見六安市司法局：《「公證＋訴調」，打開矛盾糾紛化解「新窗口」》，http://la.anhuinews.com/system/2020/06/02/008439671.shtml，2020 年 6 月 2 日。

3　沈德詠、曹士兵、施新州：《國家治理視野下的中國司法權構建》，載《中國社會科學》2015 年第 3 期。

4　參見徐國棟：《公證制度與民法典》，載《中國司法》2005 年第 7 期。

後 記

　　書稿的完成歷經三載，也輾轉多處，期間不易和疫情相映。疫情是世界經濟一體化暫時的低谷，但世界經濟的鏈條貫通、系統集成、開放共享的基本面沒有改變，準確而言，是更為加強。在法律層面，同樣存在一全球化的問題，一個重要特徵就是世界各國法律文明的全球性互動。各個國家都處於全球性互動的大熔爐之中，不斷地從其他國家那裏吸收對本國有用的法律文明和智慧，同時也不斷地向其他國家輸出具有借鑒價值的經驗和規則。世界範圍內，法律實際存在兩種走向，一是從現實的各種具體案例中提煉出來相對確定的規則，就是判例法，二是有關部門根據法理原則制定出來的規範性文件，就是成文法，而判例法思維是企業走出去必須直面的關鍵。

　　跨境法律思維的核心在於：充分認知不同法系的差異，法律事實的陳述、證據組織、專家證人的適用。法律固涵着信息交換的高密度和高頻次。跨境法律涵蓋投資、貿易、勞動、環保、知識產權、宗主國法律制度、所在國法律體系、外匯管理、融資、土地、公司設立與解散、併購、競爭、稅收等方方面面。跨境商事爭議解決其核心價值即在於充分尊重當事人意思自治，注重爭議解決的實質性需求。

　　這個世界，變是永恆的主題。沈從文在《邊城》中說：

　　　　心靈的房間，不打掃就會落滿灰塵。蒙塵的心，會變得灰色和迷茫。我們每天都要經歷很多事情，開心的，不開心的，都在心裏安家落戶。心裏的事情一多，就會變得雜亂無序，然後心

也跟着亂起來。有些痛苦的情緒和不愉快的記憶，如果充斥在心裏，就會使人委靡不振。所以，掃地除塵，能夠使黯然的心變得亮堂；把事情理清楚，才能告別煩亂；把一些無謂的痛苦扔掉，快樂就有了更多更大的空間。

法律需要在時時勤拂拭中進步、革新。三年來，康達香港陸續和阿聯酋阿爾穆拉律師事務所（Ebrahim Hassan Al Mulla and Partners）、印度布雷維特知識產權研究公司（Brevet IPR）、越南高斯灣律師事務所（Goasone & Partners）建立戰略合作關係，進一步擴展了跨境商事爭議研究的維度。

感謝付洋先生的教誨和不辭辛苦的揮毫加持，感謝喬佳平先生的諄諄護念和指引。感謝本書的編審、設計，他們的辛勤付出，才是本書獲得呈現的關鍵。感謝助理江莉婕的耐心與嚴謹。也感謝家人的鼓勵和信任，而我的感激總顯得些許微薄。

窗外喧囂繁雜，人人都在翹首和思量，努力把自己放進白紙黑墨中，於是想起柏格森在《形而上學導言》中說的：「所謂直覺，就是一種理智的交融，這種交融使人們自己置身於對象之內，以便與其中獨特的，從而無法表達的東西相符合。」在香港冬日的颱風下，聽雨，碼字。

是為後記。

跨境商事爭議的法律邏輯

楊榮寬　著

責任編輯　李夢珂
裝幀設計　鄭喆儀
排　　版　黎　浪
印　　務　劉漢舉

出版　　開明書店
　　　　香港北角英皇道 499 號北角工業大廈一樓 B
　　　　電話：（852）2137 2338　傳真：（852）2713 8202
　　　　電子郵件：info@chunghwabook.com.hk
　　　　網址：http://www.chunghwabook.com.hk

發行　　香港聯合書刊物流有限公司
　　　　香港新界荃灣德士古道 220-248 號
　　　　荃灣工業中心 16 樓
　　　　電話：（852）2150 2100　傳真：（852）2407 3062
　　　　電子郵件：info@suplogistics.com.hk

印刷　　美雅印刷製本有限公司
　　　　香港觀塘榮業街 6 號 海濱工業大廈 4 樓 A 室

版次　　2023 年 3 月初版
　　　　© 2023 開明書店

規格　　16 開（240mm×160mm）

ISBN　　978-962-459-277-1